W9-AVT-456

Auténtico

SAVVAS
LEARNING COMPANY

Copyright © 2018 by Savvas Learning Company LLC. All Rights Reserved. Printed in the United States of America.

This publication is protected by copyright, and permission should be obtained from the publisher prior to any prohibited reproduction, storage in a retrieval system, or transmission in any form or by any means, electronic, mechanical, photocopying, recording, or otherwise. For information regarding permissions, request forms, and the appropriate contacts within the Savvas Learning Company Rights Management group, please send your query to the address below.

Savvas Learning Company LLC, 15 East Midland Avenue, Paramus, NJ 07652

Front cover: Machu Picchu, Peru

Attributions of third party content appear on pages 511–517, which constitute an extension of this copyright page.

Savvas™ and **Savvas Learning Company™** are the exclusive trademarks of Savvas Learning Company LLC in the U.S. and other countries.

Savvas Learning Company publishes through its famous imprints **Prentice Hall®** and **Scott Foresman®** which are exclusive registered trademarks owned by Savvas Learning Company LLC in the U.S. and/or other countries.

Auténtico and **Savvas Realize™** are exclusive trademarks of Savvas Learning Company LLC in the U.S. and/or other countries.

Pre-AP® is a registered trademark of the College Board, which was not involved in the production of, and does not endorse, this product.

Unless otherwise indicated herein, any third party trademarks that may appear in this work are the property of their respective owners, and any references to third party trademarks, logos, or other trade dress are for demonstrative or descriptive purposes only. Such references are not intended to imply any sponsorship, endorsement, authorization, or promotion of Savvas Learning Company products by the owners of such marks, or any relationship between the owner and Savvas Learning Company LLC or its authors, licensees, or distributors.

Auténtico

1

Go **Online** to practice

SAVVAS **realize**™

Savvas.com/Autentico

 AUDIO
 VIDEO
 WRITING
 SPEAK / RECORD
 MAPA GLOBAL
 AUTÉNTICO
 FLASCHARDS
 ETEXT 2.O
 GAMES

Peggy Palo Boyles
OKLAHOMA CITY, OK

Myriam Met
EDGEWATER, MD

Richard S. Sayers
LONGMONT, CO

SAVVAS
LEARNING COMPANY

Auténtico Authors

Peggy Palo Boyles

During her foreign language career of over forty years, Peggy Palo Boyles has taught elementary, secondary, and university students in both private and public schools. She is currently an independent consultant who provides assistance to schools, districts, universities, state departments of education, and other organizations of foreign language education in the areas of curriculum, assessment, cultural instruction, professional development, and program evaluation. She was a member of the ACTFL Performance Guidelines for the K–12 Learners task force and served as a Senior Editor for the project. She served on the Advisory Committee for the ACTFL Assessment for Performance and Proficiency of Languages (AAPPL). Peggy is a Past-President of the National Association of District Supervisors of Foreign Language (NADSFL) and was a recipient of ACTFL's K–12 Steiner Award for Leadership in K–12 Foreign Language Education.

Myriam Met

For most of her professional life, Myriam (Mimi) Met has worked in the public schools, first as a high school teacher in New York, then as K–12 supervisor of language programs in the Cincinnati Public Schools, and finally as a Coordinator of Foreign Language in Montgomery County (MD) Public Schools. After a long career in the public schools, she joined the National Foreign Language Center, University of Maryland, where she worked on K–12 language policy and infrastructure development. She currently works with schools and school districts as an independent consultant.

Richard S. Sayers

Rich Sayers has been involved in world languages education since 1978. He taught Spanish at Niwot High School in Longmont, CO for 18 years, where he taught levels 1 through AP Spanish. While at Niwot High School, Rich served as department chair, district foreign language coordinator, and board member of the Colorado Congress of Foreign Language Teachers and the Southwest Conference on Language Teaching. In 1991, Rich was selected as one of the Disney Company's Foreign Language Teacher Honorees for the American Teacher Awards. Rich has served as a world languages consultant for Pearson since 1996. He is currently the Vice President of Humanities in Pearson's Sales division.

Carol Eubanks Wargin taught Spanish for 20 years. She also shared her knowledge and experiences with other Spanish teachers through publications and award-winning presentations. The *Auténtico* author team is grateful for Carol's contribution to the instructional foundation on which this program was built.

Contributing Writers

Eduardo Aparicio
Chicago, IL

Daniel J. Bender
New Trier High School, Winnetka, IL

Marie Deer
Bloomington, IN

Leslie M. Grahn
Howard County Public Schools, Ellicott City, MD

Thomasina Hannum
Albuquerque, NM

Nancy S. Hernández
World Languages Supervisor, Simsbury (CT) Public Schools

Patricia J. Kule
Fountain Valley School of Colorado, Colorado Springs, CO

Jacqueline Hall Minet
Upper Montclair, NJ

Alex Paredes
Simi Valley, CA

Martha Singer Semmer
Breckenridge, CO

Dee Dee Drisdale Stafford
Putnam City Schools, Oklahoma City, OK

Christine S. Wells
Cheyenne Mountain Junior High School, Colorado Springs, CO

Michael Werner
University of Chicago, Chicago, IL

AUTÉNTICO includes lots of online resources to help you learn Spanish! You'll find these resources highlighted with technology icons on the pages of your print or online Student Edition.

SAVVAS realize™

The digital course on Realize!

The program's digital course on Realize puts the Student Edition, workbooks, video, audio, flashcards, games, and more at your fingertips.

Look for these icons in your *Auténtico* textbook or digital course.

AUDIO
Audio to learn and practice vocabulary and pronunciation, and increase your listening skills

VIDEO
Videocultura Cultural overviews of each theme

Videohistoria Vocabulary videos with an entertaining storyline to practice listening to new words in an authentic context

GramActiva Grammar explanations that present new concepts with humorous examples

Grammar Tutorials Clear explanations of grammar with comparisons to English

Animated Verbs Animations that highlight verb conjugations

WRITING
Practice activities with writing

SPEAK/RECORD
Speak-and-record tool for speaking activities, you can save your recording

MAPA GLOBAL INTERACTIVO
Links to interactive maps for virtual exploration of the Spanish-speaking world. You can download .kmz files from Savvas.com/Autentico and link to sites using Google Earth™ or other geographic information systems.

AUTÉNTICO
Collection of authentic video, audio, and text resources organized by theme

FLASHCARDS
Practice for the new vocabulary

ETEXT 2.0
Complete textbook online

GAMES
Interactive, fun practice and review games such as concentration, crosswords, word search and more

PDF
Video scripts, readings

WORKBOOK
Core and Guided practice activities

Learn Spanish Using Authentic Resources

To become proficient in Spanish, you need to learn to understand and speak it in real-world situations. In *Auténtico*, you will learn about the language and cultures of Spanish-speaking countries as you watch, read, and listen to material created for Spanish speakers.

The **Auténtico** pages in your textbook feature strategies that will help you build your language skills and increase your confidence as you watch videos, listen to audio, and read authentic articles and blogs. ▼

▲ In the the digital course on Realize, you'll find a collection of authentic resources that you can use to improve your understanding of Spanish.

The **Authentic Resources Workbook** will prepare and guide you as you watch, listen to, or read the materials. Activities will help you focus your attention on key elements of the video, audio, or text. Post-viewing, post-listening, and post-reading activities check your comprehension. ▶

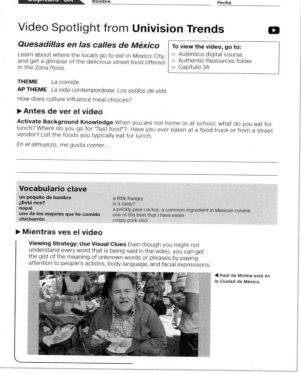

Capítulo 3A   Nombre   Fecha

Video Spotlight from **Univision Trends**

Quesadillas en las calles de México

Learn about where the locals go to eat in Mexico City, and get a glimpse of the delicious street food offered in the Zona Rosa.

To view the video, go to:
> *Auténtico* digital course
> Authentic Resources folder
> Capítulo 3A

THEME *La comida*
AP THEME *La vida contemporánea: Los estilos de vida*
How does culture influence meal choices?

▶ Antes de ver el video

Activate Background Knowledge When you are not home or at school, what do you eat for lunch? Where do you go for "fast food"? Have you ever eaten at a food truck or from a street vendor? List the foods you typically eat for lunch.

En el almuerzo, me gusta comer...

Vocabulario clave
un poquito de hambre	a little hungry
¿Está rico?	Is it tasty?
nopal	a prickly pear cactus, a common ingredient in Mexican cuisine
uno de los mejores que he comido	one of the best that I have eaten
chicharrón	crispy pork rind

▶ Mientras ves el video

Viewing Strategy: Use Visual Clues Even though you might not understand every word that is being said in the video, you can get the gist of the meaning of unknown words or phrases by paying attention to people's actions, body language, and facial expressions.

◀ Raúl de Molina está en la Ciudad de México.

Tabla de materias

TEMA 1 • Mis amigos y yo

TEMA 2 • La escuela

TEMA 4 • Los pasatiempos

TEMA 7 • De compras

TEMA 8 • **Experiencias**

TEMA 9 • Medios de comunicación

México

ESTADOS UNIDOS

Tijuana

30° N

Ciudad
Juárez

Río Bravo
del Norte

Chihuahua

Baja California

Golfo de California
(Mar de Cortés)

SIERRA MADRE OCCIDENTAL

Nuevo
Laredo

Río Grande

SIERRA MADRE ORIENTAL

Monterrey

Golfo de México

Trópico de Cáncer

Mérida

Península de
Yucatán

LEYENDA
Elevación

Metros   Pies

3,000   9,840
2,000   6,560
1,000   3,280
500   1,640
200   656

—— Frontera nacional
✪ Capital
● Ciudad
▲ Volcán o montaña

0   200 Millas
0   200 Kilómetros

Proyección cónica conforme de Lambert

20° N

Guadalajara

Querétaro

Paracutín ▲

Ciudad de
México

Iztaccíhuatl
▲ Puebla
Popocatépetl

Veracruz

N
O — E
S

SIERRA MADRE DEL SUR

Oaxaca

ISTMO DE
TEHUANTEPEC

BELICE

Acapulco

GUATEMALA

OCÉANO PACÍFICO

EL SALVADOR

Baile en el día de la Guelaguetza
en Oaxaca, México

Go **Online** to practice

Savvas.com/Autentico

SAVVAS
realize™

MAPA GLOBAL

México

Capital México, D.F.

Population 121.7 million

Area 758,449 sq mi / 1,964,375 sq km

Languages Spanish (official), Nahuatl, various Mayan and other indigenous languages

Religions Roman Catholic, Protestant

Government federal republic

Currency *peso mexicano*

Exports manufactured products, oil and oil products, silver, coffee, cotton, fruit, vegetables

América Central

LEYENDA
Elevación

Metros	Pies
3,000	9,840
2,000	6,560
1,000	3,280
500	1,640
200	656

—— Frontera nacional
✪ Capital
● Ciudad
▲ Volcán o montaña
■ Zona arqueológica

0 ————— 100 Millas
0 ————— 100 Kilómetros
Proyección azimutal
equivalente de Lambert

Guatemala

Capital Ciudad de Guatemala

Population 14.9 million

Area 42,042 sq mi / 108,889 sq km

Languages Spanish (official), Quiche, Cakchiquel, Kekchi, Mam, Garifuna, Xinca, and other indigenous languages

Religions Roman Catholic, Protestant, traditional Mayan beliefs

Government constitutional democratic republic

Currency *quetzal*, U.S. dollar (*dólar*)

Exports coffee, sugar, petroleum, clothing, textiles, bananas, vegetables

El Salvador

Capital San Salvador

Population 6.1 million

Area 8,124 sq mi / 21,041 sq km

Languages Spanish (official), Nahua

Religions Roman Catholic, Protestant

Government republic

Currency U.S. dollar (*dólar*)

Exports offshore assembly parts, coffee, sugar, textiles, chemicals, electricity

Honduras

Capital Tegucigalpa

Population 8.7 million

Area 43,278 sq mi / 112,090 sq km

Languages Spanish (official), indigenous languages

Religions Roman Catholic, Protestant

Government democratic constitutional republic

Currency *lempira*

Exports coffee, bananas, shrimp, lobster, clothing, gold, wood

El volcán Arenal,
Costa Rica

Nicaragua

Capital Managua

Population 5.9 million

Area 50,336 sq mi / 130,370 sq km

Languages Spanish (official),
English, Miskito, other indigenous
languages

Religions Roman Catholic,
Protestant

Government republic

Currency *córdoba*

Exports coffee, shrimp, lobster,
cotton, tobacco, meat, sugar, gold

Costa Rica

Capital San José

Population 4.8 million

Area 19,730 sq mi / 51,100 sq km

Languages Spanish (official),
English

Religions Roman Catholic,
Protestant

Government democratic republic

Currency *colón*

Exports coffee, bananas, sugar,
textiles, pineapple, electronic
components

Panamá

Capital Ciudad de
Panamá

Population 3.7 million

Area 29,120 sq mi / 75,420 sq km

Languages Spanish (official), other
indigenous languages

Religions Roman Catholic, Protestant

Government constitutional
democracy

Currency *balboa*, U.S. dollar *(dólar)*

Exports fruit, dried fruit, fish, iron,
steel, wood

El Caribe

ESTADOS UNIDOS

Golfo de México

ISLAS BAHAMAS

N
O · E
S

Estrecho de la Florida

24° N

Trópico de Cáncer

La Habana

OCÉANO ATLÁNTICO

CUBA

Isla de la Juventud

20° N

REPÚBLICA DOMINICANA

Guantánamo

Bahía de Samaná

PUERTO RICO (E.E.U.U.)

Santiago de Cuba

HAITÍ

San Juan

VIEQUES

JAMAICA

Ponce

Santo Domingo

El Yunque

LEYENDA
Elevación

Metros	Pies
3,000	9,840
2,000	6,560
1,000	3,280
500	1,640
200	656

— Frontera nacional
✪ Capital
● Ciudad
▲ Volcán o montaña

0   100 Millas
0   100 Kilómetros

Proyección azimutal equivalente de Lambert

16° N

Mar Caribe

80° O   76° O   72° O   68° O

Cuba

Capital La Habana

Population 11 million

Area 42,803 sq mi / 110,860 sq km

Languages Spanish (official)

Religions Roman Catholic, Protestant, and other religions

Government Communist state

Currency *peso cubano*

Exports sugar, nickel, tobacco, shellfish, medical products, citrus, coffee

República Dominicana

Capital Santo Domingo

Population 10.5 million

Area 18,792 sq mi / 48,670 sq km

Languages Spanish (official)

Religions Roman Catholic, Protestant

Government democratic republic

Currency *peso dominicano*

Exports sugar, gold, silver, cocoa, tobacco, meat

Puerto Rico

Capital San Juan

Population 3.6 million

Area 5,325 sq mi / 13,791 sq km

Languages Spanish and English (both official)

Religions Roman Catholic, Protestant

Government commonwealth of the United States

Currency U.S. dollar

Exports chemicals, electronics, apparel, canned tuna, beverage concentrates, medical equipment

Go **Online** to practice

SAVVAS
realize™

Savvas.com/Autentico

MAPA GLOBAL

El equipo de béisbol de Cuba jugando un partido

América del Sur (PARTE NORTE)

Mar Caribe

Cartagena • ☆ Caracas
Maracaibo
Río Orinoco
VENEZUELA
Medellín • Río Magdalena
Cali • ☆ Bogotá
COLOMBIA
ECUADOR ☆ Quito
Ecuador • Chimborazo
Guayaquil
ISLAS GALÁPAGOS (Ecuador)
Golfo de Guayaquil
PERÚ
Huascarán ▲
Callao • Machu Picchu
Lima • Cuzco
BOLIVIA
OCÉANO PACÍFICO
La Paz ☆
Lago Titicaca • Cochabamba
Nevado Sajama ▲ ☆ Sucre
ALTIPLANO • Potosí
BRASIL
PARAGUAY
CHILE
ARGENTINA
URUGUAY
OCÉANO ATLÁNTICO

Ecuador — 0°
20° S
Trópico de Capricornio
40° S

CORDILLERA DE LOS ANDES

N O E S

LEYENDA
Elevación

Metros	Pies
3,000	9,840
2,000	6,560
1,000	3,280
500	1,640
200	656

— Frontera nacional
☆ Capital
● Ciudad
▲ Volcán o montaña
■ Zona arqueológica

0 — 400 Millas
0 — 400 Kilómetros

Proyección azimutal equivalente de Lambert

Colombia

Capital Bogotá
Population 44.7 million
Area 439,736 sq mi / 1,138,910 sq km
Languages Spanish (official)
Religion Roman Catholic
Government republic
Currency *peso colombiano*
Exports textiles, petroleum, coal, coffee, gold, emeralds, bananas, flowers, pharmaceuticals, sugar

Ecuador

Capital Quito
Population 15.9 million
Area 109,483 sq mi / 283,561 sq km
Languages Spanish (official), Quechua, other indigenous languages
Religion Roman Catholic protestant, and other religions
Government republic
Currency U.S. dollar *(dólar)*
Exports oil, bananas, flowers, shrimp, cocoa, coffee, wood

Una joven aymara
en Bolivia

Perú

Capital Lima

Population 30.4 million

Area 496,225 sq mi / 1,285,216 sq km

Languages Spanish (official), Quechua (official), protestant and other indigenous languages

Religion Roman Catholic and other religions

Government constitutional republic

Currency *nuevo sol*

Exports gold, zinc, copper, fish and fish products, textiles

Venezuela

Capital Caracas

Population 27.6 million

Area 352,144 sq mi / 912,050 sq km

Languages Spanish (official), various indigenous languages

Religions Roman Catholic, Protestant

Government federal republic

Currency *bolívar fuerte*

Exports oil and oil products, aluminum, hydroelectricity

Bolivia

Capital La Paz, Sucre

Population 10.8 million

Area 424,164 sq mi / 1,098,581 sq km

Languages Spanish, Quechua, Aymara, Guaraní, and other indigenous languages

Religions Roman Catholic, Protestant

Government republic

Currency *boliviano*

Exports soy and soy products, natural gas, zinc, wood, tin, gold

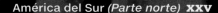

América del Sur (PARTE SUR)

Mar Caribe

N
O · E
S

VENEZUELA

COLOMBIA

Ecuador   Ecuador   0°

ECUADOR

PERÚ

BRASIL

OCÉANO
PACÍFICO

BOLIVIA

ALTIPLANO
CORDILLERA DE LOS ANDES

Río Paraguay   20°S

GRAN CHACO

PARAGUAY

Asunción ☆   Cataratas
                             del Iguazú   Trópico de Capricornio

CHILE

LEYENDA
Elevación

Metros   Pies
3,000   9,840
2,000   6,560
1,000   3,280
500   1,640
200   656

—— Frontera nacional
☆ Capital
● Ciudad
▲ Volcán o montaña

0   400 Millas
0   400 Kilómetros

Proyección azimutal
equivalente de Lambert

Río Paraná

ARGENTINA   URUGUAY

Viña del Mar ●   Rosario ●
Valparaíso ● ● Cerro
Santiago ☆   Aconcagua   Montevideo
                                ☆ Punta del
              Buenos Aires ●   Este
              PAMPAS   Río de la Plata   OCÉANO
                                                   ATLÁNTICO
                              Mar del Plata   40°S

PATAGONIA

Cerro de
San Valentín ▲

Torres del ▲
Paine   TIERRA DEL
Estrecho de   FUEGO
Magallanes   Cabo de Hornos

Chile

Capital Santiago
Population 17.5 million
Area 291,933 sq mi / 756,102 sq km
Languages Spanish (official), English, and other indigenous languages
Religions Roman Catholic, Protestant
Government republic
Currency *peso chileno*
Exports copper, fish, fruit, paper and pulp, chemicals

Go **Online** to practice

SAVVAS
realize™

Savvas.com/Autentico

MAPA GLOBAL

La Casa Rosada en
Buenos Aires, Argentina

Paraguay

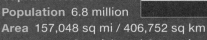

Capital Asunción

Population 6.8 million

Area 157,048 sq mi / 406,752 sq km

Languages Spanish and Guaraní
(both official)

Religions Roman Catholic,
Protestant

Government constitutional republic

Currency *guaraní*

Exports soy, cotton, meat, cooking
oil, wood, leather

Argentina

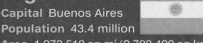

Capital Buenos Aires

Population 43.4 million

Area 1,073,518 sq mi / 2,780,400 sq km

Languages Spanish (official),
English, French, Italian, German, and
indigenous languages

Religions Roman Catholic,
Protestant, Jewish

Government republic

Currency *peso argentino*

Exports soy and soy products,
petroleum, gas, motor vehicles, corn,
wheat

Uruguay

Capital Montevideo

Population 3.3 million

Area 68,037 sq mi / 176,215 sq km

Languages Spanish (official),
Portuñol/Brazilero

Religions Roman Catholic,
Protestant, and other religions

Government constitutional republic

Currency *peso uruguayo*

Exports meat, soy, rice, wheat,
wood, milk products, wool

España
Guinea Ecuatorial

España

8° O 6° O 4° O *Golfo de Vizcaya* 2° O 0° 2° E 4° E

FRANCIA

Asturias
Cantabria
Bilbao
País Vasco
PIRINEOS
Santiago de Compostela
Galicia
Pamplona
Navarra
La Rioja
42° N

Castilla y León
Río Ebro
Zaragoza
Cataluña
Valladolid
Río Duero
Aragón
Barcelona

N
O E
S

OCÉANO ATLÁNTICO

ESPAÑA

Madrid

PORTUGAL

Mar Mediterráneo

Menorca
40° N

Mallorca
Baleares
Río Tajo

Extremadura
Castilla-La Mancha
Valencia
Valencia
Ibiza
ISLAS BALEARES

Mérida
SIERRA MORENA
Alicante
38° N

Río Guadiana
Murcia

Córdoba
Río Guadalquivir
Andalucía

Sevilla
Granada

Málaga

0   100 Millas
0   100 Kilómetros
Proyección azimutal equivalente de Lambert

Estrecho de Gibraltar
Ceuta

Melilla

LEYENDA
Elevación

Metros	Pies
3,000	9,840
2,000	6,560
1,000	3,280
500	1,640
200	656

—— Frontera nacional
✪ Capital
● Ciudad

ISLAS CANARIAS

Lanzarote
La Palma
Fuerteventura
Tenerife
Gomera
Gran Canaria
Hierro
28° N

OCÉANO ATLÁNTICO
0   50 mi
0   50 km
18° O   16° O

Paisaje de Guinea Ecuatorial

Malabo
Isla Bioko

Golfo de Guinea

GUINEA ECUATORIAL

0   50 Millas
0   50 Kilómetros
Proyección azimutal equivalente de Lambert

CAMERÚN

CAMERÚN

Isla Bioko

GUINEA ECUATORIAL

Ebebiyin

Bata
Río Muni

Mbini

Isla Annobón

GABÓN

OCÉANO ATLÁNTICO

PARQUE NACIONAL MONTE ALEN

8° E   10° E   GABÓN

Go **Online** to practice

SAVVAS
realize™

Savvas.com/Autentico

MAPA GLOBAL

El Alcázar de Toledo, España

España

Capital Madrid

Population 48.1 million

Area 195,124 sq mi / 505,370 sq km

Languages Castilian Spanish (official); Catalan, Galician, Basque (official regionally), and other regional languages

Religion Roman Catholic

Government parliamentary monarchy

Currency *euro*

Exports food, machinery, motor vehicles, pharmaceutical products

Guinea Ecuatorial

Capital Malabo

Population 740,743

Area 10,831 sq mi / 28,051 sq km

Languages Spanish and French (both official), Fang, Bubi

Religions Roman Catholic, traditional African religions, and other religions

Government republic

Currency *franco CFA*

Exports oil, timber

Estados Unidos

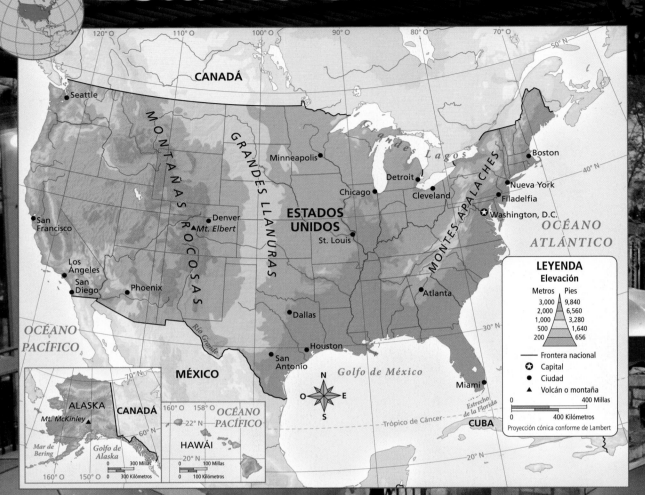

CANADÁ

Seattle

MONTAÑAS ROCOSAS

GRANDES LLANURAS

Minneapolis

Grandes Lagos

Boston

Detroit

Nueva York

San Francisco

Denver
▲Mt. Elbert

ESTADOS UNIDOS

Chicago

Cleveland

Filadelfia

Washington, D.C.

St. Louis

MONTES APALACHES

OCÉANO ATLÁNTICO

Los Ángeles

San Diego

Phoenix

Atlanta

LEYENDA
Elevación

Metros	Pies
3,000	9,840
2,000	6,560
1,000	3,280
500	1,640
200	656

— Frontera nacional
✪ Capital
● Ciudad
▲ Volcán o montaña

0   400 Millas
0   400 Kilómetros
Proyección cónica conforme de Lambert

OCÉANO PACÍFICO

Río Grande

Dallas

Houston

San Antonio

40° N

30° N

Golfo de México

N
O   E
S

Miami

Estrecho de la Florida

MÉXICO

ALASKA

Mt. McKinley ▲

CANADÁ

Mar de Bering

Golfo de Alaska

160° O
70° N
60° N

160° O   158° O

22° N

OCÉANO PACÍFICO

HAWÁI

20° N

Trópico de Cáncer

CUBA

20° N

0   300 Millas
0   300 Kilómetros

0   100 Millas
0   100 Kilómetros

120° O   110° O   100° O   90° O   80° O   70° O   50° N

Riverwalk en
San Antonio, Texas

Go **Online** to practice

Savvas.com/Autentico

SAVVAS
realize™

MAPA GLOBAL

Estados Unidos

Capital Washington, D.C.

Population 321.4 million

Area 3,796,742 sq mi / 9,833,517 sq km

Languages English, Spanish, other Indo-European languages, Asian and Pacific Islander languages, other languages

Religions Protestant, Roman Catholic, Jewish, Muslim, Mormon, and other religions

Government federal republic

Currency U.S. dollar

Exports motor vehicles, aircraft, medicines, telecommunications equipment, electronics, chemicals, soybeans, fruit, corn

Para empezar

Communication

By the end of *Para empezar* you will be able to:

- Listen to greetings and announcements.
- Read a description of the weather and a list of school supplies.

You will demonstrate what you know and can do:

- Repaso del capítulo: Preparación para el examen

You will also learn to:

1 En la escuela

- Greet people at different times of the day
- Introduce yourself to others
- Respond to classroom directions
- Begin using numbers
- Tell time
- Identify parts of the body

2 En la clase

- Talk about things in the classroom
- Ask questions about new words and phrases
- Use the Spanish alphabet to spell words
- Talk about things related to the calendar
- Learn about the Aztec calendar

3 El tiempo

- Describe weather conditions
- Identify the seasons
- Compare weather in the Northern and Southern Hemispheres

ARTE y CULTURA ❭ El mundo hispano

Greetings Social relations are somewhat more formal in Spanish-speaking countries than in the United States. New acquaintances usually greet one another with a handshake. Friends, however, greet each other with a hug or a kiss on the cheek.

▶ How does this compare with the way you greet people in the United States?

Go **Online** to practice

Savvas.com/Autentico

 AUDIO

 VIDEO

 WRITING

 SPEAK/RECORD

 MAPA GLOBAL

AUTÉNTICO

FLASCHARDS

 ETEXT 2.0

 GAMES

SAVVAS realize™

Un grupo de amigos en el Parque Darío,
Matagalpa, Nicaragua

1 En la escuela

OBJECTIVES

▶ Greet people at different times of the day
▶ Introduce yourself to others
▶ Respond to classroom directions
▶ Begin using numbers
▶ Tell time
▶ Identify parts of the body

🔊 ¡Hola! ¿Cómo te llamas?

> **Nota**
> A woman or girl says *encantada*.
> A man or boy says *encantado*.

—¡Buenos días, señor!

—¡Buenos días! **¿Cómo te llamas?**

—**Me llamo** Felipe.

—**¡Buenas tardes, señora!**

—¡Buenas tardes! ¿Cómo te llamas?

—Me llamo Beatriz.

—**Mucho gusto.**

—**Encantada.**

—**¡Buenas noches!** ¿Cómo te llamas?

—**¡Hola!** Me llamo Graciela. **¿Y tú?**

—Me llamo Lorenzo.

—Mucho gusto.

—**Igualmente.**

Exploración del lenguaje ⟩ Señor, señora, señorita

The words *señor, señora,* and *señorita* mean "sir," "madam," and "miss" when used alone. When they are used with people's last names they mean "Mr.," "Mrs.," and "Miss," and are abbreviated *Sr., Sra.,* and *Srta.* Note that the abbreviations are capitalized.

In Spanish you should address adults as *señor, señora,* or *señorita,* or use the titles *Sr., Sra.,* and *Srta.* with their last names.

Los nombres

Chicas			Chicos		
Alicia	Elena	Luz María (Luzma)	Alejandro	Francisco (Paco)	Miguel
Ana	Gloria	Margarita	Antonio (Toño)	Guillermo (Guille)	Pablo
Beatriz	Inés	María	Carlos (Chacho, Cacho)	Jorge	Pedro
Carmen	Isabel (Isa)	María Eugenia (Maru)		José (Pepe)	Ricardo
Cristina	Juana	Marta	Diego	Juan	Roberto
Dolores (Lola)	Luisa	Teresa (Tere)	Eduardo (Edu)	Manuel (Manolo)	Tomás
			Federico (Kiko)		

1

Buenos días

ESCUCHAR   Listen as people greet each other. Then point to the clock that indicates the time of day when the greetings are probably taking place.

a 08:00 AM

b  04:00 PM

c 10:00 PM

2

¿Cómo te llamas?

HABLAR EN PAREJA   Use culturally appropriate greetings and gestures in conversation. Your teacher will divide the class in half. Students in one half of the class will introduce themselves and shake hands, and students in the other half will say they are pleased to meet the others. Move quickly from person to person until time is called. Then switch roles.

Videomodelo

A —*¡Hola! ¿Cómo te llamas?*
B —*Me llamo **David**. ¿Y tú?*
A —*Me llamo **Antonio**. Mucho gusto.*
o: —***Encantado**.*
A —*Igualmente.*

¿Recuerdas?
If you are a girl, you say *encantada*.

3

¡Hola!

HABLAR EN PAREJA   Work with a partner. Choose a clock from Actividad 1 and greet each other appropriately for the time of day. Then find out your partner's name. Follow the model. Change partners and repeat.

Videomodelo

A —***Buenas tardes**.*
B —***Buenas tardes**. ¿Cómo te llamas?*
A —*Me llamo **Paco**. ¿Y tú?*
B —*Me llamo **Lourdes**. Mucho gusto.*
A —***Encantado**.*

¡Hola! ¿Cómo estás?

¿Recuerdas?
Señor, señora, and *señorita* are abbreviated to **Sr., Sra.,** and **Srta.** before a person's last name.

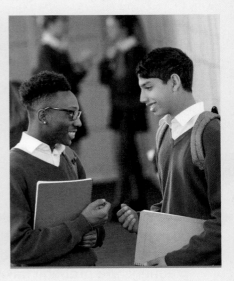

—Buenos días, Adela. ¿Cómo estás?

—**Bien, gracias,** Sr. Ruiz. **¿Y usted?**

—Bien, gracias.

—Buenas tardes, Sr. Ruiz. ¿Cómo está Ud.?

—**Muy** bien, gracias. ¿Y tú?

—Bien, gracias.

—Buenas noches, Miguel. ¿Qué tal?

—**Regular.** ¿Y tú, Carlos? **¿Qué pasa?**

—**Nada.**

—¡Adiós, Srta. Moreno! ¡Hasta luego!

—¡Hasta mañana!

—¡Hasta luego, Juan!

—¡Nos vemos!

Go **Online** to practice **Savvas.com/Autentico**

SAVVAS •••
realize.™

AUDIO

VIDEO

WRITING

SPEAK/RECORD

Exploración del lenguaje ‹ *Tú* vs. *usted*

For most Spanish speakers there are two ways to say "you": *tú* and *usted*. Use *tú* when speaking to friends, family, people your own age, children, and pets. *Usted* is formal. Use it to show respect and when talking to people you don't know well, older people, and people in positions of authority. In writing, *usted* is almost always abbreviated *Ud.*, with a capital *U*.

Would you say *tú* or *Ud.* when talking to the following people? With a partner, role play greeting these people using the correct form, *tú* or *Ud.*

- your brother
- your teacher
- your best friend
- your friend's mother
- your cat
- your principal
- a new acquaintance who is your age

4

¿Hola o adiós?

ESCUCHAR Make a chart on your paper with two columns. Label one *Greeting,* the other *Leaving*. Number your paper from 1–8. As you hear each greeting or leave-taking, place a check mark in the appropriate column next to the number.

Greeting	Leaving
1.	
2.	
3.	

5

¡Hola! ¿Qué tal?

HABLAR EN PAREJA Work with a partner. Greet each other appropriately, shake hands, and ask how your partner is. Say good-bye. Then change partners and repeat.

Videomodelo

A —*Hola, Luisa. ¿Qué tal?*
B —*Bien, Lupe. ¿Y tú?*
A —*Regular. ¡Hasta luego!*
B —*¡Adiós!*

6

Mucho gusto

LEER Read the conversation and then reply *sí* or *no* to the statements.

Profesor: Buenos días. Me llamo José Guzmán. ¿Y tú?
Estudiante: Me llamo María Hernández. Mucho gusto.
Profesor: Igualmente. ¿Cómo estás, María?
Estudiante: Bien, gracias. ¿Y Ud.?
Profesor: Muy bien, gracias. Hasta luego.
Estudiante: Adiós, señor.

1. The people knew each other.
2. The teacher is a man.
3. We know the last names of both people.
4. The student talks to the teacher in a formal tone.
5. Neither person is feeling well today.

🔊 ¡Atención, por favor!

levántense

siéntense

—¡Silencio, **por favor!** Abran el libro en la página 10.

—Levántense, por favor.

—Siéntense, por favor.

—¡Atención! Cierren el libro.

—Repitan, por favor: Buenos días.

—Buenos días.

—Saquen una hoja de papel. Escriban los números.

—Entreguen sus hojas de papel.

7

¡Siéntense!

🔊 **ESCUCHAR** You will hear some classroom commands. Listen carefully and act them out.

Los números

0	cero	10	diez	20	veinte	40	cuarenta
1	uno	11	once	21	veintiuno	50	cincuenta
2	dos	12	doce		. . .	60	sesenta
3	tres	13	trece	30	treinta	70	setenta
4	cuatro	14	catorce	31	treinta y uno	80	ochenta
5	cinco	15	quince		. . .	90	noventa
6	seis	16	dieciséis			100	cien
7	siete	17	diecisiete				
8	ocho	18	dieciocho				
9	nueve	19	diecinueve				

8

Los números

 HABLAR   Supply the missing number. Then read the sequence in Spanish.

1. 1, ___, 3
2. 6, ___, 8
3. 7, ___, 9
4. 10, ___, 12
5. 14, ___, 16
6. 17, ___, 19
7. 23, ___, 25
8. 29, ___, 31

9

Más números

 HABLAR EN PAREJA   With a partner, provide the missing numbers in each sequence. Then say the number sequence aloud in Spanish.

1. 1, 2, 3, . . . 10
2. 2, 4, 6, . . . 20
3. 1, 3, 5, . . . 19
4. 5, 10, 15, . . . 60
5. 3, 6, 9, . . . 39
6. 10, 20, 30, . . . 100

10

Números y más números

HABLAR EN PAREJA, ESCUCHAR, ESCRIBIR   Tell your partner these numbers in Spanish. He or she will write them using numerals, not words. Then check your partner's work.

Azulejo (tile) de cerámica

1. the phone numbers used to dial for information and emergencies
2. the bar code number on the back of your Spanish book
3. your house or apartment number
4. number of minutes it takes you to get from your home to school
5. number of months until your next birthday

¿Qué hora es?

In Spanish, to ask what time it is, you say *¿Qué hora es?*
Here are some answers:

Es la una.

Son las dos.

Son las tres y cinco.

Son las cuatro y diez.

Son las cinco y cuarto.

Son las seis y media.

Son las siete menos veinte.

Son las ocho y cincuenta y dos.

11

¿Qué hora es?

 HABLAR EN PAREJA Work with a partner to ask and answer questions about the time. Use these clocks.

 Videomodelo
A —*¿Qué hora es?*
B —*Son las diez.*

10:00

1 **7:00**

2 **3:30**

3 **1:15**

4 **2:20**

5 **9:40**

6 **12:50**

▲ "La persistencia de la memoria / The Persistence of Memory" (1931), Salvador Dalí

Oil on canvas, 9 1/2 x 13 in. (24.1 x 33 cm). Given anonymously.
© 2009 Salvador Dalí, Gala-Salvador Dalí Foundation/Artists Rights Society (ARS), New York./A.K.G., Berlin. Photo: Superstock.

12

La hora

 ESCUCHAR Write the numbers 1–8 on a sheet of paper. Write the times you hear with numerals—1:00, 2:15, and so on.

🔊 El cuerpo

la cabeza
el ojo
la boca
la nariz
el brazo
el dedo
la mano
el estómago
la pierna
el pie

"¡Ay! Me duele el pie".

Más recursos ONLINE

🔊 *Canción de hip hop:* El cuerpo

13

Señalen

🔊 ESCUCHAR You will hear some commands. Listen carefully and act out the commands. When you hear the word *señalen*, you should point to that part of the body.

14

Juego

ESCUCHAR Play the game *Simón dice . . .* (Simon Says). Listen and follow the leader's directions. Remember that if the leader does not say *"Simón dice,"* you should not do the action.

2 En la clase

OBJECTIVES

▶ Talk about things in the classroom
▶ Ask questions about new words and phrases
▶ Use the Spanish alphabet to spell words
▶ Talk about things related to the calendar
▶ Learn about the Aztec calendar

🔊 La sala de clases

el estudiante

el profesor

la profesora

la estudiante

—¿Qué quiere decir *lápiz*?

—Quiere decir *pencil*.

—¿Cómo se dice *book* en español?

—Se dice *libro*.

el pupitre

el bolígrafo

la carpeta

el lápiz

También se dice . . .

In many Spanish-speaking countries or regions, you will hear different words for the same thing. Words like these are highlighted in the *También se dice . . .* sections. For example, in Spain a classroom is **el aula,** while in Mexico, it is **el salón de clases.**

el cuaderno

la hoja de papel

el libro

1

El libro, el lápiz, . . .

🔊 **ESCUCHAR** You will hear the names of classroom objects. After you hear each word, hold up the object if you have it on your desk or point to it if it is somewhere in the classroom.

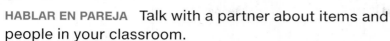
2

¿Cómo se dice . . . ?

HABLAR EN PAREJA Talk with a partner about items and people in your classroom.

Videomodelo

A —¿Cómo se dice **book** en español?

B — Se dice **libro**.

 ❶  ❷ 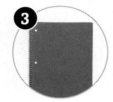 ❸  ❹  ❺

Videomodelo

mano

A —¿Qué quiere decir **mano**?

B — Quiere decir **hand**.

6. cuaderno   7. hoja de papel   8. cabeza   9. carpeta   10. brazo

---

Gramática Nouns

Nouns refer to people, animals, places, things, and ideas. In Spanish, nouns have gender. They are either masculine or feminine.

Most nouns that end in *-o* are masculine. Most nouns that end in *-a* are feminine.

The definite articles *el* and *la* also point out if a word is masculine or feminine. They both mean "the."

Spanish nouns that end in *-e* or a consonant must be learned as masculine or feminine. You should practice them with their definite articles, *el* or *la*.

Masculine	Feminine
el libro	la carpeta
el bolígrafo	la hoja de papel

Masculine	Feminine
el profesor	la noche
el lápiz	la conversación

3

¿Masculino o femenino?

ESCRIBIR Look at these words and decide whether each one is masculine or feminine. Rewrite each word and add the appropriate definite article *(el or la)*.

1. pierna   3. cuaderno   5. pupitre   7. profesora

2. nariz   4. hora   6. pie   8. estudiante

🔊 El alfabeto

A a	**B** be	**C** ce	**D** de	**E** e	**F** efe
G ge	**H** hache	**I** i	**J** jota	**K** ka	**L** ele
M eme	**N** ene	**Ñ** eñe	**O** o	**P** pe	**Q** cu
R erre	**S** ese	**T** te	**U** u	**V** uve (ve)	**W** uve doble (doble ve)
X equis	**Y** ye	**Z** zeta			

—¿Cómo se escribe *libro*?
—Se escribe ele-i-be-erre-o.

4

Escucha y escribe

🔊 ESCUCHAR, ESCRIBIR   On a sheet of paper, write the numbers 1–8. You will hear several words you know spelled aloud. Listen carefully and write the letters as you hear them.

5

Pregunta y contesta

🎤 HABLAR EN PAREJA, ESCRIBIR   Work with a partner. Use the pictures to ask and answer according to the model. As Student B spells the words, Student A should write them out. When you are finished, check your spelling by looking at p. 10.

Videomodelo
A —¿Cómo se escribe **lápiz**?
B — Se escribe **ele-a acento-pe-i-zeta**.

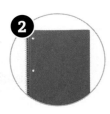

Exploración del lenguaje ◂ Punctuation and accent marks

You have probably noticed that in Spanish, questions begin with an upside-down question mark (¿) and exclamations with an upside-down exclamation point (¡). This lets you know at the beginning of a sentence what kind of sentence you are reading.

You have probably also noticed the accent mark (*el acento*) on words like *días* and *estás*.

When you write in Spanish, you must include these accents and punctuation marks.

Try it out! Rewrite these sentences and insert the correct punctuation and accents.

Como estas	Que tal
Hasta luego	Y tu

6

¿Cómo te llamas?

HABLAR EN PAREJA   Work with a partner. Follow the model to find out each other's names and how they are spelled. Then change partners and repeat.

 Videomodelo

A —¿Cómo te llamas?

B —Me llamo **María.**

A —¿Cómo se escribe **María**?

B — Se escribe **eme-a-erre-i acento-a.**

> **Strategy**
>
> **Sustaining a conversation** If you need your partner to spell a word again, *say Repite, por favor.*

7

Juego

ESCRIBIR, HABLAR EN PAREJA, ESCUCHAR

1 Play this game in pairs. Each player makes a list of five Spanish words that you have learned. Don't let your partner see your words.

2 Spell your first word aloud in Spanish. Don't forget any accent marks. Your partner will write the word as you spell it. Then your partner will spell a word for you to write. Take turns until you have spelled all the words on your lists.

3 Check each other's papers. The winner is the player with the most words spelled correctly.

CULTURA ◂ El mundo hispano

Los mayas were among the early civilizations in the Western Hemisphere to develop a form of writing with symbols, known as hieroglyphics (*los jeroglíficos*). Each symbol, or glyph, represents a word or an idea.

Pre-AP® Integration: Human Geography With what other hieroglyphic writing are you familiar?

 Mapa global interactivo Compare ancient Mayan ruins in different locations in Mexico. What key details do you see in them?

Jeroglíficos mayas

El calendario y la fecha

el mes   el día

⊕	‹	agosto	›	🔍 ☰
lunes	**martes**	**miércoles**	**jueves**	**viernes**	**sábado**	**domingo**

lunes	martes	miércoles	jueves	viernes	sábado	domingo
			1	2	3
4	5	6	7	8	9	10
11	12	13	14	15	16	17
18	19	20	21	22	23	24
25	26	27	28	29	30	31

la semana

—¿Qué día es hoy?

—**Hoy** es lunes. **Mañana** es martes.

—**¿Cuántos** días **hay en** el mes de agosto?

—Hay treinta y un días.

Los meses del año

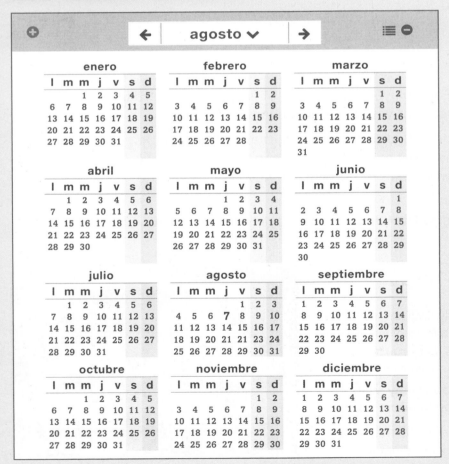

| ⊕ | ← agosto ⌄ → | ☰ ⊖ |

enero
l	m	m	j	v	s	d
	1	2	3	4	5
6	7	8	9	10	11	12
13	14	15	16	17	18	19
20	21	22	23	24	25	26
27	28	29	30	31

febrero
l	m	m	j	v	s	d
					1	2
3	4	5	6	7	8	9
10	11	12	13	14	15	16
17	18	19	20	21	22	23
24	25	26	27	28

marzo
l	m	m	j	v	s	d
					1	2
3	4	5	6	7	8	9
10	11	12	13	14	15	16
17	18	19	20	21	22	23
24	25	26	27	28	29	30
31

abril
l	m	m	j	v	s	d
	1	2	3	4	5	6
7	8	9	10	11	12	13
14	15	16	17	18	19	20
21	22	23	24	25	26	27
28	29	30

mayo
l	m	m	j	v	s	d
		1	2	3	4
5	6	7	8	9	10	11
12	13	14	15	16	17	18
19	20	21	22	23	24	25
26	27	28	29	30	31

junio
l	m	m	j	v	s	d
						1
2	3	4	5	6	7	8
9	10	11	12	13	14	15
16	17	18	19	20	21	22
23	24	25	26	27	28	29
30

julio
l	m	m	j	v	s	d
	1	2	3	4	5	6
7	8	9	10	11	12	13
14	15	16	17	18	19	20
21	22	23	24	25	26	27
28	29	30	31

agosto
l	m	m	j	v	s	d
			1	2	3
4	5	6	**7**	8	9	10
11	12	13	14	15	16	17
18	19	20	21	21	23	24
25	26	27	28	29	30	31

septiembre
l	m	m	j	v	s	d
1	2	3	4	5	6	7
8	9	10	11	12	13	14
15	16	17	18	19	20	21
22	23	24	25	26	27	28
29	30

octubre
l	m	m	j	v	s	d
	1	2	3	4	5
6	7	8	9	10	11	12
13	14	15	16	17	18	19
20	21	22	23	24	25	26
27	28	29	30	31

noviembre
l	m	m	j	v	s	d
					1	2
3	4	5	6	7	8	9
10	11	12	13	14	15	16
17	18	19	20	21	22	23
24	25	26	27	28	29	30

diciembre
l	m	m	j	v	s	d
1	2	3	4	5	6	7
8	9	10	11	12	13	14
15	16	17	18	19	20	21
22	23	24	25	26	27	28
29	30	31

Nota

Notice that the days of the week and the months of the year are not capitalized in Spanish, except at the beginning of sentences.

The first day of the week in a Spanish-language calendar is *lunes*.

✚		‹	agosto		›		🔍 ▤
lunes	martes	miércoles	jueves	viernes	sábado	domingo
				el primero → 1	2	3
4	5	6	7	8	9	10
11	12	13	14	15	16	17
18	19	20	21	22	23	24
25	26	27	28	29	30	31

el 22 de agosto

—**¿Cuál es la fecha?**

—**Es el 22 de** agosto.

—**¿Cuál es la fecha?**

—**Es el primero** de agosto.

Nota
To say the first day of the month, use *el primero*. For the other days, use the numbers *dos, tres,* and so on.

8

Hoy y mañana

HABLAR EN PAREJA Ask and answer according to the model.

Videomodelo
lunes
A —*¿Qué día es hoy?*
B —*Hoy es **lunes**. Mañana es **martes**.*

1. martes
2. sábado
3. jueves

4. miércoles
5. viernes
6. domingo

9

Días de fiesta

LEER, ESCRIBIR Read the following sentences and rewrite them, making the necessary corrections.

1. El Día de San Patricio es el 14 de enero.

2. El Día de San Valentín es en junio.

3. Januká es en febrero.

4. La Navidad (*Christmas*) es el 25 de noviembre.

5. El Día de la Independencia de los Estados Unidos (*United States*) es el 4 de junio.

6. El Año Nuevo (*New Year's Day*) es en diciembre.

7. Hoy es el 3 de agosto.

El calendario

ESCRIBIR Answer the questions based on the calendar page below.

⊕	⟨		julio	⟩		🔍 ▤
lunes	**martes**	**miércoles**	**jueves**	**viernes**	**sábado**	**domingo**
	1	2	3	4	5	6
hoy — 7	8	9	10	11	12	13
14	15	16	17	18	19	20
21	22	23	24	25	26	27
28	29	30	31			

1. ¿Cuál es la fecha hoy?
2. ¿Qué día de la semana es?
3. ¿Qué día es mañana?

4. ¿Cuál es la fecha de mañana?
5. ¿Cuántos días hay en este *(this)* mes?
6. ¿Cuántos días hay en una semana?

CULTURA ◄ España

Los sanfermines, or the "Running of the Bulls," is a popular two-week festival in Pamplona, Spain, named for the town's patron saint, San Fermín, who is commemorated on July 7 each year. The celebration includes daily bullfights, but before they begin the real excitement starts! As the bulls are released from their pens and run through the streets, many people run ahead or alongside them to the bullring.

Pre-AP® Integration: Entertainment What festivals are you familiar with in which animals play a role?

Mapa global interactivo Explore the narrow streets of Pamplona, Spain, and compare the city's layout with where you live.

La Fiesta de San Fermín, en Pamplona, España

11

El calendario azteca

LEER   The Aztecs were a nomadic tribe that finally settled in the valley of central Mexico in 1325. They established their capital, Tenochtitlán, on a swampy lake and built a mighty empire that dominated most of Mexico. The Aztec empire flourished until 1521, when it was defeated by the Spaniards, led by Hernán Cortés.

Conexiones   La historia

One of the most famous symbols of Mexico is the monolith, or huge stone, carved by the Aztecs in 1479. Known today as the Aztec calendar or the Sun Stone, the carving weighs almost 24 tons and is approximately 12 feet in diameter. The Aztecs dedicated it to the sun, represented by the face in the center. The calendar represents a 260-day year.

Representation of the sun, or Tonatiuh

One of the previous four world creations

This band shows the 20 days of the month.

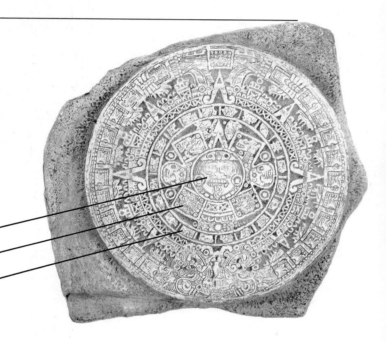

12

Los símbolos aztecas

ESCRIBIR   Here are several glyphs representing days found on the Sun Stone. Match the glyph with the Spanish word. What do you think each of the glyphs represents? Why do you think the Aztecs included those symbols on their calendar?

 **1**

 **2**

 **3**

 **4**

 **5**

 **6**

a. Jaguar

b. Perro

c. Movimiento

d. Serpiente

e. Cráneo

f. Agua

OBJECTIVES
▸ Describe weather conditions
▸ Identify the seasons
▸ Compare weather in the Northern and Southern Hemispheres

🔊 ¿Qué tiempo hace?

Hace sol. ☀

Hace calor. 🌡

Hace frío. 🌡

Hace viento. 🌬

Llueve. 🌧

Nieva. ❄

Las estaciones

la primavera

el verano

el otoño

el invierno

1

El tiempo

 ESCUCHAR You will hear six descriptions of different weather conditions. Write the numbers 1–6 on a sheet of paper. Then, next to each number, write the letter of the photo for which the weather is being described.

2

¿Qué tiempo hace?

  HABLAR EN PAREJA Work with a partner. Ask and answer the questions based on the city and weather information for each item.

 Videomodelo

Miami / julio /   **A** —¿Qué tiempo hace en **Miami** en **julio**?
B —**Hace sol.**

1. Denver / enero /

2. Chicago / octubre /

3. San Francisco / noviembre /

4. Washington, D.C. / junio /

5. Minneapolis / diciembre /

6. Dallas / agosto /

Más recursos ONLINE

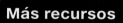 *Canción de hip hop:* ¿Qué tiempo hace?

3

Las estaciones

 HABLAR, ESCRIBIR Answer the questions based on where you live.

1. ¿Qué tiempo hace en la primavera? ¿En el otoño? ¿En el verano? ¿En el invierno?
2. ¿En qué estación hace frío? ¿Calor? ¿Sol? ¿Viento?
3. ¿En qué estación llueve?
4. ¿En qué estación nieva?

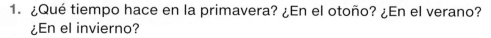

Dos hemisferios

 LEER, ESCRIBIR, HABLAR Read about the seasons in the Northern and Southern Hemispheres and then answer the questions.

Conexiones ◄ La geografía

Did you know that the seasons for the Northern and Southern Hemispheres are reversed? When it's winter in the Northern Hemisphere, it's summer in the Southern Hemisphere and vice versa. So if you want to ski all year round, go from the slopes of the Rockies in Colorado in December to those of the Andes in Bariloche, Argentina in July. Or for a December getaway to a warmer climate, go to one of the coastal resorts at Viña del Mar, Chile.

 Mapa global interactivo Locate North and South America and compare the weather north and south of the equator.

1. En febrero, ¿qué tiempo hace en Chile?

2. En junio, ¿qué tiempo hace en Colorado?

3. En tu comunidad, ¿qué tiempo hace en diciembre? ¿Y en agosto?

ciudad	diciembre	julio
Asunción, Paraguay	85° F / 29° C	75° F / 24° C
Bogotá, Colombia	66° F / 19° C	64° F / 17° C
Buenos Aires, Argentina	78° F / 26° C	50° F / 10° C
Caracas, Venezuela	80° F / 27° C	80° F / 27° C
Chicago	36° F / 2° C	75° F / 24° C
Ciudad de méxico, México	70° F / 21° C	74° F / 23° C
Guatemala, Guatemala	72° F / 22° C	74° F / 23° C
La Habana, Cuba	76° F / 24° C	82° F / 28° C
La Paz, Bolivia	58° F /15° C	55° F /13° C
Lima, Perú	76° F / 24° C	76° F / 24° C
Los Ángeles	67° F / 19° C	88° F / 31° C
Miami	76° F / 24° C	97° F / 36° C
Nueva York	41° F / 5° C	74° F / 23° C
Quito, Ecuador	65° F / 18° C	67° F / 19° C
San José, Costa Rica	78° F / 26° C	78° F / 26° C
San Juan, Puerto Rico	74° F / 23° C	80° F / 27° C
Santiago, Chile	82° F / 28° C	50° F / 10° C
Seattle	41° F / 5° C	66° F / 19° C
St. Louis	36° F / 2° C	81° F / 27° C
Tegucigalpa, Honduras	70° F / 21° C	81° F / 27° C

Los Ángeles

Tegucigalpa,
Honduras

Asunción,
Paraguay

Nota

In most parts of the world, people express temperatures in Celsius. A simple way to convert from Celsius to Fahrenheit is to multiply the temperature by $\frac{9}{5}$, then add 32.

$$30°C = \underline{\ ?\ } F$$
$$30 \times \tfrac{9}{5} = 54 + 32$$
$$30°C = 86°F$$

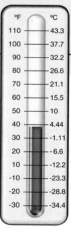

5

¿Hace calor o hace frío?

HABLAR EN PAREJA Work with a partner. Discuss the weather in six different places on the chart.

Videomodelo

A —¿Qué tiempo hace en **Chicago** en **diciembre**?
B —Hace **frío**.

6

¿Y qué tiempo hace en . . . ?

HABLAR EN PAREJA Work with a partner. Ask about the temperature in six different places on the chart.

Videomodelo

A —¿Cuál es la temperatura en **Quito** en **diciembre**?
B —**Sesenta y cinco** grados.
o: —**Dieciocho** grados.

Para decir más . . .

la temperatura = temperature
grados = degrees

Repaso del capítulo

OBJECTIVES
▶ Review the vocabulary
▶ Demonstrate you can perform the tasks on p. 23

🔊 Vocabulario

En la escuela

to greet someone

Buenos días.	Good morning.
Buenas noches.	Good evening.
Buenas tardes.	Good afternoon.
¡Hola!	Hello!
¿Cómo te llamas?	What is your name?
Me llamo . . .	My name is . . .
Encantado, -a.	Delighted.
Igualmente.	Likewise.
Mucho gusto.	Pleased to meet you.
señor, Sr.	sir, Mr.
señora, Sra.	madam, Mrs.
señorita, Srta.	miss, Miss

to ask and tell how someone is

¿Cómo está Ud.? *(formal)*	How are you?
¿Cómo estás? *(familiar)*	How are you?
¿Qué pasa?	What's happening?
¿Qué tal?	How are you?
¿Y tú? / ¿Y usted (Ud.)?	And you?
(muy) bien	(very) well
nada	nothing
regular	okay, so-so
gracias	thank you

to say good-bye

¡Adiós!	Good-bye!
Hasta luego.	See you later.
Hasta mañana.	See you tomorrow.
¡Nos vemos!	See you!

to tell time

¿Qué hora es?	What time is it?
Es la una.	It's one o'clock.
Son las . . . y / menos . . .	It's . . . (time).
y cuarto / menos cuarto	quarter past / quarter to
y media	thirty, half-past

to count up to 100 (Turn to p. 7.)

to talk about the body (Turn to p. 9.)

En la clase

to talk about the classroom

el bolígrafo	pen
la carpeta	folder
el cuaderno	notebook
el estudiante, la estudiante	student
la hoja de papel	sheet of paper
el lápiz	pencil
el libro	book
el profesor, la profesora	teacher
el pupitre	(student) desk
la sala de clases	classroom

to say the date

el año	year
el día	day
el mes	month
la semana	week
¿Qué día es hoy?	What day is today?
¿Cuál es la fecha?	What is the date?
Es el *(number)* de *(month)*.	It's the . . . of . . .
Es el primero de *(month)*.	It's the first of . . .
hoy	today
mañana	tomorrow

to say the days of the week and the months of the year (Turn to p. 14.)

other useful words

¿cuántos, -as?	how many?
en	in
hay	there is / there are
por favor	please

to ask for help

¿Cómo se dice . . . ?	How do you say . . . ?
Se dice . . .	You say . . .
¿Cómo se escribe . . . ?	How is . . . spelled?
Se escribe . . .	It's spelled . . .
¿Qué quiere decir . . . ?	What does . . . mean?
Quiere decir . . .	It means . . .

El tiempo

to talk about the weather

¿Qué tiempo hace?	What's the weather like?
Hace calor.	It's hot.
Hace frío.	It's cold.
Hace sol.	It's sunny.
Hace viento.	It's windy.
Llueve.	It's raining.
Nieva.	It's snowing.

to talk about the seasons

la estación	season
el invierno	winter
el otoño	fall, autumn
la primavera	spring
el verano	summer

Preparación para el examen

Interpretive

1 ESCUCHAR On the exam you will be asked to listen to and understand people as they greet each other and introduce themselves. To practice, listen to some students greet people in the school halls. Answer these questions about each greeting: Is it morning or afternoon? Was the greeting directed to an adult? How did that person respond?

To review, see pp. 2–5 and Actividades 1, 4.

Interpretive

2 ESCUCHAR You will be asked to listen to and understand someone announcing the current date and time. To practice, listen to the message and answer the questions: What is the time of day? What is the date?

To review, see pp. 7–8 and Actividad 12; pp. 14–16 and Actividad 10.

Interpretive

3 LEER You will be asked to read and understand a description of the weather for a given day. To practice, read the weather forecast below. Answer the questions: What is the date? What are the high and low temperatures? What is the weather like?

> *El dos de septiembre*
> *Hoy en San Antonio hace sol. La temperatura máxima es*
> *75 grados y la mínima es 54. No llueve.*

To review, see pp. 18–21 and Actividades 2–6.

Interpretive

4 LEER You will be asked to read a list of school supplies and identify them. To practice, copy the school supply list below onto a sheet of paper. Please note: *un, una* mean "a" or "an." Then look to see whether you have any of the items on your desk right now. Make a check mark next to each item you have.

un cuaderno	un lápiz	una hoja de papel
un bolígrafo	una carpeta	un libro

To review, see p. 10.

CAPÍTULO 1A
¿Qué te gusta hacer?

Country Connections Explorar el mundo hispano

Estados Unidos
España
República Dominicana
México
Puerto Rico
Costa Rica
Colombia
Guinea Ecuatorial
Argentina

CHAPTER OBJECTIVES

Communication

By the end of this chapter you will be able to:

- Listen to and read about activities people like and don't like to do.
- Talk and write about what you and others like and don't like to do.
- Describe your favorite activities and ask others about theirs.

Culture

You will also be able to:

- **Auténtico:** Identify cultural practices in an authentic video about an after-school music program.
- Describe dances and music from the Spanish-speaking world and compare them to dances you know.

- Compare favorite activities of Spanish-speaking teens to those of teens in the United States.

You will demonstrate what you know and can do:

- Presentación oral: A mí me gusta mucho...
- Repaso del capítulo: Preparación para el examen

You will use:

Vocabulary
- Activities
- Expressing likes and dislikes

Grammar
- Infinitives
- Negatives
- Expressing agreement or disagreement

ARTE y CULTURA ⟩ España

Pablo Picasso (1881–1973), one of the best-known Spanish artists of the twentieth century, had a long, productive career creating art in a wide range of styles and forms. He showed remarkable artistic talent as a child and had his first exhibition when he was 13 years old. "Three Musicians" is an example of Picasso's cubist painting style.

▶ Study this painting and list some characteristics that show why this style is known as "cubism."

"Musiciens aux masques / Three Musicians" ▶ (1921), Pablo Picasso

Oil on canvas, 6' 7'' X 7' 3 3/4'. Mrs. Simon Guggenheim Fund, #55.1949. © 2009 Estate of Pablo Picasso/Artists Rights Society (ARS), New York. Photo: © The Museum of Modern Art/Scala/Art Resource, NY.

Patinando en línea,
Barcelona, España

▶ Videocultura **Amigos y actividades**

Vocabulario en contexto

Ana: ¡Hola, Beatriz! ¿Qué te gusta hacer? ¿Te gusta bailar?

Beatriz: ¡Sí! ¡Me gusta mucho bailar! ¿Y a ti, Edgar?

Edgar: A mí no me gusta nada bailar. Me gusta mucho jugar videojuegos. También me gusta practicar deportes. Me gusta esquiar y nadar.

Ana   Beatriz   Edgar

correr

dibujar

nadar

practicar deportes

esquiar

cantar

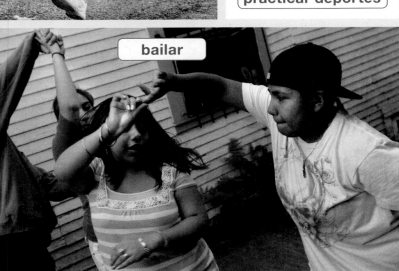

bailar

escuchar música

Ana: Pues, **no me gusta** jugar videojuegos. **Me gusta** montar en bicicleta **o** en monopatín.

Beatriz: **A mí tampoco** me gusta jugar videojuegos. Edgar, **¿qué te gusta más,** usar la computadora o ver la tele?

Edgar: No me gusta **ni** usar la computadora **ni** ver la tele. ¡Me gusta escribir cuentos!

Ana: **A mí también.** ¡Me gusta mucho escribir!

jugar videojuegos

montar en monopatín

ver la tele

montar en bicicleta

usar la computadora

escribir cuentos

1

¿Te gusta o no te gusta?

 ESCUCHAR Luz will say what she likes to do and doesn't like to do. Give a "thumbs-up" sign when you hear her say something she likes to do and a "thumbs-down" sign when she says something she doesn't like to do.

2

Me gusta...

ESCUCHAR Listen to what some people like to do. Point to the picture of the activity each describes.

Amigos en Internet

José y Rosa escriben mensajes en Internet.

mensajes   08:07 AM

Rosa   **José**

José ◁ ¡Hola! Me llamo *Amigo del Deporte*. Me gusta **tocar la guitarra** y **patinar**. ¿Y a ti? ¿Qué te gusta hacer?

Rosa ◁ ¿Qué tal, *Amigo del Deporte*? Me llamo *Mucha Música*. Pues a mí me gusta mucho **escuchar música**. También me gusta **pasar tiempo con amigas**. No me gusta **ir a la escuela**.

José ◁ A mí tampoco me gusta ir a la escuela. ¡**Me gusta más** practicar deportes!

Rosa ◁ No me gusta nada practicar deportes. Me gusta mucho **hablar por teléfono** y **leer revistas**.

José ◁ Pues, a mí no me gusta leer revistas. Me gusta **trabajar**.

Rosa ◁ ¡Adiós!

3

¿Qué te gusta hacer?

ESCRIBIR   Lee las oraciones. Escribe *Sí* si la oración es correcta o *No* si es incorrecta.

1. A Rosa le gusta patinar.

2. A José le gusta leer revistas.

3. A Rosa le gusta ir a la escuela.

4. A José le gusta tocar la guitarra.

Videohistoria

Bienvenidos a Codo a Codo

Before You Watch

Using visuals Focus on the images in a video to increase your understanding. Connect each visual with the narration. Look at the photos shown and watch for similar activities in the video.

Complete the Activity

Las actividades Look at the two photos. What volunteer activities are these teens doing? Use the phrase *trabajar de voluntario* and phrases you have just learned to say whether or not you like to do volunteer work.

▶ Watch the Video

What different kinds of activities can you do to help others and still have fun?

Go to **Savvas.com/Autentico** to watch the video *Bienvenidos a Codo a Codo* and to view the script.

After You Watch

 ¿COMPRENDES? Answer the following questions based on your understanding of the video.

1. ¿Qué actividades hay en el video?
2. What is *Codo a Codo*?
3. What can you infer about the purpose of the video?

Pregunta personal Answer these questions to see if you could be a candidate for *Codo a Codo.*

1. ¿Te gusta ver la tele o correr?
2. ¿Qué te gusta más, usar la computadora o pasar tiempo con amigos?
3. ¿Te gusta trabajar y ayudar (*help*)?

Vocabulario en uso

OBJECTIVES
▶ Write and talk about activities you and others like and don't like to do
▶ Exchange information while comparing what you like to do
▶ Compare how you spend free time to teenagers in Spain

5

¿Te gusta o no te gusta?

ESCRIBIR Complete the following sentences with one of the activities shown, or with any of the other activities shown on pp. 26–29.

Modelo
*Me gusta **practicar deportes.***

1. Me gusta ___.

2. No me gusta ___.

3. Me gusta mucho ___.

4. No me gusta nada ___.

5. Me gusta ___.

6. No me gusta ni ___ ni ___.

6

Me gusta o no me gusta

ESCRIBIR Find four activities on pp. 26–29 that you like to do and four that you don't like to do. Copy this chart on your paper and write the activities in the corresponding columns.

Modelo

Me gusta	No me gusta
correr	*cantar*

7

¡A mí también!

HABLAR EN PAREJA Express and exchange personal opinions with a partner. Using the information from Actividad 6, tell your partner three activities that you like to do. Your partner will agree or disagree with you. Follow the model. Then switch roles and repeat the activity.

ESCRIBIR EN PAREJA Repeat the activity, but send an email to a second student telling them the three activities you like. The second partner will agree or disagree with you. Switch roles and repeat.

Videomodelo
A —*Me gusta correr.*
B —*¡A mí también!*
o:—*¡A mí no me gusta!*

También se dice . . .
No me gusta nada = No me gusta para nada *(muchos países)*

8

¿Qué te gusta hacer?

HABLAR EN PAREJA   Exchange preferences with your partner about activities in everyday life. Ask whether he or she likes doing the activities below. Your partner will answer using one of the two responses shown. Then switch roles and answer your partner's questions.

Videomodelo

A —¿*Te gusta* **montar en monopatín**?
B —*Sí, me gusta mucho.*
o: —*No, no me gusta nada.*

Estudiante A
¿Te gusta . . . ?

Estudiante B

¡Respuesta personal!

El mundo hispano

Outdoor cafés are popular gathering places throughout the Spanish-speaking world. Friends go there to enjoy a snack or light meal, catch up with one another, or just watch people go by.

Pre-AP Integration: Lifestyles   Where do you go to socialize with your friends or to meet new ones? What factors might affect the differences in where and how teens socialize?

 Mapa global interactivo   Explore the Plaza Mayor in Salamanca, Spain and describe the surrounding buildings.

En el verano, me gusta pasar tiempo con mis amigos en la ▶
Plaza Mayor de Salamanca, España.

Gramática

OBJECTIVES
▶ Write about and discuss activities
▶ Listen to descriptions of what someone likes to do
▶ Read about, listen to, and write about different types of Latin music

Infinitives

Verbs are words that are most often used to name actions. Verbs in English have different forms depending on who is doing the action or when the action is occurring:

I **walk**, she **walks**, we walk**ed**, etc.

The most basic form of a verb is called the infinitive. In English, you can spot infinitives because they usually have the word "to" in front of them:

to swim, **to** read, **to** write

Infinitives in Spanish, though, don't have a separate word like "to" in front of them. Spanish infinitives are only one word, and always end in *-ar, -er,* or *-ir:*

nad**ar**, le**er**, escrib**ir**

Más recursos ONLINE

▶ *GramActiva* Video
▶ **Tutorial:** Conjugation & Infinitive
▶ **Animated Verbs**
🔊 *Canción de hip hop: Mambo*
✏ *GramActiva* Activity

9

¿Cuál es?

ESCRIBIR On a sheet of paper, make a chart with three columns for the headings *-ar, -er,* and *-ir.* Then look at these pictures of activities. Write the infinitive for each activity under the corresponding head. Save your chart to use in Actividad 11.

Modelo

-ar	-er	-ir
nadar		

10

Tres papeles

ESCUCHAR Tear a sheet of paper into three equal parts. Write *-ar* on one piece, *-er* on another piece, and *-ir* on the third piece. You will hear several infinitives. Listen carefully to the endings. Hold up the paper with the ending that you hear.

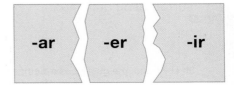

11

El verbo es . . .

ESCRIBIR Here are some verbs in English. Look them up in the English-Spanish glossary at the back of the book and write down the Spanish infinitives on the chart you made in Actividad 9.

to walk   to live   to eat   to study   to have

It's easy to talk about the things you like to do once you know the infinitive, because you just add the infinitive to *Me gusta.* Try writing this sentence in Spanish: *I like to sleep.*

Strategy

Using a dictionary or glossary When you need to look up a verb, always look under the infinitive form.

12

Encuesta: ¿Qué te gusta hacer?

ESCRIBIR, HABLAR EN GRUPO

1 Ask four classmates to tell you two things they like to do (*¿Qué te gusta hacer?*) and two things they don't like to do (*¿Qué no te gusta hacer?*). Record their names and responses on a chart like this one.

2 Work in groups of four. Add up the results of your interviews to see which activities are the most popular and which ones are the least popular.

3 Share your results with the class.

   1. Las actividades más *(most)* populares:

   2. Las actividades menos *(least)* populares:

Modelo

Nombre	Me gusta	No me gusta
Beto	nadar ir a la escuela	patinar usar la computadora

Actividad	Me gusta	No me gusta
tocar la guitarra	|||	|
cantar	|	|||
trabajar	||	||

13

Escucha y escribe

ESCUCHAR, ESCRIBIR Write the numbers 1–7 on a sheet of paper. You will hear Raúl say seven things that he likes to do. Write them down as he says them. Spelling counts!

¿Recuerdas?
Remember to include any accent marks when you spell a word.

Words that look alike and have similar meanings in English and Spanish are called **cognates** (cognados). Here are examples from this chapter:

Spanish	English
popular	popular
usar	to use
guitarra	guitar
computadora	computer

Try it out! Look at pp. 26–29 and make a list of seven cognates from the vocabulary on those pages.

Strategy
Recognizing cognates
Becoming skilled at recognizing cognates will help you understand what you read and will increase your vocabulary.

CULTURA ‹ República Dominicana

Jaime Antonio González Colson (1901–1975) was an artist from the Dominican Republic. His works usually focused on the people and culture of his homeland.

The *merengue*, the dance shown in this painting, originated in the Dominican Republic in the nineteenth century. One of the instruments used to accompany it is the *güiro* (shown at the top right), made from a gourd and played by scraping it with a stick.

Las maracas, el güiro, la cabassa y las claves son instrumentos típicos de la música del Caribe.

Pre-AP Integration: Visual and Performing Arts What details of the local culture does the artist include in his painting?

"Merengue" (1937), Jaime Antonio González Colson

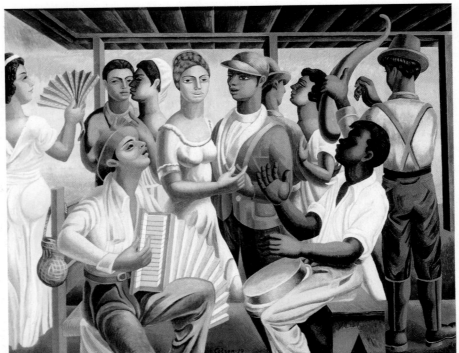

14

Go **Online** to practice

Savvas.com/Autentico

SAVVAS
realize™

AUDIO

El baile y la música del mundo hispano

LEER, ESCUCHAR, ESCRIBIR Each country in the Spanish-speaking world has distinct musical styles and traditions. Many of the unique rhythms and dances of Spanish-speaking countries are now popular in the United States. This music features instruments such as guitars, violins, accordions, and various types of percussion such as *güiros,* sticks, cymbals, cow bells, and drums. As you read the captions, see how many words you can understand due to their similarity to English words. After you read, your teacher will play examples of each type of music. Listen for the different instruments used.

Conexiones ⟨ La música

- Reread each of the captions and make a list of seven cognates.
- Make a list of instruments you heard in the different songs. You might need to listen to the music again.

≡ Artículo > **Baile latino** ★ ★ ★ ★ ★ comentarios (1209)

En **Argentina, el tango** es muy popular. Es un baile romántico.

En **Puerto Rico, la salsa** es el baile preferido. El ritmo de la salsa es popular en la música de los Estados Unidos también.

En la **República Dominicana,** el baile tradicional es **el merengue.** El merengue tiene muchos ritmos africanos.

El flamenco es un baile típico de **España.** El instrumento más importante en el flamenco es la guitarra.

La cumbia es el baile más famoso de **Colombia.**

Gramática

OBJECTIVES
▶ Read and write about other people's likes and dislikes
▶ Ask and answer questions about activity preferences

Negatives

To make a sentence negative in Spanish, you usually put *no* in front of the verb or expression. In English you usually use the word "not."

No me gusta cantar.   *I do **not** like to sing.*

To answer a question negatively in Spanish you often use *no* twice. The first *no* answers the question. The second *no* says, "I do *not . . . (don't)*." This is similar to the way you answer a question in English.

¿Te gusta escribir cuentos?   *Do you like to write stories?*
No, no me gusta.   *No, I don't.*

In Spanish, you might use one or more negatives after answering *"no."*

¿Te gusta cantar?   *Do you like to sing?*
No, no me gusta **nada**.   *No, I **don't** like it **at all**.*

If you want to say that you do not like either of two choices, use *ni . . . ni:*

No me gusta   *I **don't** like **either**
   ni nadar **ni** dibujar.   swimming **or** drawing.*
                      *I like **neither** swimming
                      nor drawing.*

¿Recuerdas?
Did you remember that *nada* has another meaning?
     ¿Qué pasa? **Nada.**
In this case, *nada* means "nothing."

Más recursos   ONLINE
▶ *GramActiva* Video
▶ **Tutorials:** Affirmative and Negative, Making a Sentence Negative, Formation of Negative Sentences
✎ *GramActiva* Activity

15

Una persona muy negativa

LEER, ESCRIBIR   Fill in the blanks in the dialogue with one of these expressions: *no, nada, tampoco, ni . . . ni.*

Tomás es un nuevo estudiante en la clase y es una persona muy negativa.

Ana: Hola, Tomás. ¿Te gusta escuchar música?

Tomás: No, __1.__ me gusta. ☹

Ana: Pues, ¿qué te gusta más, jugar videojuegos o usar la computadora?

Tomás: No me gusta __2.__ jugar videojuegos __3.__ usar la computadora.

Ana: ¿Te gusta practicar deportes?

Tomás: No, no me gusta __4.__ practicar deportes.

Ana: Pues, Tomás, no me gusta pasar tiempo con personas negativas.

Tomás: ¡A mí __5.__!

16

¡No, no me gusta!

 HABLAR EN PAREJA Respond to questions about everyday life. Today you feel very negative. With a partner, respond to each question saying that you don't like to do any of these activities.

▶ **Videomodelo**

A —¿Te gusta *jugar videojuegos*?
B —*No, no me gusta jugar videojuegos.*

Estudiante A

Estudiante B

No, no me gusta . . .

17

¿Qué te gusta más?

 HABLAR EN PAREJA Ask and respond to questions about everyday life and personal preferences with a partner. Find out what activities your partner likes more. Then switch roles.

Videomodelo

▶
A —¿Qué te gusta más, *nadar* o *esquiar*?
B —*Pues, me gusta más nadar.*
o: —*Pues, no me gusta ni nadar ni esquiar.*

1.

2.

3.

4.

Gramática

Expressing agreement or disagreement

To agree with what a person likes, you use "*a mí también.*"
It's like saying "me too" in English.

Me gusta pasar tiempo con amigos.

A mí también.

I like to spend time with friends.

Me too.

If someone tells you that he or she dislikes something, you can agree by saying "*a mí tampoco.*" It's like saying "me neither" or "neither do I" in English.

No me gusta nada cantar.

A mí tampoco.

I don't like to sing at all.

Me neither.

18

¿También o tampoco?

ESCRIBIR EN PAREJA Exchange text messages with a classmate expressing your opinion about free time activities. First, write a list of three things that you like to do and three things that you don't like to do. Tell your partner the activities on your list. Your partner will agree or disagree based upon his or her personal preferences. Follow the model.

Modelo

A —*Me gusta mucho bailar.*

B —*A mí también.*

o: —*Pues, a mí no me gusta nada bailar.*

A —*No me gusta nada cantar.*

B —*A mí tampoco.*

o: —*Pues, a mí me gusta cantar.*

19

Opiniones

LEER, ESCRIBIR Read the opinions of three students on videogames and answer the questions.

1. Who thinks that videogames are neither good nor bad? How often does he or she play videogames?

2. Who likes videogames a lot? With whom does this person play them?

3. Who doesn't like videogames? Why not?

4. ¿A ti te gusta jugar videojuegos?

Jugar videojuegos: ¿bueno o malo[1]?

☺ **Alicia**
Ni lo uno ni lo otro
Jugar videojuegos no es ni bueno ni malo. Me gusta jugar a veces[2].

☺ **Enrique**
¡Es fabuloso!
A mí también me gusta jugar videojuegos. Es fabuloso jugar con mis amigos.

☹ **Sandra**
¡Es terrible!
Jugar videojuegos es malo para los ojos[3]. ¡No me gusta nada!

[1]bad   [2]sometimes   [3]eyes

Pronunciación ⟨ The vowels *a, e,* and *i*

The vowel sounds in Spanish are different from those in English. In Spanish, each vowel has just one sound. Spanish vowels are also quicker and shorter than those in English.

The letter *a* is similar to the sound in the English word *pop*. Listen to and say these words:

andar   cantar   trabajar

hablar   nadar   pasar

The letter *e* is similar to the sound in the English word *met*. Listen to and say these words:

tele   me   es   Elena   deportes

The letter *i* is similar to the sound in the English word *see*. As you have already seen, the letter *y* sometimes has the same sound as *i*. Listen to and say these words:

sí   patinar   ti

escribir   lápiz   mí

Try it out! Listen to and say this rhyme:

A-E-I   El perro canta para ti.

A-E-I   El tigre baila para mí.

Try it again, substituting *el gato* for *el perro* and *la cebra* for *el tigre*.

El español en la comunidad

Hispanics in the United States make up approximately 16 percent of the total population and are the fastest-growing minority group. By the year 2050, the Hispanic population is expected to be almost 29 percent of the total U.S. population. Because of this, there are an increasing number of Spanish-language electronic and print media sources—Internet, television, radio, magazines, and newspapers—available throughout the country.

- Make a list of Spanish-language media sources in your community. Try to find local, regional, national, or even international sources, as well as both electronic and print media. If possible, bring in examples. How much can you understand?

These sources will help you improve your Spanish, and you'll learn about Spanish-speaking cultures as well.

OBJECTIVES
▶ Read about favorite activities of some teenagers
▶ Use cognates to figure out new words

Strategy
Using cognates Use what you already know about cognates to figure out what new words mean.

¿Qué te gusta hacer?

Read these fictional posts from four students looking for e-pals. As you read their notes, focus on the key words *me gusta* and the key details of their activity preferences. Think about how their likes and interests compare to yours.

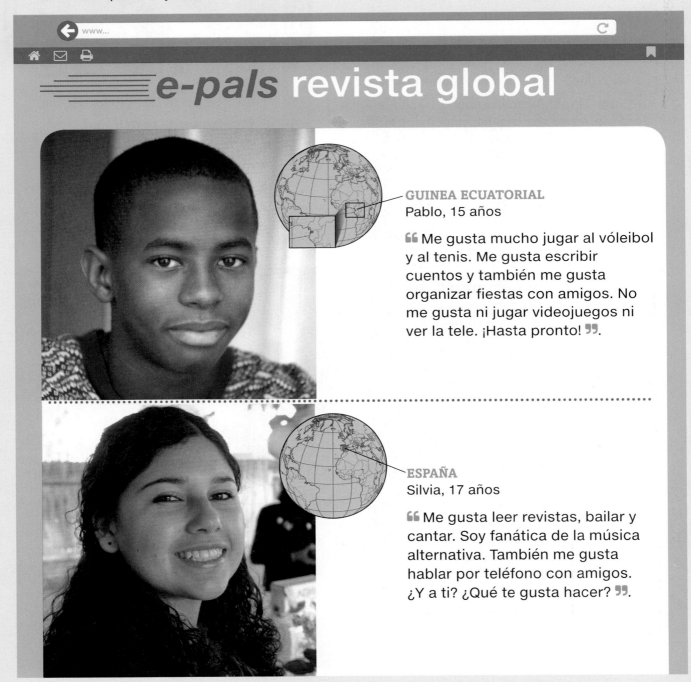

www...

e-pals revista global

GUINEA ECUATORIAL
Pablo, 15 años

❝ Me gusta mucho jugar al vóleibol y al tenis. Me gusta escribir cuentos y también me gusta organizar fiestas con amigos. No me gusta ni jugar videojuegos ni ver la tele. ¡Hasta pronto! ❞.

ESPAÑA
Silvia, 17 años

❝ Me gusta leer revistas, bailar y cantar. Soy fanática de la música alternativa. También me gusta hablar por teléfono con amigos. ¿Y a ti? ¿Qué te gusta hacer? ❞.

PUERTO RICO
Marisol, 14 años

❝¿Te gusta practicar deportes y escuchar música? ¡A mí me gusta mucho! También me gusta jugar al básquetbol. ¡Hasta luego! ❞.

COLOMBIA
Daniel, 13 años

❝Me gusta mucho ver la tele y escuchar música clásica. También me gusta tocar el piano y pasar tiempo con amigos en un café o en una fiesta. ¿Y a ti? ❞.

 ¿Comprendes?

1. What key words or phrases help you understand what each teen likes to do?

2. Draw a bar graph. Indicate on the graph how many of the four young people like each of these types of activities: *televisión, música, deportes, pasar tiempo con amigos.* Which are the most popular?

3. Of the four students, with whom do you have the most in common?

4. Write a personal message similar to those in the magazine. Use one of them as a model.

La cultura en vivo

¿Te gusta bailar?

Thanks to the worldwide popularity of Latin music, Latin dances have captured the attention of people of all ages. As a result, people all around the United States are learning dances such as the merengue, tango, and salsa. Here is a dance you can learn. It is called the mambo, and it originated in Cuba in the 1940s.

Comparación cultural How is doing the mambo with a partner different from dances you might do? What dances do you know from the United States that are danced with a partner?

Online Cultural Reading

Go to Savvas.com/Autentico
ONLINE to read about musical instruments in Spanish and learn how they are grouped in families.

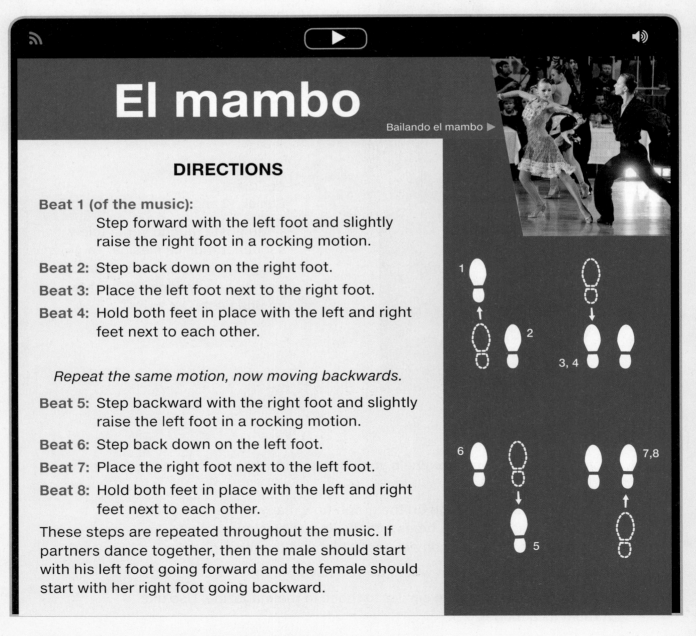

El mambo

Bailando el mambo ▶

DIRECTIONS

Beat 1 (of the music):
Step forward with the left foot and slightly raise the right foot in a rocking motion.

Beat 2: Step back down on the right foot.

Beat 3: Place the left foot next to the right foot.

Beat 4: Hold both feet in place with the left and right feet next to each other.

Repeat the same motion, now moving backwards.

Beat 5: Step backward with the right foot and slightly raise the left foot in a rocking motion.

Beat 6: Step back down on the left foot.

Beat 7: Place the right foot next to the left foot.

Beat 8: Hold both feet in place with the left and right feet next to each other.

These steps are repeated throughout the music. If partners dance together, then the male should start with his left foot going forward and the female should start with her right foot going backward.

Presentación oral

OBJECTIVES
▶ Talk about your likes and dislikes
▶ Use a diagram to organize your ideas

Go **Online** to practice

Savvas.com/Autentico

SPEAK/RECORD

A mí me gusta mucho. . .

TASK You are a new student at school and have been asked to tell the class a little bit about your likes and dislikes.

Strategy
Creating visuals Making a diagram can help you organize a presentation.

1 Prepare Copy this diagram, then list at least five activities to include in the three different ovals.

Using your list, create a poster or other visual aid to illustrate the three categories and at least five activities. You can use drawings, pictures from magazines, or photos of yourself doing the activities. Make sure that each activity is easy to identify. You will use this visual as part of your presentation.

2 Practice Rehearse your presentation with classmates. Use your notes the first time or two, then practice using only the visuals.

Modelo *Me gusta mucho. . .*
Me gusta. . .
No me gusta nada. . .

3 Present Talk about yourself using your visuals. Look at the Evaluation rubric below to know what to emphasize in your presentation. Begin the presentation with your name, and try to:

• use complete sentences
• use visuals to stay focused
• speak clearly

4 Evaluation The following rubric will be used to grade your presentation.

Rubric	Score 1	Score 3	Score 5
How much information you communicate	You mention one detailed example in each category.	You mention four activities and all three categories.	You mention five activities and all three categories.
How easily you are understood	You are difficult to understand and have many patterns of grammatical errors.	You are fairly easy to understand with occasional patterns of grammatical errors.	You are easy to understand and have very few patterns of grammatical errors.
How clearly and neatly your visuals match what you are saying	You include three visuals that clearly connect to activities.	You include four visuals that clearly connect to activities.	You include five visuals that clearly connect to activities.

Auténtico

Partnered with UNIVISION® COMMUNICATIONS INC

Conservatorio de Mariachi

Before You Watch

Use the Strategy: Listen for Global Meaning

As you watch the video, don't worry about what every word means. Focus on key words that you understand and also read the key vocabulary to help you get the general idea.

Read this Key Vocabulary

orgullo = pride
echarle ganas = put in effort
raíces mexicanas = Mexican roots
me siento = I feel
comunidad = community
plantar semillitas = plant seeds

▶ Watch the Video

What do you do for fun? What sorts of skills do you need to do that activity? How do you feel when you are doing that activity? Listen for the expression "me siento" and decide what the speaker would like to communicate about his emotions.

Go to **Savvas.com/Autentico** and watch the video **Conservatorio de mariachi** to see how students in a high school get to practice their pastime during the school day.

Complete the Activities

Mientras ves As you watch the video, try to listen and see if you can understand the general meaning of the video. Number the ideas in the order that they occur in the video.

Aprender[1] a ser[2] un líder.
Es una música tradicional de México.
Ser parte de una familia.
Ofrecer clases de mariachi a la comunidad.

[1] to learn
[2] to be

Integration

Después de ver Review the video as needed to answer the following questions.

1. Write in Spanish the musical activities students learn in the *Conservatorio*.

2. How might the teens from the video answer the question, *¿Qué te gusta hacer?*

3. Throughout the video the word *orgullo* is used to describe students playing mariachi. In the key vocabulary section, the word is defined as pride. Explain why you think the word is used to describe this pastime.

 For more activities, go to the *Authentic Resources Workbook*.

Los pasatiempos

Expansión Find other authentic resources in *Auténtico* online, then answer the question.

 1A Auténtico

Integración de ideas In the authentic resources other types of pastimes are described. Use the resources to write a statement that provides your opinion about the pastimes and to say which of the pastimes you prefer.

Comparación cultural Compare what you like to do with pastimes in Spanish-speaking culture that you have learned about in these resources.

Repaso del capítulo

OBJECTIVES
▶ Review the vocabulary and grammar
▶ Demonstrate you can perform the tasks on p. 47

🔊 Vocabulario

to talk about activities

bailar	to dance
cantar	to sing
correr	to run
dibujar	to draw
escribir cuentos	to write stories
escuchar música	to listen to music
esquiar	to ski
hablar por teléfono	to talk on the phone
ir a la escuela	to go to school
jugar videojuegos	to play video games
leer revistas	to read magazines
montar en bicicleta	to ride a bicycle
montar en monopatín	to skateboard
nadar	to swim
pasar tiempo con amigos	to spend time with friends
patinar	to skate
practicar deportes	to play sports
tocar la guitarra	to play the guitar
trabajar	to work
usar la computadora	to use the computer
ver la tele	to watch television

to say what you like to do

(A mí) me gusta ____.	I like to ____.
(A mí) me gusta más ____.	I like to ____ better. (I prefer to ____.)
(A mí) me gusta mucho ____.	I like to ____ a lot.
A mí también.	I do too.

to say what you don't like to do

(A mí) no me gusta ____.	I don't like to ____.
(A mí) no me gusta nada ____.	I don't like to ____ at all.
A mí tampoco.	I don't (like to) either.

For *Vocabulario adicional,* see pp. 472–473.

to ask others what they like to do

¿Qué te gusta hacer?	What do you like to do?
¿Qué te gusta más?	What do you like better (prefer)?
¿Te gusta ____?	Do you like to ____?
¿Y a ti?	And you?

Gramática

other useful words and expressions

ni . . . ni	neither . . . nor, not . . . or
o	or
pues . . .	well . . .
sí	yes
también	also, too
y	and

Preparación para el examen

What you need to be able to do for the exam . . .	Here are practice tasks similar to those you will find on the exam . . .	For review go to your print or digital textbook . . .
Interpretive		
1 ESCUCHAR I can listen to and understand a description of what someone likes to do.	Listen to a voice mail from a student looking for a "match-up" to the homecoming dance. a) What are two things this person likes doing? b) What is one thing this person dislikes doing?	**pp. 26–29** *Vocabulario en contexto* **p. 27** Actividades 1–2 **p. 33** Actividad 13
Interpersonal		
2 HABLAR I can talk about myself and what I like and don't like to do and ask the same of others.	You agreed to host a student from the Dominican Republic for a week. What can you tell him or her about yourself in a taped message? Include a brief description of what you like to do. How would you ask the student to tell you something about himself or herself?	**p. 30** Actividad 7 **p. 31** Actividad 8 **p. 33** Actividad 12 **p. 37** Actividades 16–17 **p. 43** *Presentación oral*
Interpretive		
3 LEER I can read and understand someone's description of himself or herself.	Read this pen pal e-mail from a Spanish-language magazine. What types of things does the person like to do? Does this person have anything in common with you? What is it? **¡Hola! A mí me gusta mucho usar la computadora y tocar la guitarra. No me gusta ni ir a la escuela ni leer. En el verano me gusta nadar y en el invierno me gusta esquiar. ¿Y a ti? ¿Qué te gusta hacer?**	**pp. 26–29** *Vocabulario en contexto* **p. 29** Actividad 3 **p. 36** Actividad 15 **p. 38** Actividad 19 **pp. 40–41** *Lectura*, no. 3
Presentational		
4 ESCRIBIR I can write about myself with a description of things I like and don't like to do.	A school in the Dominican Republic wants to exchange e-mails with your school. Tell your e-pal your name and what you like to do and don't like to do.	**p. 30** Actividades 5–6 **p. 33** Actividad 12 **p. 38** Actividad 18 **p. 41** *¿Comprendes?*
Cultures		
5 EXPLICAR I can demonstrate an understanding of cultural differences regarding dancing.	How would you describe the Latin dances that have become popular in the United States? With what countries do you associate each dance? With what type of music or rhythms do you associate each dance?	**p. 34** *Fondo cultural* **p. 35** Actividad 14 **p. 42** *La cultura en vivo*

1B
Y tú, ¿cómo eres?

Country Connections Explorar el mundo hispano

Texas
Cuba
República
Dominicana
México
Guatemala
Puerto Rico
Nicaragua
Ecuador
Colombia
Perú
Bolivia

CHAPTER OBJECTIVES

Communication

By the end of this chapter you will be able to:

- Listen to and read descriptions of others.
- Talk and write about your personality traits.
- Describe your personality to others.

Culture

You will also be able to:

- **Auténtico**: Identify cultural practices in an authentic video about personality traits.
- Compare cultural perspectives on friendship.

You will demonstrate what you know and can do:

- Presentación escrita: Amigo por correspondencia
- Repaso del capítulo: Preparación para el examen

You will use:

Vocabulary
- Personality traits
- Expressing likes and dislikes

Grammar
- Adjectives
- Definite and indefinite articles
- Word order: Placement of adjectives

ARTE y CULTURA ‹ México

Frida Kahlo (1907–1954) is one of the best-known Mexican painters. In spite of a childhood illness, a crippling traffic accident, and many hospital stays throughout her life, Kahlo was a successful painter and led a very active social life. She used her artwork as an outlet for her physical and emotional suffering.

▶ Frida Kahlo painted over fifty self-portraits. What is she saying about herself through this painting?

 Mapa global interactivo Explore the Tlateloco *barrio* of Mexico City and the Blue House where Frida lived, and examine connections with her art.

"Autorretrato con mono" (1938), Frida Kahlo ▶

Oil on masonite, 16 X 12 inches. Courtesy of Albright-Knox Art Gallery, Buffalo, NY. Bequest of A. Conger Goodyear, 1966. © 2009 Banco de México, Diego Rivera & Frida Kahlo Museums Trust, México, D.F./Artists Rights Society (ARS), New York.

Go **Online** to practice

SAVVAS **realize**™

Savvas.com/Autentico

 AUDIO
 VIDEO
 WRITING
 SPEAK/RECORD
 MAPA GLOBAL
 AUTÉNTICO
FLASCHARDS
 ETEXT 2.0
 GAMES

Un grupo de amigos,
San Juan del Sur, Nicaragua

Videocultura **Amigos y actividades**

Vocabulario en contexto

" Me llamo Sarita. **¿Cómo soy?** Pues, **yo soy** deportista y artística. También soy **muy** desordenada.

¿Y el chico? **¿Cómo se llama?** Se llama Marcos. **Es mi amigo.** **¿Cómo es?** Es ordenado y no es perezoso. **A veces él** no es muy **paciente**, y no es deportista. **No le gusta** nada practicar deportes ".

impaciente

talentoso

atrevida

deportista

inteligente

estudiosa

graciosa

artística

" **La chica** es **mi amiga** Sarita. **Ella** es muy inteligente
y **le gusta** estudiar. También es graciosa y **simpática.**
Según ella, soy trabajador y estudioso. Pero **según mi
familia,** ¡soy perezoso! ¿Y tú? **¿Cómo eres?** ".

Más vocabulario
reservado, -a = reserved

ordenado

trabajador

desordenado

perezoso

1

¿Marcos o Sarita?

ESCUCHAR   Listen to each word. If a word describes
Sarita, turn your head to look to the right. If a word
describes Marcos, turn your head to look left.

2

¿Cómo es?

ESCUCHAR   Listen to how people describe themselves.
Point to the picture each adjective describes.

🔊 Las dos amigas

Jessica: Hola, Mariana. ¿Cómo estás?

Mariana: ¡Muy bien, gracias! Jessica, **eres** una chica muy simpática. ¿También eres muy **buena** estudiante?

Jessica: Sí. Me gusta ir a la escuela. ¡Soy muy estudiosa!

Mariana: Y, ¿cómo se llama tu profesor de inglés?

Jessica: Mi profesor es el señor Santos. No es sociable, es muy serio. **Pero** también es paciente. ¿Cómo es tu profesor?

Mariana: Mi profesora es la señora Brown. Es muy sociable y simpática, pero también es muy estricta.

Jessica: Mariana, ¿eres trabajadora?

Mariana: Sí, Jessica. Soy trabajadora. Pero **no soy** seria, ¡soy graciosa!

Jessica   Mariana

serio

sociable

3

¿Cómo es?

ESCRIBIR   Contesta a cada una de las siguientes preguntas.

1. ¿Cómo es el señor Santos?

   a. Él es sociable.
   b. Él es serio.

2. ¿Cómo es la señora Brown?

   a. Ella es trabajadora.
   b. Ella es simpática.

3. ¿Cómo es Jessica?

   a. Ella es muy estudiosa.
   b. Ella es paciente.

4. ¿Cómo es Mariana?

   a. Ella es seria.
   b. Ella es graciosa.

Videohistoria

¿Cómo eres?

Before You Watch

Before You Watch

Listening for key information What details would you include in a description of yourself? As you watch the video, listen for key details that each person uses to describe themselves.

Complete the Activity

¿Cómo eres? Describe tu personalidad con tres palabras.

Ximena   Camila   Valentina   Mateo   Sebastián

 Watch the Video

What teens will apply to *Codo a Codo?* What are their interests? What are they like?

Go to **Savvas.com/Autentico** to watch the video *¿Cómo eres?* and to view the script.

After You Watch

 ¿COMPRENDES?   Answer the following questions about the characters based on key details in the video.

Mateo, Camila, Ximena, Sebastián, Valentina

1. Read the sentences and indicate which character is being described.

   a. Es atrevido, sociable y paciente.
   b. No es paciente pero es curioso(a).
   c. Es inteligente y trabajador(a).
   d. Es deportista, sociable y gracioso(a).
   e. Es deportista, serio(a) y trabajador(a).

2. Según Ximena, uno de los chicos es gracios(a). ¿Quién es?

3. A uno de los chicos le gusta cantar y tocar la guitarra. ¿Quién es?

Pregunta personal   Which video character interests you the most based on their personal descriptions? Why?

Vocabulario en uso

5

¿Cómo es el chico o la chica?

✎ ESCRIBIR Choose the correct word to describe each of the people in the pictures.

Modelo:

El chico es
(impaciente/estudioso).

 **1.** La chica es
(reservada/artística).

 **4.** El chico es
(desordenado/atrevido).

 **2.** El chico es
(gracioso/perezoso).

 **5.** La chica es
(artística/atrevida).

 **3.** La chica es
(reservada/deportista).

 **6.** La chica es
(estudiosa/desordenada).

6

Mi amigo José

✎ ESCRIBIR Maritza is talking about her friend José. Read the sentences, then choose the appropriate word to fill in each blank.

Modelo

*No es un chico impaciente. Es muy **paciente**.*

trabajador	estudioso
paciente	desordenado
gracioso	bueno
deportista	sociable

1. Le gusta mucho practicar deportes. Es ___.

2. A veces no es serio. Es un chico ___.

3. Le gusta pasar tiempo con amigos. Es muy ___.

4. No es un chico ordenado. Es ___.

5. Le gusta ir a la escuela. Es ___.

6. No es perezoso. Es un chico muy ___.

7. Es simpático. Es un amigo muy ___.

Gramática

OBJECTIVES
▶ Write about and discuss what you and others are like
▶ Describe your personality
▶ Read and write a self-descriptive poem

Go **Online** to practice   **Savvas.com/Autentico**

SAVVAS **realize**™
WRITING

Adjectives

Words that describe people and things are called adjectives (*adjetivos*).

Masculine	Feminine
ordenad**o**	ordenad**a**
trabajad**or**	trabajad**ora**
pacient**e**	pacient**e**
deportist**a**	deportist**a**

• In Spanish, most adjectives have both masculine and feminine forms. The masculine form usually ends in the letter -*o* and the feminine form usually ends in the letter -*a*.

• Masculine adjectives are used to describe masculine nouns.

Marcos es ordenad**o** y simpátic**o**.   *Marcos is organized and nice.*

• Feminine adjectives are used to describe feminine nouns.

Marta es ordenad**a** y simpátic**a**.   *Marta is organized and nice*

• Adjectives that end in -*e* describe both masculine and feminine nouns.

Anita es inteligent**e**.   *Anita is smart.*
Pedro es inteligent**e** también.   *Pedro is also smart.*

• Adjectives whose masculine form ends in -*dor* have a feminine form that ends in -*dora*.

Juan es trabajad**or**.   *Juan is hardworking.*
Luz es trabajad**ora**.   *Luz is hardworking.*

• Some adjectives that end in -*a*, such as *deportista*, describe both masculine and feminine nouns. You will need to learn which adjectives follow this pattern.

Tomás es deportist**a**.   *Tomás is sports-minded.*
Marta es deportist**a** también.   *Marta is also sports-minded.*

Más recursos   ONLINE

▶ **GramActiva** Video
▶ **Tutorials:** Adjectives, Adjective clauses
◀)) **Canción de hip hop:** *¿Cómo soy yo?*
✎ **GramActiva** Activity

7

Roberto y Yolanda

ESCRIBIR Copy the Venn diagram on a sheet of paper. Which words from the list below could only describe Roberto? Write them in the oval below his name. Which words could only describe Yolanda? Write them in the oval below her name. Which words could describe either Roberto or Yolanda? Write them in the overlapping area.

artístico	deportista
graciosa	simpático
ordenada	perezosa
serio	talentosa
atrevida	estudiosa
impaciente	inteligente
paciente	reservado
sociable	trabajador

Modelo

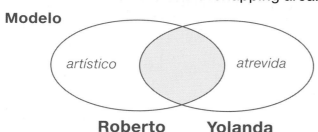

Roberto   Yolanda

8

¿Cómo es Paloma?

 HABLAR EN PAREJA Work with a partner to ask and answer questions to describe the people shown below.

 **Videomodelo**

Paloma
A —¿Cómo es **Paloma**?
B —Paloma es **trabajadora**.

1. Elena

3. Felipe

5. Jaime

2. Marcos

4. Juan

6. Gloria

9

Juego

 HABLAR EN PAREJA Choose an adjective and act it out for a small group or the class. The other students take turns asking you questions. The first to ask a question with the correct adjective (in the correct form) gets to do the next charade.

 Videomodelo

A —¿Eres **ordenada**?
B —Sí, soy **ordenada**.
o: —No, no soy **ordenada**.

10

Yo soy . . .

 ESCRIBIR Make a chart like the one below. Write at least two adjectives in each column to say what you are like and are not like. Include *muy* and *a veces* when they are appropriate. Save your work to use in later activities.

Modelo

Soy	No soy
estudiosa	*perezosa*
muy trabajadora	*impaciente*
deportista	

11

¿Eres estudioso(a)?

HABLAR EN PAREJA, ESCRIBIR   Use your chart from Actividad 10. Talk with your partner about your personality traits. Take notes on what your partner tells you. Make another two-column chart, but with the headings *Es* and *No es*. Fill it in with information about your partner. You will use this chart in the next activity.

Videomodelo

A —*¿Cómo eres?*

B —*Soy estudiosa y muy trabajadora. También soy deportista. ¿Y tú?*

A —*Soy artístico. Según mis amigos, soy talentoso. No soy perezoso.*

12

Mi amigo(a)

ESCRIBIR, HABLAR EN GRUPO   Use the information from the previous activity to write a short description of yourself and your partner. Read your description to a small group or the class.

Modelo

Me llamo Luisa. Soy estudiosa y trabajadora. Y soy deportista. Mi amiga se llama Susana. Ella es simpática. También es deportista y trabajadora.

Exploración del lenguaje ⟨ Cognates that begin with *es* + consonant

Many words in Spanish that begin with *es* + consonant are easy to understand because they have the same meaning as English words. Knowing this pattern helps you recognize the meaning of new Spanish words and learn them quickly.

Try it out! Look at these words, then cover up the *e* at the beginning. Name the English words that come from the same root word.

estudiante	**es**tudioso
escuela	**es**pecial
esquiar	**es**tómago
estricto	**es**cena

Es muy estudioso.
Le encanta estudiar.

13

¿Qué te gusta hacer?

 HABLAR EN PAREJA Trabaja con otro(a) estudiante. Pregunta y contesta según el modelo. Luego, escribe una lista de las actividades que le gusta hacer a tu compañero(a) *(classmate)*.

Videomodelo

A —*¿Te gusta **correr**?*
B —*Sí, soy **deportista**.*
o: —*No, no soy **deportista**.*
o: —*Sí, pero no soy muy **deportista**.*

Estudiante A

Estudiante B

CULTURA **El mundo hispano**

Simón Bolívar (1783–1830) liberated the territory that is now Venezuela, Colombia, Ecuador, Peru, and Bolivia from Spanish rule. A daring military commander and statesman, Bolívar is revered in South America as *el Libertador* (the Liberator).

Pre-AP Integration: Heroes and Historical Figures
Compare Bolivar's role to that of another historical leader. What effect would liberation from Spain have had on the people in these South American countries?

 Mapa global interactivo Explore the capital cities of Venezuela, Colombia, Ecuador, Peru, and Bolivia, and the routes between the cities, and reflect on the vastness of the territory that Bolívar covered on horseback.

"Simón Bolívar" (siglo xix), Anónimo ▶
Chromolitho. Private Collection / Archives Charmet / Bridgeman Art Library.

El poema "Soy Elena"

LEER, ESCRIBIR The following poem is called a *poema en diamante*. Can you guess why? After you've read the poem, answer the questions.

Conexiones ◄ **La literatura**

Soy Elena

En general, soy
reservada y ordenada.
A veces, soy atrevida,
graciosa o impaciente.
No soy ni deportista
ni artística.
¡Yo soy yo!

1. Look for key words in the poem that describe Elena. Which of the following activities would you invite Elena to do based on her description of herself?

    dibujar   montar en monopatín   escuchar música

2. Rewrite the poem replacing *Soy Elena* with *Soy Tomás*.

Y tú, ¿qué dices?

ESCRIBIR Write *un poema en diamante* about yourself. Choose adjectives that best describe you. Look back at Actividad 10 for some ideas. Substitute your adjectives in the poem above. Be sure to write the poem in the form of a diamond. You might want to use calligraphy or an appropriate font on the computer and add pictures to illustrate your work.

Gramática

OBJECTIVE
▶ Identify and write about people and things at your school

Definite and indefinite articles

El and *la* are called definite articles and are the equivalent of "the" in English. *El* is used with masculine nouns; *la* is used with feminine nouns. You've already seen words with definite articles:

el libro   ***the*** *book*

la carpeta   ***the*** *folder*

Un and *una* are called indefinite articles and are the equivalent of "a" and "an" in English. *Un* is used with masculine nouns; *una* is used with feminine nouns:

un libro   ***a*** *book*

una carpeta   ***a*** *folder*

el	the
la	the

un	a, an
una	a, an

Strategy

Learning by repetition When you learn a new noun, say it aloud, along with its definite article, as often as you get a chance. Eventually, you will find that words just "sound right" with the correct definite article and you will know whether nouns are masculine or feminine.

Más recursos ONLINE

▶ *GramActiva* Video

▶ **Tutorial:** Definite and Indefinite Articles

✎ *GramActiva* Activity

16

¿El o la?

 ESCUCHAR Write the word *el* in large letters on a sheet of paper or an index card. Write *la* in large letters on another sheet. You will hear eight words you already know. When you hear a masculine word, hold up the paper with *el*. When you hear a feminine word, hold up the paper with the word *la* on it.

el

la

¿Qué es?

 HABLAR EN PAREJA Tell your partner the names of the things pictured below.

 Videomodelo
A —¿Qué es?
B —Es **un brazo**.

1

2

3

4

5

6

7

8

18

La escuela de Diego

 ESCRIBIR Diego is talking about people at his school. Read the sentences and complete each one with *un* or *una*.

1. La Sra. Secada es ___ profesora simpática.

2. Alicia es ___ estudiante trabajadora.

3. Juan Carlos es ___ chico perezoso.

4. Germán es ___ chico sociable.

5. El Sr. Guzmán es ___ profesor gracioso.

6. Adriana es ___ chica muy seria.

7. La Srta. Cifuentes es ___ profesora paciente.

8. Arturo es ___ estudiante talentoso.

Pronunciación ⟩ The vowels *o* and *u*

In Spanish, the pronunciation of the letter *o* is similar to the vowel sound in the English word "boat" but is always cut very short. Say these words, concentrating on making a short *o* sound.

bolígrafo   gracioso   cómo
teléfono   tampoco   otoño

In Spanish, the pronunciation of the letter *u* is similar to the vowel sound in the English word "zoo." Say these words.

mucho   lunes   usted
octubre estudioso   según

¡Ojo! Careful! Sometimes the words we mispronounce most are the ones that remind us of English words.

El mundo

Try it out! Pronounce these words, concentrating on the Spanish vowel sounds:

agosto   regular   tropical   música
gusto   universidad   Uruguay   Cuba

Gramática

OBJECTIVES
▶ Write about and describe yourself and others
▶ Listen to and write a description of three teens

Word order: Placement of adjectives

In Spanish, adjectives usually come after the noun they describe. Notice how *artística* follows *chica* in the Spanish sentence.

> Margarita es **una chica artística**.
>
> *Margarita is **an artistic girl**.*

Did you notice that in the English sentence the adjective comes before the noun?

Here's a simple pattern you can follow when writing a sentence in Spanish.

> **¿Recuerdas?**
> To make a sentence negative you place the word *no* before the verb.
> • Eduardo **no es** un chico serio.
> • **No** me gusta jugar videojuegos.

Subject	Verb	Indefinite Article + Noun	Adjective
Margarita	es	una chica	muy artística.
Pablo	es	un estudiante	inteligente.
La Sra. Ortiz	es	una profesora	muy buena.

Más recursos ONLINE

▶ **Tutorial:** Position of Adjectives

19

Frases desordenadas

ESCRIBIR Rewrite these scrambled words to create a sentence. Follow the "building-blocks" pattern above and be sure to add a period at the end of each sentence.

Modelo
perezoso Antonio es chico un
Antonio es un chico perezoso.

1. artística es una chica Marina
2. es un Tito perezoso chico
3. deportista chica una es Paquita
4. Marcos chico un es reservado no
5. chico no Rafael es estudioso un
6. no una Teresa chica es inteligente

20

Escucha y escribe

ESCUCHAR, ESCRIBIR You will hear a description of Arturo, Marta, and Belinda. Write what you hear.

21

¿Cómo es . . . ?

HABLAR   You are sitting in your school cafeteria with a new exchange student from Costa Rica. Describe the other students based on their activities.

Modelo

Emilia es una chica talentosa.

Felipe

Emilia

Corina   Lilia   Lucía

Carmen

22

Y tú, ¿qué dices?

ESCRIBIR, HABLAR

1. Según tu familia, ¿cómo eres?

2. Según tu mejor *(best)* amigo(a), ¿cómo eres?

3. Y tú, ¿cómo eres?

El español en el mundo del trabajo

Paciente,
inteligente,
trabajador,
ordenado. . .

These four qualities will make you a good candidate for any job. And if you add *bilingüe* to the list, your job qualifications will be enhanced.

Make a list of careers in which your knowledge of Spanish would be an asset. Which of these careers are of interest to you?

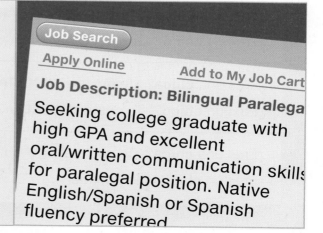

Job Search

Apply Online   Add to My Job Cart

Job Description: Bilingual Paralega

Seeking college graduate with high GPA and excellent oral/written communication skills for paralegal position. Native English/Spanish or Spanish fluency preferred

Lectura

OBJECTIVES

▶ Read and understand an article about personality traits
▶ Use visual clues to understand new words
▶ Learn how a Mayan item of clothing represents family and community

Strategy

Using visual clues to get meaning You have not yet learned the Spanish words for colors, but see if you can figure out what they are from the visual clues in the article.

Un *self-quiz*

¿Hay una relación entre los colores y la personalidad? Según un *self-quiz* de la revista *Amigos,* tus colores favoritos revelan perfectamente cómo eres.

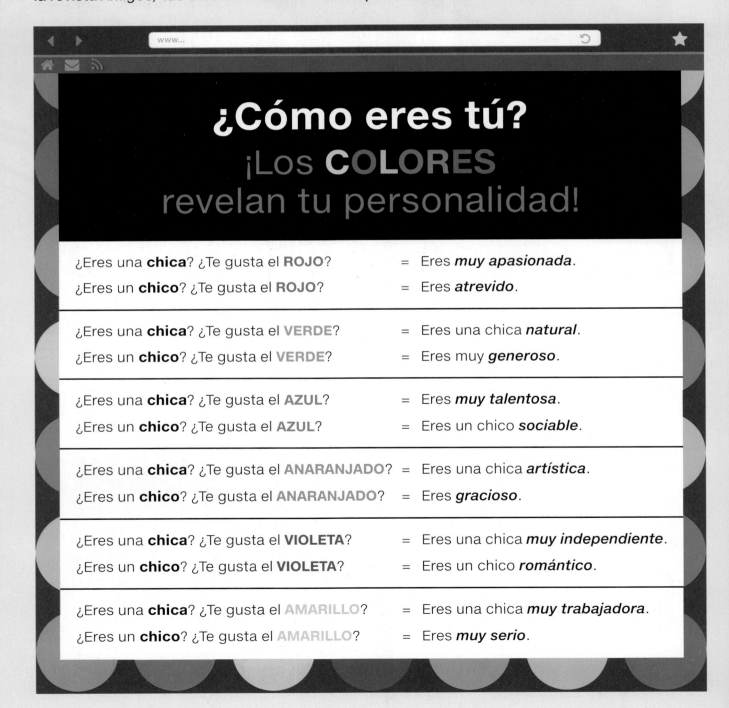

¿Cómo eres tú?
¡Los COLORES revelan tu personalidad!

¿Eres una **chica**? ¿Te gusta el ROJO?	= Eres *muy apasionada*.
¿Eres un **chico**? ¿Te gusta el ROJO?	= Eres *atrevido*.
¿Eres una **chica**? ¿Te gusta el VERDE?	= Eres una chica *natural*.
¿Eres un **chico**? ¿Te gusta el VERDE?	= Eres muy *generoso*.
¿Eres una **chica**? ¿Te gusta el AZUL?	= Eres *muy talentosa*.
¿Eres un **chico**? ¿Te gusta el AZUL?	= Eres un chico *sociable*.
¿Eres una **chica**? ¿Te gusta el ANARANJADO?	= Eres una chica *artística*.
¿Eres un **chico**? ¿Te gusta el ANARANJADO?	= Eres *gracioso*.
¿Eres una **chica**? ¿Te gusta el VIOLETA?	= Eres una chica *muy independiente*.
¿Eres un **chico**? ¿Te gusta el VIOLETA?	= Eres un chico *romántico*.
¿Eres una **chica**? ¿Te gusta el AMARILLO?	= Eres una chica *muy trabajadora*.
¿Eres un **chico**? ¿Te gusta el AMARILLO?	= Eres *muy serio*.

¿Comprendes?

1. You were probably able to understand the meaning of most of the unknown key words in the quiz. What is the English meaning that you can infer for these Spanish cognates in the reading?

   - revelan
   - apasionada
   - generoso
   - independiente
   - natural
   - romántico

2. According to the "self-quiz," what should be the favorite colors of these teenagers?

   a. A Beto le gusta estar con amigos.

   b. A Margarita le gusta dibujar.

   c. A Lorenzo le gusta el trabajo voluntario.

   d. A Lupe le gusta estudiar. Es muy seria.

   e. A Isabel le gusta estar con amigos, pero también le gusta estar sola *(alone)*.

3. Which of the colors in this reading best matches your personality? Why?

Modelo

Amarillo: *Soy una chica trabajadora. Me gusta ir a la escuela.*

CULTURA ⟩ Guatemala • México

Huipil is the word for the colorful, hand-woven blouse worn by female descendants of the Maya. The color, design, and style of weaving are unique to each *huipil* and identify the background and specific village of the weaver. Hundreds of designs and styles of weaving have been identified in the Mayan regions, which are located principally in Guatemala and parts of Mexico.

Pre-AP Integration: National and Ethnic Identities What does choosing to wear a "huipil" today say about a person's connection to their national identity?

Una mujer de Guatemala con huipil ▶

Perspectivas del mundo hispano

¿Qué es un amigo?

Un amigo

Marcos, a Costa Rican student on an exchange program in the United States writes:

" When I arrived in the United States, I was amazed at all the friends my host brother and sister had. They knew a lot of people. These friends came to the house frequently, and we went out in groups. People were very open when meeting me. We'd spend some time together and get to know each other in a short amount of time. And once you got to know them, you ended up talking about everything! "

Brianna, a United States student on an exchange program in Colombia writes:

" After I spent my year in Colombia, I learned that the concept of friendship is a little different than in the United States. My host brother and sisters spent a lot of time with their family. They knew people at school and from after-school activities, but they had just a few close friends and we'd do things with them. It was definitely a smaller group than I was used to. It seems that it took longer to become close friends with people too. "

In Spanish, two expressions are used frequently to describe friendly relationships: *un amigo,* which means "friend," and *un conocido,* which means "acquaintance." You already know the word *amigo. Conocido* comes from the verb *conocer,* which means "to meet." Each expression implies a different type of relationship.

Explicar In many Spanish-speaking countries you'll find lots of expressions for someone who is your friend: *hermano, cuate (México), amigote (España),* and *compinche (Uruguay, Argentina, España).*

Actividad Write an email in Spanish to greet a friend in your class. Use one of these expressions.

Comparación cultural Compare how the United States perspective on friendship is different from that of a Spanish-speaking country. Use the terms *amigo* and *conocido* as you make the comparison.

Online Cultural Reading

Go to Savvas.com/Autentico ONLINE to read and understand information about students from Texas.

Presentación escrita

OBJECTIVES
▶ Write an e-mail introduction
▶ Apply the steps of the writing process

Amigo por correspondencia

TASK Write an e-mail in which you introduce yourself to a new classmate using culturally appropriate register and style.

1 Prewrite To think about and organize the information you want to give, answer these questions:

- ¿Cómo te llamas?
- ¿Qué te gusta hacer?
- ¿Cómo eres?
- ¿Qué no te gusta hacer?

Strategy
Using the writing process To create your best work, follow each step in the writing process.

2 Draft Write a first draft of your e-mail answering the questions above. Decide if you will use *tú* or *usted.* Begin by introducing yourself: *¡Hola! Me llamo . . . .* End with *Escríbeme pronto.* ("Write to me soon.")

Modelo

¡Hola! Soy Pati. Soy atrevida y muy deportista. Me gusta mucho nadar y correr, pero me gusta más esquiar. ¡No me gusta nada jugar videojuegos! Escríbeme pronto y dime qué actividades te gusta y no te gusta hacer.

3 Revise Revise your first draft and share it with a partner. Ask yourself:

- Is it well organized?
- Does it answer the Prewrite questions?
- Are the spelling and adjective forms correct?
- Did you include the opening and the closing?

Decide whether or not to use your partner's suggestions and rewrite your draft.

4 Publish Type up your e-mail. Send it or print it for a classmate to answer.

5 Evaluation The following rubric will be used to grade your e-mail.

Rubric	Score 1	Score 3	Score 5
Completion of task	You provide some of the required information.	You provide most of the required information.	You provide all of the required information.
Following the writing process	You provide only the prewrite questions.	You provide the prewrite questions and rough draft.	You provide the prewrite, rough draft, and final product.
Using adjectives correctly	You use only one adjective with grammar errors.	You use two adjectives with some grammar errors.	You use more than two adjectives with very few grammar errors.

Auténtico

Partnered with
UNIVISION
COMMUNICATIONS INC

Nataliz te da tres tips prácticos

Before You Watch

Use the Strategy: Use Background Knowledge to Increase Understanding

Think about ways that people might describe themselves in an audition, interview, or other similar situation. What are important personality traits to share? Do you think the importance of traits differs between cultures?

Read this Key Vocabulary

audición = audition   **concurso** = contest

bonita = pretty   **resaltar** = to standout, to highlight

bella = beautiful   **sueño** = dream

**por dentro y
por fuera** = inside and out

▶ Watch the Video

Reporter Nataliz Jiménez gives three practical tips to help contestants highlight their personality traits during an audition for *Nuestra Belleza Latina,* a beauty pageant and reality show on Spanish television.

Go to **Savvas.com/Autentico** and watch the video ***Nataliz Jiménez te da tres tips prácticos para poder resaltar tu personalidad en las audiciones*** to learn how you can highlight your personality in an interview, an audition, or any other presentation.

Complete the Activities

Mientras ves As you watch the video, listen for the following descriptive words and indicate the personality traits that Nataliz presents in her three tips. Which word does she repeat in each tip? Based on what you know about beauty pageants, why would this be an important trait to highlight?

tranquila	**nerviosas**
famosa	**bella**
bonitas	**desordenado**
tímida	**fabulosas**
diferente	**práctico**

Integration

Después de ver Answer the questions to demonstrate your understanding of the video and to identify cultural practices related to personal presentation.

1. ¿Cómo es Nataliz Jiménez? Usa tres adjetivos para describir a Nataliz.

2. Why does Nataliz NOT recommend describing yourself as beautiful on the inside and out, or as a fighter?

3. What strategies do you use to prepare for an important audition or interview? Compare your strategies to what Nataliz recommends.

 For more activities, go to the *Authentic Resources Workbook.*

Definiciones de la identidad y la belleza

Expansión Find other authentic resources in *Auténtico* online, then answer the questions.

 1B Auténtico

Integración de ideas How might we describe ourselves and present ourselves differently in different situations? In different cultures?

Comparación cultural Compare adjectives used in the resources to define *belleza latina* with adjectives that you use to define beauty.

Repaso del capítulo

OBJECTIVES
▶ Review the vocabulary and grammar
▶ Demonstrate you can perform the tasks on p. 71

🔊 Vocabulario

to talk about what you and others are like

artístico, -a	artistic
atrevido, -a	daring
bueno, -a	good
deportista	sports-minded
desordenado, -a	messy
estudioso, -a	studious
gracioso, -a	funny
impaciente	impatient
inteligente	intelligent
ordenado, -a	neat
paciente	patient
perezoso, -a	lazy
reservado, -a	reserved, shy
serio, -a	serious
simpático, -a	nice, friendly
sociable	sociable
talentoso, -a	talented
trabajador, -ora	hardworking

to ask people about themselves or others

¿Cómo eres?	What are you like?
¿Cómo es?	What is he / she like?
¿Cómo se llama?	What's his / her name?
¿Eres . . . ?	Are you . . . ?

to talk about what someone likes or doesn't like

le gusta . . .	he / she likes . . .
no le gusta . . .	he / she doesn't like . . .

to describe someone

soy	I am
no soy	I am not
es	he / she is

to tell whom you are talking about

el amigo	male friend
la amiga	female friend
el chico	boy
la chica	girl
él	he
ella	she
yo	I

other useful words

a veces	sometimes
muy	very
pero	but
según	according to
según mi familia	according to my family

Gramática

adjectives

Masculine	Feminine
ordenado	ordenada
trabajador	trabajadora
paciente	paciente
deportista	deportista

definite articles

el	the
la	the

indefinite articles

un	a, an
una	a, an

For *Vocabulario adicional,* see pp. 472–473.

Preparación para el examen

Más recursos   Savvas.com/Autentico

- Games
- Tutorials
- Flashcards
- *Gram*Activa videos
- Instant check
- Animated verbs

What you need to be able to do for the exam . . .	Here are practice tasks similar to those you will find on the exam . . .	For review go to your print or digital textbook . . .
Interpretive		
1 ESCUCHAR I can listen to and understand a description of a friend.	Listen as a character in a Spanish soap opera describes his ex-girlfriend. What does he think her good qualities are? What does he think her shortcomings are? Can you understand why he broke up with her?	**pp. 50–53** *Vocabulario en contexto* **p. 57 Actividades 11–12** **p. 62 Actividad 20**
Interpersonal		
2 HABLAR I can talk about myself in terms of how I see myself.	While you're talking to your Spanish teacher, you realize that she doesn't know the "real you." Tell her some things about yourself that would help her understand you.	**pp. 50–53** *Vocabulario en contexto* **p. 56 Actividad 9** **p. 57 Actividad 11** **p. 58 Actividad 13** **p. 63 Actividad 22**
Interpretive		
3 LEER I can read and understand a description of someone.	In a popular Spanish magazine, you see an interview with the actor who plays the part of a teenager, Carlos, in a TV show you have been watching. See if you can understand what he is saying about the character he plays: ¡No me gusta nada el chico! Él es muy inteligente, pero le gusta hablar y hablar de NADA. Es ridículo. Es muy impaciente y perezoso. Él no es ni simpático ni gracioso. Yo soy un actor . . . ¡no soy como Carlos!	**pp. 50–53** *Vocabulario en contexto* **p. 59 Actividad 14** **pp. 64–65** *Lectura*
Presentational		
4 ESCRIBIR I can write a short paragraph describing myself.	The first issue of your school's online newspaper is called "Getting to Know You." Submit a brief profile of yourself. Mention what your family thinks of you and list some things you like to do. For example: Yo soy una chica deportista y muy sociable. Según mi familia, soy graciosa. Me gusta patinar y hablar por teléfono.	**pp. 56–57 Actividades 10–12** **p. 59 Actividad 15** **p. 63 Actividad 22** **p. 67** *Presentación escrita*
Cultures		
5 Comparar I can demonstrate an understanding of cultural perspectives on friendship.	Explain the differences between the terms *amigo* and *conocido* in Spanish-speaking cultures. How does this compare to words that we use in the United States?	**p. 66** *Perspectivas del mundo hispano*

Tu día en la escuela

Country Connections Explorar el mundo hispano

España

México

Costa Rica

Colombia

Argentina

CHAPTER OBJECTIVES

Communication

By the end of this chapter you will be able to:

- Listen to and read descriptions of school subjects and schedules.
- Talk and write about classes, school activities, and likes and dislikes.
- Exchange information while explaining what classes and activities you and friends have in common.

Culture

You will also be able to:

- **Auténtico:** Identify cultural practices listened to in an authentic audio about school subjects.
- Compare your school day with those of students in Spanish-speaking countries.

- Compare sports and attitudes towards sports in the Spanish-speaking world and the United States.

You will demonstrate what you know and can do:

- Presentación oral: Mis clases
- Repaso del capítulo: Preparación para el examen

You will use:

Vocabulary
- School subjects and schedules
- School supplies
- Class descriptions

Grammar
- Subject pronouns
- Present tense of -ar verbs

ARTE y CULTURA ⟩ United States

Xavier Cortada (1964-) is a Cuban–American painter born in Albany, New York. He now resides in Miami, Florida. His works have been exhibited around the world in prestigious museums and galleries. Cortada is also a social and environmental activist and writer. His artwork is known for being environmentally oriented and for creating social awareness.

▶ Based upon the painting, how could you describe Cortada's style?

Protecting America's Children: A National Message Mural (2005), Xavier Cortada ▶

Private Collection/Bridgeman Images

Unos estudiantes,
San Cristóbal de las Casas, México

▶ Videocultura **Los uniformes escolares**

Vocabulario en contexto

" Me gusta mucho mi **horario**. En la primera hora, **tengo la clase de** español . . . ¡es mi clase **favorita**! Es **interesante** y **práctica**. Pero a veces es **difícil** ".

1 primera hora

español

2 segunda hora

arte

3 tercera hora

educación física

4 cuarta hora

el almuerzo

5 quinta hora

ciencias naturales

6 sexta hora

ciencias sociales

7 séptima hora

tecnología

8 octava hora

matemáticas

9 novena hora

inglés

"Tengo **más tarea** en la clase de matemáticas **que** en la clase de inglés. **Para** la clase de matemáticas **necesito** una calculadora y una carpeta de argollas. Para la clase de español necesito un diccionario " .

Más vocabulario
décimo, -a = tenth

la calculadora

un diccionario

la carpeta de argollas

1

¿Sí o no?

🔊 ESCUCHAR Listen to Tomás make several statements about his class schedule. If what he says is true, give a "thumbs up". If what he says is false, give a "thumbs down".

2

Verónica y Tomás

🔊 ESCUCHAR Listen to Verónica and Tomás talk about their classes. Touch the picture of each class as you hear it.

Verónica y Tomás escriben mensajes para hablar de sus clases.

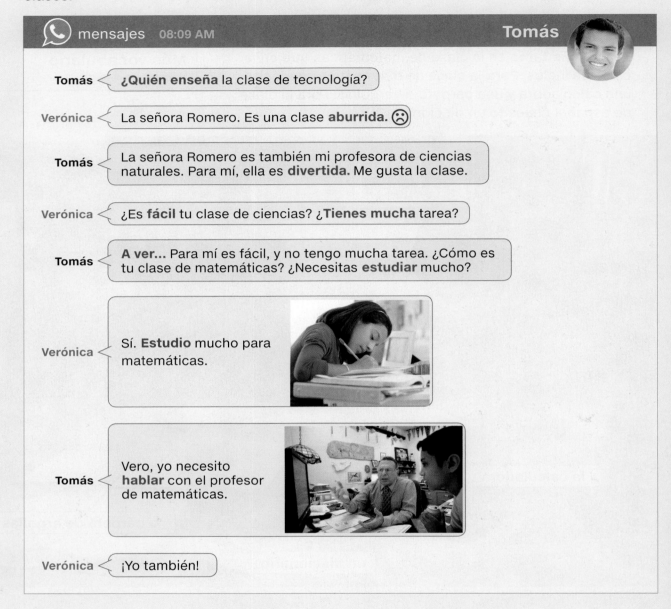

mensajes 08:09 AM **Tomás**

Tomás — **¿Quién enseña** la clase de tecnología?

Verónica — La señora Romero. Es una clase **aburrida.** 😞

Tomás — La señora Romero es también mi profesora de ciencias naturales. Para mí, ella es **divertida.** Me gusta la clase.

Verónica — ¿Es **fácil** tu clase de ciencias? **¿Tienes mucha** tarea?

Tomás — **A ver...** Para mí es fácil, y no tengo mucha tarea. ¿Cómo es tu clase de matemáticas? ¿Necesitas **estudiar** mucho?

Verónica — Sí. **Estudio** mucho para matemáticas.

Tomás — Vero, yo necesito **hablar** con el profesor de matemáticas.

Verónica — ¡Yo también!

3

¿Sí o no?

 ESCRIBIR Lee las oraciones. Escribe *Sí* si la oración es correcta o *No* si es incorrecta. Corrige *(Correct)* las oraciones incorrectas.

1. La señora Romero enseña la clase de tecnología y la clase de ciencias naturales.

2. Para Tomás, la clase de ciencias es difícil.

3. Verónica estudia mucho para su clase de matemáticas.

4. La señora Romero no enseña la clase de tecnología.

5. Tomás y Verónica necesitan hablar con el profesor de matemáticas.

Videohistoria

Las clases hoy

Before You Watch

Connect with the context Think about what you do to get ready for school each day. Does someone help you? What do you discuss? Use your routine and these photos from a school day to connect to the video.

Complete the Activity

Para las clases ¿Qué necesitas para las clases? Describe los libros y los objetos que necesitas según tu horario de clases hoy.

▶ Watch the Video

What does Sebastián and his family do in the morning before school?

Go to **Savvas.com/Autentico** to watch the video *Las clases hoy* and to view the script.

Sebastián

After You Watch

 ¿COMPRENDES?

1. Complete the sentences based on your understanding of the video.
   a. Daniel tiene las clases de _____ y _____.
   b. Gabriela necesita _____ y _____.
   c. La mamá de Sebastián necesita _____ con el profesor de ciencias.
   d. Sebastián tiene el primer almuerzo. Es a las _____.
   e. Al papá de los chicos le gusta _____ la música de Colombia.

2. ¿Quién hace los almuerzos de los chicos, la mamá o el papá?

3. ¿Quién hace la tarea con Gabriela y Daniel, la mamá, el papá o Sebastián?

Vocabulario en uso

OBJECTIVES
▶ Read and write about school subjects and schedules
▶ Discuss and compare classes and opinions about school

4

Un horario

LEER, ESCRIBIR Read the list of classes offered at a high school in Querétaro, Mexico. This school has a special focus on the arts. Answer the questions about the schedule.

1. ¿Cuántas clases hay cada (each) semana?
2. ¿Cuántas horas de inglés hay?
3. ¿Cuántas clases de ciencias sociales hay?
4. ¿Cuántas clases de ciencias naturales hay?
5. Escribe los nombres de las diferentes clases de arte.

México

Centro de Educación Artística		
"IGNACIO MARIANO DE LAS CASAS"		
Primer Semestre	Español	5 h semanales
	Matemáticas	5 h semanales
	Historia universal	3 h semanales
	Educación cívica y ética	3 h semanales
	Biología	3 h semanales
	Introducción a la física	3 h semanales
	Inglés	3 h semanales
	Danza	3 h semanales
	Teatro	3 h semanales
	Artes plásticas	3 h semanales
	Música	3 h semanales
	TOTAL	37 h semanales

5

Mi horario

ESCRIBIR Write out your class schedule. Copy the chart and provide the information for each class.

Modelo

Hora	Clase	Profesor(a)
la primera hora	la clase de inglés	la Sra. Sánchez

¿Recuerdas?
Use *señor*, *señora*, and *señorita* when talking **to** adults. Use *el* in front of *señor* and *la* in front of *señora* or *señorita* when talking **about** adults.

6

Mucha tarea

HABLAR EN PAREJA   Ask and respond to questions about everyday life. With a partner, ask and tell if you have a lot of homework in each class. Follow the model, then switch roles.

▶ **Videomodelo**

A —*¿Tienes mucha tarea en la clase de matemáticas?*
B —*Sí, tengo mucha tarea.*
o: —*No, no tengo mucha tarea.*
o: —*No estudio matemáticas.*

Estudiante A

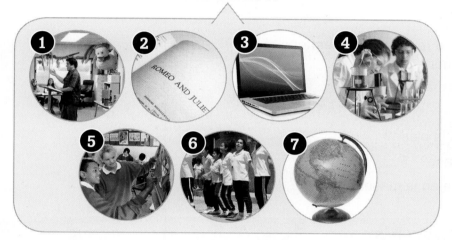

Estudiante B

¡Respuesta personal!

7

Me gusta más . . .

ESCRIBIR   Write sentences stating which of the two classes you like better and why. Use the list of adjectives to help with your response. Save your paper for Actividad 8.

Modelo

inglés/español
Me gusta más la clase de español. Es divertida.
o: *Me gusta más la clase de español. No es aburrida.*
o: *No me gusta ni la clase de español ni la clase de inglés.*

aburrida	divertida	interesante
difícil	fácil	práctica

1. inglés / español
2. arte / educación física
3. inglés / matemáticas

4. ciencias sociales / ciencias naturales
5. tecnología / música
6. matemáticas / ciencias sociales

8

¿Qué te gusta más?

HABLAR EN PAREJA Work with a partner and exchange opinions about your classes. Use your notes from Actividad 7 to tell which classes you like best and why.

Videomodelo

A —*¿Te gusta más la clase de inglés o la clase de español?*

B —*A ver . . . Para mí, la clase de español es más divertida que la clase de inglés.*

9

Y tú, ¿qué dices?

ESCRIBIR, HABLAR Ask and respond to questions about everyday life with a partner.

1. ¿Qué clase te gusta más?

2. ¿Cómo es la clase?

3. ¿En qué hora tienes la clase?

4. ¿Quién enseña la clase?

5. ¿Tienes mucha tarea en la clase?

CULTURA ◆ **El mundo hispano**

Studying English While you're in Spanish class at your school, large numbers of Spanish-speaking students are studying to learn the most popular foreign language worldwide: English. Many children begin to study English in grade school and continue through high school. They often attend a special language school for additional English classes. When visiting a Spanish-speaking country, you might easily find someone who is eager to practice his or her English skills with you in exchange for helping you improve your Spanish.

Pre-AP Integration: Innovations How can technology help you learn another language?

Clase de inglés en México ▶

Exploración del lenguaje ‹ Connections between Latin, English, and Spanish

Many words in English and Spanish are based on Latin. Seeing the relationship between these words will help expand your English or Spanish vocabulary. Look at the list of Latin root forms for the numbers 1 to 10.

Try it out! For each Roman numeral listed, choose one of the root forms (if more than one is listed) and write down a Spanish or English word you know that is based on that root.

Try it out! The Roman year used to begin with the month of March. Knowing that, can you explain why *septiembre, octubre, noviembre,* and *diciembre* use the Latin root forms for seven, eight, nine, and ten?

Roman numeral	root form
I	uni- prim-
II	du- bi- second-
III	tri-
IV	quadr- quart-
V	quint-
VI	sext-
VII	sept-
VII	oct- octav-
IX	novem-
X	dec- decim-

CULTURA ‹ España

Many Spanish words are derived from Latin because Spain was once part of the Roman Empire. Rome occupied most of Spain from about 209 B.C. to 586 A.D. During that time, massive public structures, including aqueducts and theaters, were built. Some of these, such as the aqueduct that towers over the modern city of Segovia, are still standing. The Latin name for Spain was *Hispania.*

• Can you see the similarity between *Hispania* and the country's name in Spanish, *España?* Also compare both names to English and identify any similarities.

 Mapa global interactivo Explore the beautiful city of Segovia in Spain and locate the aqueduct left by the Roman Empire.

El Acueducto de Segovia ▶

Gramática

Subject pronouns

The subject of a sentence tells who is doing the action. You often use people's names as the subject:

Gregorio escucha música.	*Gregory listens to music.*
Ana canta y baila.	*Ana sings and dances.*

You also use subject pronouns *(I, you, he, she, we, they)* to tell who is doing an action. The subject pronouns replace people's names:

Él escucha música.	*He listens to music.*
Ella canta y baila.	*She sings and dances.*

Here are all the subject pronouns in Spanish:

yo	I	**nosotros** **nosotras**	we *(masc., masc./fem.)* we *(fem.)*
tú **usted (Ud.)**	you *(familiar)* you *(formal)*	**vosotros** **vosotras** **ustedes (Uds.)**	you *(masc., masc./fem.)* you *(fem.)* you *(formal)*
(él) **(ella)**	he she	**ellos** **ellas**	they *(masc., masc./fem.)* they *(fem.)*

Tú, usted, ustedes, and *vosotros(as)* all mean "you."

- Use *tú* with family, friends, people your age or younger, and anyone you call by his or her first name.

- Use *usted* with adults you address with a title, such as *señor, señora, profesor(a),* etc. *Usted* is usually written as *Ud.*

- In Latin America, use *ustedes* when speaking to two or more people, regardless of age. *Ustedes* is usually written as *Uds.*

- In Spain, use *vosotros(as)* when speaking to two or more people you call *tú* individually: *tú + tú = vosotros(as).* Use *ustedes* when talking to two or more people you call *usted* individually.

If a group is made up of males only or of both males and females together, use the masculine forms: *nosotros, vosotros, ellos.*

If a group is all females, use the feminine forms:

nosotras, vosotras, ellas.

You can combine a subject pronoun and a name to form a subject.

Alejandro y yo = **nosotros**	Pepe y tú = **ustedes**
Carlos y ella = **ellos**	Lola y ella = **ellas**

Más recursos ONLINE

 **GramActiva** Video

 **Tutorials:** Present indicative, Pronouns, Subject pronouns, Subjects

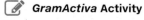 **GramActiva** Activity

10

¡Señala!

ESCUCHAR, HABLAR EN PAREJA Your teacher will name several subject pronouns. Point to people in the classroom who represent the pronoun you hear. After you have practiced with your teacher, practice with a partner.

11

¿Es ella?

 ESCRIBIR What subject pronouns would you use to talk about these people?

Modelo
Gloria
Ella.

1. Carlos
2. Felipe y yo
3. María y Sarita
4. Pablo, Tomás y Anita
5. el señor Treviño
6. tú y Esteban

12

¿Tú, Ud. o Uds.?

HABLAR EN PAREJA Tell whether you would use *tú, Ud.,* or *Uds.* with these people.

Gramática

OBJECTIVES
▶ Write and exchange information about what you and others study and do
▶ Listen to a description of activities during recess
▶ Compare the Mayan numbering system to the one you use

Present tense of -*ar* verbs

You already know that the infinitive forms of Spanish verbs always end in -*ar, -er,* or -*ir.*

The largest group of verbs end in -*ar. Hablar* is one of these -*ar* verbs.

You will want to use verbs in ways other than in the infinitive form. To do this, you will drop the -*ar* ending and make changes.

To create the forms of most -*ar* verbs, you first drop the -*ar* from the infinitive, leaving the stem:

> **hablar** ➔ **habl-**

Then you add the verb endings -*o, -as, -a, -amos, -áis,* or -*an* to the stem.

Here are the forms of *hablar:*

(yo)	habl**o**	(nosotros) (nosotras)	habl**amos**
(tú)	habl**as**	(vosotros) (vosotras)	habl**áis**
Ud. (él) (ella)	habl**a**	Uds. (ellos) (ellas)	habl**an**

Hablo can be translated into English in two ways:

> **Hablo** español. **I speak** Spanish.
>
> **I am speaking** Spanish.

The verb endings always indicate who is doing the action. In this case, they tell *who* is speaking. Because of this, you can often use the verb without a subject:

> **Hablo** inglés.   **¿Hablas** español?

Subject pronouns are often used for emphasis or clarification.

> **Ella** habla inglés pero **él** habla español.

¿Recuerdas?
You already know many -*ar* verbs, such as *cantar* and *bailar.*

Más recursos ONLINE

▶ *GramActiva* **Video**

▶ **Tutorials:** -Subject and verb agreement, Verbs, -*ar* verbs, Singular and plural, Definite and indefinite articles

🔊 *Canción de hip hop: En la clase*

✎ *GramActiva* **Activity**

13

¿Una mano o dos?

🔊 ESCUCHAR You will hear eight -*ar* verbs. If the ending tells you one person is performing the action, raise one hand. If the ending tells you more than one person is doing something, raise both hands.

Strategy
Listening for information Always listen carefully for the endings on verbs to know who is doing the action.

¿Qué estudian?

ESCRIBIR, HABLAR Look at the pictures and tell what these people are studying.

Modelo

Tomás

Tomás estudia música.

1. Laura

4. Catalina y José

2. Josefina, Elena y yo

5. Joaquín y tú

3. tú

6. yo

15

Juego

ESCUCHAR, HABLAR EN PAREJA

1 Work with a partner and tear a sheet of paper into eight pieces of equal size. Write a different subject pronoun on each piece *(yo, tú, él, ella, Ud., nosotros, ellas, Uds.).* Place the subject pronouns face down in a pile.

2 Your teacher will say an infinitive. One partner will select the top piece of paper from the pile, read the subject pronoun, and say the correct verb form. A correct answer earns one point. Place the "used" subject pronouns in a separate pile. Take turns selecting from the pile and answering.

3 When your teacher tells you to stop, shuffle the pieces of paper with subject pronouns and place them in a new pile face down. When the next verb is read aloud, continue playing. The partner with the most correct answers is the winner.

En la escuela

 ESCRIBIR Use the verbs in the list to complete the sentences about what different activities take place during school.

necesitar	hablar	dibujar
usar	practicar	enseñar
patinar	bailar	

Modelo

*Yo **estudio** mucho en la clase de español.*

1. Lupe y Guillermo ___ mucho en la clase de arte.

2. Tú ___ la computadora en la clase de tecnología.

3. Yo ___ una calculadora y una carpeta para la clase de matemáticas.

4. Tomás y yo ___ deportes en la clase de educación física.

5. ¿Quién ___ la clase de ciencias naturales?

6. Marta ___ mucho en la clase de español.

Escucha y escribe

 ESCUCHAR, ESCRIBIR Listen to a student describe this picture of himself and other students during their *recreo.* Write what you hear.

CULTURA ◄ El mundo hispano

El recreo In Spanish-speaking countries, students usually have *el recreo* (recess or break) in the school *patio*. Students take time to relax and spend time with friends, eat a snack, or participate in activities such as a quick game of basketball, soccer, or volleyball.

Pre-AP Integration: Relationships Compare the *recreo* to the time you have to socialize in your school. How do you think this affects personal relationships among students?

Estudiantes en el recreo ▶

18

Actividades y más actividades

 ESCRIBIR, HABLAR EN PAREJA

1 Work with a partner. Copy the Venn diagram on a sheet of paper. Label the oval on the left *Yo.* Label the oval on the right with the name of your partner. Label the overlapping area *Nosotros* or *Nosotras.*

Modelo

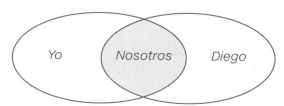

2 From the list below, choose five activities you do a lot. Write your activities in the oval labeled *Yo.* Be sure to conjugate the verb in the *yo* form.

montar en bicicleta	estudiar	hablar español	trabajar
hablar por teléfono	pasar tiempo con amigos	nadar	cantar
escuchar música	practicar deportes	usar la computadora	bailar
dibujar			

3 Interview your partner. Ask questions to find out the five activities your partner wrote in his or her diagram. When you find out an activity, write it in the right oval of your diagram. Be sure to conjugate the verb in the *él / ella* form. Save your diagram for Actividad 19.

Videomodelo

A —¿*Dibujas mucho?*
B —*A ver . . . No, no dibujo mucho.*
A —*Pues, ¿trabajas mucho?*
B —*Sí, trabajo mucho.*

¿Recuerdas?
When you answer in the negative, you often use *no* twice. The first *no* answers the question. The second *no* goes before the verb and means "not."

19

Nosotros(as) . . .

 ESCRIBIR   Compare the two sides of your diagram. Write the activities you and your partner both do in the center. Be sure to use the *nosotros(as)* form. Then use your completed diagram from Actividad 18 to write about what you and/or your partner do. Write at least five complete sentences.

Modelo
Diego y yo trabajamos.
Yo dibujo.

20

Y tú, ¿qué dices?

 HABLAR State your opinions and preferences about school. Use the questions as a guide.

1. En tu escuela, ¿quién enseña la clase de arte? ¿Quién enseña la clase de educación física? ¿Cómo son los profesores?

2. En tu escuela, ¿quién canta muy bien *(well)*? ¿Quién dibuja muy bien?

3. ¿Escuchan tus amigos(as) mucha música? ¿Bailan bien tú y tus amigos(as)?

4. ¿Qué estudias en la primera hora? ¿Cómo son los profesores?

5. ¿Qué clase tienes en la tercera hora? En tu opinión, ¿cómo es la clase?

21

Los números mayas

LEER, ESCRIBIR Long before the Spaniards set foot in the Americas, many different civilizations already existed here. One of these, the Maya, lived in southern Mexico and Central America, where their decendants still make their home. One of the accomplishments of the ancient Maya was the development of a system of mathematics.

Conexiones **Las matemáticas**

The Maya used three symbols to write numbers:

a dot ●, a bar ━━━━, and a drawing of a shell .

The dot equals 1, the bar equals 5, and the shell equals 0. Mayan numbers were written from bottom to top, not from left to right. Look at the Mayan numbers below.

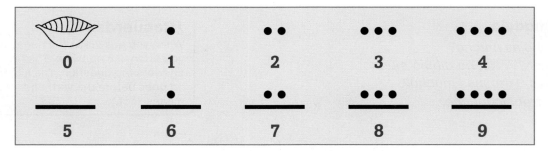

What would these Mayan numbers be in our numbering system?

1. ━━━━ ━━━━   2. ●●●● over ━━━━ ━━━━   3. ●● over ━━━━ ━━━━ ━━━━

Now write these numbers in the Mayan system.

4. 13   5. 16   6. 19

Are you familiar with any other numbering systems that remind you of the Mayan system?

Pronunciación The letter *c*

In Spanish the pronunciation of the letter *c* depends on the letter that follows it.

When the letter *c* comes before *a, o, u,* or another consonant, it is pronounced like the *c* in "cat." Listen to and say these words:

computadora	**ca**ntar	es**cu**ela
tampo**co**	**có**mo	to**car**
correr	practi**car**	**Ca**rlos

When the letter *c* comes before *e* or *i,* most Spanish speakers pronounce it like the *s* in "Sally." Listen to and say these words:

ve**ce**s	so**ci**able	gra**ci**oso	gra**ci**as
ha**cer**	on**ce**	do**ce**	tre**ce**

Try it out! Listen to this rhyme. Listen particularly for the sound of the letter *c*. Then repeat the rhyme.

**Cero más cuatro,
o cuatro más cero,
siempre¹ son cuatro.
¿No es verdadero²?**

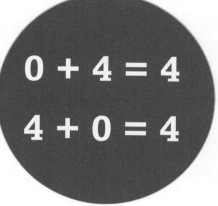

$$0 + 4 = 4$$
$$4 + 0 = 4$$

Say the rhyme again, first replacing *cuatro* with *doce,* then replacing *cuatro* with *trece.* Then say the rhyme quickly several times.

¹always ²true

El español en la comunidad

Do you know about opportunities to learn Spanish in your community outside of your school? Do some research using the Internet. Consult the web pages of local colleges, universities, libraries, or language schools to find out about Spanish classes or private lessons offered in your community. Make a list of your findings. Why do you think people in your community want to study Spanish?

Lectura

OBJECTIVES

▸ Read about a language school in Costa Rica

▸ Use photos to help you understand what you read

▸ Analyze how the 24-hour clock is used in Spanish-speaking countries

Strategy

Using photos Look at the photos to help you understand the contents of a brochure or advertisement.

Consider what an immersion experience in Spanish would be like for you as you read this brochure from a Spanish language school in Costa Rica.

Costa Rica

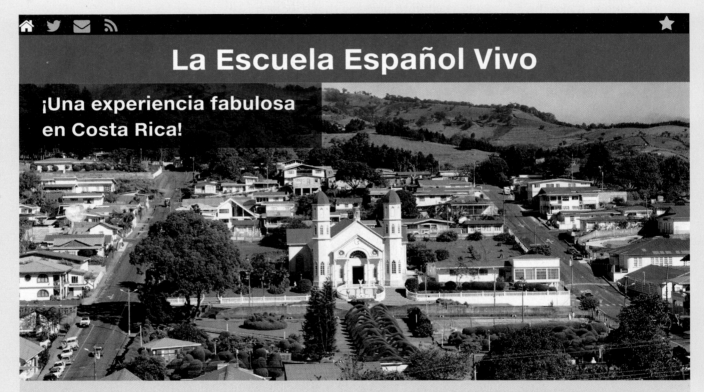

La Escuela Español Vivo

¡Una experiencia fabulosa en Costa Rica!

¡Estudia español con nosotros en la Escuela Español Vivo!

Es verano, el mes de junio. Eres estudiante en Santa Ana, un pueblo en las montañas de Costa Rica.

¿Y cómo es una clase? Hay cinco estudiantes en tu clase. Uds. escuchan, hablan y practican el español todo el día. También usan la computadora.

En la escuela hay estudiantes de muchos países: Estados Unidos, Inglaterra, Francia, Brasil, Canadá, Japón, India, Sudáfrica y otros. ¡Todos estudian español!

Los sábados y los domingos hay actividades muy interesantes: visitar un volcán o un parque nacional, nadar en el océano Pacífico. . . ¡y más!

El horario de clases en la escuela es:		sábados/ domingos	¿Por qué la Escuela Español Vivo?
hora	**lunes a viernes**	• visitar un volcán	• La naturaleza de Costa Rica en el pueblo de Santa Ana
08:00–10:30	Clases de español	• visitar un parque nacional	• Amigos de muchos países
10:30–11:00	Recreo	• nadar en el océano Pacífico	• Mucha práctica y conversación en español
11:00–13:00	Clases de español		• Clases de música y baile
13:00–14:00	Almuerzo		• Excursiones los sábados y domingos
14:00–15:30	Conversaciones		
15:30–16:30	Clase de música y baile		

 ¿Comprendes?

1. When does the program take place?

2. Describe what a class is like.

3. What key words tell you which activities are offered on the weekends?

4. How many hours are spent on learning and using Spanish each week?

5. Would you like to study Spanish in Costa Rica? Why or why not?

 Mapa global interactivo Explore Costa Rica's geography and investigate its mountains, volcanoes and national parks.

CULTURA ❭ **El mundo hispano**

La hora in Spanish-speaking countries is usually shown using the 24-hour clock on official schedules and timetables. Times in the morning are shown as 00:00 (midnight) through 11:59 (11:59 A.M.), 1:00 P.M. is shown as 13:00, 2:00 p.m. is 14:00, and so on.

Pre-AP Integration: Innovations How does new technology make it easier to access schedules and understand time differences in other countries?

Hora	Destino Destination	
21:00	CORDOBA-SEVILLA	ALARIS
21:15	ALBACETE-VALENCIA	AV-9742
21:15	C. REAL-PUERTOLLAN	AVE9893
21:15	ZARAGOZA DELICIAS	AV-9542
21:30	TOLEDO	AVE9644
21:50	CORDOBA-SEVILLA	AV-9744
	PUERTOLLAN	

En una estación de trenes de Madrid

La cultura en vivo

Aficionados al fútbol

El fútbol (soccer) is the favorite sport in most Spanish-speaking countries. In fact, it is the most popular sport in the entire world. It has grown in popularity in the United States over the past years. As with other sports you are familiar with, *fútbol* has loyal fans, cheers, team songs, and sometimes cheerleaders. If you attended a game in Venezuela at the Escuela Secundaria Bolívar you might hear the following chant:

🎵 *Chiquitibúm a la bim bom bam*

A la bío

A la bao

A la bim bom bam

¡Bolívar! ¡Bolívar!

¡Ra, ra, ra!

Except for the school name, the words of this chant do not have any meaning.

Here's another cheer:

¡Se ve! ¡Se siente!	You see it, you feel it!
¡Bolívar está presente!	Bolívar is here!
¡Que sí, que no!	Oh, yes, oh, no!
¡Bolívar ya ganó!	Bolívar has already won!
¡A la bío, a la bao!	¡A la bío! ¡A la bao!
¡El otro está cansao!	The other team is tired!

Aficionados al fútbol, Bogotá, Colombia

Presentar In groups of five, select one of the chants and use it for a model to create a chant for one of your school teams. Present it to the class.

Comparación cultural How are these cheers and fan enthusiasm similar to or different from the cheers at your school?

Online Cultural Reading

Go to Savvas.com/Autentico
ONLINE to explore the web site of a school in a Spanish-speaking country.

Presentación oral

OBJECTIVES
- Describe your classes and schedule
- Use a chart to organize your ideas

Go **Online** to practice
SAVVAS realize.™

Savvas.com/Autentico

SPEAK/RECORD

Mis clases

TASK Imagine there is a new student from Costa Rica at your school. Tell the student your opinion about some of your classes.

> **Strategy**
> **Using graphic organizers** Simple charts can help you organize your main ideas and supporting opinions for a presentation.

1 Prepare Fill in a chart with information and your opinion about three of your classes. Use this chart to plan what you want to say about these classes.

Hora	Clase	Comentarios	Profesor(a)
primera	español	me gusta hablar español	la Sra. Salinas
cuarta	arte	difícil	el Sr. Highsmith
octava	ciencias naturales	divertida	la Sra. Huerta

2 Practice Go through your presentation several times. You can use your notes in practice, but your teacher may not want you to use them when presenting. Try to:

- mention the information about your classes and teachers
- use complete sentences and speak clearly

Modelo

En la primera hora tengo la clase de español. Me gusta hablar español. La clase es muy divertida. La Sra. Salinas es la profesora.

3 Present Describe the three classes you selected and give your opinion of each one.

4 Evaluation The following rubric will be used to grade your presentation.

Rubric	Score 1	Score 3	Score 5
How complete your preparation is	You have information written down but without the use of the chart.	You used the chart, but only partially completed it.	You used the chart and provided all the information.
Amount of information you give	You describe three classes but only provide one piece of information about each class.	You describe three classes but only provide two pieces of information about each class.	You describe five classes and include all requested information.
How easily you are understood	You are very difficult to understand, using only isolated words and phrases.	You are understandable but have frequent errors in vocabulary and/or grammar.	You are easily understood. Your teacher does not have to "decode" what you are trying to say.

Auténtico

Partnered with IDB

Ventajas de dominar las matemáticas

Before You Listen

Use the Strategy: Listen for Key Details

The speaker suggests changes to the way math is taught in Latin America. Use the key vocabulary, the Spanish you know, and your experience to increase your understanding of the key details in the audio.

Listen for this Key Vocabulary

ventajas = advantages

dominar = master

validar teorías = validate theories

**encontrar sus
propias respuestas** = find their own answers

camino hacia el éxito = path to success

🔊 Listen to the Audio

Think of the ways in which you use math in daily life. What changes does the speaker propose so that students in Latin America may also apply math skills in daily life? How do these changes reflect cultural changes towards education? Use your experience and the key details you understand from the audio to help you infer the speaker's message.

Go to **Savvas.com/Autentico** and listen to the audio *¿Qué ventajas tienen los niños que dominan matemáticas?* to hear about proposed changes to math instruction in Latin America.

Complete the Activities

Mientras escuchas As you listen to the audio, identify which of the following are key details from the speaker's suggestions.

pensar por sí mismo	**resolver problemas**
usar experiencias reales	**aprender más**
encontrar respuestas	**usar fórmulas**

Integration

Después de escuchar Answer the following questions to demonstrate your understanding of key details in the audio.

1. What is one of the speaker's suggestions?

2. The speaker states that schools should present an *idea positiva de matemáticas*. Based on that, what can you infer about how math is presented now?

3. The speaker says that math is a *path to success*. Do you agree or disagree? Support your answer with ideas you inferred from the audio.

 For more activities, go to the *Authentic Resources Workbook.*

Escuelas en Latinoamérica

Expansión Find other authentic resources about schools in *Auténtico* online, then answer the question.

 2A Auténtico

Integración de ideas The authentic resources present schools in Spanish-speaking countries. Write a sentence to describe a detail of a school that you find interesting.

Comparación cultural What similarities and differences are there between these schools and your own school?

Repaso del capítulo

OBJECTIVES
▸ Review the vocabulary and grammar
▸ Demonstrate you can perform the tasks on p. 97

🔊 Vocabulario

to talk about your school day

el almuerzo	lunch
la clase	class
la clase de . . .	. . . class
arte	art
español	Spanish
ciencias naturales	science
ciencias sociales	social studies
educación física	physical education
inglés	English
matemáticas	mathematics
tecnología	technology/computers
el horario	schedule
en la . . . hora	in the . . . hour (class period)
la tarea	homework

to describe school activities

enseñar	to teach
estudiar	to study
hablar	to talk

to talk about the order of things

primero*, -a	first
segundo, -a	second
tercero*, -a	third
cuarto, -a	fourth
quinto, -a	fifth
sexto, -a	sixth
séptimo, -a	seventh
octavo, -a	eighth
noveno, -a	ninth
décimo, -a	tenth

*Changes to primer, tercer before a masculine singular noun.

For *Vocabulario adicional*, see pp. 472–473.

to talk about things you need for school

la calculadora	calculator
la carpeta de argollas	three-ring binder
el diccionario	dictionary
necesito	I need
necesitas	you need

to describe your classes

aburrido, -a	boring
difícil	difficult
divertido, -a	amusing, fun
fácil	easy
favorito, -a	favorite
interesante	interesting
más . . . que	more . . . than
práctico, -a	practical

other useful words

a ver . . .	Let's see
mucho	a lot
para	for
¿Quién?	Who?
(yo) tengo	I have
(tú) tienes	you have

Gramática

subject pronouns

yo	I	nosotros	we (*masc.*, *masc. / fem.*)
		nosotras	we (*fem.*)
tú	you (*fam.*)	vosotros	you (*masc. masc. / fem.*)
usted (Ud.)	you (*form.*)	vosotras	you (*fem.*)
		ustedes (Uds.)	you (*form.*)
él	he	ellos	they (*masc.*, *masc. / fem.*)
ella	she	ellas	they (*fem.*)

hablar *to talk*

hablo	hablamos
hablas	habláis
habla	hablan

Preparación para el examen

Más recursos   Savvas.com/Autentico

□ Games   Flashcards   Instant check
▶ Tutorials   ▶ *Gram*Activa videos   ▶ Animated verbs

What you need to be able to do for the exam . . .	Here are practice tasks similar to those you will find on the exam . . .	For review go to your print or digital textbook . . .
Interpretive		
1 ESCUCHAR I can listen and understand people talking about their schedules and their classes.	Listen to two students who have just attended some of the classes on their new schedules. a) Which class does each one like? Why? b) Which class does each one dislike? Why?	**pp. 74–77** *Vocabulario en contexto* **p. 75** Actividades 1–2 **p. 79** Actividad 7 **p. 80** Actividades 8–9
Interpersonal		
2 HABLAR I can greet my teacher and talk about activities that my friends and I have in common.	To get to know you, your teacher asks you to talk or write about what you and your friends have in common, such as school subjects and music or activities. For example, *cantamos.* You might also tell how you and your friends are different. For example, *Yo toco la guitarra y ellos practican deportes.*	**p. 80** Actividad 8 **p. 86** Actividad 16 **p. 87** Actividades 18–19 **p. 93** *Presentación oral*
Interpretive		
3 LEER I can read and understand someone's e-mail description of his or her classes.	Read this e-mail that your friend received from his e-pal. What does the e-pal study? What does he think of his classes? Do you agree? Why? ¿Cómo son mis clases? Yo tengo ocho clases: ciencias naturales, inglés, español, educación física, geografía, matemáticas, tecnología y ciencias sociales. ¡Me gusta más la clase de inglés! Necesito hablar inglés aquí en Ecuador, pero es MUY difícil. Mi clase de geografía es muy aburrida y mi clase de educación física es muy divertida.	**pp. 74–77** *Vocabulario en contexto* **p. 78** Actividad 4 **pp. 90–91** *Lectura*
Presentational		
4 ESCRIBIR I can write my schedule including hour, class, and teacher's name, and give opinions.	Write a note to a counselor giving your opinion of your classes and listing reasons why you want to drop two of the classes on your schedule. What might be some reasons? You might say that your first hour class is boring and that your second hour class is difficult for you.	**p. 78** Actividad 5 **p. 79** Actividades 6–7 **p. 93** *Presentación oral*
Culture		
5 COMPARACIÓN CULTURAL I can understand cultural practices concerning sports.	Think about the sports at your school that attract the most fans to their games or competitions. Are these the same sports that are most popular in Spanish-speaking countries? How do spectators show their enthusiasm? How is this similar to or different from the United States?	**p. 92** *La cultura en vivo*

Tu sala de clases

Honduras
España
México
Cuba
Puerto Rico
Guatemala
Venezuela
El Salvador
Nicaragua
Panamá
Costa Rica
Perú

CHAPTER OBJECTIVES

Communication

By the end of this chapter you will be able to:

- Listen to and read conversations and notes about school.
- Talk and write about classes, classrooms, and where things are located.
- Exchange information while describing someone's location.

Culture

You will also be able to:

- **Auténtico:** Identify cultural practices viewed in an authentic video about school homework.
- Compare perspectives towards school and uniforms in the Spanish-speaking world and the United States

You will demonstrate what you know and can do:

- Presentación escrita: Tu sala de clases
- Repaso del capítulo: Preparación para el examen

You will use:

Vocabulary

- Classroom items and furniture
- Computers
- Words to describe location

Grammar

- The verb *estar*
- Plurals of nouns and articles

ARTE y CULTURA ◄ México

Sor Juana Inés de la Cruz (1648–1695), born near Mexico City, was one of the greatest intellectuals of her time. She wrote poetry, essays, music, and plays. Sor Juana also defended a woman's right to an education at a time when few women had access to it. She entered a convent at the age of 19 and over the years built a library of several thousand books. Sor Juana's living quarters in the convent became a meeting place for other writers and intellectuals, who were drawn to her because of her intelligence and knowledge.

▶ How are various aspects of Sor Juana's life represented in this painting? If you were to pose for a portrait, what objects would you include that represent you and your interests?

Retrato de Sor Juana Inés de la Cruz, siglo XVII ▶
Foto: Archivo Agencia EL UNIVERSAL.

Go **Online** to practice

SAVVAS realize™

Savvas.com/Autentico

 AUDIO

 VIDEO

 WRITING

 SPEAK/RECORD

MAPA GLOBAL

AUTÉNTICO

FLASCHARDS

ETEXT 2.O

GAMES

Estudiantes peruanas

▶ Videocultura **Los uniformes escolares**

Vocabulario en contexto

"**Estamos en mi** clase **de** español. El escritorio de la profesora está **delante de** la clase. **Aquí** está el escritorio de mi profesora, **al lado de** una ventana.

El sacapuntas está **encima del** escritorio. **Detrás del** escritorio **hay** una bandera, y **debajo** hay un reloj. ¡La profesora es muy ordenada! Me gusta estudiar **en** la clase de español. Y a ti, ¿te gusta **tu** clase de español?"

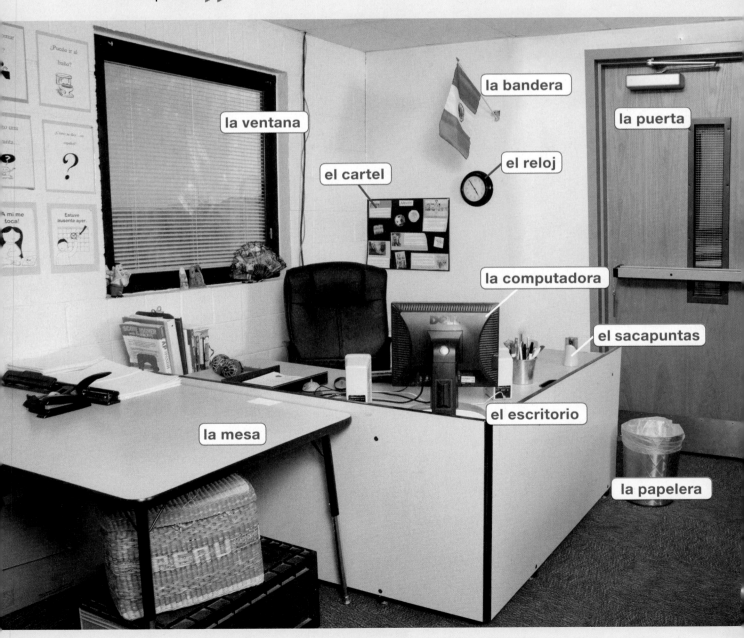

la bandera

la ventana

la puerta

el cartel

el reloj

la computadora

el sacapuntas

el escritorio

la mesa

la papelera

" Me gusta estudiar aquí, pero hay muchos estudiantes y es importante ser ordenada. Mi **mochila** está debajo de la mesa. Mi ratón está al lado de mi teclado. Es bueno estudiar aquí. ¿A ti dónde te gusta estudiar? ".

Más vocabulario

el **disco compacto** = compact disc

el **DVD** = DVD (disc)

1

¿Está en la clase de español?

🔊 ESCUCHAR Listen to the statements about school items while looking at the two photos. If you see the item in either photo, give a "thumbs up". If it isn't there, give a "thumbs down".

2

¿Dónde están las cosas?

🔊 ESCUCHAR Listen to descriptions of where things are located in the two school photos. Pay attention to the key details. Touch the item(s) mentioned in each description.

Un teléfono en la clase

Profesor: Rosi, ¿**qué es esto**?

Rosi: **¿Dónde?**

Profesor: **Allí**, en tu mochila.

Rosi: **Es un** teléfono.

Profesor: ¿Un teléfono en mi clase?

Rosi: Sí, profesor.

Profesor: No me gustan **los** teléfonos en mi clase.

Rosi: Pero necesito mi teléfono para estudiar.

Profesor: ¿Qué?

Rosi: Sí. Mi teléfono tiene un diccionario muy práctico.

Profesor: Rosi, hablamos en mi oficina.

Rosi: Sí, señor.

Rosi

profesor

3

¿Sí o no?

ESCRIBIR Lee las oraciones. Escribe *Sí* si la oración es correcta o *No* si es incorrecta. *Corrige* (Correct) las oraciones incorrectas.

1. Rosi tiene un teléfono en la clase.

2. El teléfono está encima del libro.

3. Al profesor no le gustan los teléfonos en su clase.

4. Rosi necesita la calculadora de su teléfono.

5. El profesor necesita hablar con Rosi en su oficina.

Videohistoria

Enseñar en Guatemala

Before You Watch

Predicting Read the questions in *After You Watch* to predict what you will learn in the video. Based on key words from the questions, what do you think this episode is about? What will you see?

Complete the Activity

En Guatemala Describe la escuela oficial rural de Guatemala que ves en las fotos.

▶ Watch the Video

What do you think schools are like in other Spanish-speaking countries?

Go to **Savvas.com/Autentico** to watch the video *Enseñar en Guatemala* and to view the script.

Ximena   **Camila**

After You Watch

 ¿COMPRENDES? Listen for these key words. Indicate if each statement is *cierto* or *falso* based on the video.

1. uniforme: Los niños no necesitan uniformes para ir a la escuela.
2. pizarrón: Hay un pizarrón y una pantalla en las salas de clase.
3. computación: No hay videojuegos en la sala de computación.
4. cafetería: Los niños siempre pasan el almuerzo en la cafetería.
5. deportes: Practican deportes en una sala grande.

Comparación cultural ¿Qué hay en la escuela de Guatemala en el video que también hay en tu escuela? ¿Qué no hay?

Vocabulario en uso

OBJECTIVES
▶ Write and talk about objects in a classroom
▶ Describe a bedroom and a classroom
▶ Exchange information about school supplies and their location

4

¿Qué hay?

ESCRIBIR Describe these objects. Write the names of the things you see.

Modelo
Hay una bandera.

5

¿Es lógico o no?

ESCRIBIR Write the word that doesn't belong in each group.
Then supply a word that logically belongs.

Modelo
el ratón   el teclado   la pantalla   la ventana
La ventana: ¡No! La computadora: ¡Sí!

1. una mesa   una silla   una mochila   un escritorio

2. la sala de clases   al lado de   detrás de   encima de

3. un diccionario   una calculadora   un reloj   una computadora

4. leer   estudiar   escribir   bailar

5. está   habla   necesitan   trabaja

6. el profesor   la chica   el estudiante   el señor

Go **Online** to practice   **Savvas.com/Autentico**

SAVVAS
realize.

VIDEO   WRITING   SPEAK/RECORD

¿Dónde está?

 HABLAR EN PAREJA   Take turns with a partner to ask and tell where various items in Beto's bedroom are located.

Videomodelo

A —¿Dónde está **el escritorio**?
B —Está **debajo de la ventana**.

Nota
When the preposition *de* is followed by the masculine definite article *el,* the contraction *del* must be used.
• La papelera está al lado del escritorio.

Estudiante A

¿Dónde está . . . ?

Estudiante B

al lado de	detrás de
delante de	encima de
debajo de	

7

Juego

 HABLAR EN PAREJA, ESCUCHAR

1 Work with a partner. Your partner will face away from you and have a blank piece of paper and a pen or a pencil.

2 Choose four classroom items and arrange them on your desk, putting objects on top of others, next to each other, and so forth.

Videomodelo

A —¿Tienes un sacapuntas?
B —No, no tengo un sacapuntas.
A —¿Tienes una calculadora?
B —Sí, tengo una calculadora.
A —¿Dónde está?
B —Está encima de la carpeta.

3 Your partner will ask you questions about what is on your desk and how the items are positioned. You will use the vocabulary key words to answer. Based on your answers, he or she will try to draw the arrangement on your desk.

4 When your teacher tells you to stop, see how closely the picture matches the actual arrangement. Then switch roles.

Para decir más . . .
a la izquierda de = to the left of
a la derecha de = to the right of

Exploración del lenguaje ‹ Language through gestures

In Spanish, just as in English, nonverbal body language in the form of gestures, or *gestos,* is very important to communication.

Do you know the expression *¡Ojo!*? The word literally means "eye," but it is used to mean "be careful" or "pay attention." It is usually accompanied by a gesture, and often people use the *¡Ojo!* gesture without saying the word.

- Can you show other gestures that are used to communicate? What do they mean?

CULTURA ‹ El mundo hispano

School uniforms Many schools in Spanish-speaking countries require their students to wear uniforms. Often students wear a full uniform, like the ones you see in the photo. Sometimes the uniform consists of something more like a smock that is worn over a student's regular clothes and helps protect them from becoming dirty or torn during the school day.

Pre-AP Integration: Education Communities
How does wearing a uniform affect a person's connection to a school community as compared to not wearing a uniform?

Estudiantes durante el descanso
Santa Clara, Cuba ▶

8

Y tú, ¿qué dices?

ESCRIBIR/HABLAR   Describe your classroom and the objects in it. Use the questions as a guide. Write the description or present orally to the class.

1. ¿Dónde está la puerta?
2. ¿Qué hay al lado de la puerta?
3. ¿Hay ventanas en la clase? ¿Cuántas?
4. ¿Hay un reloj en la clase? ¿Dónde está?
5. ¿Cuántos escritorios y sillas hay?
6. ¿Qué más *(What else)* hay?

Gramática

OBJECTIVES
▶ Write about and discuss the location of people and things
▶ Listen to a description of the position of people in a photo
▶ Compare prices for backpacks in Spanish-speaking countries

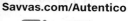

Go **Online** to practice Savvas.com/Autentico

SAVVAS **realize**™

WRITING   VIDEO   SPEAK/RECORD

The verb *estar*

The *-ar* verbs you have used until now are called **regular verbs** because they follow a regular pattern. Verbs that do not follow a regular pattern are called **irregular verbs.**

Estar is irregular because the *yo* form doesn't follow a regular pattern and because the forms *estás, está,* and *están* require accent marks.

Use *estar* to tell how someone feels or where someone or something is located.

¿Recuerdas?
You have used the verb *estar* to ask how someone is.
¿Cómo **estás**?
¿Cómo **está** Ud.?

(yo)	est**oy**	(nosotros) (nosotras)	est**amos**
(tú)	est**ás**	(vosotros) (vosotras)	est**áis**
Ud. (él) (ella)	est**á**	Uds. (ellos) (ellas)	est**án**

Más recursos ONLINE
▶ *Gram*Activa Video
▶ Tutorial: *Estar*
▶ Animated Verbs
✎ *Gram*Activa Activity

9

¡Hola! ¿Cómo estás?

ESCRIBIR Write the correct forms of *estar* on a separate sheet of paper.

Marcos: ¡Buenos días! ¿Cómo __1.__ Uds.?

Paula y Roberta: ¡Hola, Marcos! Nosotras __2.__ bien, gracias. ¿Y tú?

Marcos: __3.__ muy bien. ¿Dónde __4.__ Pedro y Juana?

Roberta: Pedro __5.__ en la sala de clases. Juana __6.__ en la oficina.

10

¿En qué clase están?

HABLAR EN PAREJA Take turns with a partner to give the correct forms of *estar* as you tell what class each person is in.

Modelo
Ella
Ella está en la clase de tecnología.

1. yo

2. los profesores

3. la profesora

4. nosotros

5. ella

6. tú

11 ¿Cierto o falso?

 ESCUCHAR Write the numbers 1–6 on a sheet of paper.
Listen to the statements about Javier's Spanish club photo
and write *cierto* or *falso* based on the key details provided
as you view the photograph from *your* perspective.

12 ¿Y dónde están todos?

 HABLAR EN PAREJA Work with a partner. Using the club picture above,
find out where the various students are located from *Javier's* perspective.
Follow the model.

Videomodelo

A —¿Y dónde está **Lucita**?
B —*Lucita está **encima del escritorio**.*

1. Julián y Mateo
2. Rosa
3. Sara
4. yo

5. el Sr. Salas
6. Lucita y José
7. Benito
8. Sara y yo

Juego

ESCRIBIR, HABLAR EN PAREJA Work with a partner. Write down the name of someone in the classroom. Your partner can ask only *sí / no* questions to find out the name. When your partner has guessed the mystery student's identity, change roles.

▶ **Videomodelo**

A —*¿Es una estudiante?*

B —*Sí.*

A —*¿Está al lado de Tomás?*

B —*No.*

A —*¿Está detrás de mí?*

B —*Sí.*

A —*¿Es Patricia?*

B —*Sí.*

> **Para decir más . . .**
> **detrás de mí** = behind me
> **detrás de ti** = behind you

14

Los precios de mochilas

LEER, ESCRIBIR

Conexiones **Las matemáticas**

Most countries have their own currencies. In Mexico, people pay for their purchases in *pesos,* in Peru they use *nuevos soles,* and so on. The value of each currency can go up or down daily in relation to other countries' currencies. For example, a dollar might be worth 10 Mexican *pesos* one day and 11 *pesos* the following day. Read the prices for una *mochila* in six different countries.

1. How much does a typical *mochila* cost in your community?

2. Convert the prices for *una mochila* into dollars. You can find a currency converter on the Internet.

3. How do these prices compare to those in your community? Why might the same item have different values in different countries?

Los precios de mochilas en el mundo hispano	
País	**Precio**
España	24 euros
Perú	80 nuevos soles
Puerto Rico	25 dólares
México	425 pesos
Venezuela	110 bolívares fuertes
Guatemala	200 quetzales

Gramática

OBJECTIVES
▶ Identify and describe the location of objects around school
▶ Exchange information about the location of things in a classroom

The plurals of nouns and articles

To make nouns plural you usually add -s to words ending in a vowel and -es to words ending in a consonant.

silla → sillas   teclado → teclados   cartel → carteles

Singular nouns that end in z change the z to c in the plural.

el lápiz → los lápices

The plural definite articles are *los* and *las*. Like *el* and *la*, they both mean "the."

las sillas → *the* chairs

The plural indefinite articles are *unos* and *unas*. They both mean "some" or "a few."

unos carteles → *some* posters

Singular		Plural	
el reloj	**la** ventana	**los** reloj**es**	**las** ventana**s**
un cuaderno **una** mesa		**unos** cuaderno**s** **unas** mesa**s**	

¿Recuerdas?
You have used definite and indefinite articles in the singular:
el, la = the
un, una = a, an

Más recursos ONLINE
▶ *GramActiva* Video
▶ **Tutorials:** Noun-adjective agreement, Singular plural formation
🔊 *Canción de hip hop: ¿Qué hay?*
✎ *GramActiva* Activity

15

Palabras plurales

ESCRIBIR   Write the plural forms of the articles and nouns below.

1. el cuaderno
2. la bandera
3. la papelera
4. el profesor
5. una clase
6. una mochila
7. un escritorio
8. un pupitre

16

¡A estudiar!

LEER, ESCRIBIR, HABLAR EN PAREJA   Marta and Berta are getting ready for school. Read the dialogue with a partner and fill in the blanks with the correct definite articles.

Marta: ¿Dónde están __1.__ lápices?

Berta: Aquí están, en __2.__ mochila.

Marta: ¿Y tienes __3.__ bolígrafos y __4.__ libros?

Berta: No. Están allí, encima de __5.__ mesa, debajo de __6.__ ventanas.

Marta: Ah, sí. ¿Y __7.__ cuadernos y __8.__ carpetas? ¿Dónde están?

Berta: Están encima de __9.__ mesa, detrás de __10.__ computadoras.

17

Más palabras plurales

 ESCUCHAR, HABLAR You will hear eight words. Say the plural form of each word as you hear it.

 Modelo
You will hear: *el libro*
You will say: *los libros*

18

Es el cuaderno de . . .

 HABLAR EN GRUPO Describe an object and its location orally to a group. Work in groups of four. Each of you should choose a classroom object you have brought to class. Show your group your object. Your teacher will collect all the items, then place them in view in different parts of the classroom. Ask your group where your object is. Take turns until all objects and their location have been described.

> **Nota**
> In Spanish, you express possession by using *de* and the name of the owner of the item.
>   el escritorio **de** la profesora
>   *the teacher's desk*

▶ **Videomodelo**
A —*¿Dónde está mi calculadora?*
B —*Tu calculadora está debajo de la silla de Margarita.*

El español en el mundo del trabajo

School districts in the United States have many positions in which employees need to speak Spanish. For example, school counselors work with new students and parents from Spanish-speaking countries. Counselors help them set up schedules, talk about school policies, and answer questions. Both the parents and the new students feel much more comfortable when the counselor can communicate with them in Spanish.

• Does your district need employees who speak Spanish? In what other jobs within a school system would speaking Spanish be helpful?

Una clase de inglés

ESCRIBIR, HABLAR EN PAREJA Look at this picture of a high school class in Cuba.

1 Study the photograph and make a list in Spanish of items you can name.

2 Write two questions about the photograph, then ask your partner the questions. Use the models below.

Videomodelo

A —¿*Cuántos estudiantes hay en la clase?*
B —*Hay seis estudiantes.*
A —¿*Hay banderas en la clase?*
B —*No, no hay banderas.*

¿Qué es esto?	¿Quién está . . . ?
¿Cuántos(as) . . . hay?	¿Hay . . . ?
¿Dónde está(n) . . . ?	¿Qué hay

Y tú, ¿qué dices?

ESCRIBIR Look around your classroom and write five sentences to describe it.

Modelo

En mi clase de español hay 33 estudiantes. Hay 35 pupitres y un escritorio. El escritorio está delante de los pupitres. La computadora está encima del escritorio. No hay bandera en mi clase.

Pronunciación ⟨ The letter *g*

In Spanish, the letter *g* sounds like *g* in "go" when it is followed by *a, o,* or *u*, although it often has a slightly softer sound than in English. Listen to and say the following words and sentences:

Gustavo	domin**go**	ten**go**
a**go**sto	pre**gu**nta	lue**go**
ami**go**	ar**go**llas	**ga**to

In Spanish, the letter *g* sounds like the letter *h* in "hot" when it is followed by *e* or *i*. Listen to and say the following words. Some of these words you have not yet heard or seen. Can you guess the meanings of the cognates?

inteli**ge**nte	**ge**neroso	**ge**neral
gimnasio	tecnolo**gía**	biolo**gía**

Try it out! See if you can guess how to pronounce the following Spanish first names. Keep in mind the pronunciation rules for the *g* sound.

Estudiantes en un gimnasio

Gabriela	Ángela	Gerardo
Gilberto	Gustavo	Rodrigo
Olga	Rogelio	Gregorio

CULTURA ⟨ El mundo hispano

School gyms are rare in Spanish-speaking countries. Students usually have physical education classes in the school's *patio*. High school students usually have P.E. one or two times a week, sometimes before or after regular school hours. School sports teams are also less common than in the United States.

Pre-AP Integration: Education and Careers What are some reasons that schools in Spanish-speaking countries might place less emphasis on physical education, sports, and gymnasiums?

Una clase de educación física de una escuela primaria, México ▶

OBJECTIVES
- Read about a United Nations program for children
- Make predictions about what you will read

Strategy
Predicting outcomes Think about what you would consider to be basic rights for children around the world. Jot down four of them on a piece of paper. As you read the article, see if your ideas are included.

Lee este artículo sobre UNICEF.

UNICEF y una convención para los niños[1]

¿Sabes que es un privilegio estar en una escuela, tener una mochila con libros, unos lápices, una calculadora, unas hojas de papel y un profesor bueno? En ciertas[2] naciones, ir a la escuela es difícil o no es posible.

UNICEF es la organización internacional de las Naciones Unidas que trabaja para los niños. UNICEF es una sigla[3] inglesa que significa "Fondo Internacional de Emergencia de las Naciones Unidas para los Niños". Tiene siete oficinas regionales en diversas naciones y un Centro de Investigaciones en Italia. El 20 de noviembre de 1989, la Organización de las Naciones Unidas escribió[4] "una convención para los niños" en inglés, árabe, chino, ruso y francés.

[1]children [2]some [3]acronym [4]wrote

Esta convención dice que⁵ los niños de todas⁶ las naciones necesitan:

- dignidad
- una casa
- protección
- una buena dieta
- la práctica de deportes
- atención especial para los niños con problemas físicos
- amor y la comprensión de la familia
- expresar sus opiniones
- una comunidad sin⁷ violencia
- ir a la escuela para ser inteligentes y sociables

⁵says that ⁶all ⁷without

 ¿Comprendes?

1. Para los estudiantes de todas las naciones es fácil estar en una escuela y tener una mochila. ¿Cierto o falso?

2. ¿Cuántas oficinas regionales tiene UNICEF?

3. ¿Qué significa la sigla UNICEF?

4. ¿Dónde está el Centro de Investigaciones?

5. La convención es para los niños de todas las naciones. ¿Cierto o falso?

6. ¿Qué palabras clave indican cuatro cosas que necesitan todos los niños?

Perspectivas del mundo hispano

¿Cómo es la escuela?

Did you know that students in many Spanish-speaking countries spend more time in school than you do? The graph below shows the length of the school year in various countries.

School Facts You May Not Know

- In many schools, when a teacher enters the classroom, the students stand.

- The teacher may call the students by their last name.

- The students, on the other hand, are more likely to address their teacher simply as *maestro(a), profesor(a),* or just *profe,* without a last name.

- Class time is generally spent with the teacher lecturing rather than with class discussion.

- Many public and private schools require uniforms.

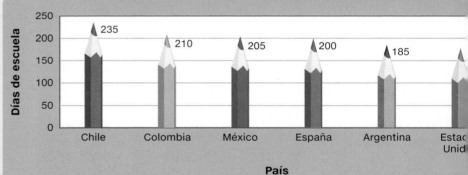

Días de escuela / País

Chile 235 · Colombia 210 · México 205 · España 200 · Argentina 185 · Estados Unid[os]

Comparación cultural Based on the information above, what might you assume are the attitudes toward school in Spanish-speaking cultures? How are these the same as or different from attitudes in your community? List five suggestions that might help an exchange student from Mexico City adjust to your school.

Investigar How are other schools in your area similar to or different from yours? How are they similar to or different from those in Spanish-speaking countries? Make a list of schools in your area and describe these similarities and differences. Are some schools more formal? Do students take classes that are different from the ones you take?

Online Cultural Reading

Go to Savvas.com/Autentico
ONLINE to read and understand a website selling school supplies.

Strategy: Scan the web page for categories and words you understand in order to find information you need.

Inténtalo: Demonstrate your understanding of the site by identifying the products you need for school and their cost.

Presentación escrita

OBJECTIVES
▶ Write a description of your classroom
▶ Make a sketch to remember ideas

Go **Online** to practice
Savvas.com/Autentico

WRITING

Tu sala de clases

TASK Your pen pal from Mexico is coming to visit your school. Write him or her a note describing your Spanish classroom.

1 Prewrite Sketch your classroom, showing and labeling the items you intend to describe.

2 Draft Write the first draft of your note. Use your sketch to remember which items you want to describe and where they are. Use the model to organize your draft.

Modelo

En mi sala de clases hay cuatro ventanas. Mi pupitre está delante del escritorio de la profesora. La bandera está al lado de la puerta. Las computadoras están encima de la mesa.

3 Revise Check your note for correct spelling, as well as for the categories under Evaluation. Share your note with a partner, who will check for the following:

- Is your note easy to understand?
- Could you add other information?
- Are there any errors?

Rewrite your note making any necessary changes.

4 Publish Make a final copy of your note for display in the classroom or for your portfolio.

5 Evaluation The following rubric will be used to grade your note.

Strategy

Creating visuals Creating a sketch or a drawing can help you remember the things you want to write about in a description.

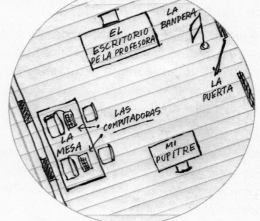

Rubric	Score 1	Score 3	Score 5
Use of newly acquired vocabulary	You use very little variation of vocabulary with frequent usage errors.	You use limited vocabulary with some usage errors.	You use an extended variety of vocabulary with very few usage errors.
Correct use of the verb *estar*	You use many repetitions of incorrect verb forms.	You use frequent repetitions of incorrect verb forms.	You use very few incorrect verb forms.
Amount of information	You provide information about two or fewer items in the classroom.	You provide information about three or fewer items in the classroom.	You provide information about four or more items in the classroom.

Auténtico

Partnered with NBC LEARN

Vencer las molestias de la tarea

Before You Watch

Use the Strategy: Anticipate

The video provides homework tips to parents. Use information that you know to anticipate what the study tips might be in Spanish. Also review Spanish key words related to school you have already learned.

Read this Key Vocabulary

vencer = overcome

la molestia = annoyance

los consejos = tips

el lugar = place

concentrarse = to concentrate

la habitación = bedroom

mejor = best

el esfuerzo = effort

▶ Watch the Video

Think about the challenges you face while doing your homework. What tips *(consejos)* does the speaker give parents so they can help their children with homework?

Go to **Savvas.com/Autentico** and watch the video **Vencer las molestias de la tarea** to learn about homework tips.

Complete the Activities

Mientras ves As you watch the video, indicate which of the following words are included and note which kind of tip they support in the video. Write a three column chart with the heads: *Lugar / Concentrarse / Rutina,* to organize the words you hear.

calculadora

escuela

lápices

escritorio

mesa

bolígrafos

tarea

tiempo

hablar por teléfono

les gusta

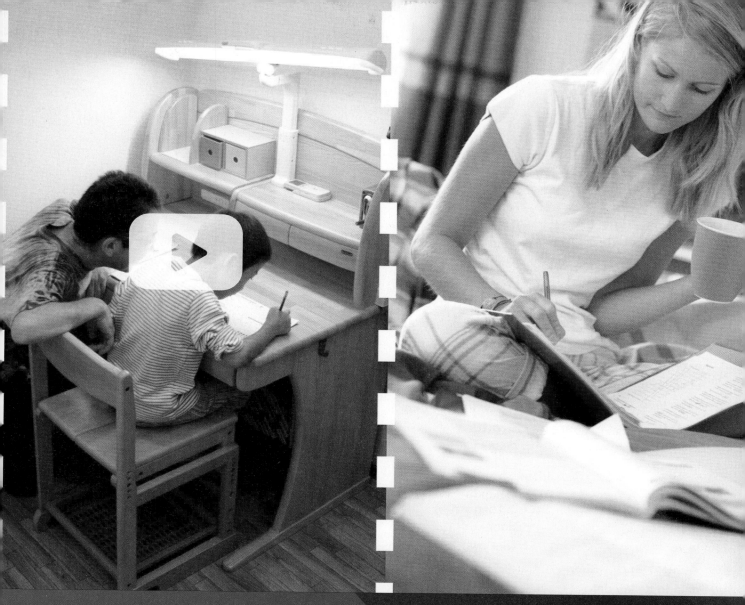

Integration

Después de ver Review the video as needed to answer the following questions.

1. According to the video, what do students need to have nearby before they start their homework?

2. What time management tips can you understand from the video?

3. In the final scene, the word *perseverancia* appears. What might perseverance have to do with overcoming the *molestias de la tarea*?

 For more activities, go to the *Authentic Resources Workbook.*

Las escuelas en Latinoamérica

Expansión Find other authentic resources in *Auténtico* online, then answer the question.

 2B Auténtico

Integración de ideas The authentic resources present information about studying in Spanish-speaking countries. Write a sentence to describe an aspect of education that you find interesting.

Comparación cultural Write about the similarities and differences of education as compared to your own experience.

Repaso del capítulo

OBJECTIVES
▶ Review the vocabulary and grammar
▶ Demonstrate you can perform the tasks on p. 121

🔊 Vocabulario

to talk about classroom items

la bandera	flag
el cartel	poster
la computadora	computer
la mochila	bookbag, backpack
la pantalla	(computer) screen
la papelera	wastepaper basket
el ratón	(computer) mouse
el reloj	clock
el sacapuntas	pencil sharpener
el teclado	(computer) keyboard

to talk about classroom furniture

el escritorio	desk
la mesa	table
la silla	chair

to talk about parts of a classroom

la puerta	door
la ventana	window

to indicate location

al lado de la / del	next to, beside
allí	there
aquí	here
debajo de la / del	underneath
delante de la / del	in front of
detrás de la / del	behind
¿Dónde?	Where?
en	in, on
encima de la / del	on top of

For *Vocabulario adicional,* see pp. 472–473.

to indicate possession

de	of
mi	my
tu	your

to identify (description, quantity)

Es un(a) . . .	It's a . . .
Hay	There is, There are
¿Qué es esto?	What is this?

Gramática

estar *to be*

estoy	estamos
estás	estáis
está	están

to identify gender and quantity of nouns

los, las	the
unos, unas	some

Preparación para el examen

Más recursos   Savvas.com/Autentico

Games   Flashcards   Instant check

Tutorials   *Gram*Activa videos   Animated verbs

What you need to be able to do for the exam . . .	Here are practice tasks similar to those you will find on the exam . . .	For review go to your print or digital textbook . . .
Interpretive		
1 ESCUCHAR I can listen to and identify classrooms and locations.	Listen as a student frantically asks some of his friends where he left his homework. Can you identify all of the classrooms and places they suggest that he look?	**pp. 100–103** *Vocabulario en contexto* **p. 105 Actividades 6–7** **p. 111 Actividad 18**
Interpersonal		
2 HABLAR, ESCRIBIR I can talk or write about where someone is located by describing where that person is in relation to objects in the classroom.	You are trying to find out the name of someone in your class. You ask the person next to you, but he doesn't understand whom you are talking about. Give at least three statements that would help him identify the person. You might include where he or she is in relation to the teacher's desk, the window, someone else's desk, and so on.	**pp. 100–103** *Vocabulario en contexto* **p. 105 Actividades 6–7** **p. 108 Actividades 11–12** **p. 109 Actividad 13** **p. 111 Actividad 18**
Interpretive		
3 LEER I can read and understand a letter that contains questions and concerns about school issues.	The school counselor has asked you to help him read a note written by a new Spanish-speaking student at school. After reading it, tell the counselor what the problem is and the kinds of questions the student asks. **Necesito una clase para la primera hora. ¿Cómo es la clase de tecnología, fácil o difícil? ¿Qué necesito para la clase? ¿Cuántos estudiantes hay en la clase? ¿Hay mucha tarea?**	**pp. 100–103** *Vocabulario en contexto* **p. 112 Actividad 19** **p. 114** *Lectura*
Presentational		
4 ESCRIBIR I can write an email to a friend about one of her classes.	You have just moved to a new town and are sending an e-mail to a friend from your old school. You have lots of questions about her classes. Write at least three questions about one of her classes: whether she likes it, how many students are in it, where her desk is in the room, what else is in the room, etc.	**pp. 100–103** *Vocabulario en contexto* **p. 112 Actividad 19**
Cultures		
5 COMPARAR I can demonstrate an understanding of cultural differences in schools.	Think about how students and teachers interact within a typical classroom in a Spanish-speaking country. What are at least four things you might find different from most schools in the United States?	**p. 106** *Fondo cultural* **p. 113** *Fondo cultural* **p. 116** *Perspectivas del mundo hispano*

3A
¿Desayuno o almuerzo?

Country Connections Explorar el mundo hispano

España
México
Venezuela
Costa Rica
Ecuador
Colombia
Perú
Bolivia
Chile

CHAPTER OBJECTIVES

Communication

By the end of this chapter you will be able to:

- Listen to and read descriptions of meals and menus.
- Talk and write about foods you and others like and dislike.
- Exchange information about food preferences.

Culture

You will also be able to:

- **Auténtico:** Identify cultural practices viewed in an authentic video about food.
- Analyze the exchange of native foods between the Americas and Europe.

You will demonstrate what you know and can do

- Presentación oral: ¿Qué te gusta comer?
- Repaso del capítulo: Preparación para el examen

You will use

Vocabulary

- Foods and beverages for breakfast and lunch
- Expressions of frequency

Grammar

- Present tense of -er and -ir verbs
- Me gustan, me encantan

ARTE y CULTURA ⟩ España

Bartolomé Murillo (1617–1682) was the first Spanish painter to become famous throughout Europe. Several of his early paintings featured children from his native Sevilla. Murillo used color, light, and a natural portrayal of his subjects to create memorable masterpieces.

▶ Study the painting and come up with three adjectives that describe it. Would you say the impression Murillo gives of the boys is positive or negative? Why?

 Mapa global interactivo Explore Sevilla, Spain and the home of Bartolomé Murillo and examine the connections between the city and the artist

"Niños comiendo fruta" (ca. 1650) Bartolomé Murillo ▶

© ARS, NY. Copyright Scala/Art Resource, NY. Alte Pinakothek, Munich, Germany

Go **Online** to practice

SAVVAS
realize™

Savvas.com/Autentico

AUDIO

VIDEO

WRITING

SPEAK/RECORD

MAPA GLOBAL

AUTÉNTICO

FLASCHARDS

ETEXT 2.0

GAMES

Un almuerzo con toda la familia

▶ Videocultura **El maíz:** *comida esencial*

Vocabulario en contexto

los plátanos

el yogur de fresa

la salchicha

la limonada

el té

la ensalada de frutas

el jugo de naranja

el pan

el café

el jamón

el queso

el cereal

los huevos

el té

> **El desayuno** es mi **comida** favorita. **En el desayuno**, yo **como** cereal **con** leche, tocino y **pan tostado**. **Todos los días bebo** jugo de naranja. **Nunca** bebo té **sin** leche. Y tú, ¿qué **comes** en el desayuno? "

Más vocabulario
la pizza = pizza
el té helado = iced tea

“
Me encanta el Restaurante de la Plaza. La comida es muy buena. **En el almuerzo,** como una ensalada de frutas o un sándwich de jamón y queso. **Siempre** bebo agua. Es importante **beber** mucha agua, ¿verdad? ”.

las galletas

el perrito caliente

la hamburguesa

el agua*

el jugo de manzana

los refrescos

el tocino

las papas fritas

la sopa de verduras

la leche

el sándwich de jamón y queso

* Note that *agua* is a feminine noun. However, you use the masculine article *el* to make it easier to say.

1

¿Beber o comer?

 ESCUCHAR   Listen to the names of ten foods and beverages. If an item is a food, pantomime eating. If it's a beverage, pantomime drinking.

2

¿El desayuno o el almuerzo?

ESCUCHAR   Listen as different people tell what they are eating. Hold up one hand if the meal is *el desayuno* and hold up both hands if it is *el almuerzo*.

María y Carlos mandan mensajes para hablar de las bebidas y comidas. María es de México pero está en San Antonio.

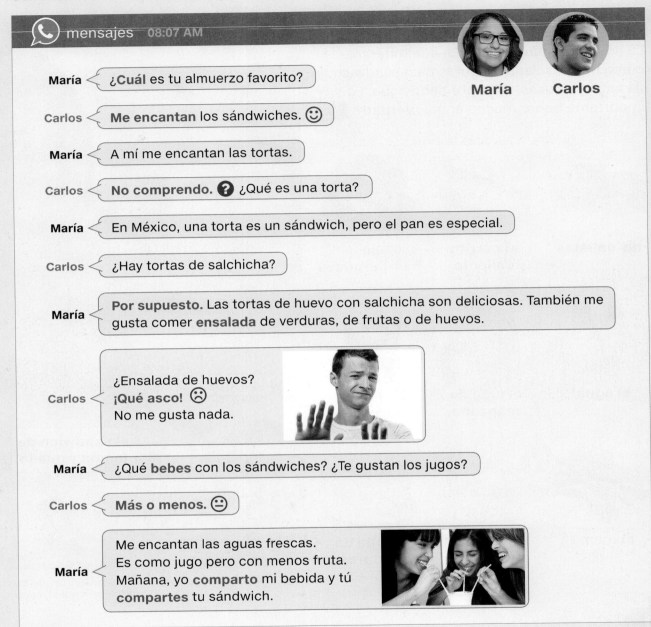

mensajes 08:07 AM

María / Carlos

María ¿**Cuál** es tu almuerzo favorito?

Carlos **Me encantan** los sándwiches. ☺

María A mí me encantan las tortas.

Carlos **No comprendo.** ❓ ¿Qué es una torta?

María En México, una torta es un sándwich, pero el pan es especial.

Carlos ¿Hay tortas de salchicha?

María **Por supuesto.** Las tortas de huevo con salchicha son deliciosas. También me gusta comer **ensalada** de verduras, de frutas o de huevos.

Carlos ¿Ensalada de huevos? **¡Qué asco!** ☹ No me gusta nada.

María ¿Qué **bebes** con los sándwiches? ¿Te gustan los jugos?

Carlos **Más o menos.** 😐

María Me encantan las aguas frescas. Es como jugo pero con menos fruta. Mañana, yo **comparto** mi bebida y tú **compartes** tu sándwich.

3

El almuerzo favorito

ESCRIBIR Lee las frases. Escribe *C (cierto)* si la frase es correcta *o F (falso)* si la frase es incorrecta.

1. A María le encantan las tortas.

2. En México, una torta es un taco.

3. A Carlos le encantan los jugos.

4. Las aguas frescas tienen fruta.

Videohistoria

El almuerzo

Before You Watch

Using visuals to infer meaning Use the images to help you infer the meaning of unknown words in the descriptions of traditional foods. Have you ever had foods similar to those in the photos?

Complete the Activity

Tu comida favorita Escribe una lista de las comidas que te gusta comer y las bebidas que te gusta beber en el almuerzo.

▶ Watch the Video

What foods will Valentina present as typical lunches in other Spanish-speaking countries?

Go to **Savvas.com/Autentico** to watch the video *El almuerzo* and to view the script.

Valentina   **Sebastián**

After You Watch

 ¿COMPRENDES? Complete the following sentences based on what you infer from the video.

1. Valentina estudia la comida de otros países en la clase de _____.
2. El ajiaco y el locro son _____ tradicionales en los países de Colombia y Ecuador.
3. En España, un bocadillo es un tipo de _____.
4. Un ejemplo de comida chatarra es _____.
5. En Argentina, un alfajor es una _____ popular.

Comparación cultural Según la presentación de Valentina, ¿es la comida en el almuerzo de otros países diferente a la comida que tú comes? ¿Por qué?

Vocabulario en uso

OBJECTIVES
▶ Listen to a description and distinguish between breakfast and lunch foods
▶ Write about and discuss what you and others eat and drink for breakfast and lunch
▶ Exchange information about likes and dislikes
▶ Read about the American and European origins of foods to analyze a recipe

4

El desayuno o el almuerzo

 ESCRIBIR Think about the breakfast and lunch items that you have in your kitchen. Now look at the photo and list the foods and beverages that would typically be for breakfast, lunch or both.

desayuno
Modelo *los huevos*

desayuno y almuerzo

almuerzo
Modelo *el refresco*

5

¿Dónde están?

 ESCUCHAR, ESCRIBIR Vas a escuchar ocho descripciones sobre la foto de esta página. Escribe los números del 1 al 8 en una hoja de papel y escribe C si la descripción es cierta y F si es falsa.

Go **Online** to practice

Savvas.com/Autentico

WRITING　AUDIO　SPEAK/RECORD　VIDEO

¿Qué bebes?

ESCRIBIR

1. On a sheet of paper, make three columns with these headings:
   Todos los días, A veces, Nunca. Write the names of these or other beverages under the appropriate heading based on how often you drink them.

2. Write complete sentences telling how often you drink these or other beverages.

Modelo

Bebo limonada todos los días.
Bebo jugo de manzana a veces.
Nunca bebo café.

También se dice...

beber = tomar *(México)*
el jugo = el zumo *(España)*
la naranja = la china *(Puerto Rico)*
las papas = las patatas *(España)*
el plátano = la banana,
　el guineo *(Puerto Rico)*
el sándwich = el bocadillo
　(España), la torta *(México)*

¿Qué comes?

HABLAR EN PAREJA　Trabaja con otro(a) estudiante y habla de lo que comes.

Videomodelo

A —*¿Comes cereal?*
B —*Sí, como cereal todos los días.*
o:　*No, nunca como cereal.*

Estudiante A

Estudiante B

Sí, todos los días.
Sí, a veces.
Sí, siempre.
No, nunca.
No, ¡qué asco!

Mis comidas favoritas

HABLAR EN PAREJA Trabaja con otro(a) estudiante y habla de las comidas que te gustan y que no te gustan.

Videomodelo

A —*Te gustan **los plátanos**, ¿verdad?*

B —*Sí, ¡por supuesto! Me encantan.*

Estudiante A

Estudiante B

Sí, ¡por supuesto! Me encantan.
Sí, más o menos.
No, no me gustan.
No, ¡qué asco!

Exploración del lenguaje Using a noun to modify another noun

In English, one noun is often used to describe another noun: *vegetable soup, strawberry yogurt*. Notice that the noun that is being described comes second.

In Spanish, however, the noun that is being described comes first and is followed by **de** + the describing noun: *la sopa **de** verduras, el yogur **de** fresa.* Notice that you don't use a definite article in front of the second noun.

The form of the noun following **de** does not change even when the first noun becomes plural.

el sándwich de **jamón**
los sándwiches de **jamón**

Try it out! Name five examples of foods or beverages from this chapter that follow this pattern.

Now that you know the pattern, say what these foods and beverages are called in Spanish:

la lechuga

la piña

el pollo

el tomate

El intercambio entre dos mundos

LEER

Conexiones ◀ **La historia**

Think about how your meals would be different without corn, beans, squash, tomatoes, avocados, chiles, peanuts, cashews, turkey, pineapples, potatoes, vanilla, and chocolate. What do these foods have in common? They all had their origin in the Americas and were unknown in Europe until Columbus brought them there from his voyages in the fifteenth century. Today these foods are found in dishes in many countries.

The product exchange benefited both sides of the Atlantic Ocean. The Europeans brought to the Americas a wide range of foods including chicken, pork, beef, milk, cheese, sugar, grapes, and grains such as wheat and barley.

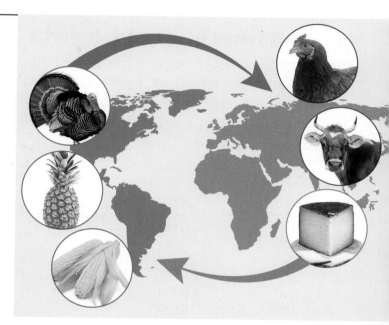

• What factors must have contributed to the successful establishment of crops or animals in the new countries?

10

Las enchiladas

LEER, ESCRIBIR   Read the list of ingredients for a traditional Mexican dish of *enchiladas*. Based upon the information you just read and saw on the map, write which ingredients had their origins in the Americas and which came from Europe.

Ingredientes > Enchiladas de pollo¹ con salsa de tomate

12	tortillas de maíz ²
1	taza³ de pollo
1	taza de queso fresco ⁴
6	tomates grandes ⁵
2	cebollas ⁶ no muy grandes
	crema
	aceite ⁷ de maíz

¹chicken ²corn ³cup ⁴fresh ⁵large ⁶onions ⁷oil

11

Y tú, ¿qué dices?

HABLAR EN PAREJA   Express and exchange opinions and preferences about food with a partner.

1. ¿Cuál es tu comida favorita, el desayuno o el almuerzo?

2. ¿Cuál es tu almuerzo favorito? ¿Y tu desayuno favorito?

3. ¿Qué frutas te gustan más?

Gramática

OBJECTIVES
▶ Read, write, and talk about what you and others eat for breakfast and lunch, and about everyday activities
▶ Exchange information with classmates about favorite foods and drinks

Present tense of *-er* and *-ir* verbs

To create the present-tense forms of *-er* and *-ir* verbs, drop the endings from the infinitives, then add the verb endings *-o, -es, -e, -emos / -imos, -éis / -ís,* or *-en* to the stem.

Here are the present-tense forms of *-er* and *-ir* verbs using *comer* and *compartir*:

¿Recuerdas?

The pattern of present-tense *-ar* verbs is:

toco	tocamos
tocas	tocáis
toca	tocan

(yo)	com**o**	(nosotros) (nosotras)	com**emos**
(tú)	com**es**	(vosotros) (vosotras)	com**éis**
Ud. (él) (ella)	com**e**	Uds. (ellos) (ellas)	com**en**

(yo)	compart**o**	(nosotros) (nosotras)	compart**imos**
(tú)	compart**es**	(vosotros) (vosotras)	compart**ís**
Ud. (él) (ella)	compart**e**	Uds. (ellos) (ellas)	compart**en**

- Regular *-er* verbs that you know are *beber, comer, comprender, correr,* and *leer*.

- Regular *-ir* verbs that you know are *compartir* and *escribir*.

- You also know the verb *ver*. It is regular except in the *yo* form, which is *veo*.

Más recursos ONLINE

▶ *Gram*Activa video

▶ **Tutorials:** *-er* verbs, *-ir* verbs, Regular verbs, Stem-endings

▶ **Animated verbs**

🔊 *Canción de hip hop:* ¿Qué comes?

✎ *Gram*Activa Activity

12

¿Quiénes comparten el almuerzo?

 ESCRIBIR On a sheet of paper, write complete sentences saying what each person is sharing and with whom. Follow the model.

Modelo
Elena / una manzana / Raúl
Elena comparte una manzana con Raúl.

1. Tomás / una pizza / María
2. tú / unos sándwiches / Ramón
3. nosotros / unas papas fritas / los estudiantes
4. Uds. / unas galletas / el profesor
5. ellas / unos perritos calientes / nosotros
6. tú y yo / unos plátanos / Luis y Roberta
7. yo / ¿-? / mi amigo

¿Qué beben y qué comen?

 HABLAR EN PAREJA   Work with a partner. Use the verbs comer and beber to ask questions.

Videomodelo

Juan / desayuno
A —¿Qué come **Juan en el desayuno**?
B —**Juan come pan tostado.**

Miguel y Carlos / almuerzo
A —¿Qué **beben Miguel y Carlos en el almuerzo**?
B —**Miguel y Carlos beben limonada.**

1. Raúl y Gloria / desayuno

4. Carolina / almuerzo

2. tú / almuerzo

5. tu familia y tú / desayuno

3. Graciela y Carlos / desayuno

¿?

6. tú / almuerzo
¡Respuesta personal!

14

Un blog

 LEER, ESCRIBIR   Lee el blog de una amiga de Venezuela. En una hoja de papel, escribe la forma correcta del verbo apropiado que está entre paréntesis. Escribe un comentario al blog en el que expreses tus opiniones.

El blog de Carolina

🏠 🐦 ✉ 💬
↩ ★ ⏴

Elena y yo estamos en Caracas. Nosotras __1.__ (comprender / correr) todos los días y __2.__ (comer / ver) muy bien.

Los estudiantes aquí __3.__ (comer / leer) mucha pizza y __4.__ (ver / beber) mucho café. Ellos __5.__ (leer / beber) muchos libros y __6.__ (escribir / ver) mucho también para las clases. Las clases son difíciles pero me encantan.

En la clase de español nosotros __7.__ (correr / leer) revistas y cuentos en español. Elena __8.__ (comprender / beber) muy bien pero para mí es un poco difícil.

Tengo que estudiar. ¡Hasta luego! ☺

Los sábados y la comida

ESCRIBIR, HABLAR What do you and your classmates eat and drink for breakfast and lunch on Saturdays? Make a chart like the one below on a sheet of paper and complete each box with information about yourself. Then survey two classmates to find out what their habits are. Record the information in the chart.

> **Para decir más...**
> **la crema de cacahuate** = peanut butter
> **el pan dulce** = breakfast pastry
> **el panqueque** = pancake
> **el pollo** = chicken

Modelo
Los sábados, ¿qué comes en el desayuno? ¿Qué bebes?
¿Qué comes en el almuerzo? ¿Qué bebes?

	¿Qué comes?	¿Qué bebes?
el desayuno	Yo: huevos, pan tostado, tocino Sandra: cereal, plátanos, pan tostado	
el almuerzo		

Los hábitos de la clase

ESCRIBIR Use your completed chart from Actividad 15 to write summary statements based on your survey. Be prepared to read your sentences to the class.

Modelo
Sandra y yo comemos huevos y cereal en el desayuno.
Gregorio no bebe jugo de naranja en el desayuno y le gusta mucho la leche.
Sofía come cereal y bebe leche en el desayuno.

CULTURA **El mundo hispano**

El desayuno Existe una gran variedad de alimentos en el desayuno en los países hispanos. En España se desayunan los churros con chocolate caliente; en Colombia comen las arepas de maíz o los patacones (de plátano verde). En muchos países la gente[1] prefiere un desayuno ligero[2]: pan dulce[3] o panecillos, café o té, y jugo. El cereal, los huevos, el jamón y las salchichas son menos comunes.

Pre-AP Integration: Los estilos de vida Compara lo que tú comes en la mañana con los desayunos en los países hispanos.

Pan dulce, México

[1]people [2]light [3]sweet

Gramática

OBJECTIVES
▶ Indicate and write about what you like and don't like to eat
▶ Read and answer questions about a food survey and a menu
▶ Exchange information about food preferences

Go **Online** to practice
Savvas.com/Autentico

SAVVAS
realize™

WRITING   AUDIO

Me gustan, me encantan

Use *me gusta* and *me encanta* to talk about a singular noun.

Me gust**a el té** pero me encant**a el té helado**.

Use *me gustan* and *me encantan* to talk about plural nouns.

Me encant**an las fresas** pero no me gust**an** mucho **los plátanos**.

When you use *me gusta(n)* and *me encanta(n)* to talk about a noun, include *el, la, los,* or *las*.

Me encanta **el** jugo de naranja pero no me gusta **la** leche.

¿Qué te gustan más, **las** hamburguesas o **los** perritos calientes?

Más recursos   ONLINE

▶ *Gram*Activa video
▶ Tutorials: -er verbs
✎ *Gram*Activa Activity

 17

¿Gusta o gustan?

 ESCUCHAR, GRAMACTIVA

1. Tear a sheet of paper in thirds. On the first piece, write *No*. On the second piece write *me gusta*. On the third piece, write *n*.

2. You will hear eight food items. Indicate whether you like each item by holding up one, two, or all three pieces of paper. Remember to use *me gustan* when the item you hear is plural!

| No | me gusta | n |

18

¿Qué te gusta?

 **ESCRIBIR EN PAREJA**   Exchange text messages with a classmate to express your opinions and preferences about foods. Write a text message for each food pictured.

Modelo
Me gustan las manzanas.
o: *No me gustan nada las manzanas.*
o: *Me encantan las manzanas.*

 ❶

 ❷

 ❸

 ❹

 ❺

 ❻

¿Qué te gusta más?

LEER, ESCRIBIR EN PAREJA Read a survey and exchange opinions and preferences with a partner.

1. A popular magazine has provided this survey to see how much you and a friend have in common. On a sheet of paper, write the numbers 1–7 and then write your preferences.

2. Take turns exchanging emails with your partner about the survey items. Keep track of your similarities and differences. See how the magazine rates you.

Videomodelo

¿La comida mexicana o la comida italiana?

A —¿Qué te gusta más, la comida mexicana o la comida italiana?

B —Me gusta más la comida italiana.

o: —No me gusta ni la comida mexicana ni la comida italiana.

A —A mí también.

B —A mí me gusta la comida mexicana.

o: —A mí tampoco.

¿Qué te gusta más?

1 .... la comida mexicana **o** la comida italiana
2 .... el desayuno **o** el almuerzo
3 .... el cereal con fruta **o** el cereal sin fruta
4 .... las revistas **o** los libros
5 .... la música rock **o** la música rap
6 ..... los amigos graciosos **o** los amigos serios
7 ....las hamburguesas con queso **o** las hamburguesas sin queso

Respuestas similares...

7—6 ¡Uds. son gemelos[1]
5—4 Tienen mucho en común, ¿verdad?

3—2 ¡Un poco similares/un poco diferentes!
1—0 ¿Los opuestos[2] se atraen?[3] ¡Por supuesto!

[1]twins [2]opposites [3]attract

Pronunciación · The letters *h* and *j*

In Spanish, the letter *h* is never pronounced. Listen to and say these words:

hora   hablar   hasta   hola
hoy   hace   hacer   hotel

The letter *j* is pronounced like the letter *h* in "hat" but with more of a breathy sound. It is made far back in the mouth—almost in the throat. Listen to and say these words:

trabajar   dibujar   jugar   videojuegos
hoja   jueves   junio   julio

Try it out! Find and say five examples of foods or beverages from this chapter that have *h* or *j* in their spelling.

Try it out! Say this *trabalenguas* three times as fast as you can:

Debajo del puente de Guadalajara había un conejo debajo del agua.

¿Qué comida hay en el Ciberc@fé @rrob@?

 LEER, ESCRIBIR, HABLAR   Lee el menú y contesta las preguntas.

Strategy

Skimming Look quickly through the menu. What meal is it for? Find three dishes you recognize and two that are new to you.

Menú del Ciberc@fé @rrob@   Tel: 212 03 95
#65 Col. Centro

Desayunos

No. 1	Huevos: *(jamón, tocino, chorizo[1])*	$27.00
	Con cóctel de fruta	$30.00
No. 2	Sincronizadas: *(tortilla de harina,[2] queso amarillo, jamón)*	$33.00
	Con cóctel de fruta	$36.00
No. 3	Cuernitos: *(jamón, queso, tomate y lechuga)*	$30.00
	Con cóctel de fruta	$33.00
No. 4	Chilaquiles: *verdes o rojos*	$21.00
	Con cóctel de fruta	$24.00
No. 5	Omelet: *(con pollo, jamón, tomate cebolla, champiñones[3] o queso)*	$27.00
No. 6	Crepas (champiñones, jamón, pollo)	$19.00

Refrescos *$7.50*   Café *$6.00*   Jugos *$11.50*   Té o té helado *$6.00*

Crepas de cuitlacoche

Chilaquiles

[1]spicy sausage [2]flour [3]mushrooms

¿Comprendes?

1. Comes el desayuno No. 1, con un jugo de naranja. ¿Cuál es el precio *(price)* del desayuno?

2. Comes un omelet con un café. ¿Cuál es el precio?

3. No te gustan nada los huevos. ¿Qué comes del menú?

4. No te gusta ni el café ni el té helado. ¿Qué bebes?

El español en la comunidad

Foods from different Spanish-speaking countries have become very popular in the United States. Visit a local grocery store and make a list of different types of foods that come from Spanish-speaking countries. Which of these foods have you tried?

Lectura

OBJECTIVES
▶ Read about fruits native to the Americas
▶ Use cognates and context to understand unknown words
▶ Learn about produce imported from Chile

Strategy
Making guesses When you find an unknown word, try to guess the meaning. Is it a cognate? What might it mean within the context of the reading and other words around it? Keep reading and the meaning may become clear.

Frutas y verduras de las Américas

Hay muchas frutas y verduras que son originalmente de las Américas que hoy se comen en todos los países. Las verduras más populares son la papa, el maíz, los frijoles y muchas variedades de chiles. También hay una gran variedad de frutas como la papaya, la piña y el aguacate. Estas frutas y verduras son muy nutritivas, se pueden preparar fácilmente y son muy sabrosas. La papaya y la piña son frutas que se comen en el desayuno o de postre. ¿Cuáles de estas frutas comes?

el aguacate
La pulpa del aguacate es una fuente de energía, proteínas, vitaminas y minerales. Tiene vitaminas A y B.

el mango
Aunque[1] el mango es originalmente del Asia, se cultiva en las regiones tropicales de muchos países de las Américas. Tiene calcio y vitaminas A y C, como la naranja.

[1]Although

la papaya
Es una fruta con mucha agua. Es perfecta para el verano. Tiene más vitamina C que la naranja.

≣ la receta > Licuado de plátano

Licuado de plátano

★ ★ ★ ★ ☆ comentarios (129)

El licuado es una bebida muy popular en los países tropicales. ¡Es delicioso y muy nutritivo!

1 porción **5** minutos

Ingredientes

1 plátano
2 vasos de leche
1 cucharadita de azúcar
hielo

Preparación

1. Cortar el plátano.
2. Colocar los ingredientes en la licuadora.
3. Licuar por unos 5 ó 10 segundos.

 ¿Comprendes?

1. ¿Qué vitaminas tienen las frutas en la página anterior?

2. De las frutas y verduras del artículo, ¿cuáles *(which ones)* te gustan? ¿Cuáles no te gustan?

3. ¿Qué otras frutas te gustan? ¿Comes estas frutas en el desayuno o en el almuerzo?

4. ¿Qué fruta no es originalmente de las Américas?

Chile

CULTURA ❮ **Chile**

Frutas y verduras Los Estados Unidos importan una variedad de frutas. Durante el invierno importan manzanas, duraznos y uvas de Chile. Todo el año importan frutas tropicales, como¹ la papaya o el mango, de México, la República Dominicana y otros países de Centro y Sudamérica.

Pre-AP Integration: Los temas económicos ¿Es importante el clima de un país en la importación de las frutas y verduras? ¿Por qué?

 Mapa global interactivo Explore the geography of Chile and locate the agricultural regions.

Uvas de Chile

¹like

La cultura en vivo

Churros y chocolate

Empezar el día con churros y chocolate es una tradición muy española y también de otros países de habla hispana. Hay restaurantes o cafés que se llaman churrerías y se especializan en los churros o puedes comprar los churros en puestos de la calle.

Los churros son pastas *(pastries)* que se fríen *(are fried)* en aceite *(oil)*. Lo típico es comer los churros con chocolate caliente, una bebida rica y espesa *(thick)*. Puedes tomar esta comida deliciosa en el desayuno o una merienda *(snack)*. Pero cuidado… no debes comer muchos porque tienen grasa.

Comparación cultural ¿Qué combinaciones de comida o bebida les gustan a ti y a tus amigos? ¿Comen algo parecido *(like)* a los churros y chocolate?

Online Cultural Reading

Go to Savvas.com/Autentico
ONLINE to read and understand a websit with information about meals on a day trip

Strategy: Use background knowledge to identify cultural differences. Notice information in a website that differs from your own experience.

Aplicación: Find the section about food o the web site and identify cultural practices related to food and mealtimes. Identify the meals and foods for purchase and compar the times of each meal to times you eat a foods you typically have.

Churros

1 cup water	1/2 cup unsalted butter *(= 1 stick)*
1/4 teaspoon salt	1 cup all-purpose flour
4 large eggs	oil for deep frying
1 cup sugar	

In a heavy saucepan, bring water, butter, and salt to a full boil. Remove from heat. Add the flour all at once, stirring briskly. Stir until the mixture pulls away from the side of the pan and forms a ball. Put the mixture in a bowl. With an electric mixer on medium speed, add one egg at a time. After adding the last egg, beat the mixture for one more minute.

With adult supervision, heat 2–3 inches of oil to 375º F in a deep, heavy pan. Fit a pastry bag or cookie press with a 1/2 inch star tip. Pipe out 6 inch-long tubes of dough into the oil. ***Be extremely cautious adding dough to the oil, because the oil may spatter and burn you!*** Fry, turning a few times, for 3–5 minutes or until golden brown. Place the sugar on a plate. Drain the *churros* well on paper towels and then roll them in the sugar.

Chocolate caliente

To make hot chocolate in Mexico, cacao beans are ground to a powder. Cinnamon, powdered almonds, and sugar are then added, and hot milk is poured in. The mixture is whipped with a wooden whisk called *un molinillo* or *un batidor*. You can find Mexican-style chocolate for making *chocolate caliente* in many supermarkets.

Churros y chocolate

Chocolate caliente

Presentación oral

OBJECTIVES

▶ Role-play an interview about classes, favorite activities, and favorite foods

▶ Use a list of questions to get the information you want

🎤 ¿Y qué te gusta comer?

TASK You and a partner will role-play a telephone conversation between an exchange student from the United States and a member of his or her host family in Uruguay.

1 Prepare Be sure to prepare for both roles. Here's how:

Host student: List at least four questions for the exchange student. Find out what he or she likes to study, eat and drink for breakfast and lunch, and his or her favorite activities.

Exchange student: Write some possible answers to questions from the host student and be prepared to give information about yourself.

Strategy

Making lists Making lists of questions can help you in conversations where you need to find out specific information.

2 Practice Work with a partner to practice different questions and different responses. Here's how you might start your conversation:

> **Host student:** ¡Hola, Pablo! Soy Rosa.
>
> **Exchange student:** ¡Hola, Rosa! ¿Cómo estás?
>
> **Host Student:** Bien, gracias. Pues Pablo, ¿te gusta . . . ?

Continue the conversation. Use your notes in practice, but not to present.

3 Present You will be paired with another student, and your teacher will assign roles. The host student begins the conversation. Listen to your partner's questions and responses and keep the conversation going.

4 Evaluation The following rubric will be used to grade your presentation.

Rubric	Score 1	Score 3	Score 5
Completion of task	You ask or answer two questions during the conversation.	You ask or answer three questions during the conversation.	You ask or answer four or more questions during the conversation.
How easily you are understood	You are extremely difficult to understand. Your teacher could only recognize isolated words and phrases.	You are understandable, but have frequent errors in vocabulary and/or grammar that hinder your comprehensibility.	You are easily understood. You teacher does not have to "decode" what you are trying to say.
Your ability to keep the conversation going	You provide no conversational response or follow-up to what your partner says.	You provide frequent response or follow-up to what your partner says.	You always provide a response to your partner, listen and ask follow-up questions or volunteer additional information.

Auténtico

Partnered with
UNIVISION®
COMMUNICATIONS INC

Quesadillas en las calles de México

Before You Watch

Use the Strategy: Visuals

Use the visuals to increase your understanding of the key ideas in the video. Watch for details of the foods, how people are eating them, and their reaction as they eat.

Read this Key Vocabulary

al gusto = to taste

un poquito de hambre = a little hungry

¿está rico? = Is it tasty?

nopal = prickly pear cactus, a common ingredient in Mexican cuisine

uno de los mejores que he comido = one of the best that I have eaten

chicharrón = crispy pork rind

Watch the Video

What kinds of foods do you think would be in a *quesadilla* served on the streets of Mexico City?

Go to **Savvas.com/Autentico** and watch the video *Raúl de Molina se dio gusto comiendo quesadillas en las calles de México* to see how eating street food can be a cultural experience for the senses.

Complete the Activities

Mientras ves As you watch the video, indicate the ingredients from the list below that you see or hear in the different food items.

queso	chile
carne	nopal
tortilla	croquetas
chicharrón	cereal
café	arroz

Integration

Después de ver Review the video as needed to answer the following questions.

1. En el video, ¿a los clientes les gusta (*do they like*) la comida? ¿Qué palabras o expresiones usan?

2. Escribe los ingredientes que tienen las quesadillas.

3. At the end of the video, Raúl says that eating at this food stand is "mejor que comer en un restaurante de cinco estrellas". What words and visual clues from the video help you to understand what he means?

 For more activities, go to the *Authentic Resources Workbook*.

Los estilos de vida y las tradiciones sociales

Expansión Find other authentic resources in *Auténtico* online, then answer the question.

 3A Auténtico

Integración de ideas En los dos recursos auténticos, ¿cuáles son los ingredientes que las comidas tienen en común? Explica la importancia de un ingrediente en la comida mexicana.

Comparación cultural Compara la comida típica en tu casa con la comida mexicana.

Repaso del capítulo

OBJECTIVES
▶ Review the vocabulary and grammar
▶ Demonstrate you can perform the tasks on p. 145

🔊 Vocabulario

to talk about breakfast

en el desayuno	for breakfast
el cereal	cereal
el desayuno	breakfast
los huevos	eggs
el pan	bread
el pan tostado	toast
el plátano	banana
la salchicha	sausage
el tocino	bacon
el yogur	yogurt

to talk about lunch

en el almuerzo	for lunch
la ensalada	salad
la ensalada de frutas	fruit salad
las fresas	strawberries
la galleta	cookie
la hamburguesa	hamburger
el jamón	ham
la manzana	apple
la naranja	orange
las papas fritas	French fries
el perrito caliente	hot dog
la pizza	pizza
el queso	cheese
el sándwich de jamón y queso	ham and cheese sandwich
la sopa de verduras	vegetable soup

to talk about beverages

el agua f.	water
el café	coffee
el jugo de manzana	apple juice
el jugo de naranja	orange juice
la leche	milk
la limonada	lemonade
el refresco	soft drink
el té	tea
el té helado	iced tea

to talk about eating and drinking

beber	to drink
comer	to eat
la comida	food, meal
compartir	to share

to indicate how often

nunca	never
siempre	always
todos los días	every day

to say that you like / love something

| Me / te encanta(n) ____. | I / you love (____). |
| Me / te gusta(n) ____. | I / you like (____). |

other useful words

comprender	to understand
con	with
¿Cuál?	Which? What?
más o menos	more or less
por supuesto	of course
¡Qué asco!	How awful!
sin	without
¿Verdad?	Right?

Gramática

present tense of -er verbs

como	comemos
comes	coméis
come	comen

present tense of -ir verbs

comparto	compartimos
compartes	compartís
comparte	comparten

For *Vocabulario adicional,* see pp. 472–473.

Preparación para el examen

Más recursos Savvas.com/Autentico

Games	Flashcards	Instant check
Tutorials	*Gram*Activa videos	Animated verbs

What you need to be able to do for the exam...	Here are practice tasks similar to those you will find on the exam...	For review go to your print or digital textbook...

Interpretive

1 ESCUCHAR I can understand descriptions of what people eat and drink for lunch.

Listen as three students describe what they typically eat and drink for lunch. Which is most like the kind of lunch you eat? Did they mention anything you could not buy in your school cafeteria?

pp. 124–127 *Vocabulario en contexto*
p. 125 Actividades 1–2
p. 128 Actividad 5

Interpersonal

2 HABLAR I can tell someone what I typically eat for breakfast and ask them the same.

Your Spanish club is meeting for breakfast before school next week. Find out what other people in your class typically eat for breakfast. After you tell at least two people what you eat for breakfast, ask what they like to eat. Does everyone eat the same kind of breakfast or do you all like to eat different things?

p. 129 Actividad 7
p. 130 Actividad 8
p. 131 Actividad 11
p. 133 Actividad 13
p. 134 Actividades 15–16
p. 141 *Presentación oral*

Interpretive

3 LEER I can read and understand words on a menu.

You are trying to help a child order from the lunch menu below, but he is very difficult to please. He doesn't like anything white. And he refuses to eat anything that grows on trees. Which items from the menu do you think he would refuse to eat or drink?

pp. 124–127 *Vocabulario en contexto*
p. 131 Actividad 10
p. 137 Actividad 20
pp. 138–139 *Lectura*

Almuerzo

hamburguesa	plátanos
pizza	manzana
ensalada	leche

Presentational

4 ESCRIBIR I can write a list of the foods that I like and dislike.

Your Spanish club is sponsoring a "Super Spanish Saturday." Your teacher wants to know what foods the class likes and dislikes so that the club can buy what most people like. Write the headings *Me gusta(n)* and *No me gusta(n)* in two columns. List at least four items that you like to eat and drink for breakfast and four items for lunch. Then list what you don't like to eat and drink for these same meals.

p. 128 Actividad 4
p. 129 Actividad 6
p. 131 Actividad 11
p. 134 Actividad 16
p. 135 Actividad 18
p. 137 Actividad 20

Culture

5 COMPARAR I can understand some cultural differences regarding snacks.

Think about popular food combinations in the United States, such as a cup of coffee and a doughnut. What is a similar combination that is popular in many Spanish-speaking countries, and where are you able to buy it?

p. 140 *La cultura en vivo*

CAPÍTULO 3B
Para mantener la salud

España
México
Guatemala
Costa Rica
Paraguay
Chile
Uruguay
Argentina

CHAPTER OBJECTIVES

Communication

By the end of this chapter you will be able to:

- Listen to and read descriptions of healthy and unhealthy lifestyles.
- Talk and write about food, health, and exercise choices.
- Exchange information while expressing your opinions about food choices and health.

Culture

You will also be able to:

- **Auténtico:** Read an authentic text about healthy foods and identify cultural practices.
- Understand cultural perspectives on medicines and health care.

- Compare traditional foods, markets, and festivals in the Spanish-speaking world with those in the United States.

You will demonstrate what you know and can do:

- Presentación escrita: Para mantener la salud
- Repaso del capítulo: Preparación para el examen

You will use:

Vocabulary

- Food groups
- Healthy activities
- Ways to describe foods

Grammar

- Plurals of adjectives
- The verb *ser*

ARTE y CULTURA   México

Diego Rivera (1886–1957) This detail of a mural entitled "La Gran Tenochtitlán" by Mexican artist Diego Rivera is located in the Palacio Nacional in Mexico City. It shows *el tianguis,* the bustling marketplace at Tenochtitlán, capital of the Aztec Empire. In the center right there are many kinds of food being traded, including tomatoes, squash, and different varieties of chile peppers. This mural is one of many by Rivera that focus on pre-Columbian life and civilizations.

- What impression do you think Rivera is giving about life in the pre-Columbian civilizations?

🌐 **Mapa global interactivo** Explore downtown Mexico City, and locate the Zócalo and Palacio Nacional.

Detalle de *"La Gran Tenochtitlán"* (1945), Diego Rivera ▶

The Great City of Tenochtitlan, detail of a woman selling vegetables, 1945 (mural), Rivera, Diego (1886-1957)/Palacio Nacional, Mexico City, Mexico/Giraudon/The Bridgeman Art Library.

Go **Online** to practice

Savvas.com/Autentico

SAVVAS
realize™

 AUDIO

 VIDEO

 WRITING

 SPEAK/RECORD

 MAPA GLOBAL

 AUTÉNTICO

 FLASCHARDS

 ETEXT 2.O

 GAMES

Mercado de la Boquería,
Barcelona, España

Videocultura **El maíz:** *comida esencial*

Capítulo 3B • ciento cuarenta y siete **147**

Vocabulario en contexto

OBJECTIVES
Read, listen to, and understand information about
▶ food groups
▶ healthy activities
▶ ways to describe food

Paco y Tía Adela hablan de la comida.

Paco: **Tengo hambre.** Necesito comer **algo** bueno, por ejemplo, unos huevos rancheros.

Tía: Sí. Los huevos rancheros **son** muy **sabrosos.** Pero no **debes** comer **muchas** grasas, Paco. **¿Por qué** no comes una ensalada de tomates y cebollas?

Paco: ¡Qué **horrible!** **Prefiero** un helado o un pastel.

Tía Adela / Paco

las uvas

los tomates

las zanahorias

las cebollas

la lechuga

las grasas

la mantequilla

las papas

las judías verdes

los guisantes

la carne

el pescado

el bistec

el pollo

Paco: Mi familia dice que mi dieta es **mala**. ¿Qué **hago**?

Tía: **Para mantener la salud,** debes comer de **todo.** Come muchas verduras, frutas y también cereales. Paco, **¿haces ejercicio?**

Paco: Pues sí, **cada día.** Me gusta caminar y a veces levanto pesas.

Tía: ¡Muy bien!

caminar

los espaguetis

el helado

los pasteles

los cereales

levantar pesas

el arroz

1

¿Qué debe comer Paco?

🔊 ESCUCHAR   Listen to Paco's friend giving him advice on his diet. Touch the photo of each item she mentions.

2

Una salud perfecta

🔊 ESCUCHAR   Listen to a student describing his health habits. Raise one hand if he is describing things that are healthy and two hands if he is describing things that are unhealthy.

La cena con papá

Celia: **Tengo sed**, papá. Necesito una leche con chocolate para **la cena**.

Papá: Celia, nunca bebes agua. Debes beber más agua.

Celia: Sí papá, pero **prefiero** la leche con chocolate. Es más sabrosa.

Papá: **Estoy de acuerdo**, pero mucho chocolate es malo **para la salud**. ¿Qué **bebida prefieres**: agua, agua fresca o jugo?

Celia   Papá

Celia: Está bien, papá. Entonces, para beber, un agua fresca de mango **porque** tengo mucha, mucha sed. Y para comer, una sopa, unas enchiladas de pollo y...

Papá: **Creo que** es mucha comida.

Celia: ¡Yo **creo que no**! Tengo hambre, papá.

Papá: Está bien, Celia. Por favor, dos aguas frescas para beber. Y para comer, una sopa y unas enchiladas de pollo para ella. Y para mí... A ver... una ensalada de frijoles. Gracias.

3

Celia tiene sed y hambre

ESCRIBIR Lee las frases. Escribe C (cierto) si la frase es correcta o F (falso) si la frase es incorrecta.

1. Celia bebe agua fresca de mango.

2. No es bueno para la salud comer mucho chocolate.

3. A Celia le gusta comer enchiladas de pescado.

4. Celia y su papá comparten una cena de sopa, ensalada y leche con chocolate.

Videohistoria

Comida tropical

Before You Watch

Using prior experience Think about what you see in the supermarket. Have you tried all the fruits and vegetables there? Which ones does your family typically eat most often?

Complete the Activity

Las verduras y frutas ¿Cuáles son las frutas y verduras que más come tu familia? ¿Comes las frutas, verduras y comidas de las fotos?

▶ Watch the Video

What different foods does Teo buy at the market for his Dad's Cuban recipes?

Go to **Savvas.com/Autentico** to watch the video *Comida tropical* and to view the script.

Camila   **Mateo**

After You Watch

 ¿COMPRENDES? Answer the following questions based on the video.

1. ¿Dónde está Teo? ¿Cómo habla con Camila?
2. ¿Qué verduras necesita Teo para la receta de ropa vieja?
3. ¿Qué más necesita para la ropa vieja?
4. Para hacer el flan, ¿necesita cocos o plátanos?
5. ¿Quién come muchas manzanas?
6. ¿Quién prefiere comidas con grasa?

Comparación cultural Compara las comidas cubanas de la familia de Teo con la comida de tu familia. ¿Comes las verduras, frutas o carnes que come la familia de Teo?

OBJECTIVES
▶ Identify foods from the different groups
▶ Discuss food preferences and healthy food choices
▶ Exchange information while giving advice about staying healthy
▶ Read and write about healthy activities

4

¡Claro que no!

LEER, ESCRIBIR For each group of words, choose the word or expression that doesn't belong and write it down on a sheet of paper. Then think of one more word or expression that does fit with the group and write it down beside the first word you wrote.

Modelo
la cebolla / la lechuga / la uva
la uva   la zanahoria

1. el pollo / el pescado / el arroz
2. las zanahorias / los pasteles / las judías verdes
3. caminar / correr / ver la televisión
4. malo / horrible / sabroso
5. comer mucho / levantar pesas / hacer ejercicio
6. los tomates / el pan / los espaguetis
7. cada día / un día / todos los días
8. el bistec / las papas / el pollo
9. la mantequilla / el helado / el pescado

5

¿En el refrigerador o no?

ESCRIBIR Escribe dos listas. En la primera lista, escribe las comidas y bebidas que deben estar en el refrigerador. En la segunda lista, escribe las comidas y bebidas que no necesitan estar en el refrigerador.

CULTURA ◀ El mundo hispano

El mate es la bebida nacional de Argentina, Paraguay y Uruguay. Este té de hierbas[1] es bueno para beber con la familia y con los amigos. Las personas ponen el té en una calabaza hueca[2], que se llama mate. Beben el té con una paja[3] que se llama una bombilla.

Pre-AP Integration: Las tradiciones y los valores sociales ¿En los Estados Unidos hay una bebida nacional o una bebida favorita (popular)? ¿Cuál es?

[1]herb [2]hollow gourd [3]straw

Una mujer toma mate, Buenos Aires, Argentina. ▶

6

¿Qué prefieres?

 HABLAR EN PAREJA Ask your partner which of two foods he or she prefers. Your partner will state his or her preference and ask you which one you prefer.

Videomodelo

A —¿Qué prefieres, **carne o pescado**?

B —Prefiero **carne**. Y tú, ¿qué prefieres?

o: —No como ni **carne** ni **pescado**. Y tú, ¿qué prefieres?

A —Prefiero **pescado**.

Estudiante A

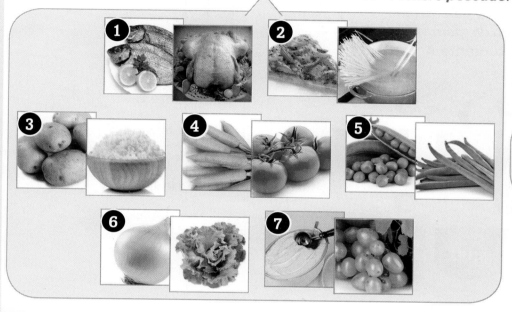

Estudiante B

¡Respuesta personal!

7

¿Sí o no?

 **HABLAR EN PAREJA** Pregunta a tu compañero(a) qué debe comer y beber para mantener su salud. Luego, dile otras recomendaciones que debe hacer según su respuesta.

Modelo

A —¿Debes **beber leche** cada día para mantener la salud?

B —**Creo que sí.** Necesitas beber mucha leche.

o: —**Creo que no.** No necesitas beber mucha leche.

Estudiante A

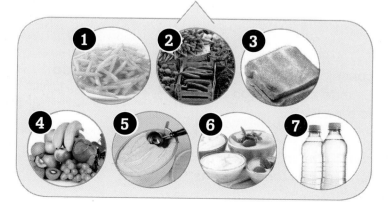

Estudiante B

Creo que . . .

8

¿Hay algo para comer?

Para decir más...
de la mañana = in the morning
de la tarde = in the afternoon
de la noche = in the evening

HABLAR EN PAREJA Pregunta a tu compañero(a) qué debe comer y beber a las horas indicadas. Luego, dile otras recomendaciones que debe hacer según su respuesta.

Modelo

A —*Son las **ocho de la mañana** y tienes hambre y sed. ¿Qué debes comer y beber?*

B —*Debo comer **cereal y pan tostado,** y debo beber **jugo de manzana.***

8:00

Estudiante A

1 12:00 2 10:00 3 9:00
4 7:00 5 6:00 6 3:00

Estudiante B

¡Respuesta personal!

9

Los buenos consejos

LEER, ESCRIBIR Da consejos *(Give advice)* sobre lo que una persona debe o necesita hacer para mantener la salud. Copia y completa las frases. Necesitas tus frases para la Actividad 10.

1. Para mantener la salud, debes _____ todos los días.

2. Necesitas beber _____ cada día.

3. Debes comer _____ en la cena.

4. _____ es malo para la salud.

5. El jugo de zanahoria es _____.

6. Debes comer _____ todos los días.

7. Nunca debes comer _____.

10

¿Estás de acuerdo?

ESCRIBIR EN PAREJA Intercambia tus consejos de la Actividad 9 con otro(a) estudiante por e-mail. ¿Está de acuerdo con tus consejos? Escribe la respuesta en otro e-mail.

También se dice...
los guisantes = los chícharos *(México)*, las arvejas *(Argentina, Bolivia)*
el tomate = el jitomate *(México)*

Modelo

A —*Hola, Cristina: ¿Estás de acuerdo con lo que debes hacer para mantener la salud? ¿Debes practicar deportes todos los días?*

B —*No estoy de acuerdo...*

¿Qué haces . . .?

LEER, ESCRIBIR EN PAREJA Take this test on healthy activities to see how you rate.

1 Write your answers in complete sentences on a sheet of paper.

2 Write an email to ask a partner each question. Tally your partner's *sí* and *no* answers.

3 Send an email to your partner with three recommendations that he or she should follow based on the survey score. Ask what else he or she needs to do to stay healthy.

Modelo
Debes caminar o correr todos los días.

¿Qué haces para mantener la salud?

Contesta las preguntas según las actividades que haces cada día. Cada "sí" = 1 punto.

sí	no	
☐	☐	1. ¿Haces ejercicio?
☐	☐	2. ¿Practicas deportes?
☐	☐	3. ¿Comes verduras?
☐	☐	4. ¿Comes frutas?
☐	☐	5. ¿Caminas o corres?
☐	☐	6. ¿Comes un buen desayuno?
☐	☐	7. ¿Comes comida que es buena para la salud?
☐	☐	8. ¿Bebes cinco vasos* de agua?
☐	☐	9. ¿Pasas tiempo con amigos?
☐	☐	10. ¿Ves tres horas o menos de televisión?

9–10 puntos
¡Felicidades! ¡Haces mucho para mantener la salud!

6–8 puntos
Bien, pero debes hacer más para mantener la salud.

0–5 puntos
¡Ay, ay, ay! Necesitas hacer algo para mantener la salud.

*glasses

Pronunciación ▸ The sounds *l* and *ll*

In Spanish, the letter *l* is pronounced much like the letter *l* in the English word "leaf." Listen to and say these words:

lechuga   lunes   pasteles   helado
almuerzo   sol   abril   difícil

For most Spanish speakers, the letter combination *ll* is similar to the sound of the letter *y* in "yes." Listen to and say these words:

llamo   silla   allí   llueve
cebolla   pollo   ella   mantequilla

Try it out! Listen to this song and then sing it.

Canta el gallo, canta el gallo

con el kiri, kiri, kiri, kiri, kiri;

La gallina, la gallina

con el cara, cara, cara, cara, cara;

Los polluelos, los polluelos

con el pío, pío, pío, pío, pío.

Gramática

OBJECTIVES
▶ Express opinions about food and describe people
▶ Discuss and compare food and beverage preferences with classmates

The plurals of adjectives

Just as adjectives agree with a noun depending on whether it's masculine or feminine, they also agree according to whether the noun is singular or plural. To make adjectives plural, just add an -s after the vowel at the end of the adjective. If the adjective ends in a consonant, add -es.

La hamburguesa es sabrosa. Las hamburguesas son sabrosas.

El pastel es muy popular. Los pasteles son muy populares.

When an adjective describes a group including both masculine and feminine nouns, use the masculine plural form.

La lechuga, las zanahorias y los tomates son buenos para la salud.

Don't forget that the singular form of *mucho* means "much" or "a lot of," but that the plural form, *muchos(as),* means "many."

No como mucha carne, pero como muchas verduras.

¿Recuerdas?
Adjectives agree in gender with the masculine or feminine nouns they describe.

El bistec es sabroso.
La ensalada es sabrosa.

Más recursos ONLINE

▶ *Gram*Activa Video

🔊 *Canción de hip hop:*
¿Sabroso o malo?

✎ *Gram*Activa Activity

12

¿Sabroso o sabrosa?

LEER Copy the different adjective stems and endings shown here onto note cards. Then your teacher will show you pictures of several foods. Show how you feel about each food item by holding up the appropriate adjective stem and the appropriate ending.

buen	sabros	mal

-o	-a	-os	-as

CULTURA España

La Tomatina ¿Te gusta la idea de un festival con una gran pelea[1] con tomates? Así es la fiesta anual de La Tomatina en Buñol, España. El consejo[2] municipal distribuye más de 130 toneladas de tomates maduros[3]. Los participantes del festival tiran[4] los tomates durante una hora.

• Describe los festivales de comida de tu comunidad o tu estado. ¿Son como La Tomatina?

[1]fight [2]council [3]ripe [4]throw

La Tomatina, en Buñol, España

¿Cómo son?

ESCRIBIR, HABLAR EN PAREJA

1 For each of these adjectives, name two famous people, cartoon characters, or people in your school whom the adjective fits. Then write a sentence that describes both of them.

Videomodelo
A —*Creo que Cameron Diaz y Antonio Banderas son talentosos.*

1. artístico, -a
2. deportista. -a
3. atrevido, -a
4. gracioso, -a
5. serio, -a
6. talentoso, -a
7. divertido, -a
8. trabajador, -a

2 Use your sentences to describe people orally. Speak with a partner and exchange personal opinions about who fits the adjectives. Who fits the adjectives in your partner's opinion?

Videomodelo
B —*Estoy de acuerdo. Julia Roberts y Tom Cruise son talentosos también.*
o: —*Sí, pero Julia Roberts y Tom Cruise son más talentosos que Cameron Diaz y Antonio Banderas.*

14

¿Qué prefieres?

ESCRIBIR, HABLAR EN GRUPO   Your class will be divided into groups of five to see what foods and beverages you prefer.

Conexiones ‹ Las matemáticas

1 Ask your group members what their favorites are from each of the following groups: *frutas, verduras, carnes,* and *bebidas.* Write the answers on a sheet of paper.

Videomodelo
A —*¿Qué **verdura** prefieres?*
B —*Prefiero las **zanahorias**.*

2 Tally the results to see which foods and beverages are the most popular in each group. Indicate these favorites on a bar graph as shown. As a group, write four sentences that summarize your results. Compare your group's preferences to those of the other groups.

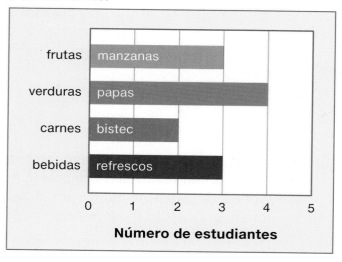

Prefieren...

Modelo
Del grupo de las verduras, cuatro estudiantes prefieren las papas.

Gramática

OBJECTIVES
▸ Listen to descriptions of food in a market
▸ Describe people, places, and foods
▸ Compare opinions about food with a classmate
▸ Read and write about pizza

The verb *ser*

Ser, which means "to be," is an irregular verb. Use *ser* to describe what a person or thing is like. Here are the present-tense forms:

(yo)	**soy**	(nosotros) (nosotras)	**somos**
(tú)	**eres**	(vosotros) (vosotras)	**sois**
Ud. (él) (ella)	**es**	Uds. (ellos) (ellas)	**son**

¿Recuerdas?

In previous chapters, you learned how to talk about what a person is like.
—Tú **eres** muy deportista, ¿no?
—Sí, **soy** deportista.
—Mi amigo Pablo **es** deportista también.

Más recursos ONLINE

▸ *GramActiva* Video
▸ Tutorials: *ser*
▸ Animated verbs
✎ *GramActiva* Activity

15

Línea romántica

 LEER, ESCRIBIR Rafa has to tell his father why the cell phone bill was so high. Complete his explanations by using the correct form of the verb *ser*.

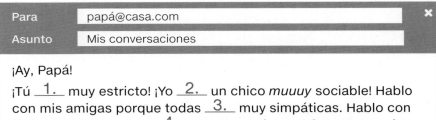

Para	papá@casa.com	✕
Asunto	Mis conversaciones	

¡Ay, Papá!

¡Tú __1.__ muy estricto! ¡Yo __2.__ un chico *muuuy* sociable! Hablo con mis amigas porque todas __3.__ muy simpáticas. Hablo con Lidia porque nosotros __4.__ muy deportistas. Mis conversaciones con ella siempre __5.__ muy interesantes. Fátima __6.__ muy estudiosa. Hablamos mucho porque ella y yo __7.__ inteligentes y hablamos de las clases. Y hablo con Lorena porque __8.__ muy graciosa y nosotros __9.__ muy buenos amigos.

✉   ✎ ▾ B *I* T! ≣ ≣ ≣ ≣ ↱ ↰ ☺

16

Escucha y escribe

 ESCUCHAR, ESCRIBIR You will hear comments from five customers about the food being sold in a market. On a sheet of paper, write the numbers 1–5. As you listen, write the comments next to the numbers.

17

En tu escuela

 HABLAR   Describe orally the people and places in your school.

Modelo
el / la profesor(a) de tu clase de español
La profesora de mi clase de español es muy simpática.

1. tu clase de español

2. las chicas en tu clase de español

3. los chicos en tu clase de español

4. el / la director(a) de tu escuela

5. la comida de la cafetería

6. tú y tus amigos

18

¿Sabroso o malo?

HABLAR EN PAREJA   En tu opinión, ¿cómo son las comidas y las bebidas? Habla con un(a) compañero(a). Usa los verbos *comer* o *beber*.

Videomodelo
A —*¿Comes zanahorias en la cena?*
B —*No, no como zanahorias en la cena porque son horribles.*
o:—*Sí, como zanahorias en la cena porque son buenas para la salud.*

Estudiante A

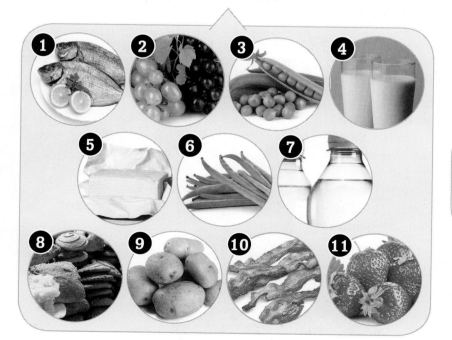

Estudiante B

(muy) sabroso
bueno para la salud
malo para la salud
horrible
¡Respuesta personal!

Los mercados son comunes en América Latina. Un día a la semana, hay un mercado central; es posible comprar[1] comida, flores, artesanías[2] y ropa[3].

Pre-AP® Integration: Las tradiciones y los valores sociales ¿Cómo venden[4] las frutas y las verduras en tu comunidad? Compara la foto con los mercados en tu comunidad.

[1]to buy [2]crafts [3]clothes [4]to sell

Un mercado guatemalteco ▸

Exploración del lenguaje ▸ Where did it come from?

The names of many foods in Spanish come from Latin as well as from other languages as diverse as Arabic, Italian, Greek, Turkish, and English. While it's clear that the word *espaguetis* comes from the Italian word *spaghetti*, it's not obvious that the word *zanahoria* comes from the Arabic word *safunariya*.

Try it out! Read the Spanish words in the first column and match them up to their counterparts in their language of origin.

agua	*piscatu* (latín)
arroz	*aqua* (latín)
pan	*beefsteak* (inglés)
bistec	*panis* (latín)
salchichas	*pullu* (latín)
pescado	*kahvé* (turco)
café	*salciccia* (italiano)
pollo	*óryza* (griego)

El español en el mundo del trabajo

Rick Bayless's career as a world-class Mexican chef began at the age of 14, when he visited Mexico and decided to study Spanish. Since 1987, Rick has opened gourmet Mexican restaurants, created and starred in cooking shows, written cookbooks, and won many awards.

• How would Rick's Spanish skills be helpful in his career?

Un molcajete *(mortar and pestle)* de México

WRITING   SPEAK/RECORD

 19

Una pizza para la buena salud

 LEER, ESCRIBIR Lee este anuncio *(ad)* de una pizzería y contesta las preguntas.

1. Find and list three cognates in this ad.
2. Write three recommendations in Spanish for a healthier pizza. Send your recommendations in a text message to a classmate to tell them the kinds of pizza they should eat.

Strategy
Using cognates Be sure to look for cognates to help you read this ad.

≡   PIZZAS SALUDABLES

Pizzería Lilia
¡Pizzas saludables!

A veces la pizza tiene muchas calorías y grasas que no son buenas para la salud.

La Pizzería Lilia tiene una variedad de pizzas con ingredientes que son buenos y saludables.

- Menos queso
- Usamos ingredientes nutritivos
  - Más verduras (tienen pocas calorías y son muy nutritivas)
- Evita[1] la combinación de carnes
  - Las carnes tienen mucho sodio y grasas
  - El pollo o el jamón son mejores[2] que las salchichas

¡Llámanos!
¡Estamos aquí para servirte!
372 42 89
Calle Independencia, 28

[1]Avoid [2]better

 20

Y tú, ¿qué dices?

 **HABLAR** Expresa y explica tus preferencias personales sobre las comidas y la salud.

1. Describe tu pizza favorita.
2. ¿Crees que la pizza es buena o mala para la salud? ¿Por qué?
3. ¿Qué verduras prefieres? ¿Qué verduras no te gustan?
4. ¿Qué ejercicio haces con los brazos? ¿Qué ejercicio haces con las piernas?

Lectura

OBJECTIVES
▶ Read about a sports diet and learn about an athlete
▶ Skim what you read to find specific information
▶ Learn about soccer in Spanish-speaking countries and compare attitudes towards soccer with those in the United States

La comida de los atletas

Lee este artículo *(article)* de una revista deportiva. ¿Qué comen y qué beben los atletas profesionales para mantener la salud y estar en buena forma?

Strategy
Skimming List three things that you would expect to find in an article about athletes' eating habits. Skim the article to find the information.

¿Qué come un jugador de fútbol?

Los jugadores[1] de fútbol comen comidas equilibradas con muchos carbohidratos, minerales y vitaminas. Ellos consumen cerca de 5.000 calorías en total todos los días.

13%
Grasas

17%
Proteínas

70%
Carbohidratos

Para el desayuno el día de un partido[2], un jugador come mucho pan con mantequilla y jalea[3], yogur y té.

Para el almuerzo antes del[4] partido, come pan, pasta, pollo sin grasa, verduras, frutas y una ensalada.

Para la cena después del[5] partido, el atleta come papas, carne sin grasa y más verduras y frutas.

También es muy importante beber muchos líquidos. La noche antes del partido, el jugador bebe un litro de jugo de naranja y durante el partido bebe hasta[6] dos litros de agua y bebidas deportivas.

[1]players [2]game [3]jam [4]before the [5]after the [6]up to

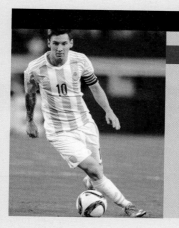

Nombre: Lionel Messi

Fecha de nacimiento: 24 de junio de 1987

Lugar de nacimiento: Rosario

País de nacimiento: Argentina

Nacionalidad: argentino/español

Equipo[7]: FC Barcelona

Función: delantero

En esta foto, Messi representa al equipo nacional de Argentina.

Argentina

¿Comprendes?

1. ¿Qué debe comer Lionel Messi antes de un partido de fútbol?

2. ¿Qué debe beber?

3. ¿Qué comida no debe comer Messi?

4. ¿Es tu dieta diferente de la dieta de un jugador de fútbol profesional? ¿Cómo?

5. ¿Cuál es la fecha de nacimiento (*birth date*) de Messi? Escribe tu fecha de nacimiento como lo hacen en los países hispanohablantes.

¿Qué debes comer?

Habla con un(a) compañero(a) sobre los deportes que practican. Basándose en la lectura, haz (*ask*) preguntas y responde sobre lo que debe comer cada uno(a) según los deportes que practican.

¡Goooooooooooool! Hacer el gol ganador[1] en el fútbol es muy emocionante. El fútbol es el deporte más popular del mundo, y en países donde la gente habla español, el fútbol es parte de la cultura. Cada cuatro años, equipos[2] de todo el mundo compiten en el evento deportivo más popular del mundo: la Copa Mundial.

• ¿Es muy popular el fútbol en Estados Unidos? ¿Es más o menos popular que en los países donde la gente habla español?

Mapa global interactivo Ubica y explora los estadios de fútbol más importantes de España, ganadora de la Copa Mundial de 2010.

[1]winner [2]teams

España gana la Copa Mundial, 2010.

Perspectivas del mundo hispano

¿Qué haces para mantener la salud?

Have you ever eaten chicken soup when you have a cold? How about putting aloe on a sunburn? In many countries, including those in the Spanish-speaking world, traditional remedies consisting of medicinal herbs have been used for centuries to treat common medical problems. In Mexico, a mint known as *yerbabuena* may be made into tea and given to someone with a stomachache. Remedies such as these may not be prescribed by licensed physicians, but people have confidence in them because they have been passed down through the generations.

Online Cultural Reading

Go to Auténtico ONLINE to read and understand a website with menus from the Spanish-speaking world.

Researchers study traditional herbal remedies to find modern-day medical solutions. In the Amazon rainforest in South America, an amazing abundance of plant life may hold the key to treating a wide variety of common ailments and diseases. Drug companies are looking for cures found in these plants and herbs that could be reproduced in today's modern drugs.

Increasingly, medicinal herbs are accepted not only as the basis for pharmaceutical drugs, but also for their own inherent healing qualities. In many countries, including the United States, herbal remedies are sometimes used in combination with conventional health care.

Analizar In many Spanish-speaking cultures, herbal remedies have been accepted for centuries. Do you think that medicinal herbs can provide relief and cures? Why or why not?

Comparación cultural What special foods or drinks do you like to have when you don't feel well? Answer the following questions, then write a statement explaining what, if any, foods or drinks help you when you feel sick.

Modelo
Cuando estoy enfermo (*sick*) prefiero comer sopa de pollo.

1. Cuando estoy enfermo, prefiero comer _____.

2. Cuando estoy enfermo, me gusta beber _____.

3. Cuando me duele el estómago, (no) me gusta _____.

4. Cuando me duele la cabeza, prefiero _____.

En un mercado de Guanajuato, México ▶

Presentación escrita

OBJECTIVES
- Create a poster promoting healthy choices
- Gather information from a number of sources

Go **Online** to practice

SAVVAS realize™

Savvas.com/Autentico

WRITING

Para mantener la salud

TASK You are researching good eating and exercise habits for your health class. Make a poster in Spanish in which you state your opinion with five supporting suggestions about how to lead a healthier life.

1 **Prewrite** Ask people at school and home about good eating and exercise habits for teens. List their ideas under these headings to organize your information.

- *Debes comer . . .*
- *Debes beber . . .*
- *Debes . . . para mantener la salud*
- *No debes beber mucho(a) . . .*
- *No debes comer mucho(a) . . .*

Strategy

Gathering information Use information and opinions from a variety of sources to help you support your presentation on a topic.

2 **Draft** Decide how to present the information logically as you write your first draft. Use visuals for clarity and give your poster a title.

3 **Revise** Share your draft with a partner. Your partner should check the following:

- Have you communicated your opinion and supporting statements well?
- Do the visuals convey meaning? Is the poster attractive?
- Are the vocabulary and grammar correct?

Rewrite your poster making any necessary changes.

4 **Publish** Make a final copy for posting in the nurse's office, a community center, your classroom, or your portfolio.

5 **Evaluation** The following rubric will be used to grade your presentation.

Rubric	Score 1	Score 3	Score 5
Completion of task	You included at least three opinions about how to follow a healthy lifestyle.	You included at least four opinions about how to follow a healthy lifestyle.	You included five or more opinions about how to follow a healthy lifestyle.
Accuracy of vocabulary and grammar	You had very little variation of vocabulary use with many grammar errors.	You had limited usage of vocabulary and some grammar errors.	You had extended use of a variety of vocabulary with very few grammar errors.
Effective use of visuals	You included only three visuals that clearly connect to information.	You included only four visuals that clearly connect to information.	You included five visuals that clearly connect to information.

Auténtico

Alimentación saludable

Before You Read

Use the Strategy: Using Cognates

Use cognates to increase understanding and to help identify key words and details in a text. What words look just like a similar word in English?

Read this Key Vocabulary

la alimentación = nutrition

saludable = healthy

estilo de vida = lifestyle

lo conducirán = will lead you to

integrales = whole grain

enriquezca = enrich

legumbres = legumes (beans and peas)

las bayas = berries

logre su meta = reach your goal

Read the Text

*A*limentación *saludable para un estilo de vida activa* is an infographic from the USDA that offers suggestions for diet and lifestyle. Think about 10 tips (*consejos*) that might help you lead a healthy lifestyle. See if they match with the 10 tips given here.

Go to **Savvas.com/Autentico** and read the infographic ***Alimentación saludable para un estilo de vida activa*** to read nutrition tips.

Complete the Activities

Mientras lees As you read, identify words that are similar to English words. How do these cognates help you to infer key details of the text? Identify in the reading the key words listed here and provide their English equivalents. Write down additional cognates you find.

educación	**enriquezca**
optimizar	**combinar**
nutrición	**productos lácteos**
balancee	**física**
proteína	**dieta**
yogur	**seleccione**

 Integration

Después de leer Demonstrate your understanding of the text by answering the following questions.

1. ¿Qué tipo de proteína es buena para la salud?

2. ¿Qué productos lácteos menciona el texto?

3. Estos consejos *(tips)* hablan de dos aspectos principales de un estilo de vida. ¿Cuáles son los dos aspectos?

 For more activities, go to the *Authentic Resources Workbook*.

Estilo de vida saludable

Expansión Find other authentic resources in *Auténtico* online, then answer the question.

📁 **3B Auténtico**

Integración de ideas En los dos recursos auténticos, ¿qué recomendaciones hay para un estilo de vida saludable?

Comparación cultural Compara el estilo de vida de los recursos auténticos con tu estilo de vida.

Repaso del capítulo

OBJECTIVES
▶ Review the vocabulary and grammar
▶ Demonstrate you can perform the tasks on p. 169

🔊 Vocabulario

to talk about food and beverages

la cena	dinner
el bistec	beefsteak
la carne	meat
el pescado	fish
el pollo	chicken
la cebolla	onion
los guisantes	peas
las judías verdes	green beans
la lechuga	lettuce
las papas	potatoes
los tomates	tomatoes
las uvas	grapes
las zanahorias	carrots
el arroz	rice
los cereales	grains
los espaguetis	spaghetti
las grasas	fats
la mantequilla	butter
el helado	ice cream
los pasteles	pastries
las bebidas	beverages

to talk about being hungry and thirsty

Tengo hambre.	I'm hungry.
Tengo sed.	I'm thirsty.

to discuss health

caminar	to walk
hacer ejercicio	to exercise
(yo) hago	I do
(tú) haces	you do
levantar pesas	to lift weights
para la salud	for one's health
para mantener la salud	to maintain one's health

to indicate a preference

(yo) prefiero	I prefer
(tú) prefieres	you prefer
deber	should, must

to indicate agreement or disagreement

creer	to think
Creo que . . .	I think . . .
Creo que sí / no.	I (don't) think so.
(No) estoy de acuerdo.	I (don't) agree.

to ask a question or give an answer

¿Por qué?	Why?
porque	because

to express quantity

algo	something
muchos, -as	many
todos, -as	all

to describe something

horrible	horrible
malo, -a	bad
sabroso, -a	tasty, flavorful

other useful words

cada día	every day

Gramática

plurals of adjectives

Masculine	Feminine
Singular / Plural	**Singular / Plural**
sabroso / sabrosos	sabrosa / sabrosas
popular / populares	popular / populares

ser *to be*

soy	somos
eres	sois
es	son

For *Vocabulario adicional,* see pp. 472–473.

Preparación para el examen

What you need to be able to do for the exam . . .	Here are practice tasks similar to those you will find on the exam . . .	For review go to your print or digital textbook . . .

Interpretive

1 ESCUCHAR I can listen and understand as people describe a healthy or unhealthy lifestyle.

Listen as two people are interviewed about their habits. See if you can tell which one is an Olympic skier and which one is a drummer. Be prepared to explain your "educated guesses."

pp. 148–151 *Vocabulario en contexto*

p. 149 Actividad 2

Interpersonal

2 HABLAR I can express my opinion about food preferences.

During a telephone survey, you are asked some questions in Spanish about your food preferences. Say whether you think each food choice is good or bad for your health.

p. 153 Actividades 6–7

p. 154 Actividades 8, 10

p. 157 Actividad 14

p. 159 Actividad 18

Interpretive

3 LEER I can read and compare what people do and eat in order to determine whether they lead a healthy or unhealthy lifestyle.

Read the online conversation that you have just joined in a chat room. Decide whether each person has a healthy or unhealthy lifestyle, based on what they tell each other.

Chato: ¿Qué hago yo? Cuando hace buen tiempo, corro por treinta minutos. Cuando llueve, levanto pesas.

Chispa: No me gusta hacer ejercicio. Prefiero comer papas fritas. Son muy sabrosas.

Andrés: ¿Papas fritas? Son horribles para la salud. Para mantener la salud, nunca debes comer papas fritas.

pp. 148–151 *Vocabulario en contexto*

p. 154 Actividad 9

p. 155 Actividad 11

p. 161 Actividad 19

pp. 162–163 *Lectura*

Presentational

4 ESCRIBIR I can write a list of things a person should do to maintain a healthy lifestyle.

Many people think that teens don't know anything about a healthy lifestyle. You and your friends are compiling a top-ten list of ways to improve teens' health. Write at least three suggestions for the list.

p. 154 Actividad 9

p. 155 Actividad 11

p. 161 Actividad 19

p. 165 *Presentación escrita*

Cultures

5 COMPARAR I can demonstrate an understanding of cultural perspectives regarding health care.

Give an example of an herbal remedy that is accepted in a Spanish-speaking country as a remedy for a common ailment. Compare this with a similar herbal/natural remedy believed by many in the United States to be a cure for a common ailment.

p. 164 *Perspectivas del mundo hispano*

Country Connections Explorar el mundo hispano

California
Illinois
Arizona
Texas
Florida
Puerto Rico
Ecuador
Perú
Bolivia
Chile
España

CHAPTER OBJECTIVES

Communication

By the end of this chapter you will be able to:

- Listen and read about leisure activities and schedules.
- Talk and write about places to go and activities to do during free time.
- Exchange information about weekend plans.

Culture

You will also be able to:

- **Auténtico:** Identify cultural practices in an authentic video about community.
- Understand the meaning and role of children's rhymes from the Spanish-speaking world.

- Compare leisure activities in the Spanish-speaking world and the United States.

You will demonstrate what you know and can do:

- Presentación oral: Un estudiante nuevo
- Repaso del capítulo: Preparación para el examen

You will use:

Vocabulary

- Leisure activities
- Places in the community

Grammar

- The verb *ir*
- Asking questions

ARTE y CULTURA ⟩ España

"El quitasol" is a work by Spanish painter Francisco de Goya (1746–1828). He made this painting in 1777 as a design to be used in the manufacture of a royal tapestry. At that time Goya was already famous for the elegance of his artwork and his ability to capture ordinary events in realistic detail. The brilliant colors of this painting suggest a happy moment of relaxation for two young people.

▶ Why do people who live in the city go out to the country to relax?

🌐 **Mapa global interactivo** Discover places of interest in Madrid, Spain and make a list of your favorite ones.

"El quitasol" (1777), Francisco de Goya ▲
Oil on canvas, 104 x 152 cm. Museo Nacional del Prado, Madrid, Spain.
Photo credit: Scala / Art Resource, NY.

Go **Online** to practice

SAVVAS
realize™

Savvas.com/Autentico

 AUDIO

 VIDEO

 WRITING

 SPEAK/RECORD

 MAPA GLOBAL

 AUTÉNTICO

 FLASCHARDS

 ETEXT 2.O

 GAMES

En el Parque Nacional Torres del Paine, Patagonia, Chile

▶ Videocultura **Los pasatiempos**

Vocabulario en contexto

OBJECTIVES

Read, listen to, and understand information about places to go when you're not in school, and plans for leisure time.

Julia: En tu **tiempo libre, después de** las clases, **¿vas a la** biblioteca?

Carmen: No todos los días. **Los lunes** y viernes **voy** a mi trabajo. ¿Y tú?

Julia: **Generalmente**, voy a mi clase de piano y **después**, al parque **para caminar** o **al** gimnasio **con mis amigos**.

Carmen: Después de trabajar, **¿vamos** al centro comercial?

Julia: ¡Uf!, no puedo. Necesito ir **a casa** a estudiar.

Julia

Carmen

el gimnasio

la playa

la lección de piano

el trabajo

la biblioteca

el centro comercial

el parque

el restaurante

Julia: El **fin de semana** voy con mis amigos al cine a ver una película.

Carmen: ¿**Con quién** vas?

Julia: Con José. ¿Y tú?

Carmen: **Me quedo en casa.** O mejor, ¡voy a la playa o a la montaña! Me encanta nadar o caminar.

Más vocabulario
la iglesia = church
la mezquita = mosque
la sinagoga = synagogue
el templo = temple, Protestant church

el campo

el cine

las montañas

ir de compras

ver una película

la piscina

1

Un fin de semana especial

🔊 ESCUCHAR You will hear Julia describe where she does seven activities. If a statement is logical, lift your right hand. If it is not logical, leave both hands on your desk.

2

¿Adónde van?

🔊 ESCUCHAR Identify key words for locations. Listen to students discuss where they go in their free time. Point to the picture of the location.

Adrián y Mateo escriben mensajes sobre sus actividades para el fin de semana.

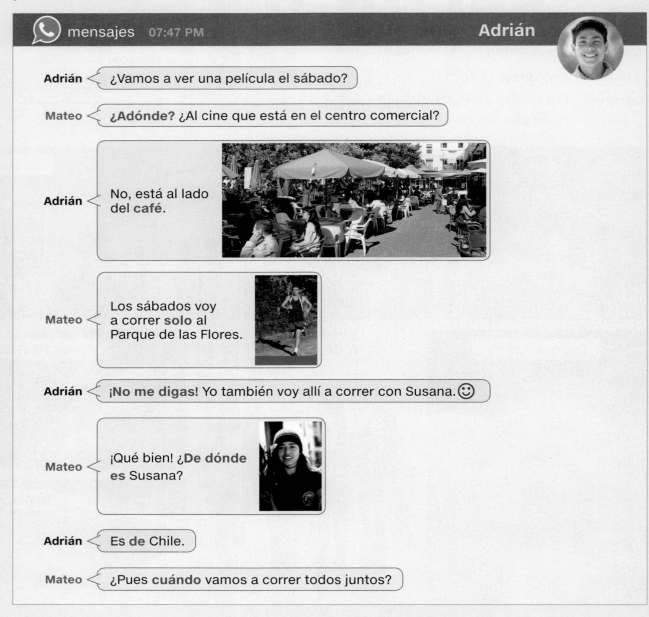

mensajes 07:47 PM   **Adrián**

Adrián   ¿Vamos a ver una película el sábado?

Mateo   **¿Adónde?** ¿Al cine que está en el centro comercial?

Adrián   No, está al lado del **café**.

Mateo   Los sábados voy a correr **solo** al Parque de las Flores.

Adrián   **¡No me digas!** Yo también voy allí a correr con Susana. ☺

Mateo   ¡Qué bien! **¿De dónde es** Susana?

Adrián   Es **de** Chile.

Mateo   ¿Pues **cuándo** vamos a correr todos juntos?

3

Un fin de semana especial

ESCRIBIR   Lee las frases. Escribe C (cierto) si la frase es correcta o F (falso) si la frase es incorrecta.

1. Adrián escribe a Mateo para ir al cine.
2. Adrián va al cine que está en el centro comercial.
3. Mateo va a correr con amigos al Parque de las Flores.
4. Mateo va al gimnasio todos los sábados.
5. Susana es de Chile.

Videohistoria

Tiempo libre

Before You Watch

Watch and listen for key details If you were going to spend time somewhere new, what key information about places and activities do you need to enjoy your free time? How might these photos connect to free time in Costa Rica?

Complete the Activity

Tu tiempo libre ¿Adónde vas y qué haces en tu tiempo libre? Escribe una lista de cuatro lugares y las actividades que te gusta hacer allí.

 **Watch the Video**

How do volunteers with *Codo a Codo* spend their free time?

Go to **Savvas.com/Autentico** to watch the video *Tiempo libre* and to view the script.

Ximena
Camila
Valentina
Mateo
Sebastián

After You Watch

 ¿COMPRENDES?   Watch for key details in the video.

1. How does one *Codo a codo* volunteer spend his free time? For each place or activity, indicate if he likes to go there. If so, what he does and what day or time of day he goes.

   a. el centro comercial
   b. el mercado local
   c. el gimnasio
   d. el parque
   e. el cine
   f. los restaurantes y los cafés
   g. el centro
   h. los parques nacionales

2. ¿Con quién comparte el video Ximena?

Comparación cultural   ¿Es posible hacer tus actividades favoritas en la comunidad que ves en el video? ¿Por qué?

Vocabulario en uso

OBJECTIVES

▸ Write and talk about places you go in your free time
▸ Listen to a description of a plaza
▸ Discuss and compare where you go and how often

4

¿Qué haces en . . . ?

ESCRIBIR, HABLAR Completa las frases lógicamente.

1. Hago ejercicio en . . .
2. Nado en . . .
3. Veo películas en . . .
4. Leo libros y revistas en . . .

5. Voy de compras en . . .
6. Esquío en . . .
7. Como el desayuno en . . .

¡Respuesta personal!

5

¿Vas mucho a . . . ?

ESCRIBIR On a sheet of paper, copy the diagram below and write the names of the places you go under the appropriate expression of frequency.

todos los días	mucho	a veces	nunca
		la playa	

6

¡No me digas!

HABLAR EN PAREJA   Work with a partner. Using what you wrote for Actividad 5, take turns saying where you go and how often. React to your partner's statements. Follow the model.

Videomodelo

A —*Voy a la playa a veces.*
B —*¡No me digas! Yo voy a la playa a veces también.*
o: —*¡No me digas! Yo nunca voy a la playa.*
o: —*Pues, yo voy a la playa todos los días.*

Nota

When *a* is used before *el*, the two words form the contraction *al (to the)*:

a + el = al

• Voy **al** centro comercial a veces, pero voy **a la** piscina mucho.

También se dice...

la piscina = la alberca *(México)*; la pileta *(América del Sur)*
el restaurante = el restaurán *(América del Sur)*

7

Escucha y escribe

ESCUCHAR, ESCRIBIR   Look at the painting of the plaza below. On a sheet of paper, write the numbers 1–6. You will hear six statements about the painting. Write what you hear.

CULTURA   El mundo hispano

Pasear o caminar por la plaza mayor[1] de muchos pueblos y ciudades hispanos es una actividad popular para las personas. Una plaza mayor tiene tiendas, cafés, iglesias y edificios importantes. La gente va allí para comer, ir de compras, hacer negocios[2] y reunirse en celebraciones y festivales. Este cuadro de Pedro Lázaro (1956–) celebra la belleza y la importancia de la plaza en la cultura hispana.

Pre-AP® Integration: Los estilos de vida ¿Qué lugar de reunión social similar a una plaza hay en tu comunidad?

[1]main square [2]conduct business

"La plaza" (1981), Pedro Lázaro ▲

Lázaro, Pedro born 1956. "La plaza" (The Plaza), 1981. Painting. Madrid, Private Collection. Copyright akg-images/Joseph Martin/Newscom.

The word *sábado*, like many Spanish words, is based on Latin. The Spanish days of the week come from the Latin names for the gods, planets, sun, and moon, all of which were important in Roman daily life.

Try it out! Match the Spanish days of the week with their Latin origins.

1. lunes

2. martes

3. miércoles

4. jueves

5. viernes

6. sábado

7. domingo

a. *dies Mercurii*
   named after Mercury, the god of commerce and travelers

b. *dies Veneris*
   named after Venus, the goddess of beauty and love

c. *dies lunae*
   the day dedicated to the moon *(luna)*

d. *dies solis*
   named after the sun *(sol)*, but later changed to *dies Dominicus,* which means "the Lord's day"

e. *dies Martis*
   dedicated to Mars, the god of war

f. *dies Saturni*
   named after Saturn; also called *dies Sabbati,* based on the Hebrew word *shabbath*, or "day of rest"

g. *dies Jovis*
   named after Jove, or Jupiter, the ruler of the gods

• Since you know *día* means "day" in Spanish, what is the word for "day" in Latin?

8

¿Adónde vas?

HABLAR EN PAREJA   Hacer y contestar preguntas sobre la vida diaria. Habla con otro(a) estudiante sobre los lugares *(about the places)* adonde vas y cuándo vas allí.

Videomodelo
los lunes
A —*¿Adónde vas los lunes?*
B —*Generalmente voy a mi lección de piano.*
o:—*Generalmente me quedo en casa.*

Nota
To say that something usually happens on a certain day every week, use *los* with the day of the week:
• Generalmente ellos van al campo **los viernes** o **los sábados.**

Estudiante A

1. los miércoles
2. los viernes
3. los sábados
4. los domingos
5. los fines de semana
6. después de las clases

Estudiante B

¡Respuesta personal!

9

Cuando no estamos en la escuela . . .

HABLAR EN GRUPO, ESCRIBIR ¿Cómo pasan el tiempo tus compañeros de clase cuando no están en la escuela? Sigue *(follow)* los pasos.

Conexiones ◀ **Las matemáticas**

1 Working in groups of four, take turns asking each person how often he or she does the activities listed below. Answer using *mucho, a veces,* or *nunca*. Keep a group tally of the responses.

ver películas	ir de compras
correr	ir a un trabajo
usar la computadora	ir a la biblioteca

Videomodelo

A —¿*Con qué frecuencia* (How often) **usas la computadora?**

B —*Uso la computadora **mucho.***

Un grupo de amigos en Lima, Perú

2 Get together with another group of four and combine the results of your tally sheets. Prepare summary statements to report to the class.

3 Report your summary statements to the class and make a class total. Convert each total to a percentage.

4 Create a bar graph like the one shown for each activity that shows the class's frequency of participation.

Frecuencia con que levantan pesas

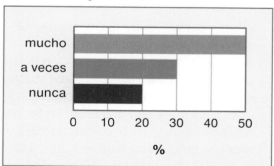

10

Y tú, ¿qué dices?

ESCRIBIR, HABLAR

1. ¿Dónde ves más películas, en casa o en el cine?

2. Cuando vas de compras, ¿adónde vas?

3. ¿Adónde vas los fines de semana? ¿Vas solo(a) o con tus amigos?

Gramática

¿Recuerdas?

You have used the infinitive *ir* to talk about going to school.

• Me gusta **ir** a la escuela.

The verb *ir*

To say where someone is going, use the verb *ir*. Here are its present-tense forms:

(yo)	**voy**	(nosotros) (nosotras)	**vamos**
(tú)	**vas**	(vosotros) (vosotras)	**vais**
Ud. (él) (ella)	**va**	Uds. (ellos) (ellas)	**van**

The verb *ir* is almost always followed by *a*. To ask where someone is going, use *¿Adónde?*

¿Adónde vas?   **Where** are you going (to)?

• You will often hear people say *¡Vamos!* This means, "Let's go!"

Más recursos ONLINE

▶ *GramActiva Video*

▶ *Animated Verbs*

🔊 *Canción de hip hop: ¿Adónde vas?*

✏ *GramActiva Activity*

11 Un invierno en Chile

LEER, ESCRIBIR

1 María, una estudiante de Chicago, Illinois, pasa un año en Santiago, Chile, con una familia chilena. Lee el email y escribe las formas apropiadas del verbo *ir*.

Para sonia@email.net

Querida Sonia:

¿Cómo estás? Yo, bien. Generalmente paso tiempo en casa los fines de semana, pero a veces yo ___1.___ a Portillo con la familia para esquiar. Hace mucho frío allí y por eso mi "mamá" chilena no ___2.___ siempre con nosotros. En Portillo hay una escuela para los esquiadores y muchos chicos simpáticos ___3.___ a las lecciones. También hay un cibercafé con computadoras. Muchas personas ___4.___ allí para pasar tiempo con los amigos. Nosotros ___5.___ el domingo. Y tú, ¿___6.___ a la playa todos los días con tus amigos?

Hasta luego,

María

Portillo, Chile ▶

2 Escribe el email de Sonia para responder a María.

El email

 LEER, ESCRIBIR, HABLAR   Lee el email de María en la Actividad 11 y contesta las preguntas.

1. ¿Quién no va a veces con la familia a Portillo?

2. ¿Por qué a María le gusta ir a las lecciones de esquí?

3. ¿Adónde van para usar las computadoras?

4. ¿Cuándo van al cibercafé?

5. ¿Adónde van muchas personas para pasar tiempo con los amigos?

13

¿Adónde van todos?

 LEER, HABLAR EN PAREJA, ESCRIBIR

1 Read the sentence and determine who does the activity. Using the correct form of *ir,* ask where they go to do the activity. Your partner will answer with the most logical place.

Videomodelo
A —Te gusta esquiar. *(tú) ¿Adónde vas?*
B —*Voy a las montañas para esquiar.*

1. Te gusta levantar pesas.

2. Tú y tu amigo corren mucho.

3. Tus amigos y tú ven muchas películas.

4. A tu amigo le gusta comer bistec.

5. Tus amigas nadan muy bien.

6. Tus amigos hacen ejercicio todos los días.

2 Now write four sentences about yourself and your friends, saying where you go and for what purpose.

Modelo
Vamos a . . . para . . .

CULTURA ‹ **El mundo hispano**

Los clubes de deportes y los gimnasios son muy populares en los países hispanos. Hay pocos equipos deportivos[1] en las escuelas y muchos estudiantes van a gimnasios privados para hacer ejercicio. También practican deportes en equipos privados.

Pre-AP® Integration: Los intereses personales ¿Adónde vas para practicar deportes o hacer ejercicio? ¿Es privado o público?

<hr>

¹sport teams ²daily

Juego

 ESCRIBIR, HABLAR EN GRUPO Play this game in teams of two.

1 With a partner, write five sentences saying what the two of you like to do in your free time and when. Also write sentences saying where you go for these activities.

Modelo
Nosotros corremos después de las clases. (Vamos al gimnasio.)

2 Read one of your statements about activities to another team of classmates, but don't read the part that tells where you go. Then have one person try to guess where you go to do this activity. If the student answers correctly, his or her team wins a point. The team that earns the most points wins.

Videomodelo

A —*Nosotros corremos después de las clases.*
B —*Uds. van al gimnasio, ¿verdad?*
A —*Sí, vamos al gimnasio para correr.*
o: —*No, no vamos al gimnasio para correr. Vamos al parque.*

El español en la comunidad

In many businesses and neighborhoods in the United States, you can hear Spanish being spoken. For example, the Pilsen neighborhood in Chicago, Illinois, is home to one of the nation's largest Mexican communities. The colorful murals, thriving businesses, and popular restaurants give Pilsen its own character.

• Are there areas near you where you can see expressions of community for Spanish speakers? What are they?

Mapa global interactivo Explore the city of Chicago and find the Pilsen neighborhood on a map.

En la comunidad de Pilsen, en Chicago

Pronunciación ‹ Stress and accents

How can you tell which syllable to stress, or emphasize, when you see words written in Spanish? Here are some general rules.

1. **When words end in a vowel, *n*, or *s*,** place the stress on the **next-to-last syllable.** Copy each of these words and draw a line under the next-to-last syllable. Then listen to and say these words, making sure you stress the underlined syllable:

centro	pasteles	piscina
computadora	trabajo	parque
mantequilla	escriben	generalmente

2. **When words end in a consonant (*except n or s*),** place the stress on the **last syllable.** Listen to and say these words, making sure you stress the last syllable:

señor	nariz	escribir
profesor	reloj	arroz
español	trabajador	comer

3. **When a word has a written accent,** place the stress on the **accented syllable.** One reason for written accents is to indicate exceptions to the first two rules. Listen to and say these words. Be sure to emphasize the accented syllable.

café	número	teléfono
difícil	película	lápiz
fácil	plátano	artístico

Try it out! Listen to the first verse of the song "La Bamba" and say each word with the stress on the correct syllable. Then listen to the recording again and see if you can sing along with the first verse. What do you think the song is about? Why?

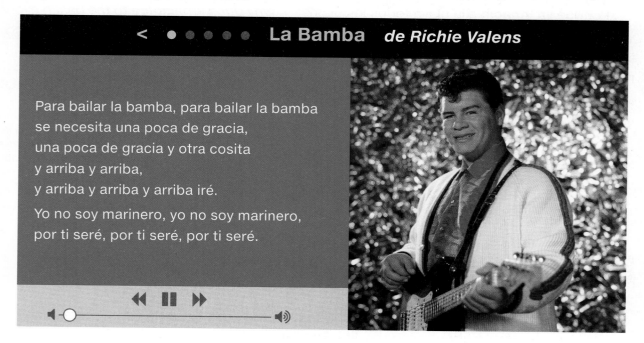

< ● ● ● ● ●   **La Bamba** *de Richie Valens*

Para bailar la bamba, para bailar la bamba
se necesita una poca de gracia,
una poca de gracia y otra cosita
y arriba y arriba,
y arriba y arriba y arriba iré.

Yo no soy marinero, yo no soy marinero,
por ti seré, por ti seré, por ti seré.

CULTURA ‹ El mundo hispano

La Bamba es una canción folk mexicana del estado de Veracruz. La primera versión famosa es de Richie Valens, que fusiona[1] la canción tradicional con el *rock and roll*. Combina elementos musicales españoles, indígenas y africanos. Salió en una película llamada también La Bamba en 1987. Es una canción conocida[3] en todo el mundo y es muy importante en la historia del *rock and roll* en español.

• Según la historia de La Bamba, ¿son importantes las tradiciones folclóricas en la música mexicana? ¿Por qué?

[1]fuses [2]any

Gramática

OBJECTIVES
▶ Write and answer questions about leisure activities
▶ Exchange information about where you and others go in your free time
▶ Read and write about places in San Juan, Puerto Rico

Asking questions

You use interrogative words (*who, what, where,* and so on) to ask questions.

¿Qué?	*What?*	**¿Adónde?**	*(To) Where?*
¿Cómo?	*How?, What?*	**¿De dónde?**	*From where?*
¿Quién?	*Who?*	**¿Cuál?**	*Which?, What?*
¿Con quién?	*With whom?*	**¿Por qué?**	*Why?*
¿Dónde?	*Where?*	**¿Cuándo?**	*When?*
¿Cuántos, -as?	*How many?*		

In Spanish, when you ask a question with an interrogative word you put the verb before the subject.

¿Qué **come Elena** en el restaurante?　　What *does Elena eat* at the restaurant?

¿Adónde **van Uds.** después de las clases?　　Where *do you go* after classes?

¿Por qué **va Ignacio** a la playa todos los días?　　Why *does Ignacio go* to the beach every day?

You have already used several interrogative words. Notice that all interrogative words have a written accent mark.

For simple questions that can be answered by *sí* or *no*, you can indicate with your voice that you're asking a question:

¿Ana va a la biblioteca?

OR: **¿Va Ana** a la biblioteca?

OR: Ana va a la biblioteca, **¿verdad?**

Más recursos ONLINE

▶ *GramActiva* Video

▶ **Tutorials:** Questions with Interrogative Words, Question-word Questions, Formation of yes-no questions

✎ *GramActiva* Activity

---

15 Preguntas revueltas

LEER, ESCRIBIR EN PAREJA　Exchange written messages with a classmate to ask and answer questions about everyday life. First unscramble the questions. Then write them in the correct order and send them to a classmate to answer. Your classmate should send you responses and ask you similar questions.

1. ¿ / eres / de dónde / tú / ?

2. ¿ / Uds. / adónde / van / los fines de semana / ?

3. ¿ / al centro comercial / cuándo / van / Uds. / ?

4. ¿ / clases / tienes / cuántas / ?

5. ¿ / tú / qué / después de las clases / haces / ?

6. ¿ / vas / tú / con quién / al centro comercial / ?

¿Cómo es el cine?

LEER, ESCRIBIR Lee este anuncio del cine.

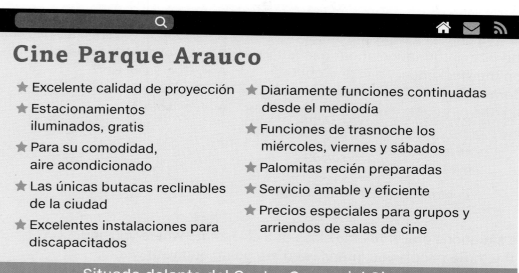

Q   🏠 ✉ 📶

Cine Parque Arauco

★ Excelente calidad de proyección   ★ Diariamente funciones continuadas desde el mediodía

★ Estacionamientos iluminados, gratis   ★ Funciones de trasnoche los miércoles, viernes y sábados

★ Para su comodidad, aire acondicionado   ★ Palomitas recién preparadas

★ Las únicas butacas reclinables de la ciudad   ★ Servicio amable y eficiente

★ Excelentes instalaciones para discapacitados   ★ Precios especiales para grupos y arriendos de salas de cine

Situado delante del Centro Comercial Gigante

Según el anuncio del Cine Parque Arauco, escribe la palabra apropiada para cada pregunta.

1. ¿_____ es la calidad de la proyección en el cine? *Excelente.*

2. ¿_____ comen muchas personas allí? *Palomitas.*

3. ¿_____ es el nombre del cine? *Cine Parque Arauco.*

4. ¿_____ van las personas a ver películas muy tarde *(late)* por la noche? *Los miércoles, viernes y sábados.*

5. ¿_____ está el cine? *Delante del Centro Comercial Gigante.*

Cuándo	Por qué
Cómo	Cuál
Dónde	Qué

CULTURA ◀ El mundo hispano

Las películas son una forma popular de entretenimiento[1] para los adolescentes en los países hispanos. España, México, Colombia y Venezuela tienen industrias del cine importantes, pero las películas de los Estados Unidos también son populares. Los adolescentes de habla hispana[2] van al cine en grupos.

Pre-AP® Integration: El entretenimiento y la diversión Compara tus hábitos de ir al cine con los de los adolescentes de habla hispana. ¿Vas con amigos o solo(a)? ¿Son las películas de países hispanos populares en tu comunidad? ¿Por qué?

[1]entertainment [2]Spanish-speaking

Los actores españoles Penélope Cruz y Javier Bardem

Los fines de semana

ESCRIBIR, HABLAR EN PAREJA

1 Ask questions about everyday life. Copy a chart like this one on a separate sheet of paper and fill in information about one activity you do on the weekends. Then find out the same information from three classmates.

Nombre	¿Adónde vas?	¿Con quién?
yo	a mi lección de guitarra	solo(a)
Laura	al centro comercial	con Selena

Videomodelo
A —¿*Adónde vas los fines de semana?*
B —*Voy **al centro comercial**.*
A —¿*Con quién vas?*
B —*Voy **con Selena**.*
o:—*Voy **solo(a)**.*

2 Describe situations orally. Tell the class or a classmate where you and each of the three people you interviewed are going and with whom.

Videomodelo
Yo voy a mi lección de guitarra solo(a).
Laura va al centro comercial con Selena.

Y tú, ¿qué preguntas?

ESCRIBIR EN PAREJA, HABLAR   Escribe mensajes de texto a otro estudiante para hacer y contestar preguntas sobre la vida diaria.

1 Escribe un mensaje de texto a tu compañero(a) con tres preguntas sobre lo que va a hacer este fin de semana.

2 Tu compañero debe contestar tus pregunta y hacer tres preguntas más. Responde sus preguntas para hacer planes.

CULTURA ◀ Puerto Rico

El Viejo San Juan es una parte popular y llena de vida de la capital de Puerto Rico, San Juan. El gobierno[1] de Puerto Rico trabaja para preservar las casas y edificios[2] coloniales y devolverles[3] su condición original.

Pre-AP® Integration: La arquitectura
¿Hay áreas o casas históricas en tu comunidad? ¿Están en buenas condiciones o necesitan reparación? ¿Es importante preservar casas históricas en tu comunidad o en el Viejo San Juan?

¹government ²buildings ³return

El Viejo San Juan, Puerto Rico

¡Vamos al Viejo San Juan!

 LEER, ESCRIBIR Puerto Rico has been a commonwealth of the United States since 1952. It is an island with a fascinating past. Look at the photos and read about a historic section of Puerto Rico's capital. Then answer the questions below.

Conexiones   La historia

El Viejo¹ San Juan es una zona histórica, pintoresca, colonial y muy popular en la capital de Puerto Rico. Los jóvenes² pasan el tiempo con sus amigos en los parques, cafés y plazas. Allí cantan, bailan y comen en los restaurantes típicos.

La Catedral de San Juan tiene muchas obras de arte³. Allí descansan⁴ los restos⁵ de Juan Ponce de León, famoso explorador de la Florida. ▶

El Morro Construido en el siglo⁶ XVI para combatir los ataques de los piratas ingleses y franceses⁷ ▶

Datos importantes

- Cristóbal Colón llega⁸ aquí durante su segunda visita a las Américas en 1493.

- El Viejo San Juan llega a ser⁹ la capital de Puerto Rico en 1521.

¹Old ²young people ³works of art ⁴lie ⁵remains ⁶century ⁷French ⁸arrives ⁹becomes

1. For how many years has San Juan been the capital of Puerto Rico?

2. On which of his voyages did Christopher Columbus land on Puerto Rico?

3. Why did the Spaniards build El Morro?

4. What are two things you'll see when you visit the cathedral?

 Mapa global interactivo Explore the geography of Puerto Rico and locate its capital, San Juan.

Lectura

OBJECTIVES

▶ Read about after-school and weekend activities at a mall

▶ Use prior knowledge to better understand what you read

▶ Compare the instruments used in Andean music to those used in music you enjoy

Strategy

Using prior knowledge Think about what you know about special-event weeks at shopping centers. List key words for events that you think might be offered at a mall.

Al centro comercial

Lee las actividades diferentes que puedes hacer en la semana del 11 al 17 de enero durante tu tiempo libre.

¡Vamos a la Plaza del Sol!

Aquí en la Plaza del Sol, ¡siempre hay algo que hacer!

Actividades para el 11 al 17 de enero

lunes 11
8.00 P.M.   Música andina

martes 12
7.00 P.M.   Clase de yoga

miércoles 13
8.00 P.M.   Noche de jazz

jueves 14
7.00 P.M.   Clase de repostería[1]

viernes 15
8.00 P.M.   Música andina

sábado 16
1.30 P.M.   Exposición de fotografía
2.00 P.M.   Show infantil
4.00 P.M.   Exhibición de yoga
8.00 P.M.   Sábado flamenco

domingo 17
1.30 P.M.   Exposición de fotografía
2.00 P.M.   Show infantil
4.00 P.M.   Exhibición de yoga
8.00 P.M.   Noche de tango

Música andina

Un grupo toca música andina fusionada con bossa nova y jazz el lunes a las 8.00 P.M. Abierto[2] al público.

Clase de yoga

La práctica de yoga es todos los martes desde las 7.00 hasta las 9.00 P.M. La instructora Lucía Gómez Paloma enseña los secretos de esta disciplina. Inscríbase[3] en el teléfono 224-24-16. Vacantes limitadas.

[1]pastry making   [2]Open   [3]Register

Sábado flamenco

El Sábado flamenco es el programa más popular de la semana. María del Carmen Ramachi baila acompañada por el guitarrista Ernesto Hermoza el sábado a las 8.00 P.M. Es una noche emocionante y sensacional de música y danza. Abierto al público.

Clase de repostería

Inscríbase gratis⁴ en la clase de repostería programada para el jueves a las 7.00 P.M. Preparamos unos pasteles deliciosos gracias a la Repostería Ideal y al maestro Rudolfo Torres. Inscríbase en el teléfono 224-24-16. Vacantes limitadas.

⁴free

¿Comprendes?

1. You will be in town from January 9 through February 2. Which activities will you be able to attend?

2. Which events require you to sign up in advance? Which do not? What key phrases provide this information?

3. Which day(s) would be best to go with a six-year-old child?

4. Según los intereses de estos chicos, ¿a qué eventos van ellos?

Raquel: Me gusta mucho hacer ejercicio.

Roberto: Me encantan los pasteles.

Teresa: Estudio baile. Tomo lecciones todos los jueves.

Alejandro: Me gusta escuchar música; toda clase de música.

5. ¿Qué actividad es más interesante para ti?

CULTURA ‹ Bolivia · Chile · Ecuador · Perú

La música andina es muy popular en todo el mundo. Este interesante estilo de música se originó en las montañas de los Andes en Perú, Ecuador, Bolivia y Chile. Los artistas a veces llevan trajes¹ tradicionales andinos. En la música andina los músicos tocan instrumentos especiales: los tambores² de materiales naturales, la flauta³ quena, la guaira⁴ o quena y una guitarra pequeña llamada charango.

• En la música andina los instrumentos son diferentes a los instrumentos de la música clásica. ¿Qué instrumentos usan en la música que te gusta a ti?

Músicos en la Plaza de Armas, Cuzco, Perú

¹wear clothing ²drums ³flute ⁴panpipes

La cultura en vivo

Rimas infantiles

¿Recuerdas las canciones que aprendiste de niño? ¿Y las rimas[1] para saltar a la cuerda?

Estas son algunas canciones que los niños del mundo hispano cantan al jugar. La primera es el equivalente español a "Eenie, meenie, minie, moe...". Es una rima sin sentido[2] que se usa para seleccionar a una persona para un juego.

> Tin Marín de dopingüé
> cucaramanga titirifuera
> yo no fui,
> fue Teté.
> pégale, pégale,
> que ella fue.

Los niños cantan esta canción cuando saltan a la cuerda:

Salta, salta la perdiz	*The partridge jumps and jumps*
por los campos de maíz.	*Through the cornfields.*
¡Ten cuidado, por favor,	*Be careful, please!*
porque viene el cazador!	*Here comes the hunter!*
	(The jump rope then turns faster.)

Comparación cultural ¿Qué rimas y canciones conoces en inglés? ¿Son similares a las canciones en español? ¿Cómo reflejan la cultura?

[1]rhymes [2]nonsense

Niña saltando a la cuerda

Online Cultural Reading

Go to Auténtico ONLINE to read and learn about a list of movies playing at a cinema in Guadalajara, Mexico.

Here's a traditional game that combines Spanish, math, and hopping over a board. Place a long, narrow board on the floor. Take turns hopping with both feet from one side of the board to the other. Go forward as you hop. When you get to the end of the board, jump and turn in the air, facing the direction you came from. Continue hopping from side to side back to the other end. Be very careful! Try this in an area where you won't hurt yourself. As you are hopping, sing this song:

Brinca la tablita	*Jump over the board*
que yo la brinqué.	*That I already jumped.*
Bríncala tú ahora	*Now you jump*
que yo me cansé.	*Since I'm tired.*
Dos y dos son cuatro,	*Two and two are four,*
cuatro y dos son seis.	*Four and two are six.*
Seis y dos son ocho,	*Six and two are eight,*
y ocho dieciséis,	*And eight are sixteen,*
y ocho veinticuatro,	*And eight are twenty-four,*
y ocho treinta y dos.	*And eight are thirty-two.*
Y diez que le sumo	*And ten that I add*
son cuarenta y dos.	*Equals forty-two.*

Presentación oral

OBJECTIVES
▶ Role-play a conversation with another student about how you spend your free time
▶ Use models to prepare for your performance

Un estudiante nuevo

TASK Ask and answer questions about everyday life. You and a partner will play the roles of a new student and a student who has been at the school for a while. Find out information about the new student and answer any questions.

1 Prepare You will need to prepare for both roles.

Current student: List at least four questions. Greet the student and introduce yourself. Find out where the new student is from, what activities he or she likes to do and on what days, and where he or she goes and with whom.

New student: Look at the questions the current student will ask you and note your answers. Prepare two questions of your own.

Strategy

Using models It helps to go back and review models that prepare you for a task like this role play. Reread *Vocabulario en contexto* (pp. 172–175). Pay attention to the different questions and answers that will help you with this task.

2 Practice Work with a partner to practice different questions and responses. Be sure you are comfortable in both roles as you go through your presentation. Use your notes in practice, but not to present. Try to:

• get and give information
• keep the conversation going
• speak clearly

3 Present You will be paired with another student and your teacher will assign roles. The current student begins by greeting the new student. Listen to your partner's questions and responses and keep the conversation going.

4 Evaluation The following rubric will be used to grade your presentation.

Rubric	Score 1	Score 3	Score 5
Completion of task	You ask or answer two questions.	You ask or answer three questions.	You ask or answer four or more questions.
Your ability to keep the conversation going	You have no response or follow-up to what your partner says.	You have frequent response or follow-up to what your partner says.	You always respond to your partner and ask follow-up questions.
How easily you are understood	You are very difficult to understand. The teacher could only recognize isolated words and phrases.	You are understandable, but have frequent errors in vocabulary and/or grammar that hinder understanding.	You are easily understood. Your teacher does not have to "decode" what you are trying to say.

Auténtico

Partnered with
UNIVISION®
COMMUNICATIONS INC

Pequeña Oaxaca

Before You Watch

Use the Strategy: Listen with a Focus

As you watch the video, *Pequeña Oaxaca,* listen for key details to understand the reasons why Carlsbad, California, feels like home for residents with roots from Oaxaca, Mexico.

Read this Key Vocabulary

barrio = neighborhood

Oaxaqueña = Oaxacan

clima = climate

seguridad = security

solidaridad = solidarity

plato típico = traditional dish

▶ Watch the Video

What makes a community? What places and practices make a neighborhood feel like home?

Go to **Savvas.com/Autentico** and watch the video **Pequeña Oaxaca** to see the attractions and pastimes of a neighborhood in Carlsbad, California.

Complete the Activities

Mientras ves As you watch the video, focus on key words and details to identify the ways in which Carlsbad, California, is appealing to residents originally from Oaxaca. Indicate which of the places from your chapter vocabulary are mentioned or shown in the video.

la biblioteca   **el parque**

el centro comercial   **la playa**

la iglesia   **el gimnasio**

el restaurante

Integration

Después de ver Review the video as needed to infer meaning and answer the following questions about the residents of Carlsbad.

1. ¿Qué les gusta de la ciudad de Carlsbad?

2. ¿Adónde van para los platos típicos?

3. At the end of the video one of the speakers explains that the Oaxacan community in Carlsbad maintains its traditions such as a kermés, a street fair held for fundraising. Why might the residents continue these traditions in their new home?

 For more activities, go to the *Authentic Resources Workbook.*

La communidad

Expansión Find other authentic resources for this chapter in *Auténtico* online, then answer the questions.

 4A Auténtico

Integración de ideas In the authentic resources you will learn about other communities. Describe one place you like in each community and explain why you like it.

Comparación cultural Compare the community in Carlsbad to your own community. What features make it feel like home to you?

Repaso del capítulo

OBJECTIVES
▶ Review the vocabulary and grammar
▶ Demonstrate you can perform the tasks on p. 195

🔊 Vocabulario

to talk about leisure activities

ir de compras	to go shopping
ver una película	to see a movie
la lección de piano	piano lesson (class)
Me quedo en casa.	I stay at home.

to talk about places

la biblioteca	library
el café	café
el campo	countryside
la casa	home, house
en casa	at home
el centro comercial	mall
el cine	movie theater
el gimnasio	gym
la iglesia	church
la mezquita	mosque
las montañas	mountains
el parque	park
la piscina	swimming pool
la playa	beach
el restaurante	restaurant
la sinagoga	synagogue
el templo	temple, Protestant church
el trabajo	work, job

to tell where you go

a	to (prep.)
a la, al (a + el)	to the
¿Adónde?	(To) Where?
a casa	(to) home

to tell with whom you go

¿Con quién?	With whom?
con mis / tus amigos	with my / your friends
solo, -a	alone

to talk about when things are done

¿Cuándo?	When?
después	afterwards
después (de)	after
los fines de semana	on weekends
los lunes, los martes . . .	on Mondays, on Tuesdays . . .
tiempo libre	free time

to talk about where someone is from

¿De dónde eres?	Where are you from?
de	from, of

to indicate how often

generalmente	generally

other useful words and expressions

¡No me digas!	You don't say!
para + *infinitive*	in order to + *infinitive*

Gramática

ir *to go*

voy	vamos
vas	vais
va	van

For *Vocabulario adicional,* see pp. 472–473.

Preparación para el examen

Más recursos Savvas.com/Autentico

■ Games   Flashcards   ✎ Instant check
▶ Tutorials   ▶ *Gram*Activa videos   ▶ Animated verbs

What you need to be able to do for the exam...	Here are practice tasks similar to those you will find on the exam...	For review go to your print or digital textbook...

Interpretive

1 ESCUCHAR I can listen and understand as people ask questions about weekend events.

Two friends are trying to make plans for the weekend. Based on their dialogue, what do they finally agree on? Listen for key words about: a) Who is going? b) Where are they going? c) When are they going?

pp. 172–175 *Vocabulario en contexto*

p. 186 Actividad 17

Presentational

2 HABLAR I can talk about places to go and things to do on the weekend.

Describe what you're doing this weekend. Mention at least three places you plan to go or things you plan to do. For example, you might say *Voy de compras con mis amigos.*

pp. 172–175 *Vocabulario en contexto*

p. 177 Actividad 6

p. 178 Actividad 8

p. 181 Actividad 13

p. 182 Actividad 14

p. 186 Actividad 17

Interpretive

3 LEER I can read and understand information about what a person does on particular days of the week.

Someone has left his or her planner at your house. Read the schedule for two days to try to figure out what type of person owns it. Indicate whether you agree or disagree with the statements about the person.

MARTES: 6:00 Desayuno 4:00 Lección de piano 5:00 Trabajo 8:30 Clase aeróbica

JUEVES: 3:30 Gimnasio 4:30 Piscina 6:00 Trabajo 8:00 Biblioteca

¿Estás de acuerdo o no? a) Es muy perezoso(a); b) Es atlético(a); c) Le gusta ir de compras.

pp. 172–175 *Vocabulario en contexto*

p. 176 Actividad 4

p. 180 Actividad 11

pp. 188–189 *Lectura*

Presentational

4 ESCRIBIR I can write a short note to a friend to let him or her know where I am going after school.

Your friend is taking a make-up test after school, so you need to write her a short note to tell her what you are doing after school today. In the note, tell her where you are going and then at what time you are going home.

p. 176 Actividad 4

p. 179 Actividad 10

p. 181 Actividad 13

p. 182 Actividad 14

p. 186 Actividad 18

Culture

5 COMPARAR I can demonstrate an understanding of rhymes, songs, and games from Spanish-speaking cultures.

Think about your favorite childhood game. How does it compare to the children's games you learned about in this chapter? Describe a traditional game from a Spanish-speaking country.

p. 190 *La cultura en vivo*

CAPÍTULO 4B

¿Quieres ir conmigo?

Country Connections Explorar el mundo hispano

España
Texas
Nueva York
Florida
México
Chile

CHAPTER OBJECTIVES

Communication

By the end of this chapter you will be able to:

- Listen to and read invitations and responses.
- Discuss and write an invitation and an activity plan.
- Exchange information while responding to an invitation.

Culture

You will also be able to:

- **Auténtico:** Identify cultural perspectives in an authentic video about sports and free-time activities.
- Understand cultural differences regarding extracurricular activities.
- Compare and contrast the careers of two athletes.

You will demonstrate what you know and can do:

- Presentación escrita: Una invitación
- Repaso del capítulo: Preparación para el examen

You will use:

Vocabulary

- Sports and activities outside of school
- Telling time
- Extending, accepting, and declining invitations

Grammar

- *Ir* + *a* + infinitive
- The verb *jugar*

ARTE y CULTURA El mundo hispano

Paralympic Games Starting with the first Paralympic Games in Rome in 1960, the International Paralympics Committee has organized summer and winter games that follow the regular Olympic Games and are hosted by the same city. Athletes with all types of disabilities compete in the Paralympics. In the most recent Summer and Winter Paralympics, more than 150 nations participated, with over 4,200 athletes worldwide.

▶ How do you think athletes with disabilities benefit from competing in the Paralympics or in similar local events?

Spanish swimmer Teresa Perales, posing with her bronze medal at the London 2012 Paralympic Games ▶

Go **Online** to practice
SAVVAS
realize™

Savvas.com/Autentico

AUDIO

VIDEO

WRITING

SPEAK / RECORD

MAPA GLOBAL

AUTÉNTICO

FLASCHARDS

ETEXT 2.O

GAMES

Pablo Javier Robledo, de Argentina, en los Juegos Paralímpicos de Sochi 2014

Videocultura **Los pasatiempos**

Vocabulario en contexto

OBJECTIVES
Read, listen to, and understand information about sports and activities outside of school, and extending and responding to invitations.

mensajes 08:07 AM

Jazmín César Diego

Jazmín: **Quiero** ir a jugar al béisbol **a la una de la tarde.** César, **¿quieres ir conmigo?**

César: **Me gustaría** ir **contigo,** pero estoy **cansado** ☹. Y tengo que estar en **el partido** de básquetbol **a las dos de la tarde.**

Jazmín: ¡Ay! ¡Qué pena! ☹

Diego: Jazmín, yo voy contigo.

Jazmín: ¡Genial, Diego! Estoy muy **contenta** ☺. **¿Te gustaría** ir a jugar al tenis después?

Diego: Me gustaría mucho, pero **esta noche** estoy **enfermo** ☹. Lo siento.

César: Jazmín, ¡yo quiero ir a jugar al tenis contigo! **¿A qué hora?** ⏱

Jazmín: **Esta tarde a las cinco.**

jugar al fútbol

jugar al golf

jugar al tenis

jugar al básquetbol

jugar al béisbol

jugar al fútbol americano

jugar al vóleibol

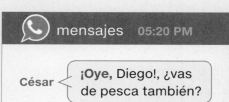
mensajes   05:20 PM

César ¡**Oye,** Diego!, ¿vas de pesca también?

Diego ¡**Qué buena idea!** ¡Voy de pesca, sí! **Puedo** ir a las ocho **de la mañana.**

Jazmín Estoy **triste** ☹ porque no **puedes** ir con nosotros, Diego. Siempre estás **demasiado ocupado.**

Diego ¡Pero puedo ir a la fiesta con ustedes **este fin de semana!**

César **Entonces,** nos vemos pronto.

el concierto

la fiesta

el baile

ir de camping

ir de pesca

el partido

1

Hoy yo estoy...

ESCUCHAR You will hear people talk about how they are feeling today. Act out the appropriate feeling when you hear it.

2

¡Genial!

ESCUCHAR Juan Antonio is making plans for his week. As he lists the activities, point to the appropriate picture.

¿Quieres hacer algo?

Santiago y Cristina hablan de sus planes este fin de semana.

Santiago: Cristina, ¿vas al baile de la escuela el sábado? Yo quiero ir.

Cristina: ¿Quieres ir al baile? ¿Por qué? Yo **sé** que no te gusta bailar.

Santiago: Es verdad, no me gusta bailar. Pero me gustaría mucho hablar con Marina.

Cristina: Ay, lo siento, pero Marina está ocupada el sábado. Vamos al concierto en el centro comercial.

Santiago: ¡No me digas! Entonces, creo que voy a estar **mal** y **un poco** enfermo. Me quedo en casa el sábado, hay un partido de béisbol que **puedo** ver en la televisión.

Cristina: Santiago, tú **sabes** que Marina y yo somos amigas. **Puedes** ir a la fiesta conmigo el viernes. ¿Te gustaría? Allí puedes hablar mucho con Marina.

Santiago: ¡Genial! ¡Qué buena idea! ¿A qué hora?

Cristina: A las siete **de la noche** en el parque central. Ok, tengo que ir a mi lección de piano. ¡Hasta pronto!

Santiago: ¡Chao!

Cristina

Santiago

3

¿Sí o no?

ESCRIBIR Contesta a las preguntas con *Sí* o *No*.

1. El baile es en el centro comercial.

2. A Santiago no le gusta bailar.

3. Marina está enferma.

4. Cristina va al concierto con Santiago.

5. Santiago está contento porque va a hablar con Marina en la fiesta.

Videohistoria

Go **Online** to practice

Savvas.com/Autentico

AUDIO   VIDEO   WRITING   SCRIPT

¿Te gustaría ir de cámping?

Before You Watch

Focus on key words As you watch the video, focus on the use of the verb *ir a* with a place, or *ir a* and *ir de* with an activity, to understand each character's plans. What phrase with *ir* describes each photo?

Complete the Activity

¿Qué vas a hacer? ¿Qué vas a hacer este fin de semana? ¿Vas a jugar un deporte o ir a un evento especial? Describe tres actividades que vas a hacer y el día y la hora del evento.

▶ Watch the Video

What are Valentina and Yoojee planning to do this weekend?

Go to **Savvas.com/Autentico** to watch the video *¿Te gustaría ir de cámping?* and to view the script.

Valentina

After You Watch

 ¿COMPRENDES? Answer the following questions by focusing on the different conjugations of the key word *ir*.

1. ¿Quién va a estos lugares o hace estas actividades, Valentina or Yoojee?

   a. al campo
   b. acampar
   c. de pesca
   d. jugar al básquetbol
   e. de compras
   f. a la iglesia
   g. a un concierto
   h. al baile

2. ¿Cuál de las dos chicas va a estar más ocupada este fin de semana? ¿Por qué?

Vocabulario en uso

▸ Write and talk about activities you would like to do, and sports you know how to play

▸ Listen to invitations and responses

▸ Discuss what activities you and others will do and at what time

▸ Exchange information while extending, accepting, and declining invitations

---

4

Me gustaría ir . . .

ESCRIBIR, HABLAR Say whether or not you would like to do these things this weekend.

Modelo

*Me gustaría ir a **una fiesta** este fin de semana.*

o: *No me gustaría ir a **una fiesta** este fin de semana.*

5

No sé jugar . . .

ESCRIBIR, HABLAR Indica si sabes o no sabes jugar estos deportes.

Modelo

*Sé jugar al **béisbol** muy bien.*

o: *No sé jugar al **béisbol**.*

6

¿Qué deportes practicas?

HABLAR EN PAREJA Using the information from Actividad 5, ask and tell about which sports you know, or don't know, how to play.

Videomodelo

A —*¿Sabes jugar al béisbol?*

B —*¡Por supuesto! Sé jugar al béisbol muy bien.*

o:—*No, no sé jugar al béisbol.*

Go **Online** to practice   Savvas.com/Autentico

SAVVAS
realize™

  WRITING
AUDIO   VIDEO   WRITING   SPEAK/RECORD

¿Cómo estás?

 LEER, ESCRIBIR You've asked your friends how they are. Now read each friend's reply and write the correct form of the missing word from the list.

cansado, -a	contento, -a
enfermo, -a	mal
ocupado, -a	triste

Tú: ¿Cómo estás?

Felipe: Muy __1.__. Voy a un concierto esta noche con mis amigos.

Miguel: ¡ __2.__ ! Mi clase de ciencias es muy aburrida y no me gusta nada el profesor.

Marta: Estoy __3.__. Me duele la cabeza. Hoy no puedo jugar al tenis ni patinar.

Carlos: Estoy __4.__. Todos mis amigos van a la playa el sábado pero tengo que trabajar.

Gabriela: Un poco __5.__. Todas las noches trabajo en el centro comercial.

Dolores: Demasiado __6.__. Juego al básquetbol después de las clases, tomo lecciones de piano y practico cada día y tengo un trabajo también.

Lo siento

🎤 **HABLAR EN PAREJA** Make plans with a partner. Ask your partner if he or she wants to do these activities with you. Your partner can't go, and will offer excuses to explain why.

▶ **Videomodelo**

A —¡Oye! ¿Quieres **patinar** conmigo esta tarde?
B —Lo siento. Hoy no puedo. Estoy **demasiado enfermo(a)**.

Estudiante A

Estudiante B

muy	ocupado, -a
demasiado	enfermo, -a
un poco	cansado, -a
	triste
	mal

¡Respuesta personal!

Escucha y escribe

🔊 **ESCUCHAR, ESCRIBIR** You will hear three invitations to events and the responses given. On a sheet of paper, write the numbers 1–3. As you listen, write down what each invitation is for and whether the person accepted it (write *sí*) or turned it down (write *no*).

10

¿A qué hora?

HABLAR EN PAREJA Take turns asking and telling what time the following activities take place.

Videomodelo

A —¿A qué hora es la película?

B —A las ocho de la noche.

8:00

① 9:00

② 2:30

③ 1:30

④ 8:30

⑤ 7:30

⑥ 7:00

11

Una invitación para el sábado

HABLAR EN PAREJA, ESCRIBIR EN PAREJA

1 Invite your partner to these places, and tell at what time you will go. Your partner will accept or decline. Follow the model.

Videomodelo

A —¿Te gustaría ir **al concierto** el sábado?

B —¿A qué hora?

A —**A la una y media de la tarde.**

B —**¡Genial! ¡Nos vemos el sábado!**

1:30

Nota

To ask and tell what time something happens, you say:

• **¿A qué hora** vas?
• Voy **a la** una.
• Voy **a las** tres y media.

To specify what part of the day, add:

de la mañana* *in the morning* (A.M.)
de la tarde *in the afternoon* (P.M.)
de la noche *in the evening, at night* (P.M.)

Mañana means "tomorrow";
la mañana means "morning."

Estudiante A

① 7:30

② 8:30

③ 5:30

④ 1:00

⑤ 4:15

⑥ 11:00

Estudiante B

¡Por supuesto! Me gustaría mucho.

Lo siento, pero no puedo.

¡Ay! ¡Qué pena! Tengo que trabajar.

¡Genial! Nos vemos el sábado.

¡Qué buena idea! ¡Gracias!

¡Respuesta personal!

2 Choose two events from step 1 and send a text or written message to make plans with another classmate. Your classmate will accept or decline with a written response. Switch roles.

Exploración del lenguaje ⟩ Spanish words borrowed from English

Languages often borrow words from one another. For example, "rodeo" and "patio" are Spanish words that have found their way into English. There are also many examples of English words that have entered Spanish. By recognizing these familiar words, you can increase your vocabulary in Spanish.

Try it out! Read the sentences and identify the "borrowed words." Don't forget to pronounce the words correctly in Spanish.

> Quiero hacer videos.
> ¿Quieres jugar al básquetbol conmigo?
> Practico el rugby y el ráquetbol.
> Juego al fútbol en el cámping.
> ¡Me encantan los sándwiches!

Radio taxi

Tel:
447 52 83
#65 Col. Centro

🕐 24 horas a su servicio

12

Y tú, ¿qué dices?

ESCRIBIR, HABLAR

1. ¿A qué hora te gusta ir al cine?

2. ¿Estás más contento(a) cuando practicas un deporte o cuando ves la televisión?

3. ¿Qué deportes te gustan más?

4. ¿Este fin de semana tienes que trabajar o puedes pasar tiempo con amigos?

CULTURA ⟩ **México**

La Noche de los Rábanos[1] es una de las muchas fiestas del mundo hispano. La noche del 23 de diciembre en el zócalo, en la plaza principal[2] de Oaxaca, México, hay mesas que presentan los rábanos con formas fantásticas. Los oaxaqueños y los visitantes caminan por la plaza para ver o comprar estas creaciones maravillosas.

Pre-AP® Integration: Definiciones de la creatividad ¿Conoces comunidades o regiones de los Estados Unidos famosas por sus artesanías[4] o productos?

Mapa global interactivo Explora la geografía de Oaxaca, México y describe lo que ves.

Rábanos esculpidos *(sculpted)*, Oaxaca, México

---

¹radishes ²town square ³crafts

Gramática

OBJECTIVES
▶ Listen to phone messages about invitations
▶ Write about and discuss plans
▶ Read an ad and extend an invitation by phone

Ir + *a* + infinitive

Just as you use "going" + an infinitive in English to say what you are going to do, in Spanish you use a form of the verb *ir* + *a* + **an infinitive** to express the same thing:

Voy a jugar al tenis hoy.
I'm going to play tennis today.

¿Tú **vas a jugar** al golf esta tarde?
Are you going to play golf this afternoon?

Mis amigas **van a ir de camping** mañana.
My friends are going camping tomorrow.

Javier: **¿Van a jugar** conmigo, o no?
Ana: Sí, **vamos a jugar** contigo.

Más recursos ONLINE

▶ *Gram*Activa video

▶ **Tutorials:** Future with *ir + a +* infinitive, *Vamos a* + infinitive

🔊 *Canción de hip hop:* ¿Qué vas a hacer?

✎ *Gram*Activa Activity

13

Escucha y escribe

ESCUCHAR, ESCRIBIR Rosario and Pablo have left messages on your answering machine telling you what they are going to do and inviting you to join them. On a sheet of paper, write their names and, under each one, the numbers 1–3. As you listen to each message, write down information to answer these three questions:

1. ¿Adónde quiere ir?   2. ¿Qué va a hacer?   3. ¿A qué hora va a ir?

14

Este fin de semana vamos a . . .

ESCRIBIR, HABLAR ¿Qué va a hacer la familia Ríos este fin de semana?

Modelo
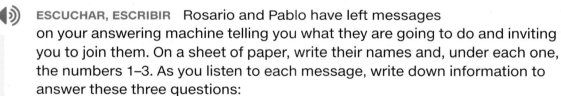
Estela / / 8:00 🌙
Estela va a estudiar a las ocho de la noche.

1. Angélica /  / 3:30 ☀️

2. Yo /   / 4:00 ☀️

3. Esteban y un amigo /   / 10:00 ☀️

4. Angélica y el Sr. Ríos /   / 7:00 ☀️

5. Los señores Ríos / / 7:30 🌙

6. Angélica, Esteban y yo /   / 8:00 🌙

15

¿Qué vas a hacer?

ESCRIBIR, HABLAR EN PAREJA

1 Make a chart like this one to describe five things you're going to do, when you're going to do them, and with whom. Use the following words to say when you're going to do these things: *esta tarde, esta noche, mañana, el jueves, el fin de semana.*

Modelo

¿Qué?	¿Cuándo?	¿Con quién?
tocar la guitarra	esta tarde	mis amigos

2 Ask your partner what his or her plans are and offer alternative activities. Develop a plan to spend time that you agree on.

▲ Mañana voy a tocar la guitarra.

Videomodelo

A —¿Qué vas a hacer esta tarde?

B —Esta tarde mis amigos y yo vamos a tocar la guitarra.

16

El teléfono celular

LEER, ESCRIBIR, HABLAR Lee el anuncio para el teléfono celular y contesta las preguntas.

1. ¿Por qué es bueno tener un teléfono celular?

2. ¿Te gusta hablar por teléfono celular? ¿Con quién?

3. ¿Crees que es bueno o malo usar un teléfono celular en un restaurante? ¿Por qué?

¿Te gustaría...   **¡Por supuesto!**

¡Con un teléfono celular puedes hacer planes para hacerlo todo!

• pasar más tiempo con tus amigos?
• ir de compras?
• ir al cine?
• escribir un mensaje?
• escuchar música?
• jugar a juegos?

17

¿Quieres ir conmigo?

ESCRIBIR EN PAREJA Send your partner a text message and invite him or her to do something with you. Your partner can't go and should tell you why. Offer an alternative plan.

Modelo

A —Hola, Sara. Soy Rosa. ¿Quieres **jugar al tenis** conmigo **esta tarde?**

B —Lo siento, hoy no puedo. Voy a **estudiar para la clase de inglés.**

A —¡Ay! ¡Qué pena!

Gramática

OBJECTIVES
▶ Read, write, and talk about sports and athletes
▶ Exchange information about sports while playing a game
▶ Read and write about camping in Spain

The verb *jugar*

Use the verb *jugar* to talk about playing a sport or a game. Even though *jugar* uses the same endings as the other *-ar* verbs, it has a different stem in some forms. For those forms, the *-u-* becomes *-ue-*. This kind of verb is called a "stem-changing verb." Here are the present-tense forms:

(yo)	**juego**	(nosotros) (nosotras)	**jugamos**
(tú)	**juegas**	(vosotros) (vosotras)	**jugáis**
Ud. (él) (ella)	**juega**	Uds. (ellos) (ellas)	**juegan**

Nota

Many Spanish speakers always use *jugar* a and the name of the sport or game:
- ¿Juegas al vóleibol?

Others do not use the a:
- ¿Juegas vóleibol?

Más recursos ONLINE

▶ *Gram*Activa video
▶ **Animated Verbs**
✎ *Gram*Activa Activity

18

¿A qué juegan?

ESCRIBIR Escribe frases para decir qué deportes practican estas personas.

Modelo
Albert Pujols juega al béisbol.

Albert Pujols

También se dice . . .

el básquetbol = el baloncesto *(muchos países)*

el fútbol = el balompié *(muchos países)*

el vóleibol = el balonvolea *(España)*

1

Sergio García

2

Carla Cortijo

3

Pau Gasol

4

David Villa

5

Hanley Ramírez

6

Garbiñe Muguruza

7
Y tus amigos y tú, ¿a qué juegan Uds.?

19

Juego

DIBUJAR, ESCRIBIR, HABLAR EN GRUPO, GRAMACTIVA

1 On each of two index cards, draw a picture that represents a sport or game and write *muy bien, bien,* or *mal* to show how well you play that sport or game. Don't let your classmates see your cards.

2 Get together with five other students. Put all the cards face down in the center of your group. Choose a card and try to identify who drew it by asking the others how well they play what is pictured. Keep track of what you learn about your classmates.

Videomodelo

A —Enrique, ¿juegas bien al tenis?
B —No, juego muy mal al tenis.

3 Write six sentences about the sports and games the students in your group play.

Modelo

Óscar y Nacho juegan muy bien al fútbol. Teresa y yo jugamos bien al golf.

20

La ciudad deportiva

LEER, ESCRIBIR, HABLAR Lee sobre el sueño *(dream)* de Iván Zamorano y contesta las preguntas.

1. ¿Cuál es el sueño de Iván Zamorano?
2. ¿Qué deportes juegan en la Ciudad Deportiva de Iván?
3. ¿Qué día empieza *(begins)* la inscripción para las escuelas? ¿A qué hora?
4. ¿A qué hora empiezan las actividades?
5. ¿Te gustaría ir a la Ciudad Deportiva de Iván Zamorano? ¿Por qué?

¹dream ²city ³children ⁴better ⁵place ⁶registration

Mi sueño¹

Quiero una ciudad² dedicada al deporte, a la familia y los niños.³ Quiero servicios de calidad internacional, con profesores de excelencia. En mi sueño, los niños y jóvenes juegan y practican deportes para ser mejores.⁴ Este sueño ya es realidad y quiero compartirlo contigo. Es el lugar⁵ para hacer deporte en familia.

Escuelas de Fútbol, Tenis, Hockey

Inicio de inscripción⁶: 23 de marzo, a las 8 horas
Inicio de actividades: 1 de abril, a las 14 horas

Avenida Pedro Hurtado 2650, Las Condes, Santiago, Chile
Teléfono: 212 2711

Pronunciación — The vowels *a, e,* and *i*

In Spanish, the pronunciation of the letter *d* is determined by its location in a word. When d is at the beginning of a word, or when it comes after *l* or *n*, it sounds similar to the *d* in "dog." Listen, then say these words:

diccionario	doce	donde
domingo	desayuno	día
deportes	calendario	bandera

When *d* comes between vowels and after any consonant except *l* or *n*, it sounds similar to the *th* of "the." Listen, then say these words:

cansado	ocupado	puedes
idea	sábado	partido
tarde	ensalada	atrevido

Try it out! Here is a tongue twister to give you practice in pronouncing the *d*, but also to give you something to think about!

**Porque puedo, puedes,
porque puedes, puedo;
Pero si no puedes,
yo tampoco puedo.**

El español en el mundo del trabajo

There are many opportunities to use Spanish in the healthcare field—in hospitals, emergency rooms, and neighborhood clinics. This young woman volunteers in a California hospital. Since many of the patients come from Spanish-speaking homes, she is able to speak with them and their families in Spanish. *"Para mí, trabajar como voluntaria es una de mis actividades favoritas. Creo que mi trabajo es importante."*

• What opportunities are there in your community to do volunteer work where speaking Spanish is helpful?

Go **Online** to practice   **Savvas.com/Autentico**

SAVVAS
realize.
AUDIO   WRITING   SPEAK/RECORD   MAPA GLOBAL

¡Vamos de camping!

LEER, ESCRIBIR   Tourism is an important industry in Spain. Many tourists prefer to go camping rather than stay in hotels. Read the following brochure about a campground and then answer the questions.

Conexiones ‹ **Las matemáticas**

1. ¿Qué distancia en millas[1] hay entre[2] Valencia y el Camping Las Palmas?

2. ¿Qué distancia hay entre Alicante y el Camping Las Palmas?

Para convertir kilómetros en millas, es necesario dividir el número de kilómetros por 1.6.

[1]miles [2]between

Camping Las Palmas

Miramar
Teléfono: 962 41 42 73   Fax: 962 01 55 05

70 kilómetros al sur de Valencia
110 kilómetros al norte de Alicante

- Un camping ideal
- Muchas actividades para todos
- Una buena opción para sus vacaciones

Ubicado[3] junto a[4] una bella playa. Ideal para toda la familia. Un sitio excelente para nadar.

[3]Located [4]next to

Mapa global interactivo Compara las áreas costeras de España.

Y tú, ¿qué dices?

ESCRIBIR   Write descriptions of simple situations. Use the questions as a guide.

1. ¿Con quién te gustaría ir a una fiesta? ¿Por qué?

2. ¿Qué prefieres, ir de pesca o ir a un baile?

3. ¿Qué vas a hacer mañana a las ocho de la noche?

4. ¿Qué vas a hacer este fin de semana?

5. ¿Te gustaría ver un partido de fútbol o ir a un concierto?

Para decir más . . .
200 = doscientos

Lectura

OBJECTIVES

▸ Read about and compare the lives of two famous athletes

▸ Use cognates to understand new words

▸ Learn more about an Hispanic athlete and role model

Strategy

Cognates Use the cognates in the text to help you infer the meaning of new words and understand key details about the athletes.

Sergio y Paola:
Dos deportistas dotados[1]

Lee dos artículos de una revista deportiva. Vas a conocer a[2] Sergio García y a Paola Espinosa, dos atletas famosos.

Sergio García es uno de los golfistas profesionales más populares del mundo.

Sergio juega para el Club de Campo del Mediterráneo en Borriol, Castellón, donde su padre Víctor es golfista profesional. Juega al golf desde la edad[3] de tres años y a los 12 años es campeón[4] del Club de Campo. Es el golfista más joven en competir en el campeonato PGA desde 1921 y gana[5] el segundo lugar.[6] Tiene el nombre "El niño." A los 15 años, juega en un torneo del circuito europeo de profesionales. Y a la edad de 17 años gana su primer torneo de profesionales.

Hoy Sergio García es uno de los 20 mejores golfistas del mundo.

Nombre: Sergio García

Fecha de nacimiento: 9/1/80

Lugar de nacimiento: Borriol, Castellón (España)

Club: Club de Campo del Mediterráneo

Su objetivo: Ser el mejor del mundo

Profesional: Desde abril del 99

Aficiones[7]: Real Madrid, tenis, fútbol, videojuego, carros rápidos

---

[1]gifted [2]You will meet [3]age [4]champion
[5]he wins [6]second place [7]Interests

Sergio García

Nombre: Paola Milagros Espinosa Sánchez

Fecha de nacimiento: 31/7/86

Su objetivo: Ser la clavadista[8] número uno del mundo

Lugar de nacimiento: La Paz, Baja California (México)

Aficiones: Nadar, practicar gimnasia, viajar, pasar tiempo con su familia

Paola Milagros Espinosa Sánchez

Paola Espinosa es la mejor[9] clavadista de saltos[10] en plataforma y en saltos sincronizados de México. Tiene el nombre de "la princesa mexicana del clavado" y es una heroína nacional.

De niña, le gusta nadar y hacer gimnasia. Compite[11] como clavadista desde la edad de 10 años. A los 18 años, participa en sus primeros Juegos Olímpicos. ¡Y a los 22 años gana la medalla de bronce en los Juegos Olímpicos de Beijing!

Paola dice que es necesario practicar todos los días. En Londres gana de nuevo una medalla olímpica, esta vez[12] de plata.

[8]diver [9]best [10]dives [11]competes [12]this time

¿Comprendes?

1. Copy this Venn diagram. Identify and list at least eight key details about Sergio and Paola in your diagram. Include information about Sergio in the left oval, Paola in the right oval, and any fact that applies to both in the middle oval.

Sergio Los dos Paola

2. Which cognates helped you to infer the meaning of difficult sentences?

CULTURA ▶ **Estados Unidos**

Una jugadora profesional Rebecca Lobo es una ex jugadora profesional de básquetbol. Ganó[1] una medalla de oro en las Olimpiadas de 1996. Es una de las primeras jugadoras del WNBA. Rebecca escribió[2] un libro, *The Home Team*, sobre la lucha[3] contra el cáncer. Rebecca ayuda[4] a los estudiantes con pocos recursos[5] que quieren estudiar medicina. Ahora, Rebecca es comentarista y trabaja para el canal ESPN.

• Rebecca Lobo es una oradora motivacional[6]. ¿Qué mensaje crees que comunica a su público?

[1]won [2]wrote [3]struggle [4]helps [5]resources [6]motivational speaker

Perspectivas del mundo hispano

¿Qué haces en tu tiempo libre?

In many Spanish-speaking countries, extracurricular activities traditionally play a much smaller role in school life than in the United States. Students usually participate in activities such as music and athletics at clubs and institutions outside of school.

Although some schools have teams, many students who are interested in sports attend clubs such as el Club Deportivo General San Martín. At these clubs teens practice and compete on teams. They also participate in individual sports such as tennis. The competition between clubs is sometimes more intense than the competition between schools.

¿Te gusta jugar al ajedrez?

Students with artistic talents often go to a private institute to take music, dance, or art lessons. They might attend el Instituto de Música Clásica or el Instituto de Danza Julio Bocca. Many students spend their time outside of classes studying a foreign language. They might learn English at la Cultura Inglesa or French at la Alianza Francesa.

In general, students do not hold jobs. They spend their time studying, being with family and friends, and participating in different activities.

Trabajando después de las clases

Online Cultural Reading

Go to Auténtico ONLINE to read and understand how a soccer team is organized.

Investigar What do you like to do in your free time? Do you play sports, or learn how to play an instrument? What about your friends? Survey your friends to answer these questions, then complete the statements explaining what you and your friends like to do after school.

Modelo
En mi tiempo libre, me gusta *ir a ver una película.*

1. En mi tiempo libre, me gusta _____.

2. Después de las clases voy a _____.

3. A mis amigos les gusta _____ en su tiempo libre.

Comparación cultural How do the practices in your community compare with what you have learned about young people's after-school activities in Spanish-speaking countries?

Presentación escrita

OBJECTIVES

▶ Write an invitation to a special event

▶ Organize information by using an invitation format

Una invitación

Task Write an email to invite a friend to go to a special event with you.

Strategy

Organizing information Thinking about the correct format and necessary information beforehand will help you create a better invitation.

1 Prewrite Think of an event to invite a friend to, such as a concert, game, or party. Write an invitation that includes information about the situation.

- the name of the event
- the day, time, and location
- who is going

2 Draft Use the information from Step 1 to write a first draft. Begin your invitation with *¡Hola . . . !* and close with *Tu amigo(a)* and your name.

3 Revise Check your note for spelling and grammar, then share with a partner. Your partner should check the following:

- Did you give all the necessary information?
- Is there anything to add or change?
- Are there any errors?

4 Publish Write a final copy of your invitation. You might give it to your friend or include it in your portfolio.

5 Evaluation The following rubric will be used to grade your invitation.

Rubric	Score 1	Score 3	Score 5
Amount of information	You give very few or no details or examples about locations and activities.	You give only a few details or examples about locations and activities.	You consistently give many details and examples about locations, times, and activities.
Use of vocabulary expressions	You have very little variation of vocabulary usage with frequent incorrect usage.	You have limited usage of vocabulary; some usage errors.	You have extended use of a variety of vocabulary; few usage errors.
Accuracy of sentence structures	You have at least three sentences; many grammar errors.	You have at least three sentences; some grammar errors.	You have at least three sentences; very few grammar errors.

Auténtico

Partnered with IDB

Deporte, cultura e innovación

Before You Watch

Use the Strategy: Cognates

As you watch the video, **Deporte, cultura e innovación** listen and watch for cognates to help you understand key words and key details. Cognates are words that look like English and share a meaning. What words do you see or hear that are similar to English words?

Read this Key Vocabulary

éxito = success   **habilidades** = abilities

fomentan = encourages   **felicidad** = happiness

desarrollo = develop   **barreras** = barriers

▶ Watch the Video

What do teens need to be successful? What type of programs or opportunities should be provided to all teens?

Go to **Savvas.com/Autentico** and watch the video **Deporte, cultura, e innovación** to see what a program in Uruguay believes that teens need.

Complete the Activities

Mientras ves As you watch the video, listen and watch for the cognates that are used, and use them to identify the key details of the video. Read the cognates below and indicate when you hear them. List any other cognates you hear.

honestidad
respeto
cooperación
lenguaje es universal
creativos y creadores

Integration

Después de ver Review the video as needed and use key words and details to answer the following questions.

1. ¿Qué actividades necesitan los adolescentes?

2. ¿Qué aprenden los adolescentes de las actividades?

3. In the video several cognates are used to describe what teens can gain from different types of activities. Do you agree? Write a brief sentence that describes what you learn from your activities, using one or two cognates.

 For more activities, go to the *Authentic Resources Workbook*.

Los adolescentes

Expansión Find other authentic resources for this chapter in *Auténtico* online, then answer the questions.

 4B Auténtico

Integración de ideas In the authentic resources other pastimes and opportunities for young people in Spanish-speaking countries are described. Use the resources to write which of these activities you enjoy and what you think you learn from them.

Comparación cultural Compare activities for teens in Spanish-speaking cultures that you have learned about in these resources. Also compare them with your own activities.

Repaso del capítulo

OBJECTIVES
▶ Review the vocabulary and grammar
▶ Demonstrate you can perform the tasks on p. 219

🔊 Vocabulario

to talk about leisure activities

el baile	dance
el concierto	concert
la fiesta	party
ir + a + infinitive	to be going to + *verb*
ir de camping	to go camping
ir de pesca	to go fishing
jugar al básquetbol	to play basketball
jugar al béisbol	to play baseball
jugar al fútbol	to play soccer
jugar al fútbol americano	to play football
jugar al golf	to play golf
jugar al tenis	to play tennis
jugar al vóleibol	to play volleyball
el partido	game, match
(yo) sé	I know (how)
(tú) sabes	you know (how)

to describe how someone feels

cansado, -a	tired
contento, -a	happy
enfermo, -a	sick
mal	bad, badly
ocupado, -a	busy
triste	sad

to tell what time something happens

¿A qué hora?	(At) what time?
a la una	at one (o'clock)
a las ocho	at eight (o'clock)
de la mañana	in the morning
de la noche	in the evening, at night
de la tarde	in the afternoon
esta noche	this evening
esta tarde	this afternoon
este fin de semana	this weekend

to extend, accept, or decline invitations

conmigo	with me
contigo	with you
(yo) puedo	I can
(tú) puedes	you can
¡Ay! ¡Qué pena!	Oh! What a shame!
¡Genial!	Great!
lo siento	I'm sorry
¡Oye!	Hey!
¡Qué buena idea!	What a good / nice idea!
(yo) quiero	I want
(tú) quieres	you want
¿Te gustaría?	Would you like?
Me gustaría	I would like
Tengo que ____.	I have to ____.

other useful words and expressions

demasiado	too
entonces	then
un poco (de)	a little

Gramática

jugar (a) to play *(games, sports)*

juego	jugamos
juegas	jugáis
juega	juegan

For *Vocabulario adicional,* see pp. 472–473.

Preparación para el examen

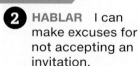

What you need to be able to do for the exam . . .	Here are practice tasks similar to those you will find on the exam . . .	For review go to your print or digital textbook . . .
Interpretive		
1 ESCUCHAR I can listen to and understand messages that give information about when and where to meet someone.	On your answering machine, you hear your friend asking if you can go somewhere with her this weekend. Based on her message, try to tell: a) where she is going; b) what she is going to do; and c) what time she wants to go.	**pp. 198–201** *Vocabulario en contexto* **p. 203 Actividad 9** **p. 206 Actividad 13**
Interpersonal		
2 HABLAR I can make excuses for not accepting an invitation.	You and a friend have planned a camping trip this weekend, but another friend now wants you to do something with him. With a partner, take turns rehearsing excuses for declining his invitation.	**p. 202 Actividad 4** **p. 203 Actividad 8** **p. 204 Actividad 11** **p. 207 Actividad 17**
Interpretive		
3 LEER I can read and understand short messages about accepting or declining invitations.	You find notes under your desk that were written to the person who was sitting there before you. Read them to see why people declined an invitation to a party: a) Me gustaría, pero no puedo. Tengo que estudiar para un examen. b) ¡Genial! ¡Una fiesta! Ay, pero no puedo. Voy de camping. c) ¿A las siete? No puedo. Juego un partido de vóleibol a las siete y media. Lo siento.	**pp. 198–201** *Vocabulario en contexto* **p. 203 Actividad 7** **pp. 212–213** *Lectura*
Presentational		
4 ESCRIBIR I can write a short note telling what I am going to do during the week.	As a counselor for an after-school program for children, you must write a note to the parents telling them at least three things their children are going to do during the week. (Hint: Start your note with *¡Hola! Esta semana . . .*)	**pp. 198–201** *Vocabulario en contexto* **p. 206** *ir + a +* infinitive; **Actividad 14** **p. 207 Actividad 15** **p. 215** *Presentación escrita*
Cultures		
5 Comparar I can demonstrate an understanding of cultural differences regarding extra-curricular activities.	Think about what you and your friends typically do after school. Are your activities usually school-related? How would you compare what you do to what some Hispanic teens do in their after-school time?	**p. 214** *Perspectivas del mundo hispano*

Una fiesta de cumpleaños

Country Connections Explorar el mundo hispano

España
Texas
California
República
Dominicana
México

CHAPTER OBJECTIVES

Communication

By the end of this chapter you will be able to:

- Listen to and read descriptions of family members and family relationships.
- Talk and write about family, friends, and celebrations.
- Exchange information while describing your family.

Culture

You will also be able to:

- **Auténtico:** Identify cultural perspectives in an authentic video about family.
- Understand cultural perspectives on family celebrations in the Spanish-speaking world.
- Learn to make *papel picado* and explain how this craft is used in celebrations.

You will demonstrate what you know and can do:

- Presentación oral: Mi familia
- Repaso del capítulo: Preparación para el examen

You will use:

Vocabulary

- Family members and pets
- Telling ages
- Party decorations and celebration activities

Grammar

- The verb *tener*
- Possessive adjectives

ARTE y CULTURA ⟩ Estados Unidos

Carmen Lomas Garza (1948–) is best known for her paintings that show Mexican American family life in her native South Texas in the 1950s.

▶ What do you see in the painting that would make this family celebration similar to or different from family parties that you're familiar with?

"Barbacoa para cumpleaños / Birthday Party Barbecue" (1993), Carmen Lomas Garza ▶

Alkyds on canvas, 36 x 48 inches. © 1993 Carmen Lomas Garza (reg. 1994). Photo credit: M. Lee Fatherree. Collection of Federal Reserve Bank of Dallas

Go **Online** to practice

SAVVAS
realize™

Savvas.com/Autentico

 AUDIO

 VIDEO

 WRITING

 SPEAK/RECORD

 MAPA GLOBAL

 AUTÉNTICO

 FLASCHARDS

 ETEXT 2.O

 GAMES

Una familia mexicanoamericana celebrando un cumpleaños

▶ Videocultura **La quinceañera**

Vocabulario en contexto

OBJECTIVES
Read, listen to, and understand information about families, parties and celebrations.

" El **cumpleaños** de mi **hijo** es este fin de semana. A él **le encanta** la historia de **nuestra** familia. Vamos a hacer una fiesta sorpresa para él. Tío Julián, **mi hermano**, tiene **las decoraciones:** los globos, las flores y las luces. **Su hija**, Carlota, es **la prima** favorita de mi hijo y va a hacer una piñata para la fiesta. Mi mamá, **la abuela** Adela, va a **preparar** un pastel de chocolate y dulces tradicionales. Yo tengo el regalo perfecto para Eduardo: ¡un árbol familiar con **nuestra** historia! **"**.

Más vocabulario
abrir to open
¡**Feliz cumpleaños!** Happy birthday

los globos

el regalo

el pastel

la piñata

las flores

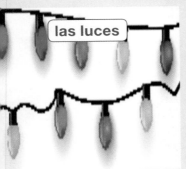

las luces

los dulces

la cámara

el papel picado

" ¡Estoy muy contento! **Tengo 15 años**! Aquí tengo mi regalo de cumpleaños: un árbol familiar. Toda mi familia está aquí, también mi hermana **mayor** Beatriz y mi hermana **menor** Rosana ".

Más vocabulario
el esposo, la esposa = husband, wife
el hermanastro, la hermanastra =
stepbrother, stepsister
los hijos = children; sons
el padrastro, la madrastra =
stepfather, stepmother

Cali
mi **gato**

Tuco
mi **perro**

mis **padres**

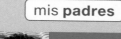

mis **hermanos**

Rosana
mi **hermana**, 13

José Manuel
mi **padre**, 42

Eduardo
yo, 15

Marta
mi **madre**, 39

Beatriz
mi **hermana**, 16

Adela
mi **abuela**, 61

Roberto
mi **abuelo**, 68

mis **abuelos**

Julián
mi **tío**, 42

Marcos
mi **primo**, 13

Daniela
mi **tía**, 39

Carlota
mi **prima**, 17

mis **tíos**

mis **primos**

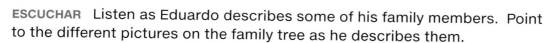

1

¿Quién es?

 ESCUCHAR Listen as Eduardo describes some of his family members. Point to the different pictures on the family tree as he describes them.

2

La fiesta de cumpleaños de Eduardo

 ESCUCHAR Now listen to the following statements about Eduardo's birthday party. Give a "thumbs up" sign if the statement is true and a "thumbs down" sign if the statement is false.

Dos primos, Sergio y Andrea, escriben mensajes sobre la reunión familiar que van a organizar.

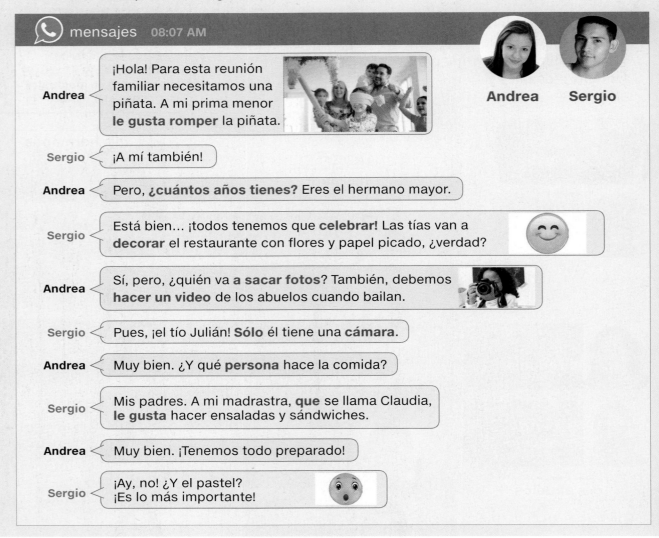

mensajes 08:07 AM

Andrea — ¡Hola! Para esta reunión familiar necesitamos una piñata. A mi prima menor **le gusta romper** la piñata.

Sergio — ¡A mí también!

Andrea — Pero, **¿cuántos años tienes?** Eres el hermano mayor.

Sergio — Está bien... ¡todos tenemos que **celebrar!** Las tías van a **decorar** el restaurante con flores y papel picado, ¿verdad?

Andrea — Sí, pero, ¿quién va **a sacar fotos**? También, debemos **hacer un video** de los abuelos cuando bailan.

Sergio — Pues, ¡el tío Julián! **Sólo** él tiene una **cámara**.

Andrea — Muy bien. ¿Y qué **persona** hace la comida?

Sergio — Mis padres. A mi madrastra, **que** se llama Claudia, **le gusta** hacer ensaladas y sándwiches.

Andrea — Muy bien. ¡Tenemos todo preparado!

Sergio — ¡Ay, no! ¿Y el pastel? ¡Es lo más importante!

Andrea   **Sergio**

3

¿Todo preparado?

 ESCRIBIR   Elige las respuestas a las siguientes preguntas:

1. ¿Qué persona hace la comida?
   a. los padres   b. los primos   c. los tíos

2. ¿A quién le gusta romper la piñata?
   a. al tío   b. al primo   c. al hermano

3. ¿Quién saca fotos y hace un video en la fiesta?
   a. la madre   b. el hermano   c. el tío

4. ¿Quién decora el restaurante?
   a. las tías   b. los tíos   c. los padres

5. ¿Qué decoraciones usan?
   a. cámaras   b. flores   c. ensaladas

Videohistoria

Los quince años

Before You Watch

Identify cultural practices Use the conversation and visuals to identify the traditions of a teen's special birthday. Focus your listening with questions: *¿De qué habla? ¿Le gusta una tradición?¿Por qué?*

Complete the Activity

La quinceañera Describe las tradiciones culturales que ves en estas fotos de diferentes fiestas de quince años. ¿Cómo es la quinceañera en cada foto?

▶ Watch the Video

A Ximena y a su prima, ¿les gusta ser la quinceañera y tener la fiesta de quince años?

Go to **Savvas.com/Autentico** to watch the video *Los quince años* and to view the script.

Ximena

After You Watch

 ¿COMPRENDES?   Contesta las siguientes preguntas.

1. ¿Quién va a tener quince años?
2. ¿Qué problema tiene Clara con la fiesta?
3. ¿Qué cree Ximena sobre la fiesta?
4. ¿Qué prefiere Clara?
5. Describe dos tradiciones de la fiesta que ves en el video.
6. ¿Qué hacen al final?

Comparación cultural   Compara las tradiciones de la fiesta de quince años con las fiestas especiales de tu familia o de tus amigos.

OBJECTIVES
▶ Write and talk about family members and celebrations
▶ Exchange information while discussing your family
and family activities with a classmate

4

¿Quién es?

 LEER, ESCRIBIR, HABLAR Completa cada frase
con la palabra apropiada.

1. La esposa de mi tío es mi ___.

2. El padre de mi padre es mi ___.

3. El hijo de mi madrastra es mi ___.

4. Paco y Ana son mis tíos. Sus hijos son mis ___.

Modelo
La madre de mi madre es mi **abuela**.

5. El hermano de mi madre es mi ___.

6. Los padres de mi padre son mis ___.

7. La hija de mi padrastro es mi ___.

8. El hermano de mi prima es mi ___.

5

En la fiesta de cumpleaños

 LEER, ESCRIBIR, HABLAR Escribe la palabra apropiada para completar cada frase.

Hoy __1.__ *(celebramos / sacamos)* la fiesta de cumpleaños de mi hermana
menor, Cristina. ¿Cuántos años __2.__ *(es / tiene)* ella? Trece. A nuestra
madre __3.__ *(le / me)* encantan las fiestas. Mamá y mi hermana __4.__
(decoran / rompen) el patio con __5.__ *(luces / pasteles)* y __6.__ *(fiestas /
flores)*. A __7.__ *(nuestro / nuestra)* hermano le gusta hacer un __8.__ *(regalo /
video)* o __9.__ *(abrir / sacar)* fotos de la fiesta. Siempre hay una piñata que
nosotros __10.__ *(abrimos / rompemos)*. En la piñata hay __11.__ *(dulces /
flores)* sabrosos. Ahora Cristina va a __12.__ *(romper / abrir)* sus regalos.

CULTURA ❯ México

El papel picado Las familias mexicanas decoran
con papel picado en sus celebraciones. Estas
decoraciones se hacen doblando[1] y cortando[2]
papeles de colores para crear dibujos y diseños.
Luego cuelgan[3] estas decoraciones.

¿Qué artesanía conoces que utiliza una técnica
similar?

**Pre-AP Integration: Las tradiciones y los
valores** En las fiestas mexicanas, el papel picado
es una decoración tradicional. En tus fiestas,
¿usas una decoración similar?

[1]folding [2]cutting [3]they hang

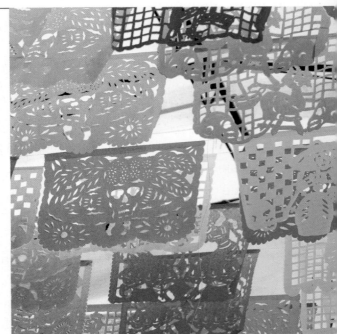

"Papel picado de colores ▶

6

Mi familia

🎤 **HABLAR EN PAREJA** Habla de los miembros de tu familia o de otra familia.

▶ **Videomodelo**
hermanos
A —¿Tienes **hermanos**?
B —Sí, tengo **un hermano y una hermana**.

> **Para decir más . . .**
> el (la) hijo(a) único(a)   only child

o: No, no tengo hermanos.
A —¿Cómo se llaman?
B —Mi hermano se llama **David** y mi hermana se llama **Abby**.

Estudiante A

1. tíos
2. primos
3. un abuelo
4. una hermana mayor
5. hermanos menores
6. una tía favorita
7. una abuela
8. un gato o un perro

Estudiante B

¡Respuesta personal!

7

A mi familia le gusta . . .

🎤 **HABLAR EN PAREJA** Habla de las actividades favoritas de los miembros de tu familia o de otra familia.

Videomodelo
primo
A —¿Qué le gusta hacer a tu **primo**?
B —Le gusta **sacar fotos**.

Estudiante A

1. padre
2. madre
3. abuelo
4. hermana
5. prima o primo favorito(a)
6. tía o tío favorito(a)
7. perro o gato

Estudiante B

¡Respuesta personal!

8

Y tú, ¿qué dices?

🎤 **HABLAR** Contesta las preguntas oralmente.

1. Describe a una persona de tu familia o de otra familia con detalles y vocabulario de la lección. ¿Cómo se llama? ¿Cuántos años tiene? ¿Cómo es? ¿Qué le gusta hacer?

2. ¿Tienes un perro o un gato? ¿Cómo se llama? ¿Cuántos años tiene?

3. ¿Qué te gusta hacer durante (during) una fiesta de cumpleaños?

Gramática

OBJECTIVES
▸ Talk about what people have and have to do
▸ Interview a classmate and write a description of a classmate's family and their ages
▸ Read about, identify, and describe the ages of members of the Spanish royal family

The verb *tener*

The verb *tener* is used to show relationship or possession.

Tengo un hermano mayor.   *I have an older brother.*
Tenemos un regalo para Tere.   *We have a gift for Tere.*

Some expressions in Spanish use *tener* where English uses "to be."

Mi primo **tiene** dieciséis años.   *My cousin is sixteen years old.*
Tengo hambre y sed.   *I am hungry and thirsty.*

¿Recuerdas?
You have been using the verb *tener* for several chapters.
• **¿Tienes** una bicicleta?
• **Tengo** que hacer ejercicio.

Here are all the present-tense forms of *tener*:

(yo)	**tengo**	(nosotros) (nosotras)	**tenemos**
(tú)	**tienes**	(vosotros) (vosotras)	**tenéis**
Ud. (él) (ella)	**tiene**	Uds. (ellos) (ellas)	**tienen**

Más ayuda   ONLINE

 GramActiva Video

 Tutorials: *Tener, Tener que*

▶ **Animated verbs**

 Canción de hip hop: *Fiesta de cumpleaños*

✎ **GramActiva** Activity

9

Rompecabezas

LEER, ESCRIBIR   Escribe la forma apropiada del verbo *tener* para cada frase. Luego *(Then)* resuelve el problema.

El total de las edades *(ages)* de los hijos de nuestra familia es cien. Marta __1.__ 19 años. Paco y yo __2.__ dos años menos que Marta. Laura y Eva __3.__ cinco años menos que Paco y yo. ¿Cuántos años __4.__ nuestro hermano mayor, Enrique?

10

¿Qué hay para la fiesta?

HABLAR EN PAREJA   Pregunta a otro(a) estudiante qué tienen estas personas para la fiesta.

Videomodelo
A —¿Qué tiene Ana?
B —Ana tiene **la piñata**.

Ana

   1. David

   2. Yolanda

   3. tu abuela

   4. tú

   5. Uds.

   6. Juan y Marcos

Entrevista

ESCRIBIR EN PAREJA   Ask and answer questions about everyday life via text messages with a partner. Use the questions provided. You and your partner may answer based on your families or on a TV family. You each should use the other's answers to the questions to report your interviews to the class.

1. ¿Cómo te llamas y cuántos años tienes? ¿Qué te gusta hacer?

2. ¿Cuántos hermanos mayores o menores tienes?

3. ¿Cómo se llaman tus hermanos(as) y cuántos años tienen?

4. ¿Cómo son tus hermanos(as)?

5. ¿Qué le gusta hacer a uno(a) de tus hermanos(as)?

6. ¿Tienes perros o gatos? ¿Cómo se llama(n)?

Nota

To say that a person likes or loves something, you use *le gusta(n)* or *le encanta(n)*. When you include the name of the person or the pronoun, be sure to add *a*:

- **A Pedro le** gustan los dulces.
- **A ella le** encanta sacar fotos.

¡Reportaje!

ESCRIBIR   Based on your notes from Actividad 11, write a report of your interview and describe your partner. Your teacher may ask you to read your report to the class.

Modelo

Anita tiene 13 años y le encanta escuchar música. Anita tiene tres hermanos: un hermano mayor y dos hermanos menores. Su hermano mayor, Peter, tiene 16 años. Sus hermanos menores se llaman Lisa y Kevin. Ellos tienen sólo once y ocho años. Son simpáticos y deportistas. A Kevin le gusta jugar al básquetbol. Anita no tiene ni perros ni gatos.

Preparar una fiesta de cumpleaños

ESCRIBIR EN PAREJA

1 Describe qué pasa cuando tu familia celebra fiestas. Usa estas notas para explicarlo:

1. Quién decora la casa y qué utiliza
2. Quién prepara la comida y las bebidas
3. Quién compra los regalos
4. Quién hace el pastel
5. Quién hace el video o saca fotos

¿Recuerdas?

Remember that *tener que* + infinitive means "to have to" (do something).

- Sofía **tiene que** decorar el pastel.

2 Organiza tu descripción en un email y envíalo a un(a) compañero(a). Incluye preguntas sobre las fiestas de su familia para que tu compañero(a) las responda en otro email. Contesta las preguntas que tu compañero(a) te envía.

14

La familia de Sofía

 LEER, ESCRIBIR Look carefully at the photograph of Sofía's family, the royal family of Spain, as they celebrate a special day. Read Sofía's description of her family and complete the story with the appropriate forms of the verb *tener*.

La Primera Comunión de Leonor

Me llamo Sofía de Borbón y Ortiz. Mi cumpleaños es el 29 de abril. Nosotros __1.__ muchas fiestas en mi familia. En la foto celebramos un día muy especial para mi familia. Es el día de la Primera Comunión de mi hermana. (Yo) __2.__ una hermana mayor que se llama Leonor. Ella __3.__ trece años. También (yo) __4.__ seis primos que no están en la foto. Hay dos chicas y cuatro chicos. Victoria Federica que __5.__ dieciocho años y su hermano Felipe son dos primos míos. Felipe __6.__ veinte años. Victoria y Felipe son los hijos de mis tíos, Elena y Jaime. Mis tíos Cristina e Iñaki __7.__ cuatro hijos: mis primos Juan, Pablo, Miguel e Irene. En la foto, yo estoy al lado de mi hermana Leonor y delante de mi papá, el rey[1] Felipe VI y mi abuelita Sofía. ¡Nosotras dos __8.__ el mismo nombre! Mi mamá, la reina[2] Letizia, está detrás de mi hermana y al lado de mi abuelo Juan Carlos, el anterior[3] rey de España, que __9.__ 80 años.

[1]king [2]queen [3]previous

CULTURA **España**

La Familia Real (*royal*) de España Felipe VI y Letizia son el rey y la reina de España desde 2014.

• ¿Qué otros países tienen un rey o una reina?

¿Quiénes son los miembros de la Familia Real?

LEER, HABLAR EN PAREJA Read the text in Actividad 14 with a partner and identify the members of the royal family that are mentioned. Then, talk with your partner about each member's relation to princess Sofía de Borbón y Ortiz. Take turns making up sentences, following the model.

Modelo
A —*Leonor es la hermana mayor de Sofía.*
B —*Victoria Federica es la prima de Sofía.*

La familia de Carlos IV

LEER Before the age of photography, painted portraits were used to capture the images of people. Look carefully at the painting "La familia de Carlos IV" by Francisco de Goya and then read *Conexiones: El arte.* Answer the questions after the reading.

Francisco de Goya (1746–1828) was one of the greatest Spanish painters and is considered by many to be the "Father of Modern Art." He was known for a wide range of art themes, including portraits of the royal family and other members of the nobility.

"Autorretrato" (*ca.* 1815) ▶

Oil on canvas. Academia de San Fernando, Madrid, Spain. Courtesy The Bridgeman Art Library International Ltd.

Conexiones ◀ El arte

La familia real tiene mucha importancia en la historia de España. Es el año 1800: Carlos IV *(Cuarto)* no es un rey popular y muchas personas creen que es demasiado indeciso[1]. En este cuadro[2] del pintor Francisco de Goya, puedes ver a la familia del rey Carlos IV. Carlos IV reinó[3] de 1788 a 1808.

• El pintor también está en el cuadro. ¿Puedes ver a Goya? ¿Dónde está?

[1]indecisive [2]painting [3]reigned

"La familia de Carlos IV" (1800), Francisco de Goya ▶

Oil on canvas, 110 1/4" x 132 1/4 " (280 x 336 cm). Museo Nacional del Prado, Madrid. Photo credit: Scala / Art Resource, NY.

17

Carlos IV y su familia

HABLAR EN PAREJA Work with a partner. Point to different people in Goya's painting of the royal family and ask your partner who he or she thinks they are.

Videomodelo
A —¿Quién es?
B —Creo que es el hijo menor.

CULTURA ◀ España

Dos familias reales Hay más de 200 años entre el cuadro de Goya de la familia real y la fotografía de Felipe VI y su familia. Estudia las dos fotografías y contesta estas preguntas:

• ¿Cómo son similares las dos fotos?
• ¿Cómo son diferentes?
• Compara estas fotos a las fotos de tu familia.

Mapa global interactivo Explora el Palacio Real y otras partes de Madrid, España. Habla con otro(a) compañero(a) y expresa tu opinión sobre este palacio.

Gramática

OBJECTIVES
▶ Identify to whom something belongs
▶ Read and write about family relationships
▶ Read and listen to a description of a birthday card
▶ Survey and interview classmates to write about birthday celebrations

Possessive adjectives

You use possessive adjectives to tell what belongs to someone or to show relationships. In English, the possessive adjectives are *my, your, his, her, its, our,* and *their*.

Here are the possessive adjectives in Spanish:

mi(s)	nuestro(s) nuestra(s)
tu(s)	vuestro(s) vuestra(s)
su(s)	su(s)

> **¿Recuerdas?**
> You know that *de* shows possession or relationship and is the equivalent of *-'s* and *-s':*
> • el regalo **de** Ana
> • los primos **de** mis amigos

Javier y yo con **nuestra** abuela

Mis padres con **su** regalo

Like other adjectives, possessive adjectives agree in number with the nouns that follow them. Only *nuestro* and *vuestro* have different masculine and feminine endings.

mi cámar**a**	mi**s** cámar**as**
nuestr**o** abuel**o**	nuestr**os** abuel**os**
nuestr**a** hij**a**	nuestr**as** hij**as**

Su and *sus* can have many different meanings: *his, her, its, your,* or *their*. To be more specific, you can use *de* + noun or pronoun.

sus flores = las flores **de ella**

sus regalos = los regalos **de Javier y Carlos**

> **Más ayuda** ONLINE
>
> ▶ *GramActiva* Video
> ▶ **Tutorials:** Possessive Adjectives, Possessive Adjectives (Long Form), Possessive with *de* + pronoun
> ✎ *GramActiva* Activity

18

La Cenicienta y su familia

LEER, ESCRIBIR Escribe la palabra o los adjetivos posesivos apropiados para completar la historia de la Cenicienta. La Cenicienta es un personaje de un cuento muy famoso. ¿Quién es?

Cenicienta tiene una madrastra y dos hermanastras muy perezosas. __1.__ *(Sus / Tus)* hermanastras se llaman Griselda y Anastasia. __2.__ *(Nuestra / Su)* madrastra y __3.__ *(su / sus)* hermanastras siempre dicen: "¡Cenicienta! Tenemos hambre. ¿Dónde está __4.__ *(mi / nuestra)* comida?" Cada mañana Griselda le dice:

"Quiero __5.__ *(mi / su)* desayuno. ¿Dónde está?" Una noche Cenicienta va al baile del príncipe. Él le pregunta a Cenicienta: "¿Cómo te llamas? ¿Quiénes son __6.__ *(tu / tus)* padres?" Las hermanastras __7.__ *(de / su)* Cenicienta ven al príncipe cuando baila con Cenicienta. Ellas dicen: "¡ __8.__ *(Nuestra / Su)* hermanastra baila con el príncipe! ¡Qué ridículo!".

Go **Online** to practice   **Savvas.com/Autentico**

VIDEO   WRITING   SPEAK/RECORD

¿Quién es tu héroe o heroína?

LEER, ESCRIBIR, HABLAR EN PAREJA   Lee el anuncio y contesta las preguntas.

1. En este anuncio, ¿quién es el héroe?
   ¿De quiénes es el héroe?

2. Trabaja con otro(a) estudiante. Pregunta quién
   es su héroe o heroína.

Videomodelo

A —*¿Quién es tu héroe o heroína? ¿Cómo es?*
B —*Mi heroína es mi madre. Es muy inteligente.*

No es sólo
mi padre.
También es
mi héroe.

Y es nuestro
héroe también.
Gracias.

Patrocinado por la Cámara de Comercio

20

¿Dónde está o dónde están?

LEER, ESCRIBIR   Un grupo de estudiantes busca *(is looking for)* sus
decoraciones para una fiesta en la escuela. Empareja *(Match)* cada
pregunta con la respuesta más apropiada.

1. ¿Dónde están tus flores?

2. ¿Dónde está el papel picado de Clara?

3. ¿Dónde está mi papel picado?

4. ¿Dónde están los globos de Marta
   y Tere?

5. ¿Dónde están las flores de Teodoro?

6. ¿Dónde están mis globos?

a. Tu papel picado está allí.

b. Sus flores están allí.

c. Mis globos están allí.

d. Mis flores están detrás del escritorio.

e. Tus globos están debajo de la mesa.

f. Su papel picado está debajo de la carpeta.

g. Sus globos están al lado de la computadora.

Juego

HABLAR EN GRUPO, GRAMACTIVA

❶ Working with a partner, make a set of two cubes using the template your teacher will give you.

- **Cube 1** Write a different subject pronoun on each side.

- **Cube 2** Write a different classroom object on each side. Make three of them singular and three of them plural.

- **Both cubes** Write a different point value from 1 to 6 on each side.

❷ You and your partner will play against another pair of students. Team 1 rolls both of your cubes and says a sentence using the correct form of the verb *tener*, the appropriate possessive adjective, and the classroom object. If the sentence is correct, Team 1 receives the total points shown on the cubes. Team 2 then rolls the other cubes. Continue until a team reaches 100 points or time is called.

Modelo
Uds. tienen su calculadora.

¿Qué tienen y para qué clase?

 HABLAR EN GRUPO ¿Qué tienen tus compañeros hoy?

❶ Escribe cinco cosas *(things)* que usas en la escuela y para qué clases son.

❷ Pide *(Ask for)* las respuestas a tres compañeros y escríbelas en una hoja de papel.

> **¿Recuerdas?**
> You have been using vocabulary for classroom supplies for several chapters.

Videomodelo
A —*¿Qué tienes para tus clases hoy?*
B —*Tengo mi calculadora para la clase de matemáticas y mi carpeta para la clase de inglés.*

❸ Escribe cinco frases para describir las cosas que tienen los estudiantes para las clases de hoy.

Modelo
Ana tiene su carpeta para la clase de inglés.
Paco y yo tenemos nuestros lápices para la clase de arte.

Exploración del lenguaje Diminutives

In Spanish you can add the suffix -ito(a) to a word to give it the meaning of "small" or "little." It can also be used to show affection. Words with this suffix are called diminutives (diminutivos).

abuelo → abuel**ito**

perros → perr**itos**

hermana → herman**ita**

Now that you know what the suffix -ito(a) means, can you figure out the meanings of these words?

abuelita   gatito   Miguelito   hijita

Some very popular names are diminutives. What do you think the diminutives of these names are?

Ana   Juana   Eva   Lola

23

¡Feliz cumpleaños!

LEER, ESCRIBIR   Read the birthday card. Who is it for? Find the diminutives. What words in the poem do you understand? How many objects in the picture can you name in Spanish?

Hay luces, y flores, y lindos globitos, un pastelito sabroso, y muchos regalitos,

y una piñata, cinco perritos que cantan y bailan, muy contentitos,

porque hoy cumples... ¡6 añitos!

Felipe

24

La fiesta de cumpleaños

ESCUCHAR   En una hoja de papel, escribe los números del 1 al 6. Mira la tarjeta (card) de cumpleaños y escucha las frases. Si la frase es cierta, escribe C. Si es falsa, escribe F.

Pronunciación ◄ The letters *p, t,* and *q*

In English the consonants *p, t, q,* and the hard *c* sound are pronounced with a little puff of air.

Hold a tissue loosely in front of your mouth as you say these English words. You will notice that the tissue moves.

| pan | papa | too | tea |
| comb | case | park | take |

Now say these Spanish words with the tissue in front of your mouth. Try to say the consonants so that there is no puff of air and the tissue does not move.

| pan | papá | tú | tía |
| cómo | queso | parque | taco |

Try it out! Listen to this nursery rhyme. Listen particularly for the *p, t,* and *q* sounds. Then repeat the rhyme.

Tortillitas para mamá, tortillitas para papá. Las quemaditas,[1] para mamá, las bonitas,[2] para papá.

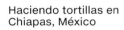
Haciendo tortillas en Chiapas, México

[1]The burned ones [2]The pretty ones

CULTURA ◄ México

Diego Rivera (1886–1957) Esta pintura del muralista mexicano Diego Rivera muestra una mujer **moliendo**[1] maíz en un metate, un utensilio para moler granos. Aquí Rivera nos enseña una escena de la vida cotidiana de los indígenas de México.

Pre-AP Integration: La identidad nacional Con sus pinturas, los artistas se comunican con las personas. ¿Qué dice Rivera de los mexicanos con esta pintura de la mujer y su trabajo?

[1]grinding

"La molendera" (1926), Diego Rivera ▶

Oil on canvas, 35 7/16 X 46 1/16 inches. Museo Nacional de Arte Moderno, Instituto Nacional de Bellas Artes, Mexico City, D.F., Mexico. © 2009 Banco de México Diego Rivera & Frida Kahlo Museums Trust, México, D.F. / Artists Rights Society (ARS), New York.

Mapa global interactivo Explora México y Centroamérica. Esta región se llama Mesoamérica. Compara la geografía de esta región con los Estados Unidos y tu estado.

El español en la comunidad

The five most common last names in the United States, in order, are Smith, Johnson, Williams, Brown, and Jones. The five most common last names in the United States for people of Spanish-speaking heritage, in order, are García, Martínez, Rodríguez, López, and Hernández.

• Look up these names in your school directory or local phone listings. Count the entries for each. Do the numbers in your community match the statistics above? Can you identify two other Hispanic last names common in your community or that you are familiar with?

Go **Online** to practice

SAVVAS realize™

Savvas.com/Autentico

AUDIO   WRITING   SPEAK/RECORD   MAPA GLOBAL

Un cumpleaños divitido

 HABLAR EN PAREJA, ESCRIBIR   Find out from your classmates what they consider to be a great birthday. Make a chart like the one below on a sheet of paper and complete the first row about yourself. Then survey four classmates and your teacher to find out what their preferences are and record the information in the chart. Remember to use *tú* when you address your classmates and *usted* when you address your teacher.

Modelo
¿En qué mes es tu cumpleaños?
¿Cuál es tu actividad y lugar (place) favorito?
¿Cuáles son tus comidas favoritas?

	Mes del cumpleaños	**Actividad y lugar favorito**	**Comidas favoritas**
yo	*julio*	*comer–un restaurante*	*pastel y helado*
Miguel	*enero*	*abrir regalos–en casa*	*pizza y ensalada*
Anita	*julio*	*bailar–un baile*	*hamburguesas y helado*

¿Quién es esta persona?

 ESCUCHAR, HABLAR, ESCRIBIR

1 Use your completed chart from Actividad 25 and describe a classmate to the class. Do not give that person's name. The class will try to guess whom you are describing.

Modelo
Su cumpleaños es en enero. Para su cumpleaños le gusta abrir regalos en casa. Sus comidas favoritas en su cumpleaños son pizza y ensalada. ¿Quién es?

Un chico con su mejor amigo

2 Write a paragraph describing the person you interviewed whose idea of a great birthday celebration is most like your own. Describe the similarities, but also mention differences.

Modelo
Nuestro cumpleaños es en julio. Nuestra comida favorita es el helado. El lugar favorito para mi cumpleaños es un restaurante porque me gusta comer. Su lugar favorito es un baile porque le gusta bailar. A ella le gustan las hamburguesas pero a mí me gusta el pastel. ¿Quién es la persona? Es Anita.

OBJECTIVES
▶ Read about a *fiesta de quince años*
▶ Scan to find specific information more quickly
▶ Learn about and explain the Hispanic system of surnames

Mis padres te invitan a mi fiesta de quince años

Para muchas jóvenes hispanas, el día de sus quince años es una ocasión muy especial. Toda la familia y muchos amigos van a misa en la iglesia y después celebran con una fiesta. Es una tradición especialmente importante en México, América Central y los países hispanos del Caribe. También es importante entre muchos hispanohablantes en los Estados Unidos.

Aquí está la invitación a la fiesta de quince años de María Teresa Rivera Treviño.

Strategy

Scanning What information would you expect to find on an invitation? Read quickly through this invitation and find the names of María Teresa's parents and the date and times of the two events to which you are invited.

Felipe Rivera López y Guadalupe Treviño Ibarra
esperan el honor de su asistencia
el sábado, 19 de mayo de 2012
para celebrar los quince años de su hija,

María Teresa Rivera Treviño

Misa
a las cuatro de la tarde
Iglesia de Nuestra Señora de Guadalupe
2374 Avenida Linda Vista
San Diego, California

Recepción y cena-baile
a las seis de la tarde
Restaurante Luna
7373 Calle Florida
San Diego, California

" Toda mi familia, mis amigos y yo vamos a la iglesia en la tarde. Después vamos a la recepción en un restaurante muy elegante donde comemos y bailamos. Bailo primero con mi padre y después con mis amigos ".

Quinceañera

❝Aquí estoy yo en el día de mis quince años. Es un día muy especial y toda la familia está conmigo para celebrar. Todo está perfecto para mi fiesta —la comida, las decoraciones, la música— ¡todo! ❞.

María Teresa Rivera Treviño

 ## ¿Comprendes?

1. ¿Cuál es la fecha de los quince años de María Teresa?

2. Necesitas una hora para ir de tu casa a la Iglesia de Nuestra Señora de Guadalupe. ¿A qué hora tienes que salir *(leave)* de casa?

3. ¿Dónde y a qué hora es la recepción? Según la invitación, ¿qué van a hacer en la recepción?

4. ¿Qué actividad de la fiesta de quince años te gusta más?

¡Vamos a comparar!

The special celebration of a girl's fifteenth birthday is called *la quinceañera, los quince,* or *los quince años.* Think about an event in the lives of your friends that has the importance of a *quince años* celebration. How are the events similar or different?

CULTURA ⟩ El mundo hispano

El nombre completo El nombre[1] completo de una persona consiste en un nombre, o muchas veces dos, y dos apellidos[2]: el apellido del padre seguido[3] por el apellido de la madre. Por ejemplo, mira el nombre completo de los padres de María Teresa:

Felipe Rivera López y
Guadalupe Treviño Ibarra

• ¿Cuál es el apellido paterno de Felipe?
• ¿Cual es el apellido materno de Guadalupe?
• Explica cómo María Teresa forma su nombre.
• Usa el sistema en español para escribir tu nombre completo. ¿Es bueno escribir los nombres así? ¿Por qué sí o por qué no?

[1]name [2]surnames [3]followed

La cultura en vivo

El papel picado

El papel picado es una artesanía[1] famosa de México. Esta artesanía de México conecta el arte con papel europeo con el arte asiático y el pre-Colombino. El papel de colores se corta en patrones[2] pequeños, similares a los copos de nieve[3] de papel. El papel cortado se cuelga[4] de una cuerda para decorar en celebraciones y fiestas. Así es cómo puedes hacer papel picado para decorar tu salón de clases.

Comparación cultural ¿Conoces otras artesanías de papel? ¿Dónde las hacen?

[1]craft [2]patterns [3]snow flakes [4]is hung

Papel picado para celebrar el Día de los Muertos

Online Cultural Reading

Go to Auténtico ONLINE to "attend" a birthday party in Panama City.

Materials
- colored tissue paper cut into 12" x 18" sheets
- scissors
- stapler
- string

Directions

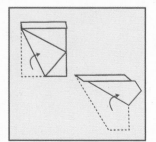

1. Spread the tissue paper flat. Fold down 1" on the 18" side for making a hanging flap.

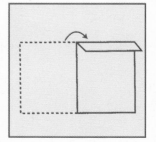

2. Fold the paper in half on the 12" side and crease on the fold to make a sharp line.

3. Fold the paper twice, diagonally.

4. Cut out designs along the folded edge. Experiment with snowflake or other geometric designs.

5. Cut a scalloped design on the outside edge.

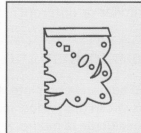 

6. Open the cutout and staple to a string to hang across a room to decorate for a *fiesta*.

Presentación oral

OBJECTIVES
▶ Describe your family members, their ages, and their likes and dislikes
▶ Use a chart to organize your ideas

Go Online to practice
Savvas.com/Autentico

SAVVAS realize.
🎤 SPEAK/RECORD

Mi familia

TASK You are on an exchange program in Chile and your host family wants to know about your family back home. Show photographs and describe three family members.

1 **Prepare** Bring in three family photos or "create" a family using magazine pictures. Use a chart to plan what to say about each person.

Nombre	Es mi ...	Edad	Actividad favorita
Isabel	hermana menor	13 años	le gusta cantar

2 **Practice** Go through your presentation several times. You can use notes to practice, but not to present. Try to:

• provide all the information for each family member
• use complete sentences
• speak clearly

Modelo
Se llama Isabel. Es mi hermana menor y tiene 13 años. A ella le gusta cantar. Es artística.

3 **Present** Show the photos and give information about each person.

4 **Evaluation** The following rubric will be used to grade your presentation.

Strategy
Using graphic organizers Simple charts can help you organize your thoughts for a presentation.

Rubric	Score 1	Score 3	Score 5
How complete your preparation is	Your information is written down but without use of a chart.	You used the chart, but it is only partially completed.	You used the chart and provided all the information.
How much information you communicate	You bring in one photo and provide all the information.	You bring in two photos and provide all the information.	You bring in three photos and provide all the information.
How easily you are understood	You are extremely difficult to understand. Your teacher could only recognize isolated words and phrases.	You are understandable but have frequent errors in vocabulary and/or grammar that hinder your comprehensibility.	You are easily understood. Your teacher does not have to "decode" what you are trying to say.

Auténtico

Partnered with EFE:

La familia al fin del mundo

Before You Watch

Use the Strategy: Context Clues

As you watch the video, use context clues and visual clues to help you understand the life of a family living on Cape Horn.

Read this Key Vocabulary

alejados = remote

lejos de los ruidos = far from the sounds

confección de meteorología = weather forecast

embate = pounding

refugio = refuge

islas apartadas = isolated islands

sentirse a gusto = feel pleased

miedo = fear

▶ Watch the Video

Could you live on a remote island? How would your family feel about living far away, by boat, from the closest neighbor?

Go to Savvas.com/Autentico and watch the video *La vida de una familia chilena en el fin del mundo* to see how one family survives living on a secluded island.

Complete the Activities

Mientras ves As you watch the video, use the images and context clues to help you comprehend the life of the family on the island. Using these context clues, mark the following statements true (*Cierto*) or false (*Falso*).

La isla es parte de Chile.
Hace mucho calor.
Muchas personas viven en la isla.
Los abuelos viven con la familia en la isla.
La familia es padre, madre y dos hijos.

Integration

Después de ver Demonstrate your understanding of the video by answering the following questions.

1. ¿Cuántas personas viven en la isla de Hornos?

2. ¿Cómo es la isla de Hornos?

3. After watching the video, how would you feel about living on the island?

 For more activities, go to the *Authentic Resources Workbook.*

¿Cómo es tu familia?

Expansión Find other authentic resources for this chapter in *Auténtico* online, then answer the questions.

 5A Auténtico

Integración de ideas In the authentic resources, you will learn about families from Spanish-speaking countries. Use the resources to write about values common to Spanish-speaking families.

Comparación cultural Compare values from families in Spanish-speaking cultures with what is important to families in your experience.

Repaso del capítulo

OBJECTIVES
▶ Review the vocabulary and grammar
▶ Demonstrate you can perform the tasks on p. 245

🔊 Vocabulario

to talk about family members

los abuelos	grandparents
el abuelo	grandfather
la abuela	grandmother
el esposo, la esposa	husband, wife
los hermanos	brothers; brother(s) and sister(s)
el hermano	brother
la hermana	sister
el hermanastro	stepbrother
la hermanastra	stepsister
los hijos	children; sons
el hijo	son
la hija	daughter
los padres (papás)	parents
el padre (papá)	father
la madre (mamá)	mother
el padrastro	stepfather
la madrastra	stepmother
los primos	cousins
el primo	(male) cousin
la prima	(female) cousin
los tíos	uncles; aunt(s) and uncle(s)
el tío	uncle
la tía	aunt

to discuss and compare ages

¿Cuántos años tiene(n) ___?	How old is / are ___?
Tiene(n) ___ años.	He / She is / They are ___ (years old).
mayor *pl.* mayores	older
menor *pl.* menores	younger

to talk about people

la persona	person

to name animals

el gato	cat
el perro	dog

to discuss what someone likes

(a + *person*) le gusta(n) / le encanta(n)	he / she likes / loves

For *Vocabulario adicional,* see pp. 472–473.

to describe activities at parties

abrir	to open
celebrar	to celebrate
decorar	to decorate
las decoraciones	decorations
hacer un video	to videotape
el video	video
preparar	to prepare
romper	to break
sacar fotos	to take photos
la foto	photo
la cámara	camera

to discuss celebrations

el cumpleaños	birthday
¡Feliz cumpleaños!	Happy birthday!
los dulces	candy
la flor *pl.* las flores	flower
el globo	balloon
la luz *pl.* las luces	light
el papel picado	cut-paper decorations
el pastel	cake
la piñata	piñata
el regalo	gift, present

other useful words

que	who, that
sólo	only

Gramática

to indicate possession or relationship

tener *to have*

tengo	tenemos
tienes	tenéis
tiene	tienen

possessive adjectives

mi(s) my	**nuestro(s), -a(s)** our
tu(s) your	**vuestro(s), -a(s)** your (*pl.*)
su(s) your (*formal*), his, her, its	**su(s)** your (*pl.*), their

Preparación para el examen

Más recursos Savvas.com/Autentico

Games   Flashcards   Instant check
Tutorials   *Gram*Activa videos   Animated verbs

What you need to be able to do for the exam . . .	Here are practice tasks similar to those you will find on the exam . . .	For review go to your print or digital textbook . . .
Interpretive		
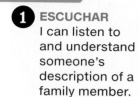 **1 ESCUCHAR** I can listen to and understand someone's description of a family member.	At a friend's party, a woman is telling you stories about her brother, Jorge. a) How old is her brother? b) Who is older, the woman or her brother? c) What does her brother like to do?	**pp. 222–225** *Vocabulario en contexto* **p. 226** Actividad 4 **p. 227** Actividades 7–8 **p. 229** Actividad 11
Interpersonal		
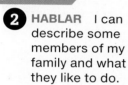 **2 HABLAR** I can describe some members of my family and what they like to do.	At your first Spanish Club meeting, your teacher requests that all of you try to talk to each other in Spanish. Since you just learned how to talk about your family, you feel confident that you can talk about some of your family members. Tell about: a) how they are related to you; b) their ages; c) what they like to do; d) their personalities.	**pp. 222–225** *Vocabulario en contexto* **p. 226** Actividad 4 **p. 227** Actividad 7 **p. 229** Actividad 12 **p. 232** *Gramática: Possessive adjectives* **p. 237** Actividad 26
Interpretive		
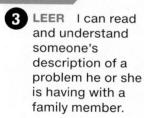 **3 LEER** I can read and understand someone's description of a problem he or she is having with a family member.	Read this letter to an advice columnist. Can you describe in English what Ana's problem is? **Querida Dolores:** **Yo soy la hija menor de una familia de seis personas. Uno de mis hermanos mayores, Nacho, siempre habla de mí con mis padres. A él le encanta hablar de mis amigos y de mis actividades. Tenemos una familia muy simpática, pero ¡Nacho me vuelve loca!** **Ana**	**pp. 222–225** *Vocabulario en contexto* **p. 226** Actividades 4–5 **p. 232** Actividad 18
Presentational		
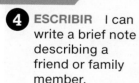 **4 ESCRIBIR** I can write a brief note describing a friend or family member.	The party planner at a local restaurant is helping you plan a birthday party for your cousin. Write a brief note telling her your cousin's name, age, two things he or she likes to do at a party, the kinds of decorations he or she likes, and one thing he or she loves to eat.	**p. 226** Actividad 5 **p. 227** Actividad 8 **p. 229** Actividad 12 **p. 237** Actividad 26
Cultures • Comparisons		
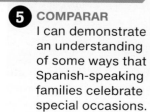 **5 COMPARAR** I can demonstrate an understanding of some ways that Spanish-speaking families celebrate special occasions.	Think about what you would consider your most important birthday. Based on what you know about important family traditions, describe why a fifteenth birthday is important for a young Spanish-speaking girl and what you would expect to see at her celebration.	**pp. 222–225** *Vocabulario en contexto* **p. 226** *Cultura* **pp. 238–239** *Lectura* **p. 240** *La cultura en vivo*

CAPÍTULO 5B
¡Vamos a un restaurante!

Nuevo México · Texas · España · República Dominicana · Costa Rica · Colombia · Chile · Paraguay · Argentina

CHAPTER OBJECTIVES

Communication

By the end of this chapter you will be able to:

- Listen to, read, and write information about restaurant meals and service.
- Write about plans for a celebration.
- Exchange information while describing physical features of family members.

Culture

You will also be able to:

- **Auténtico:** Identify cultural products in an authentic video about restaurants.
- Understand cultural perspectives on meals and mealtimes in the Spanish-speaking world.
- Explain aspects of the Hispanic history and culture of Santa Fe, New Mexico.

You will demonstrate what you know and can do:

- Presentación escrita: Un restaurante muy bueno
- Repaso del capítulo: Preparación para el examen

You will use:

Vocabulary

- Describing people and things
- Food and table settings
- Eating out
- Expressing needs

Grammar

- The verb *venir*
- The verbs *ser* and *estar*

ARTE y CULTURA El mundo hispano

Extended families tend to be close-knit in Spanish-speaking cultures. Parents, children, grandparents, aunts, uncles, and cousins get together often for meals, and not just on special occasions. It is not uncommon for three generations to live under one roof or in the same neighborhood.

▸ How do extended families in Spanish-speaking cultures compare with your family and those of your friends?

▸ How does the painting "Tarde de domingo" reflect the idea of extended families? Compare this to how you and your family spend weekends.

"Tarde de domingo" (1923), Xavier Nogués ▲

Nogués, Xavier. Tarde de Domingo - Sunday afternoon, 1923. Canvas, 60 x 75 cm, Museo de Arte Moderno, Barcelona, Spain.

Go **Online** to practice

SAVVAS realize™

Savvas.com/Autentico

AUDIO

VIDEO

WRITING

SPEAK/RECORD

MAPA GLOBAL

AUTÉNTICO

FLASCHARDS

ETEXT 2.O

GAMES

Una cena entre familia,
Ciudad de México

Videocultura **La quinceañera**

Vocabulario en contexto

OBJECTIVES

Read, listen to, and understand information about descriptions of family members and other people, restaurant vocabulary, table settings.

Fernando y Raquel son **camareros** y trabajan en un restaurante.

Fernando   **Raquel**

Fernando: Estoy muy ocupado. **La joven** en la mesa tres **desea** ver **el menú**. **Me falta el plato principal** para la mujer pelirroja. Y necesito **un postre** para el hombre **alto**. **¿Me trae** un helado para él?

Raquel: Sí, ¿pero para quién es? ¿El señor **guapo** y atractivo con el pelo negro, o el señor viejo con el pelo canoso?

Fernando: ¡Ay, Raquel! El señor con el pelo negro de la mesa cinco. Él también **pide otro** tenedor.

Raquel: ¡Otro tenedor! ¡Ya es el tercero!

Fernando: Y la mujer de pelo castaño pide sal y pimienta. Y **me falta** la cuenta para la mesa ocho.

Raquel: **Le traigo** la cuenta de la señora en la mesa ocho.

el tenedor

el vaso

la servilleta

el cuchillo

el plato

la sal

la pimienta

el camarero

el menú

el azúcar

la taza

la cuchara

la cuenta

el pelo canoso

el hombre

la mujer

viejo

joven

el pelo largo

el pelo corto

el pelo castaño

el pelo negro

el pelo rubio

la pelirroja

1

¿Cómo eres tú?

🔊 ESCUCHAR   You will hear a number of descriptions. If the description can be applied to you, raise your hand.

2

¿Qué desea el Señor Gutiérrez?

🔊 ESCUCHAR   El señor Gutiérrez needs things brought to him so that he can eat. Identify the key details of what he says, then point to the item that he wants.

Francisco y Federico escriben mensajes sobre los planes
para esta noche.

Francisco   **Federico**

Francisco:	**¿Vienen** al nuevo restaurante mexicano *El chilito*? Mi hermana trabaja allí de camarera.
Federico:	Sí, me gusta mucho. Creo que la comida es muy **rica** allí. ¿Qué vas a **pedir?**
Francisco:	**De plato principal,** unas enchiladas **deliciosas** ☺ y **de postre** yo **quisiera** un flan o un helado.
Federico:	¡Mmmmm… **qué rico! ¿Algo más?**
Francisco:	No, no voy a pedir mucho.
Francisco:	Pues **ahora** voy con Sandra. ¿Vienes o no?
Federico:	No. No voy porque **tengo sueño.** Pero, ¿me traes unas quesadillas?
Francisco:	Sí. Claro.
Federico:	¡Gracias!
Francisco:	**De nada.**

Más vocabulario

alto = tall
bajo = short
tener calor = to be warm
tener frío = to be cold

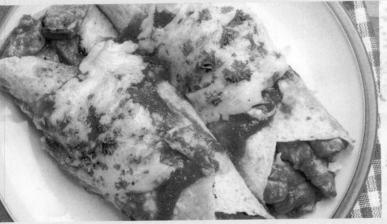

3

Un restaurante nuevo

ESCRIBIR   Contesta a cada una de las siguientes preguntas.

1. ¿Por qué a Federico le gusta el restaurante El chilito?
   a. Porque le gustan las enchiladas.
   b. Porque la comida es muy buena.

2. ¿Qué va a pedir Francisco de plato principal?
   a. un flan
   b. unas enchiladas

3. ¿Por qué Federico no va al restaurante?
   a. Porque está cansado.
   b. Porque tiene calor.

Videohistoria

Fiesta en el restaurante

Before You Watch

Use key details How do you to keep track of people you meet in a large family or group? Do you match names to faces or physical details? Do you connect people to others you know?

Complete the Activity

La fiesta ¿Cómo van a celebrar en el restaurante? Describe la comida de la fiesta según las fotos.

▶ Watch the Video

¿Qué hace Teo en el restaurante de su papá?

Go to **Savvas.com/Autentico** to watch the video *Fiesta en el restaurante* and to view the script.

Mateo

After You Watch

¿COMPRENDES?   Contesta las preguntas con detalles clave del video.

1. ¿Cómo preparan Antonio y Teo la fiesta?

2. ¿Quién va a venir? ¿A qué hora?

3. ¿Quién es Guadalupe?

4. ¿Quién es Lucía? ¿Tiene hijos?

5. ¿Cuáles son los trabajos que hace Teo durante la fiesta?

Comparación cultural   Compara la familia Corrales a tu familia. ¿Hay más personas o menos? ¿Celebra los eventos especiales toda la familia?

Vocabulario en uso

OBJECTIVES

▶ Listen to and write descriptions of people
▶ Read and understand a conversation in a restaurant
▶ Explain what you like to order in a restaurant
▶ Play a guessing game about table settings
▶ Write recommendations based on a restaurant review

4

¿Quiénes son?

ESCUCHAR Vas a escuchar descripciones de las personas en las fotos. En una hoja de papel, escribe los números del 1 al 5. Al lado de cada número escribe el nombre de la persona que describen.

También se dice . . .

pelirrojo(a) = colorado(a) *(Argentina);* colorín, colorina *(Chile)*
el pelo = el cabello *(muchos países)*
rubio(a) = güero(a) *(México)*

Alejandro, 20

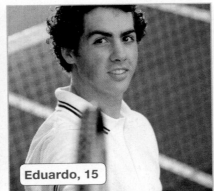

Eduardo, 15

María Elena, 60

Rosalía, 14

Jorge, 65

Lucía, 18

5

¿Quién es?

ESCRIBIR, HABLAR

1 Mira las fotos de la Actividad 4 y escribe frases para describir a cada persona.

Modelo

El joven muy guapo es Eduardo. Tiene 15 años. Tiene el pelo castaño. Le gusta jugar al tenis.

2 Describe a uno(a) de tus amigos(as).

¿Recuerdas?

Adjectives agree in number and gender with the nouns they describe.

6

Las analogías

LEER, ESCRIBIR Many exams test your vocabulary by asking about the logical relationships, or analogies, between words. In analogies, the symbol ":" is used to mean "is to" *(es a)* and the symbol "::" is used to mean "as" *(como)*. For example:

la madre : la hija :: el padre : el hijo

You would read this as *"La madre es a la hija como el padre es al hijo."*

Complete these analogies.

Modelo
trabajador : perezoso :
: alto : bajo

1. aburrido : interesante :: largo :_____
2. comida : plato :: bebida : _____
3. escuela : profesora :: restaurante : _____
4. chico : joven :: abuelo : _____
5. bistec : plato principal :: pastel : _____
6. amigo : amiga :: hombre : _____
7. ensalada : tenedor :: sopa : _____

CULTURA Costa Rica • Colombia

Llamar la atención del camarero en un restaurante de un país hispanohablante es diferente de otras culturas. Por ejemplo, en Costa Rica, las personas hacen un sonido *pfft*. En Colombia, las personas levantan la mano o dan una palmada[1]. Ten cuidado[2] al llamar la atención del camarero así. Puede parecer[3] de mala

educación si lo hace alguien de otra cultura.

Pre-AP Integration: Las relaciones personales En general, en los Estados Unidos, ¿cómo llamas a un camarero en un restaurante? Compara lo que tú haces con la costumbre[4] en los países hispanohablantes.

[1]clap their hands [2]be careful [3]may seem [4]custom

7

¿Qué te gusta pedir?

ESCRIBIR EN PAREJA Escribe mensajes de texto a otra persona para decir lo que te gusta pedir o hacer según las fotos. Usa *tú* o *usted*.

Modelo
*Cuando **tengo hambre,** me gusta pedir pizza en un restaurante. ¿Qué pides tú?*

En un restaurante de Cartagena, Colombia

8

En el restaurante

LEER, HABLAR EN PAREJA Practica expresiones y gestos apropiados para pedir comida con otro estudiante. Lee la conversación entre un camarero y dos jóvenes. Empareja *(Match)* las preguntas y alternativas del camarero con lo que piden y contestan los jóvenes para crear la conversación. Después, practiquen cómo llamar la atención del camarero según la nota cultural de la página 253.

El paseo, *Riverwalk*, de San Antonio tiene muchos restaurantes

El camarero

1. Buenas noches. ¿Qué desean de bebida?
2. ¿Qué desea pedir de plato principal?
3. ¡Ay, señor! Le falta el cuchillo, ¿no?
4. ¿Le gusta la sopa?
5. Señorita, ¿qué desea Ud. de postre?
6. Señor, ¿le traigo otra bebida?
7. ¿Desean Uds. algo más?
8. Gracias por venir a nuestro restaurante.

Los jóvenes

a. Sí, está deliciosa. Umm. ¡Qué rica!
b. No, sólo la cuenta, por favor.
c. Quisiera el arroz con pollo, por favor.
d. De nada. Hasta luego.
e. Un helado, por favor.
f. Sí. ¿Me trae uno, por favor?
g. Para mí, un refresco y, para la señorita, un té helado.
h. Sí, por favor. Tengo mucha sed.

9

Juego

HABLAR EN GRUPO, GRAMACTIVA

1 Work in groups of three or four. Your teacher will give you copies of pictures of various table items. Cut or tear the pictures apart to make cards.

2 Arrange the pictures in a table setting on a desk. While the other players have their backs turned, hide one or more of the cards. Then ask: *¿Qué me falta?* The first player to say correctly *Te falta(n) . . .* and name the missing item(s) receives a point.

3 Put the hidden items back on the desk and continue playing until all players have had a chance to hide items. The player with the most points is the winner.

Nota

When one item is missing, use *me / te falta*. When more than one item is missing, use *me / te faltan*.

Exploración del lenguaje ❬ Adjectives ending in *-ísimo*

Muy + an adjective can be expressed in another way by adding the correct form of *-ísimo* to the adjective. The *-ísimo* ending conveys the idea of "extremely."

un chico muy guapo = un chico guap**ísimo**
una clase muy difícil = una clase dificil**ísima**

Adjectives that end in *-co* or *-ca* have a spelling change to *-qu-*. The *-o* or *-a* is dropped.

unos pasteles muy ri**cos** = unos pasteles ri**qu**ísimos

Try it out! Rework the following phrases using the correct *-ísimo* form.

un perro muy perezoso = ¿ ?   una clase muy aburrida = ¿ ?
dos libros muy interesantes = ¿ ?   unas chicas muy simpáticas = ¿ ?

10

El Café Buen Libro

LEER, ESCRIBIR, HABLAR   Lee la crítica del café y lo que dicen estas *(these)* personas. ¿A quiénes recomiendas el café? ¿A quiénes no?

Café Buen Libro
Nuevo León, 28

Es un café tranquilo con un ambiente* intelectual donde puedes pasar el tiempo en la compañía de un buen amigo o un buen libro. Los precios son muy razonables. Puedes comer un sándwich, una ensalada, un postre riquísimo o simplemente beber un café. También tienen lo último en libros, videos y música. Un "plus" es la presentación de grupos musicales los fines de semana.

1. **Carmen:** "Quisiera comer un bistec sabroso".

2. **Marta:** "Me encanta escuchar música".

3. **Diego:** "Tengo muchísima hambre y poco tiempo".

4. **Lupe:** "Me gusta pasar tiempo con otras personas interesantes y graciosas".

5. **Ana:** "No tengo mucho dinero *(money)* ahora".

6. Y a ti, ¿te gustaría ir al Café Buen Libro? ¿Por qué?

Ambiente	Precios
aburrido ✔	barato $
tranquilo ✔✔	medio $ $
fantástico ✔ ✔ ✔✔	caro $ $ $
Comida y bebida	**Servicio**
regular ✚	regular 👍
buena ✚✚	bueno 👍👍
excelente ✚✚✚✚	superior 👍👍👍👍

* atmosphere

Gramática

OBJECTIVES
▶ Read about and discuss celebrations and preparations
▶ Listen to a description of a family

The verb *venir*

You use *venir* to say that someone is coming to a place or an event.

¿A qué hora **vienes** a mi casa?
*When **are you coming** to my house?*

Siempre **vengo** a esta playa.
*I **always come** to this beach.*

Here are all the present-tense forms:

(yo)	**vengo**	(nosotros) (nosotras)	**venimos**
(tú)	**vienes**	(vosotros) (vosotras)	**venís**
Ud. (él) (ella)	**viene**	Uds. (ellos) (ellas)	**vienen**

Más recursos ONLINE

▶ *GramActiva* Video
▶ **Tutorial:** Irregular verbs
▶ **Animated Verbs**
✎ *GramActiva* Activity

11

¿Cómo vienen?

LEER, ESCRIBIR Tu amigo Antonio invita a tu familia a su casa en el campo. Escribes una nota para explicar cómo y cuándo todos Uds. vienen. Completa la nota con las formas apropiadas del verbo *venir*.

Antonio:

¡Gracias por tu invitación! Yo __1.__ en bicicleta con mi amiga, Marta. Nosotros __2.__ a las dos porque Marta trabaja hasta la una. Mi abuela __3.__ en tren[1] con mis padres. Ellos __4.__ a las once para ayudar[2] con la cena. Mis hermanitos también __5.__ en tren con mis padres. Mi hermana mayor, Cecilia, __6.__ en monopatín. No sé a qué hora va a venir.

¡Nos vemos el sábado!

✉ ⬧ ▾ B *I* T𝐼 ☰ ☰ ☰ ☰ ↱ ↰ ☺

[1]train [2]to help

12

Escucha, escribe y dibuja

ESCUCHAR, ESCRIBIR, HABLAR EN PAREJA Roberto, otro amigo de Antonio, también va a la fiesta con su familia. Vas a escuchar la descripción de su familia. Escribe las cuatro descripciones y después dibuja a la familia. Compara tu dibujo con el dibujo de otro(a) estudiante.

13

¿Qué traen a tu casa?

HABLAR EN PAREJA   Estás en casa de un(a) amigo(a).
Habla de lo que traen las personas a la casa.

Videomodelo

A —*Cuando tus tíos vienen a tu casa, ¿traen algo?*
B —*Sí, generalmente traen **el postre.***
o: —*No, generalmente no traen **nada.***

> ### Nota
> *Traer,* "to bring," follows the
> pattern of *-er* verbs except for the
> irregular *yo* form: *traigo.*
> * Mañana **traigo** pasteles
>   para todos.
> * Y tú, **¿traes** bebidas?

Estudiante A

1. tu(s) abuelo(s)
2. tu mejor amigo(a)
3. tus amigos
4. tus tíos
5. tus primos
6. los amigos de tus padres

Estudiante B

el plato principal   el postre
un regalo   flores
nada   **¡Respuesta personal!**

14

¿Quiénes vienen?

ESCRIBIR EN PAREJA   Hay una fiesta en la escuela y quieres saber
más. Escribe un email a otro estudiante y haz preguntas como
las de abajo. Luego, con tu compañero(a), escriban un email al/a
la maestro(a) para ver qué trae él/ella a la fiesta. Recuerda usar el
pronombre *tú* para escribir al estudiante y el pronombre *Ud.* para
escribir al maestro.

1. ¿Quiénes vienen a la fiesta? ¿A qué hora vienen?
2. ¿Vienen todos los profesores a la fiesta? ¿Qué traen ellos?
3. ¿Traen los estudiantes pizza o sándwiches? ¿Frutas o pasteles?
4. ¿Quién trae las decoraciones? ¿Qué traes tú?

Pronunciación   The letters *b* and *v*

In Spanish, *b* and *v* are pronounced the same.
At the beginning of a word or phrase, *b* and *v*
sound like the *b* in "boy." Listen to and say
these words:

voy bolígrafo vienen bien viejo video

In most other positions *b* and *v* have a softer "b"
sound. The lips barely touch as the *b* or *v* sound
is pronounced. Listen to and say these words:

abuelo divertido joven huevos globo Alberto

Try it out! Listen
to and say this
trabalenguas:

**Cabral clava
un clavo.
¿Qué clavo clava Cabral?**

Gramática

OBJECTIVES
▶ Discuss and describe people and foods
▶ Read an interview and a recipe
▶ Exchange information while ordering and discussing food in a restaurant

The verbs *ser* and *estar*

You know that both *ser* and *estar* mean "to be." Their uses, however, are different.

(yo)	**soy**	(nosotros) (nosotras)	**somos**
(tú)	**eres**	(vosotros) (vosotras)	**sois**
Ud. (él) (ella)	**es**	Uds. (ellos) (ellas)	**son**

(yo)	**estoy**	(nosotros) (nosotras)	**estamos**
(tú)	**estás**	(vosotros) (vosotras)	**estáis**
Ud. (él) (ella)	**está**	Uds. (ellos) (ellas)	**están**

Use *ser* to talk about characteristics that generally do not change. *Ser* is used for descriptions that are not about conditions or location. For example:

- who a person is or what a person is like
- what something is or what something is like
- where a person or thing is from

Teresa **es** mi prima. **Es** muy graciosa.
Los tacos **son** mi comida favorita. **Son** riquísimos.
Mis tíos **son** de México. **Son** muy simpáticos.

Use *estar* to talk about conditions that tend to change. For example:

- how a person feels
- where a person or thing is

¿Dónde **está** Mariana? No **está** aquí. No puede venir hoy porque **está** muy enferma.

Más ayuda ONLINE

▶ *GramActiva* Video
▶ **Tutorial:** *Ser* and *estar*
▶ **Animated Verbs**
🔊 *Canción de hip hop:* Camarero
✏ *GramActiva* Activity

15

¿Dónde están las otras personas?

HABLAR EN PAREJA Estás en un café con un(a) amigo(a) y preguntas dónde están los otros amigos. Tu amigo(a) explica dónde están y cómo están.

Strategy

Using rhymes To remember the uses of *estar*, memorize this rhyme:

For how you feel
And where you are,
Always use the verb *estar*.

Videomodelo
Marcos y Graciela
A —¿Dónde están *Marcos y Graciela?*
B —*Están en la biblioteca. Están muy ocupados.*

Estudiante A

1. Yolanda
2. Miguel y Fernando
3. Isabel y Raquel
4. Ana María
5. Federico
6. Enrique

Estudiante B

la escuela	ocupado, -a
casa	enfermo, -a
el trabajo	cansado, -a
la lección de . . .	triste
la biblioteca	mal
	contento, -a
¡Respuesta personal!	

16

Entrevista con una chef

 LEER, ESCRIBIR   Lee la entrevista con la chef Ortiz y completa la conversación con la forma apropiada del verbo *estar* o *ser*.

— Bienvenida, Chef Ortiz. ¿Cómo __1.__ Ud. hoy?

— __2.__ muy bien, gracias.

— Ud. trabaja aquí en Asunción ahora pero, ¿de dónde __3.__ Ud. originalmente?

— Mi familia y yo __4.__ del campo.

— ¿Y cuál __5.__ su trabajo aquí?

— Yo __6.__ directora de los chefs en el famoso restaurante La Capital.

— La Capital __7.__ un restaurante muy popular aquí. ¿Dónde __8.__ el restaurante?

— Al lado de la catedral.

— Los platos en su restaurante __9.__ muy típicos de Paraguay, ¿no?

— Sí, y según los clientes, la comida en nuestro restaurante __10.__ deliciosa.

— Y los postres __11.__ muy populares también, ¿no?

— Sí, tenemos pasteles ricos, helados simples con frutas exóticas, un poco de todo.

— ¡Muchas gracias, Chef Ortiz!

— De nada. Siempre __12.__ muy contenta de estar aquí con Uds.

¡Qué rico!

17

Un postre delicioso

 LEER, ESCRIBIR   You have found a recipe online for *arroz con leche* and you want to try it out. But the ingredients are given in *gramos* and *litros* and you don't know what the customary measure equivalents are. Study the conversion chart, convert the measurements given in the recipe, and answer the question.

Conexiones ◄ **Las matemáticas**

1 kilo (k) = 2,2 libras *(pounds)*
1 gramo (g) = 0,035 onzas *(ounces)*
1 litro (l) = 1,057 cuartos *(quarts)*

Multiplica los kilos, gramos o litros por su medida[1] correspondiente en el sistema que usas.

Calcula las onzas o los cuartos que hay en 300 gramos de arroz, tres litros de leche y 400 gramos de azúcar.

• ¿Cuántas libras hay en dos kilos de arroz?

Arroz con leche *Para 8*

300 gramos de arroz	un poco de vainilla
3 litros de leche	canela[2]
400 gramos de azúcar	

Pon el arroz en remojo[3] con la leche una hora y media. Luego cocina a fuego lento[4] una hora más o menos. Añade[5] el azúcar y la vainilla y cocina unos 5 minutos más. Pon el arroz en el refrigerador y esparce[6] un poco de canela encima.

[2]cinnamon [3]soak [4]cook slowly [5]Add [6]sprinkle

[1]measure

¡Es buenísimo para la salud!

ESCRIBIR, HABLAR EN PAREJA Habla con otro(a) estudiante sobre cómo son las comidas en general.

Nota
To describe what a food item is like in general, use *ser*. To describe how a food item tastes at a particular time, use *estar*.

1 Escribe una lista de diez comidas y bebidas.

2 Usa tu lista y pregunta a un(a) compañero(a) si come lo que le preguntas. Tu compañero(a) va a contestar y decirte por qué come o no come cada una de estas comidas.

bueno (para la salud)	sabroso
malo (para la salud)	delicioso
rico	horrible
riquísimo	

Videomodelo

A —¿Comes muchas **verduras?**

B —Por supuesto! **Las verduras son muy buenas para la salud.**

o: —No. ¡Qué asco! **Las verduras son horribles.**

¡La sopa está riquísima!

HABLAR EN PAREJA Estás en un restaurante y el (la) camarero(a) te pregunta cómo está todo. Mira el menú para contestar, usando expresiones apropiadas.

Videomodelo

A —Señor(ita), ¿cómo está el arroz con pollo?

B —**Está muy sabroso. Me encanta.**

o: —Lo siento. **Está malo.** ¿Me trae otro plato principal?

Menú del día
$20.00

Restaurante Los Arcos

Sopas y ensaladas
Ensalada de tomate y cebolla
Sopa de verduras
Sopa Los Arcos

Verduras
Papas fritas
Papas al horno
Guisantes con jamón

Platos principales
Bistec
Pescado
Arroz con pollo

Postres
Pastel de chocolate
Helado de mango o papaya
Frutas frescas

CULTURA **El mundo hispano**

El menú del día Muchos restaurantes de países hispanohablantes ofrecen un menú del día, o *una comida corrida* en México. Estos menús diarios ofrecen entre una y tres opciones para cada plato por un precio fijo[1] y razonable.

• ¿Conoces un restaurante con un menú del día? ¿Prefieres un menú del día, con pocas opciones, o un menú con muchas opciones? ¿Por qué?

También se dice . . .
el menú = la carta *(México, España)*

[1]fixed price

20

El menú del día

ESCRIBIR, HABLAR EN PAREJA   With a classmate, prepare to play the roles of a server and client *(cliente)* at the Restaurante Los Arcos. Write five questions that each one could ask. Use the menu in Actividad 19 to help you decide what to ask. Don't forget to use the formal *Ud.* form in your questions and answers.

Modelo

el (la) camarero(a)	el (la) cliente
¿Qué desea pedir de plato principal?	¿Cómo está el bistec?

21

En el restaurante

HABLAR EN PAREJA   Usa las preguntas y frases de la Actividad 20 para tener una conversación completa sobre qué pedir para comer. En tu conversación habla de las sopas y ensaladas, verduras, platos principales y postres. Si haces el papel de camarero, ofrece alternativas al cliente.

Videomodelo

A —¿Qué desea pedir de plato principal?

B —No sé. ¿Cómo está el bistec?

A —Está muy sabroso.

B —¡Genial! Quisiera el bistec, por favor.

El español en el mundo del trabajo

How can you combine an interest in nutrition and health with skills in Spanish? Here's one example. As you know, the U.S. Department of Agriculture provides the public with a wide range of nutritional information through print materials and Web sites. Much of this information is available in Spanish. There is a need for federal employees who are knowledgeable to translate and work with the Spanish-speaking community on issues related to nutrition.

• What other opportunities can you think of that would combine communication skills with a knowledge of nutrition?

Lectura

OBJECTIVES

▶ Read an email about a visit to Santa Fe, New Mexico
▶ Skim to find specific information
▶ Compare the history of Santa Fe to that of your community

Una visita a Santa Fe

Lee este email que escriben Alicia y Pedro. Ellos hablan de una visita que van a hacer sus primos a Santa Fe. ¿Qué cosas interesantes van a hacer? ¿Qué van a visitar?

Strategy

Skimming Before you read this email, make a list of three pieces of information you might expect to find. Quickly skim the email. What information did you find that was on your list?

X

Queridos Rosario y Luis:

¡Esperamos[1] su visita en agosto! Aquí en Santa Fe vamos a hacer muchas cosas. ¿Saben que es una ciudad[2] con más de 400 años de historia y cultura? Vamos a visitar museos y tiendas, y vamos a comer comida típica. ¡Los cinco días van a pasar rápidamente![3].

Tenemos planes para pasar una noche muy especial en honor de su visita. Vamos a comer en un "restaurante" histórico que se llama Rancho de las Golondrinas[4]. Está a diez millas de nuestra casa, al sur de Santa Fe. El Rancho, en realidad, no es un restaurante; es una casa española.

Durante los días de su visita, el Rancho va a celebrar "un fandango", un baile histórico y típico, con una cena tradicional. Toda la comida es riquísima, pero nuestro plato favorito es el chile con carne y queso. Después de comer, vamos a bailar. ¡No sabemos bailar pero va a ser muy divertido! ¡Nos vemos en agosto!

Sus primos de Nuevo México,

Alicia y Pedro

[1]We're looking forward to [2]city [3]quickly [4]Swallows

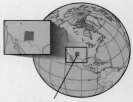

Nuevo México

La Capilla de San Miguel, la iglesia más vieja de Santa Fe, del año 1626

Menú
del Fandango

Sopas
Sopa de arroz
Garbanzos con chile

Plato principal
Pollo relleno[5]
Chile con carne y
queso

Postre
Bizcochitos[6]
Pudín de arroz con
leche

Bebidas
Chocolate mexicano
Ponche
Café

[5]Stuffed chicken [6]Cookies

▲ El Rancho de las Golondrinas,
Nuevo México

◄ El Palacio de los Gobernadores,
construido en 1610, es el
edificio *(building)* público más
viejo de los Estados Unidos que
todavía se usa. Ahora es un
museo de historia.

 ¿Comprendes?

1. ¿Cuáles son cuatro actividades que los primos van a hacer durante la
   visita? ¿Cuál te gustaría hacer en Santa Fe?

2. ¿Por qué es importante Santa Fe?

3. ¿Por qué quieren ir Alicia y Pedro al Rancho de las Golondrinas?

4. Si no te gusta nada la comida picante *(spicy)*, ¿qué debes pedir del menú?

5. ¿Por qué es importante La Capilla de San Miguel?

6. Vuelve a leer el segundo párrafo de la carta. ¿Cómo te ayuda conocer
   el cognado "rancho" a saber que el Rancho de las Golondrinas no era
   originalmente un restaurante?

CULTURA ⟩ **Los Estados Unidos**

Santa Fe histórico España estableció la comunidad de Santa Fe trece años
antes de llegar[1] los peregrinos del Mayflower a Plymouth. España, México
y la Confederación gobernaron desde allí. Durante los años, Santa Fe fue[2]
controlado por los indígenas Pueblo, España, México y la Confederación.

Pre-AP Integration: La arquitectura ¿Cuál es el edificio[3] más viejo
de tu comunidad? ¿Cuál es más viejo, ese edificio o el Palacio de los
Gobernadores en Santa Fe?

 Mapa global interactivo Explora la ciudad de Santa Fe. Describe la
arquitectura de la ciudad con tus propias palabras a un(a) compañero(a).

[1]before arriving
[2]was [3]building

Perspectivas del mundo hispano

A la hora de comer

Imagine that you had two hours for lunch every day. Or imagine that every time you ate a meal, you sat down at a table with a friend or family member and had a lengthy conversation. Now imagine that you didn't jump up from dinner as soon as you finished eating. What do these situations have in common?

In many Spanish-speaking cultures, even ordinary mealtimes are considered social events, a time to spend enjoying food and company. People often take time after a meal to relax, to sit around the table and enjoy a good conversation or just to have a laugh. This custom, called the *sobremesa*, is more important in many cultures than getting to the next appointment or saving time and money by buying a quick meal.

Not surprisingly, most Spanish-speaking countries have very few drive-through restaurants. Since people rarely take food "to go," they might be surprised if you suggested grabbing a sandwich to eat in the car. In fact, many cars don't have cup-holders.

Online Cultural Reading

Go to Auténtico ONLINE to learn about baseball by reading Josué Prado's personal blog.

Para	Marta123@gmail.com
Asunto	¡Mis vacaciones!

Hola Carolina:
Esta es la hora de comer con mi familia en Chile. ¡La sobremesa es muy divertida!

Un saludo desde Renaca,
Marta

Investigar Figure out how much time you and your family spend at breakfast, lunch, and dinner on days when you're not in school or at work.Compare your results with those of your classmates. Then complete the following statements about practices among families in your community.

Modelo

En mi comunidad, es común (*common*) comer el desayuno en **quince minutos.**

1. En mi comunidad, es común comer el desayuno en _____ .
2. En mi comunidad, es común comer el almuerzo en _____ .
3. En mi comunidad, es común comer la cena en _____ .

Comparación cultural What does your research say about the importance of relaxing and enjoying a leisurely meal with friends and family? How does it compare to what happens during meals in Spanish-speaking countries? Consider the two different attitudes towards mealtime. What benefits might each one have?

Presentación escrita

OBJECTIVES
▶ Write a review of your favorite restaurant
▶ Use examples to persuade your reader

Strategy
Persuasion Give specific information and concrete examples to support your opinion and persuade your readers to try a restaurant.

Un restaurante muy bueno

TASK Your school is creating a community guide for Spanish speakers. Your class is writing about restaurants. Write a review of your favorite restaurant.

1 Prewrite Think about the restaurant you like best. Copy the word web. Write the name of the restaurant in the middle circle. Write words and expressions associated with each category inside the appropriate circles.

2 Draft Write your review of the restaurant using information from the word web for support. Include information that might persuade others to try the restaurant.

3 Revise Read through your review and check for agreement, verb forms, and spelling. Share your review with a partner. Your partner should check the following:

- Did you provide information about all categories?
- Did you use the correct forms of the verbs?
- Do you have any errors in spelling or agreement?
- Is the review persuasive?

4 Publish Write a final copy of your review, making any necessary changes or additions. You may want to add illustrations and include your review in a booklet with your classmates' reviews or in your portfolio.

5 Evaluation The following rubric will be used to grade your review.

Rubric	Score 1	Score 3	Score 5
Completion of task	You provide information in three categories from the word web.	You provide information in four categories from the word web.	You provide information in five categories from the word web.
Use of new and previously learned vocabulary	You use very limited and repetitive vocabulary.	You use only recently acquired vocabulary.	You use both recently acquired and previously learned vocabulary.
Accurate spelling/use of grammar	You have many patterns of misspelling and misuse of grammar.	You have frequent patterns of misspelling and misuse of grammar.	You have very few patterns of misspelling and misuse of grammar.
Correct use of verbs	You have many repetitions of incorrect verb forms.	You have frequent repetitions of incorrect verb forms.	You have very few incorrect verb forms.

Auténtico

Partnered with

El mundo de la gastronomía

Before You Watch

Use the Strategy: Anticipate Meaning

Before you watch the video about Mario Sandoval, an award-winning chef, anticipate the context. Read the key words to help you identify and understand information about the cultural importance of quality foods in Spain.

Read this Key Vocabulary

se rinde = surrenders

jefe = boss

cocina = kitchen

cocinero = chef

gastronomía = gastronomy

madrileño = from Madrid

sabores = tastes

repostero = pastry chef

▶ Watch the Video

How do chefs win awards? For what are they recognized?

Go to **Savvas.com/Autentico** and watch the video *El mundo de la Gastronomía se rinde ante Mario Sandoval* to see how a chef in Madrid is leading the way.

Complete the Activities

Mientras ves Before you watch the video, try to anticipate what the video will tell you about Mario Sandoval. Which of the following words and phrases do you anticipate will be mentioned? As you watch, mark those that you hear or see.

el restaurante
los platos ricos
el postre
los jóvenes
el menú

Integration

Después de ver Demonstrate your understanding of the video. Use key words and details to infer meaning and answer the following questions.

1. ¿Cómo se llama el restaurante de Mario Sandoval?

2. ¿Cuántos años tiene el restaurante?

3. ¿Qué tipo de comida prepara Mario Sandoval?

4. What do the gastronomic awards and associations mentioned in the video tell you about the importance of fine foods in Spain?

 For more activities, go to the *Authentic Resources Workbook*.

En el restaurante

Expansión Find other authentic resources for this chapter in *Auténtico* online, then answer the questions.

 5B Auténtico

Integración de ideas In the authentic resources you will learn about other restaurants. Identify cultural practices in the resources and write a short description of restaurants or foods from Spanish-speaking countries.

Comparación cultural Compare the dining experience in Spanish-speaking cultures that you have learned about in these resources to your own dining experiences.

Repaso del capítulo

OBJECTIVES
▶ Review the vocabulary and grammar
▶ Demonstrate you can perform the tasks on p. 269

🔊 Vocabulario

to talk about people

el hombre	man
la mujer	woman
el joven	young man
la joven	young woman

to describe people and things

alto, -a	tall
bajo, -a	short *(stature)*
corto, -a	short *(length)*
guapo, -a	good-looking
joven	young
largo, -a	long
viejo, -a	old
el pelo	hair
canoso	gray
castaño	brown (chestnut)
negro	black
rubio	blond
pelirrojo, -a	red-haired

to describe how someone is feeling

tener calor	to be warm
tener frío	to be cold
tener sueño	to be sleepy

to talk about food

delicioso, -a	delicious
desear	to want
pedir (e → i)	to order
el plato principal	main dish
de plato principal	as a main dish
el postre	dessert
de postre	for dessert
rico, -a	rich, tasty

For *Vocabulario adicional,* see pp. 472–473.

to describe table settings

el azúcar	sugar
la cuchara	spoon
el cuchillo	knife
la pimienta	pepper
el plato	plate, dish
la sal	salt
la servilleta	napkin
la taza	cup
el tenedor	fork
el vaso	glass

to talk about eating out

el camarero, la camarera	waiter, waitress
la cuenta	bill
el menú	menu

to express needs

Me falta(n) . . .	I need . . .
Quisiera	I would like
traer	to bring
Le traigo . . .	I will bring you . . .
¿Me trae . . . ?	Will you bring me . . . ?
yo traigo	I bring

other useful words

ahora	now
¿Algo más?	Anything else?
De nada.	You're welcome.
otro, -a	other, another
¡Qué + *adjective!*	How . . . !

Gramática

venir *to come*

vengo	venimos
vienes	venís
viene	vienen

Preparación para el examen

Más recursos Savvas.com/Autentico

☐ Games   🗂 Flashcards   ✏️ Instant check

▶ Tutorials   ▶ *Gram*Activa videos   ▶ Animated verbs

What you need to be able to do for the exam . . .	Here are practice tasks similar to those you will find on the exam . . .	For review go to your print or digital textbook . . .
Interpretive		
1 ESCUCHAR I can listen and understand as people complain to room service that something is missing from their order.	As you listen to complaints about room service, see if you can identify key details about whether there is: a) missing silverware; b) missing food; c) missing condiments; d) all of the above.	**pp. 248–251** *Vocabulario en contexto,* Actividad 2 **p. 254 Actividades 8–9** **p. 260 Actividades 18–19**
Interpersonal		
2 HABLAR I can use appropriate expressions and gestures to describe physical characteristics of family members to another person.	Your aunt and uncle are going to celebrate their anniversary with you in a restaurant, but they're late. You describe them to the waiter so that he can recognize them when they arrive. Mention at least two physical characteristics about each person, such as hair color, height, or age.	**pp. 248–251** *Vocabulario en contexto* **p. 252 Actividades 4–5** **p. 256 Actividad 12**
Interpretive		
3 LEER I can read and understand a letter about an upcoming visit with a relative.	As you read part of a letter about an upcoming trip to Santa Fe, can you determine what the writers are most looking forward to in the trip? What questions do they have about it? Queridos Alicia y Pedro: Nosotros también esperamos impacientemente nuestra visita a Santa Fe en el verano. Me encanta la idea de visitar una ciudad con mucha historia. Nuestra ciudad también es muy histórica. ¿Qué es una comida típica del Rancho de las Golondrinas?	**p. 255 Actividad 10** **p. 262** *Lectura*
Presentational		
4 ESCRIBIR I can write a short report telling whether people are coming to an event and what they are bringing with them.	You and your classmates decide to bring either a main dish, dessert, eating utensils, glassware, plates, or condiments for the Spanish Club party. Write a note to the club president indicating who is coming and what they are bringing. For example: *Ryan viene y trae las servilletas.*	**p. 256 Actividad 11** **p. 257 Actividades 13–14** **p. 265** *Presentación escrita*
Cultures		
5 COMPARAR I can demonstrate an understanding of cultural perspectives regarding meals.	Think about how you spend lunch or dinner time during the school week. What would be at least three things that would be different at mealtime if you were an exchange student in a Spanish-speaking country? What is a *sobremesa*?	**p. 253** *Cultura* **p. 260** *Cultura* **p. 264** *Perspectivas del mundo hispano*

CHAPTER OBJECTIVES

Communication

By the end of this chapter you will be able to:

- Listen to and read descriptions of bedrooms and colors.
- Talk and write about your room.
- Survey classmates about their bedrooms and compare theirs to your room.

Culture

You will also be able to:

- **Auténtico:** Identify cultural practices in an authentic video about homes and home decor.
- Make a *luminaria* and understand the history and significance of this tradition.

You will demonstrate what you know and can do:

- Presentación oral: Las personalidades de un dormitorio
- Repaso del capítulo: Preparación para el examen

You will use:

Vocabulary

- Bedroom items
- Electronic equipment
- Colors
- Describing, comparing, and contrasting

Grammar

- Making comparisons
- The superlative
- Stem-changing verbs: *poder* and *dormir*

ARTE y CULTURA ◀ España

Salvador Dalí (1904–1989) was a painter born in Figueras, Spain. This is one of his most famous paintings, made when he was only 20. Here he has painted his sister, who appears only from the back.

▶ Why do you think that Dalí painted her looking out the window rather than facing the viewer?

"Muchacha en la ventana" (1925), Salvador Dalí ▶

© 2009 Salvador Dalí, Gala-Salvador Dalí Foundation/Artists Rights Society (ARS), New York. Photo: Museo Español de Arte Contemporáneo, Madrid, Spain/The Bridgeman Art Library.

Dormitorio de una casa mexicana

▶ Videocultura **La casa**

Vocabulario en contexto

Julieta: Me gusta mi dormitorio. Aquí tengo todas mis **posesiones** más **importantes:** las fotos de mis amigos, mi computadora y mis libros. Mi dormitorio es **grande** y está ordenado. Pero no me gusta el color. Voy a pintar¹ las paredes de un color diferente. **¿De qué color?** ¿Te gusta el amarillo?

Julieta   **Marcos**

Marcos: No, ¡el amarillo es **el peor** color que existe! **Para mí** el azul es **el mejor** color. Creo que me gusta más mi **propio** dormitorio. Es **pequeño** y está un poco desordenado, pero allí tengo mi guitarra y mi música. Y las paredes son azules.

Julieta: ¡El azul me gusta! Voy a pintar las paredes del **mismo** color azul. Ahora, ¡solo necesito un **televisor** y un **equipo de sonido** nuevo!

¹to paint

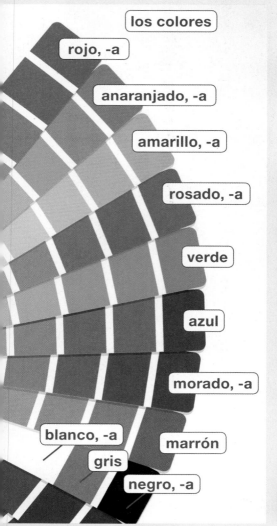

los colores

rojo, -a

anaranjado, -a

amarillo, -a

rosado, -a

verde

azul

morado, -a

blanco, -a

marrón

gris

negro, -a

la alfombra

el espejo

el despertador

el armario

el estante

la cómoda

Más vocabulario
el disco compacto = compact disc
el lector DVD = DVD player
el video = video

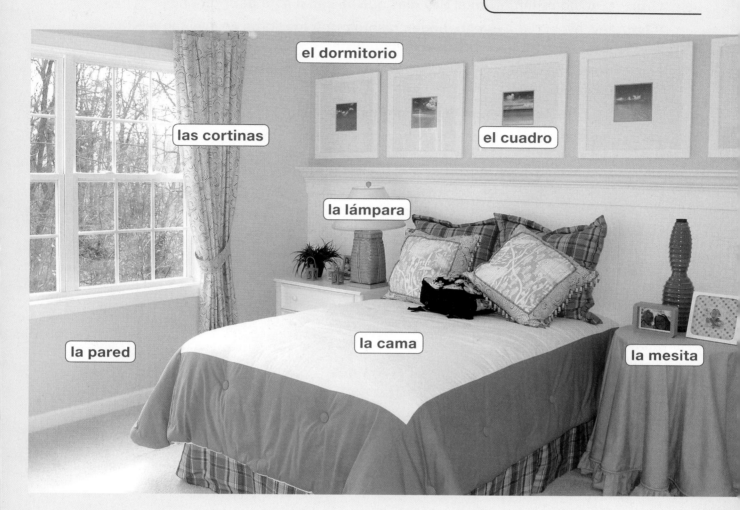

el dormitorio

las cortinas

el cuadro

la lámpara

la pared

la cama

la mesita

1

En el dormitorio

ESCUCHAR Mira la foto de arriba y escucha la descripción del dormitorio de Julieta. Señala cada cosa que menciona.

2

¿De qué color es?

ESCUCHAR Escucha las descripciones de las cosas que están en un dormitorio. Toca el color que escuchas en la gráfica de colores.

Pilar: ¿Vamos al centro comercial?

Leti: ¡No **puedo**! Tengo que organizar **las cosas** en mi cuarto.

Pilar: ¡Uf, qué **feo** está tu dormitorio! ¿Cómo puedes **dormir** con todas estas cosas sobre la cama?

Leti: ¡Eso no es importante! Hay días que mi cama está **peor que** hoy.

Pilar: ¡Ay, ay, ay, Leti! Bueno, podemos organizar los libros en el estante **a la derecha** y los videos **a la izquierda**.

Leti: Yo guardo la ropa en el armario… Ahora está **mejor que** antes, ¿verdad?

Pilar: Sí, pero ¡todavía está **menos** organizado **que** mi dormitorio!

Leti: ¡Ay, Pilar! ¡**Para mí** está muy **bonito**! **Para ti,** ¿cómo está?

Pilar: Está bien, ¡vamos de compras!

Pilar

Leti

3

El orden y el desorden

ESCRIBIR   Lee las oraciones y decide si son ciertas o falsas. Corrige (*Correct*) las oraciones falsas.

1. El cuarto de Leti está siempre muy desordenado.
2. Leti no puede ir al centro comercial con Pilar.
3. Pilar ayuda a Leti a organizar su dormitorio.
4. Leti nunca tiene cosas sobre su cama.
5. Mañana Pilar y Leti van a ir al centro comercial.
6. A Leti no le gusta tener cosas sobre su cama.
7. Leti y Pilar son buenas amigas.

Videohistoria

Go **Online** to practice

Savvas.com/Autentico

SAVVAS **realize**™

AUDIO VIDEO WRITING SCRIPT

En mi dormitorio

Before You Watch

Predicting Think about your bedroom. Does it reflect your interests and personality? How or how not? Use your knowledge of the characters to predict how Ximena and Camila might each decorate their bedroom.

Complete the Activity

En el dormitorio Mira las fotos y piensa en lo que sabes de Ximena y Camila. ¿Quién va a tener un cartel de arte o de fútbol en su dormitorio?

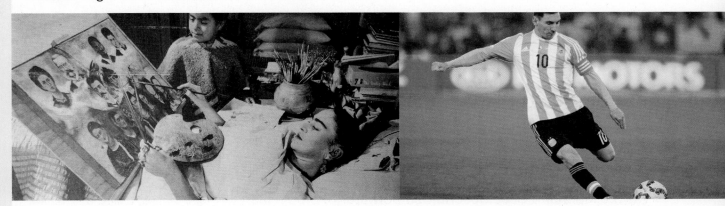

▶ Watch the Video

¿Crees que Ximena y Camila pueden compartir un dormitorio en verano?

Go to **Savvas.com/Autentico** to watch the video *En mi dormitorio* and to view the script.

Ximena **Camila**

After You Watch

¿COMPRENDES? Indica cuál de las chicas tiene estas cosas en su dormitorio, según el video: ¿Ximena, Camila, o las dos?

a. una cama
b. una lámpara
c. una mesita
d. un equipo de sonido
e. un espejo
f. unos cuadros
g. unos carteles
h. un escritorio
i. un despertador
j. una cómoda
k. un estante
l. un armario

Pregunta personal ¿Qué tienes en tu dormitorio? ¿Tienes más cosas que Ximena? ¿Tienes menos cosas que Camila?

Capítulo 6A • doscientos setenta y cinco **275**

Vocabulario en uso

OBJECTIVES
▶ Listen to a description of a room and label a room diagram
▶ Draw and describe your own room
▶ Exchange information while describing rooms and playing a game

4

Las palabras opuestas

ESCRIBIR Escribe las palabras de la lista y su opuesto *(opposite)*.

Modelo
día   *noche*

1. bonito
2. grande
3. derecha
4. peor

5. alto
6. negro
7. ordenado
8. joven

Strategy
Making word associations
Learning vocabulary as opposites helps you make quick associations to other words.

5

Escucha, dibuja y escribe

ESCUCHAR, ESCRIBIR Copia el dibujo en una hoja de papel. Vas a escuchar a Celia describir su dormitorio. Dibuja las cosas que ella menciona en los lugares *(places)* correctos y escribe las palabras en español para cada cosa.

También se dice . . .
el dormitorio = la habitación, la alcoba *(España);* la pieza *(Argentina, Chile);* la recámara *(México)*
bonito = lindo, chulo *(México);* mono *(España)*
marrón = de color café, castaño, de color chocolate *(México, América del Sur)*
la cómoda = el gavetero, el buró *(México, muchos países)*
el armario = el guardarropa, el ropero *(México, muchos países)*
pequeño = chico *(México, otros países)*

la puerta

la cama

la ventana

el dormitorio de Celia

6

Tu propio dormitorio

DIBUJAR, ESCRIBIR

1 Dibuja tu propio dormitorio. Escribe el nombre de ocho cosas en el dibujo.

2 Escribe siete frases para describir o *(either)* tu dormitorio o el dormitorio de Celia de la Actividad 5.

Modelo
El espejo está al lado de la cama.
Las cortinas en el dormitorio son largas.

¿Recuerdas?
Use *estar* to tell the location of items.
Use *ser* to tell what items are like.

7

¿Qué dormitorio es?

ESCUCHAR, HABLAR EN PAREJA   Trabaja con otro(a) estudiante. Muestra *(Show)* los dibujos de tu dormitorio y del dormitorio de Celia a tu compañero(a). Lee una de las frases que escribiste *(that you wrote)* en la Actividad 6. Tu compañero(a) tiene que identificar qué dormitorio describes.

Strategy
Labeling Put Spanish labels on the items in your bedroom so that you will see them every day. This will help you learn new words quickly.

Videomodelo
A —*El espejo está al lado de la cama.*
B —*Es tu propio dormitorio.*
o: —*Es el dormitorio de Celia.*

8

Juego

ESCUCHAR, HABLAR EN GRUPO   Trabajen en grupos de tres personas. Necesitan una moneda *(coin)* y uno de los dibujos de la Actividad 6. Una persona describe dónde está la moneda en el dormitorio. Los otros dos tratan de colocar *(try to place)* la moneda en el cuarto correctamente. La primera persona que coloca la moneda correctamente recibe un punto.

Modelo
La moneda está debajo de la cama.

9

¿Quién soy yo?

LEER, HABLAR EN PAREJA   Aquí tienes una adivinanza *(riddle)* popular en las escuelas primarias en México. Trabaja con otro(a) estudiante para resolver la adivinanza.

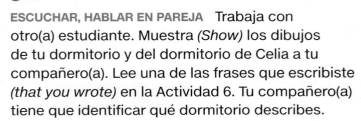

Cine no soy,
radio tampoco.
Tengo pantalla
y me creen poco.
¿Quién soy yo?

Gramática

OBJECTIVES
▶ Listen to a description of two different bedrooms
▶ Write about, discuss, and compare different music
▶ Exchange information while comparing opinions with a classmate

Making comparisons

Just as you can use *más . . . que* to compare two things, you can also use **menos . . . que** (*less . . . than*).

El disco compacto de Los Toros es **menos** popular **que** el disco compacto de Los Lobos.

*The CD by Los Toros is **less** popular **than** the CD by Los Lobos.*

The adjectives *bueno(a), malo(a), viejo(a),* and *joven* and the adverbs *bien* and *mal* have their own comparative forms. *Más* and *menos* are not used with these comparative adjectives and adverbs.

Adjective	Adverb	Comparative	
bueno, -a	**bien**	**mejor (que)**	*better than*
malo, -a	**mal**	**peor (que)**	*worse than*
viejo, -a		**mayor (que)**	*older than*
joven		**menor (que)**	*younger than*

Mejor, peor, mayor, and *menor* have plural forms that end in *-es.*

Los videos de Shakira son **mejores que** los videos de Juanes.

¿Recuerdas?

You have learned to use *más . . . que* to compare two things.

• La clase de inglés es **más** interesante **que** la clase de matemáticas.

Más recursos ONLINE

▶ *GramActiva* Video

▶ **Tutorials:** Comparing things that are equal, Comparing things that are not equal

✎ *GramActiva* Activity

10

Dos dormitorios

ESCUCHAR, ESCRIBIR En una hoja de papel, escribe los números del 1 al 6. Escucha las seis comparaciones de los dormitorios de Paco y de Kiko. Escribe *C* si la frase es cierta o *F* si es falsa.

El dormitorio de Paco

El dormitorio de Kiko

11

¡Viva la música!

ESCRIBIR EN PAREJA

1 Escribe cinco frases con comparaciones de los varios tipos de música que ves aquí. Usa estos *(these)* adjetivos en la forma correcta con *más . . . que o menos . . . que*.

Modelo

Para mí, la salsa es más divertida que la música rap.

2 Escribe tus comparaciones en un email a otro estudiante para ver si Uds. están de acuerdo.

aburrido, -a	interesante
bonito, -a	popular
divertido, -a	serio, -a
feo, -a	triste
importante	

> ### Para decir más . . .
> | | |
> |---|---|
> | los blues | la música rap |
> | la música reggae | el jazz |
> | la música clásica | la música rock |
> | la música folklórica | la salsa |
> | la música hip-hop | |

Modelo

A —*Para mí, la salsa es más divertida que la música rap.*

B —*Sí, estoy de acuerdo, pero la salsa es menos popular que la música rap.*

12

¿Cómo se comparan los dos?

ESCRIBIR EN PAREJA Escribe mensajes a otro estudiante para expresar tu opinión. Escoge una categoría de la lista y, en tu mensaje, escribe una comparación entre dos cosas o personas según la categoría. Tu compañero(a) debe contestar tu mensaje.

1. actividades
2. deportes
3. comidas
4. clases
5. libros o revistas
6. personas famosas

Modelo

actividades

A —*Ir al cine es mejor que **ver un video**.*

B —*Estoy de acuerdo. Ver un video es menos divertido que ir al cine. / No estoy de acuerdo. Ver un video es más divertido porque estás en casa.*

CULTURA ‹ **El mundo hispano**

Los premios **Grammy Latinos** reconocen[1] el talento de artistas de todo el mundo que hablan español y portugués cada año. En los últimos[2] años, los ganadores[3] de los Grammy Latinos incluyeron a Alejandro Sanz, Juan Luis Guerra, Nelly Furtado, Natalia Lafourcade, Rubén Blades, Café Tacuba, Juanes y Marc Anthony.

Pre-AP® Integration: Las artes visuales y escénicas ¿Por qué son importantes los premios Grammy Latinos para los artistas de habla hispana?

---

[1]recognize [2]last [3]winners

La artista mexicana de pop Natalia Lafourcade, con cuatro de sus premios Grammy ▶

Gramática

OBJECTIVES
▶ Discuss and write about the best and worst
▶ Exchange information about bedrooms and colors
▶ Compare technology use in Spain to your class
▶ Identify flags from the Spanish-speaking world and design your own flag

The superlative

To say that someone or something is the "most" or "least," use:

definite article (**el, la, los, las**) + noun + **más / menos** + adjective

La foto de mi familia es **la posesión más importante** para mí.

To say that someone or something is the "best" or the "worst," use:

definite article + **mejor(es) / peor(es)** + noun

Rojo y azul son **los mejores colores** para mi dormitorio.

Más recursos ONLINE

▶ *GramActiva* Video
▶ **Tutorial:** Superlatives
✎ *GramActiva* Activity

13

Las posesiones de tu casa

HABLAR EN GRUPO Habla con el grupo sobre los objetos de la vida diaria en tu casa. Pregunta y contesta según el modelo.

1. posesión / importante
2. disco compacto / popular
3. video / gracioso
4. foto / bonita
5. videojuego / divertido
6. libro / interesante

Videomodelo

cuadro/bonito

A —*Para ti, ¿cuál es el cuadro más bonito?*

B —*Para mí, el cuadro más bonito es el cuadro de las flores rojas y amarillas.*

14

Los premios del año

HABLAR EN GRUPO, ESCRIBIR

1 En grupos de cuatro estudiantes, pregunta y contesta sobre las mejores y peores cosas del año. Decide el (la) mejor y el (la) peor de cada categoría de la lista y escribe una frase para cada una.

1. el programa de televisión
2. el video
3. el grupo musical
4. la película
5. el disco compacto

2 Prepara una presentación para la clase para dar un premio (*give a prize*) para las categorías indicadas.

Videomodelo

el mes

A —*Para ti, ¿cuál es el mejor mes del año?*

B —*Para mí, el mejor mes del año es junio.*

A —*¿Y cuál es el peor mes del año?*

B —*El peor mes del año es enero.*

Modelo

Nuestro grupo da el premio al mejor mes del año a junio. Nuestro grupo da el premio al peor mes del año a enero.

15

Tus propias cosas

HABLAR EN PAREJA, ESCRIBIR

1 Habla con otro(a) estudiante sobre las cosas que tienes en tu dormitorio. Pregunta y contesta según el modelo. Escribe las respuestas en una hoja de papel.

Estudiante A

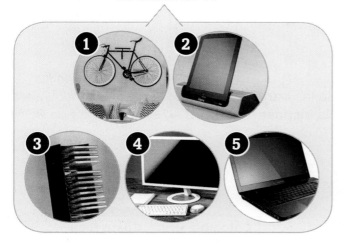

Videomodelo

A —¿*Tienes **tu propio equipo de sonido**?*

B —*Sí, tengo **mi propio equipo de sonido**. ¿Y tú?*

A —*No, pero puedo usar el equipo de sonido de mi familia.*

Estudiante B

Sí, tengo mi propio(a) . . .
No, pero comparto . . .
   con . . .
No, pero puedo usar . . .
   de mi familia.
No, no tengo . . .

2 Trabajen con otra pareja. Sumen (*Add together*) los resultados del paso (*step*) 1. Escriban frases para presentar los resultados a la clase. Compartan los resultados del grupo de ustedes con los otros grupos y sumen los resultados de toda la clase.

Modelo

Cuatro estudiantes tienen computadoras en su dormitorio.

3 Determinen un porcentaje (*percentage*) para cada cosa y creen (*create*) una gráfica para demostrar los resultados.

16

Cataluña y la tecnología

COMPARAR, ESCRIBIR, HABLAR Estudia la gráfica y contesta las preguntas.

1. ¿Cuáles son los aparatos más populares en las casas en la región de Cataluña, en España?

2. Haz una encuesta en tu clase. Escribe frases para comparar los resultados de tu clase y la información de la gráfica.

Modelo

Nosotros tenemos más lectores DVD que . .

Mapa global interactivo Explora la región de Cataluña en el noreste de España.

Porcentaje de tecnología en las casas catalanas

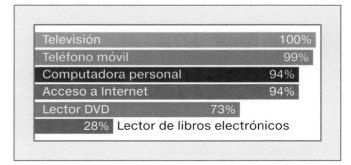

Televisión	100%
Teléfono móvil	99%
Computadora personal	94%
Acceso a Internet	94%
Lector DVD	73%
28% Lector de libros electrónicos	

¿De qué color es tu día?

ESCRIBIR, HABLAR ¿Cuáles son los colores que asocias con estas palabras? Escribe los colores.

1. contento
2. calor
3. artístico
4. horrible

5. reservado
6. triste
7. frío

8. sociable
9. gracioso
10. aburrido

Modelo
regular *gris*

Y para ti, ¿cuál es el color de tu personalidad?

Las banderas

HABLAR EN PAREJA Identifica los colores de las banderas de los países (*countries*) o lugares de habla hispana. Trabaja con otro(a) estudiante.

Videomodelo
A —*La bandera tiene los colores rojo, amarillo y verde.*
B —*¿Es la bandera de Bolivia?*
A —*Sí.*

| **Argentina** | **Bolivia** | **Chile** | **Colombia** | **Costa Rica** |

| **Cuba** | **Ecuador** | **El Salvador** | **España** | **Guatemala** |

| **Guinea Ecuatorial** | **Honduras** | **Nicaragua** | **Panamá** | **Paraguay** |

| **Perú** | **Puerto Rico** | **República Dominicana** | **Uruguay** | **Venezuela** |

CULTURA México

La bandera mexicana tiene[1] una historia fascinante. La tradición dice que los aztecas crearon su capital, Tenochtitlán, en el lugar donde había un águila sobre un cactus comiendo[2] una serpiente. Esta imagen está en la bandera mexicana.

Pre-AP® Integration: La identidad nacional y la identidad étnica ¿Qué banderas de los Estados Unidos puedes identificar que tienen un símbolo importante para su historia?

[1]has [2]eating

19

¿Qué significan los colores?

LEER, ESCRIBIR En la psicología, hay un estudio de los significados *(meanings)* de diferentes colores en diferentes culturas. Lee las descripciones aquí para contestar las preguntas.

Conexiones ◄ Las ciencias sociales

 En muchas culturas, el verde significa buena salud, la primavera, las plantas y tranquilidad. Es un color de la paz.[1]

 El blanco, en las culturas de las Américas, significa generalmente inocencia y paz. En ciertas culturas asiáticas, el blanco significa la muerte.[2]

 El color que expresa energía, pasión y acción en muchas culturas diferentes es el rojo.

 En muchas culturas, el amarillo significa atención, precaución, el sol y la energía. Es muy fácil ver el amarillo y se usa mucho para los taxis.

 Un color que expresa protección, autoridad, confianza[3] y armonía es el azul. Vemos este color mucho en los uniformes de la policía y los militares.

Find words or expressions in the reading to explain the following uses of color:
- yellow traffic light
- green recycling symbol
- blue police uniform
- red roses for Valentine's Day

[1]peace [2]death [3]confidence

20

¿Una bandera para ti?

 ESCRIBIR, HABLAR Imagina que vas a diseñar *(design)* una bandera para una organización, un club o un equipo *(team)*. ¿Qué colores vas a usar? ¿Por qué?

21

Y tú, ¿qué dices?

 ESCRIBIR, HABLAR

1. ¿Cuáles son tus colores favoritos? ¿Qué posesiones tienes en tu dormitorio de estos colores?

2. Escribe una lista de cinco cosas que están en tu dormitorio y el color de cada cosa. Usa estructuras y vocabulario de esta lección. Por ejemplo: *Tengo una lámpara anaranjada.*

3. ¿De qué colores son los libros y las carpetas que tienes para tus clases?

Gramática

OBJECTIVES
- ▶ Listen to, write, and discuss rules
- ▶ Read, write, and talk about sleep habits
- ▶ Describe objects to play a guessing game
- ▶ Design a dream bedroom for a classmate

Stem-changing verbs: *poder* and *dormir*

Like *jugar, poder* and *dormir* are stem-changing verbs. They have a change from *o → ue* in all forms except *nosotros* and *vosotros*. Here are the present-tense forms:

> **¿Recuerdas?**
> You use *puedo* and *puedes* to say what you can or cannot do:
> —¿**Puedes** ir a la fiesta conmigo?
> —No, no **puedo**.

(yo)	**puedo**	(nosotros) (nosotras)	**podemos**
(tú)	**puedes**	(vosotros) (vosotras)	**podéis**
Ud. (él) (ella)	**puede**	Uds. (ellos) (ellas)	**pueden**

(yo)	**duermo**	(nosotros) (nosotras)	**dormimos**
(tú)	**duermes**	(vosotros) (vosotras)	**dormís**
Ud. (él) (ella)	**duerme**	Uds. (ellos) (ellas)	**duermen**

22

Rompecabezas

 LEER, ESCRIBIR ¿Cuántas horas duermen las personas en esta familia? Escribe la forma apropiada del verbo *dormir* para cada frase. Después contesta la pregunta.

¡Mis hermanos y yo __1.__ 50 horas al día! Es mucho, ¿no? Tomás, mi hermano mayor, __2.__ menos, seis horas al día. Catalina __3.__ más horas que todos—cuatro horas más que Tomás. Guillermo y yo __4.__ el mismo número de horas. Juntos *(Together)* nosotros __5.__ el mismo número de horas que Tomás y Catalina. Paco y Laura __6.__ el mismo número de horas. ¿Cuántas horas duerme cada persona (Tomás, Catalina, Guillermo, Paco, Laura y yo)?

> **Más recursos** ONLINE
> - ▶ *GramActiva* Video
> - ▶ Animated Verbs
> - ◀))) *Canción de hip hop:* ¡No podemos dormir!
> - ✎ *GramActiva* Activity

> **Nota**
> When the forms of *poder* are followed by another verb, the second verb is in the infinitive form.
> - Ana no **puede hablar** español.

23

El campamento Nadadivertido

 ESCUCHAR, ESCRIBIR, HABLAR Es el primer día en el campamento de verano Nadadivertido. Tu amigo(a) nunca escucha nada. Escucha las reglas *(rules)* del campamento y después contesta las preguntas de tu amigo(a).

1. ¿Podemos usar el equipo de sonido en la tarde?
2. ¿Quiénes no pueden ir a los dormitorios de los chicos?
3. ¿Podemos ver videos en los dormitorios?
4. ¿Cuándo podemos escuchar discos compactos?
5. ¿Podemos beber refrescos en la cama?
6. ¿Podemos dormir hasta *(until)* las nueve?

24

Las reglas

ESCRIBIR, HABLAR EN PAREJA   Tienes que cuidar *(baby-sit)* a dos niños y no sabes las reglas de su casa. Primero escribe cinco preguntas para ellos. Después pregunta y contesta según el modelo. Aquí está una lista de verbos que puedes usar:

beber	escuchar	jugar
comer	ir	ver

Videomodelo

A —¿Uds. pueden comer helado después de las siete?

B —No, nunca podemos comer helado después de las siete.

o: —¡Por supuesto! Siempre podemos comer helado después de las siete.

25

¡Podemos hacer muchas cosas!

HABLAR EN PAREJA   Trabaja con otro(a) estudiante para decir qué pueden hacer diferentes personas con las posesiones que tienen.

Videomodelo

Marcos / sacar fotos

A —¿Marcos **puede sacar fotos**?

B —¡Por supuesto! **Tiene una cámara muy buena.**

o: —No. No **tiene una cámara.**

Estudiante B

Estudiante A

1. Uds. / ver películas en casa
2. Raquel / hacer la tarea de álgebra
3. tu papá (o tu mamá) / usar el Internet
4. tú / escuchar discos compactos
5. Guille y Patricio / jugar videojuegos

¡Respuesta personal!

Pronunciación ◀ The sounds of *r* and *rr*

Except at the beginning of a word or after *l* or *n,* the sound of the letter *r* is similar to the *dd* in the English word *ladder*. Listen to and say these words:

derecha	quiero	amarillo	bandera
pero	puerta	alfombra	morado

The sound of *rr* is similar to saying "batter, batter, batter" over and over again very quickly. Listen to and say these words:

perro	correr	guitarra	marrón
aburrido	arroz	pelirrojo	horrible

When *r* is the first letter of a word or comes after *l* or *n,* it is pronounced like the *rr*.

Roberto	Rita	Ricardo	rojo	regalo
rubio	radio	reloj	romper	Enrique

Try it out! Listen to and say this *trabalenguas*:

Erre con erre cigarro,
erre con erre barril.
Rápido corren los carros,
cargados de azúcar
del ferrocarril.

26

¿Duermes bien?

LEER, ESCRIBIR, HABLAR Lee este artículo de una revista y contesta las preguntas.

1. Según el artículo, ¿cuál es el problema?

2. ¿Qué porcentaje de las personas duerme menos de ocho horas diarias durante la semana?

3. ¿El artículo presenta estas ideas? Contesta *sí* o *no*.

   Las personas que duermen poco . . .
   . . . generalmente están más cansadas.
   . . . trabajan mejor.
   . . . juegan mucho y hacen ejercicio.
   . . . son menos sociables.

4. Y tú, durante los fines de semana, ¿cuántas horas duermes en la noche?

¿Cuántas horas duermes por noche?

Un nuevo estudio indica que muchos adultos no duermen ni[1] seis horas por noche, y afecta mucho a su calidad de vida.[2]

Durante la semana:
8 ó más, Menos de 6, 15%, 30%, 24%, 29%, 6 a 6.9, 7 a 7.9

Fines de la semana:
Menos de 6, 10%, 6 a 6.9, 12%, 8 ó más, 52%, 22%, 7 a 7.9

Las personas que duermen menos de seis horas por noche:
- Tienen más estrés y fatiga.
- Están más tristes y menos alertas.
- Hacen peor su trabajo.
- Sufren más lesiones[3].
- Tienen más problemas de relaciones interpersonales.
- Comen más de lo usual.
- Tienen menos energía.

[1]not even [2]quality of life [3]injuries

Exploración del lenguaje ‹ Using root words

You can build your vocabulary, both in Spanish and in English, if you recognize the root of a word and know its meaning. For example, because you know the root of one word, *comer,* you can more easily learn another word, *la comida.*

Try it out! Because you know the root of *beber,* you can easily remember *la __?__*. And since you know *ver la televisión,* you can easily recognize *el __?__*.

Once you learn another language, your mastery of your own language can increase. This is because you begin to use words from your second language to help you understand words in English that are new to you.

Try it out! Since you know *verde, azul,* and *gris,* what do you think these words mean?

verdant fields   *azure* sky   a *grizzled* old man

CULTURA ‹ El mundo hispano

La siesta, un descanso[1] corto después de un gran almuerzo al mediodía, se practica en España y otros países de habla hispana desde hace siglos[2]. Con las presiones del mundo moderno y en las grandes ciudades[3], muchas personas ya no hacen la siesta.

Pre-AP® Integration: Las tradiciones y los valores ¿Qué crees que es bueno y malo de hacer la siesta todos los días?

[1]rest [2]for centuries [3]big cities

En España, muchas tiendas cierran entre las 14:00 y las 16:30 horas.

27

Juego

🎤 **ESCRIBIR, HABLAR EN GRUPO** Con otro(a) estudiante, describe tres cosas y escribe las descripciones. Lee las frases a otra pareja para ver si ellos pueden identificar las cosas.

▶ **Videomodelo**

A —*Es una cosa que toca música. Puede ser grande o pequeño. Está en muchas casas. ¿Qué es?*

B —*Es un equipo de sonido.*

Strategy
Circumlocution When you don't know or can't remember the word for something, you can describe it. You can tell what it is used for, what size it is, what color it is, where it is often found, and so on.

28

Y tú, ¿qué preguntas?

🎤 **ESCRIBIR, HABLAR EN PAREJA, DIBUJAR**

1 Escribe cinco preguntas que puedes hacer *(ask)* a otra persona. Puedes preguntar sobre las actividades que le gustan, cómo es, sus colores favoritos, sus intereses en música y deportes.

2 Haz tus preguntas a otro(a) estudiante. Escribe sus respuestas.

3 Dibuja un dormitorio especial para el (la) estudiante según sus respuestas a tus preguntas. Usa lápices de color. Presenta tu dibujo a tu compañero(a) y explica por qué el dormitorio es especial para él o ella.

Modelo

El dormitorio es especial para ti porque tus colores favoritos son el azul y el rojo.
Hay una foto de Rafael Nadal en la cómoda porque te gusta mucho el tenis.
Hay muchas fotos en las paredes porque también sacas fotos de tus amigos.
Tú eres muy gracioso y desordenado. Hay muchos libros y revistas en la cama.
Te gusta escuchar música hip-hop. Aquí, en el estante, están tus discos compactos.

El español en la comunidad

In many communities in the United States, you can see the influence of Spanish-style architecture. Spanish-style buildings often have tile roofs, stucco exteriors, and interior courtyards or patios.

• Identify houses, buildings, or neighborhoods in your community that feature this style. Draw or take a picture of one example.

Lectura

OBJECTIVES
▶ Read a comment and a response in a personal blog
▶ Look for cognates to help you understand what you read
▶ Explore differences in technology use in the Spanish-speaking world

El desastre en mi dormitorio

Lee este comentario para Magdalena.
Ella da soluciones a los problemas de los jóvenes en su blog personal.

Strategy
Using cognates As you read the letter and response, look for cognates to help you better understand Rosario's problem. Try to guess the meaning of some of the cognates: *el desorden, la situación, recomendar, considerar.*

El blog de Magdalena

R ### Querida Magdalena:

Mi problema tiene un nombre: es mi hermana Marta. Compartimos el mismo dormitorio y estoy desesperada. Todo en mi lado del dormitorio está en orden. Pero su lado es un desastre. Ella es la reina del desorden. Le encanta comer en el dormitorio. Hay pizza debajo de la cama. Hay botellas de agua en la mesita. Hay postre en el escritorio. Es horrible. Siempre deja¹ ropa,² revistas y todas sus posesiones en el suelo,³ en la mesita, en la cama. ¡No hay ni un libro en el estante!

Y ella no usa su propio equipo de sonido, ¡no! Usa mi equipo y sin pedir⁴ permiso. Y escucha música a toda hora (y a un volumen muy alto) y ¡yo no puedo dormir!

Las paredes en su lado del dormitorio son amarillas. Es el peor color y es feísimo. Mi color favorito es el rosado, claro. Es más bonito que el amarillo, ¿no?

Estoy cansada de compartir el dormitorio con ella y con su desorden.

¿Qué debo hacer?

Rosario Molino ☹
Montevideo,
Uruguay

---

¹leaves ²clothing ³floor
⁴asking for

M Querida Rosario:

¡Qué problema! Es difícil compartir un dormitorio con otra persona, especialmente si la persona es tu hermana. Uds. son muy diferentes, ¿no? Tú eres más ordenada que ella. Ella cree que el color amarillo es el más bonito.

Necesitas hablar con tu hermana delante de tus padres. Tienes que explicar[5] la situación y recomendar unas soluciones. Es necesario encontrar[6] un punto intermedio.[7] Si la situación no es mejor después de unas semanas, tienes que considerar la posibilidad de separar el dormitorio con una cortina. ¡Pero no debe ser una cortina ni rosada ni amarilla!

Tu amiga,

Magdalena ☺

[5]explain [6]find [7]middle ground

✎ ¿Comprendes?

Lee las frases y decide quién dice *(says)* la frase. ¿Es Rosario, Marta o su madre?

1. "Pero me gusta comer en la cama y escuchar música".

2. "Soy una persona muy simpática y el color rosado representa mi personalidad".

3. "Estoy muy ocupada y no tengo tiempo para 'un dormitorio perfecto'".

4. "Uds. tienen que respetar las posesiones de la otra".

5. "Mi color favorito es el amarillo. No me gustan los colores rosado, anaranjado o azul".

6. "Ella debe pedir permiso para escuchar mis discos compactos".

7. "Tu hermana no es ordenada como tú. Tienes que ser más paciente".

🎤 Y tú, ¿qué dices?

¿Eres desordenado(a) como *(like)* Marta o eres ordenado(a) como Rosario? ¿En qué? Incluye dos ejemplos en tu respuesta.

CULTURA ▸ **El mundo hispano**

Los aparatos electrónicos En todos los países hispanos hay aparatos electrónicos modernos. Es muy importante la comunicación instantánea y los medios electrónicos. Sin embargo[1], el acceso a las tecnologías como Internet varía[2] de país a país, o en diferentes regiones. El mundo hispano usa más computadoras cada día, pero en las casas de las familias las computadoras no son tan comunes como en los Estados Unidos.

Pre-AP® Integration: El acceso a la tecnología ¿Crees que la geografía es un factor importante en el acceso a Internet en los países hispanos? ¿Por qué?

[1]However [2]varies

La cultura en vivo

Las luminarias

Para celebrar Navidad en México y el suroeste de los Estados Unidos, las personas hacen luminarias con bolsas, velas y arena. Las luminarias están organizados en línea junto a ventanas, caminos y tejados y iluminan para dar la bienvenida[1] a los visitantes.

Esta tradición tiene más de 300 años, cuando los habitantes junto al Río Grande hacían hogueras[2] para iluminar y dar calor en el camino a la iglesia en Nochebuena[3]. Las luminarias de hoy son del estilo de la década de 1820. Los comerciantes trajeron papel marrón a la región y pusieron velas en arena dentro de las bolsas de papel.

Comparación cultural ¿Qué decoraciones usas para eventos? ¿Cómo usan la luz las culturas diferentes para decorar?

Luminarias en Nuevo México

Mapa global interactivo Explora el Río Grande y la frontera entre Tejas y México.

[1]welcome [2]made bonfires [3]Chris

Here's how you can make your own luminarias.

Directions

1. Trace a pattern on the side of the bag, leaving at least 4 inches at the top and 3 inches at the bottom. You may want to use the pattern in Fig. 1 or create your own.

Figure 1

2. Cut out the design, cutting through both sides of the bag. *(Fig. 1)*

3. Open the bag and fold down a 2" cuff around the top. *(Fig. 2)*

Figure 2

4. Fill the bag $\frac{1}{4}$ full of sand.

5. Place a flashlight in the sand. *(Fig. 3)*

Figure 3

6. Place the completed luminarias along your walkway, turn on the small flashlights, and enjoy these symbols of hope and joy for any special occasion.

Materials

- 12" paper lunch bags
- sand
- small flashlights
- scissors

Variations

1. Use white or brightly colored bags.

2. Paste or glue white or pastel tissue paper behind the cut-out design.

3. Cut a scalloped edge along the top of the bag instead of folding down the cuff.

4. Instead of sand, use soil, cat litter, or gravel to hold the flashlight in place.

Presentación oral

OBJECTIVES
▶ Describe someone's personality based on his/her bedroom
▶ Use a word web to organize your ideas

Go **Online** to practice

Savvas.com/Autentico

SPEAK/RECORD   MAPA GLOBAL

La personalidad de un dormitorio

Strategy

Using graphic organizers A word web can help you organize your ideas and supporting opinions for a presentation.

TASK You are studying how a bedroom reflects the personality of its owner(s). Describe a photo or drawing of a bedroom and explain your opinion of what its contents and colors tell about the owner's personality.

1 Prepare Bring in a photo, magazine picture, or drawing of a bedroom. Use this word web to think through what you want to say about the room and the personality of its owner. Then answer the questions.

• En tu opinión, ¿cómo es la persona que vive *(lives)* en el dormitorio? ¿Qué le gusta hacer?

2 Practice Go through your presentation several times. You can use your notes to practice, but not to present. Try to:

• support your statements with examples
• use complete sentences
• speak clearly

3 Present Show your picture and describe the bedroom and the personality behind it.

4 Evaluation The following rubric will be used to grade your presentation.

¿De qué color es?

¿Qué hay en el dormitorio?

el dormitorio

¿Qué cosas hay en las paredes?

¿Cómo es el dormitorio?

Rubric	Score 1	Score 3	Score 5
Completeness of presentation	You describe the room, but have no visual.	You describe the room with a visual, but give no opinion.	You describe the room with a visual, and give your opinion.
Amount of information you communicate	You include two categories from the word web.	You include three categories from the word web.	You include all four categories from the word web.
How easily you are understood	You are extremely difficult to understand. Your teacher could only recognize isolated words and phrases.	You are understandable, but have frequent errors in vocabulary and/or grammar that hinder your comprehensibility.	You are easily understood. Your teacher does not have to "decode" what you are trying to say.

Auténtico

Partnered with EFE:

Casa Decor

Use the Strategy: Inferring Meaning

As you watch the video, rely on the image and your prior knowledge of English and home decorating shows on television to infer what will be discussed in the video.

Read this Key Vocabulary

diseñadores = designers

modernidad = modernity

experiencia para los sentidos = an experience for the senses

disfrutar = to enjoy

Ve el video

If you could decorate a house in any way, what would the rooms look like? What colors would you use? What kind of furniture would you place in your house?

Go to **Savvas.com/Autentico** and watch the video *Casa Decor viste un edificio de Chueca en Madrid* to see how a group of designers transformed a house in Madrid.

Completa las actividades

Mientras ves As you watch the video, think back to any shows you have seen about decorating a house. Which of the following ideas might be part of the designers' goals? Mark the statements as true (*Cierto*) or false (*Falso*) according to the video.

- **Hacer una casa totalmente moderna**
- **Combinar estilos en una casa**
- **Tener tecnología y naturaleza**
- **Creación de espacios funcionales**
- **Diseñar para personas que quieren estar en casa**

Integración

Después de ver Review the video and infer meaning from the images and context to answer the following questions.

1. ¿Qué colores usan los diseñadores?

2. ¿Es sofisticada o elegante la casa?

3. ¿El diseño es para personas jóvenes o mayores?

4. ¿Cuál es tu opinión de la casa? ¿Te gusta?

 For more activities, go to the *Authentic Resources Workbook.*

La casa ideal

Expansión Busca otros recursos en *Auténtico* en línea. Después, contesta las preguntas.

 6A Auténtico

Integración de ideas In the authentic resources you will learn about other types of housing. Use the resources to write, in Spanish, a description of housing in the Spanish-speaking world.

Comparación cultural Compare housing in Spanish-speaking cultures that you have learned about in these resources to styles of housing in your experience.

OBJECTIVES
▶ Review the vocabulary and grammar
▶ Demonstrate you can perform the tasks on p. 295

🔊 Vocabulario

to talk about things in a bedroom

la alfombra	rug
el armario	closet
la cama	bed
la cómoda	dresser
las cortinas	curtains
el cuadro	painting
el despertador	alarm clock
el dormitorio	bedroom
el espejo	mirror
el estante	shelf, bookshelf
la lámpara	lamp
la mesita	night table
la pared	wall

to talk about electronic equipment

el disco compacto	compact disc
el equipo de sonido	sound (stereo) system
el lector DVD	DVD player
el televisor	television set
el video	video

to talk about colors

¿De qué color . . . ?	What color . . . ?
los colores	colors
amarillo, -a	yellow
anaranjado, -a	orange
azul	blue
blanco, -a	white
gris	gray
marrón	brown
morado, -a	purple
negro, -a	black
rojo, -a	red
rosado, -a	pink
verde	green

For *Vocabulario adicional,* see pp. 472–473.

to describe something

bonito, -a	pretty
feo, -a	ugly
grande	large
importante	important
mismo, -a	same
pequeño, -a	small
propio, -a	own

to indicate location

a la derecha (de)	to the right (of)
a la izquierda (de)	to the left (of)

to compare and contrast

mejor(es) que	better than
el / la mejor; los / las mejores	the best
menos . . . que	less, fewer . . . than
peor(es) que	worse than
el / la peor; los / las peores	the worst

other useful words

la cosa	thing
para mí	in my opinion, for me
para ti	in your opinion, for you
la posesión	possession

Gramática

stem-changing verbs: *dormir* **and** *poder*

duermo	dormimos
duermes	dormís
duerme	duermen

puedo	podemos
puedes	podéis
puede	pueden

Preparación para el examen

What you need to be able to do for the exam . . .	Here are practice tasks similar to those you will find on the exam . . .	For review go to your print or digital textbook . . .

Interpretive

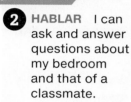

1 ESCUCHAR I can listen to and understand descriptions of bedrooms.

You will be spending a month in a Spanish immersion camp. You go to the camp Web site and click on the audio descriptions of the student rooms. Which items are provided? Which items do you have to bring?

pp. 272–275 *Vocabulario en contexto*
p. 276 Actividad 5
p. 277 Actividad 7
p. 281 Actividad 15

Interpersonal

2 HABLAR I can ask and answer questions about my bedroom and that of a classmate.

You are asked to survey several classmates about their bedrooms to describe the "typical" teenage room in everyday life. Ask a partner at least three questions including: a) the color of his or her room; b) whether or not there is a TV; c) whether he or she is able to study well in the room; d) what is on the walls. Answer your partner's questions also.

pp. 272–275 *Vocabulario en contexto*
p. 277 Actividad 7
p. 281 Actividad 15

Interpretive

3 LEER I can read and understand descriptions of bedroom colors that are associated with particular personality types.

Decorators say that the colors of a room's walls should match the personality of the person living in it. Based on the descriptions of a "yellow personality" and a "blue personality," what kind of room best suits you? Why or why not?

A las personas más sociables les gustan los dormitorios amarillos. Es el color más popular para los jóvenes a quienes les gusta hablar y hablar por teléfono. ¡Ellos son los mejores amigos!

Al contrario, a las personas más serias les gustan los dormitorios azules. Ellos son los mejores estudiantes y los peores cómicos.

p. 282 Actividad 17
p. 283 Actividad 19
pp. 288–289 *Lectura*

Presentational

4 ESCRIBIR I can write a short paragraph comparing my bedroom to a friend's bedroom.

After surveying classmates, you are asked to write a comparison of your room to that of one of the people you surveyed. Use the information from Task 2 to practice. You might compare: a) the colors; b) the sizes; c) the types of furniture; d) the number of different things on the walls.

p. 277 Actividad 6
p. 278 Actividad 10
p. 291 *Presentación oral*

Cultures

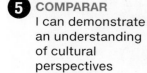

5 COMPARAR I can demonstrate an understanding of cultural perspectives regarding a celebration.

Explain the historical significance of *las luminarias*. What is the history of other decorations used in the celebrations of different cultures?

p. 290 *La cultura en vivo*

¿Cómo es tu casa?

España
Arizona
Venezuela
Panamá
Chile

CHAPTER OBJECTIVES

Communication

By the end of this chapter you will be able to:

- Listen to conversations about chores and read housing ads.
- Talk about household chores and write a description of a house or apartment.
- Exchange information while giving advice.

Culture

You will also be able to:

- **Auténtico:** Identify cultural practices in an authentic video about household chores.
- Understand cultural perspectives regarding homes and privacy.
- Explain how houses in the Spanish-speaking world compare to those in the United States.

You will demonstrate what you know and can do:

- Presentación escrita: Se vende casa o apartamento
- Repaso del capítulo: Preparación para el examen

You will use:

Vocabulary

- Houses and apartments
- Rooms
- Household chores

Grammar

- Affirmative *tú* commands
- The present progressive tense

ARTE y CULTURA ‹ Chile

La arpillera is a popular textile folk art of rough patchwork appliqués created by women in Chile. Done in brilliant colors, the themes show the story of daily life, traditions, and values in the country.

▶ What other types of crafts have you seen that portray life in a region or country?

 Mapa global interactivo Explore Chile's geography and the country's natural features.

Arpillera de Chile ▶

Go **Online** to practice

SAVVAS realize

Savvas.com/Autentico

AUDIO

VIDEO

WRITING

SPEAK/RECORD

MAPA GLOBAL

AUTÉNTICO

FLASCHARDS

ETEXT 2.O

GAMES

Una casa en Tenerife,
Islas Canarias, España

Videocultura **La casa**

Vocabulario en contexto

OBJECTIVES

Read, listen to, and understand information about rooms in a house, household chores, and how to tell someone to do something.

🔊 ❝Aquí está nuestra casa. Es más bonita que nuestro **apartamento** viejo. Tiene tres dormitorios, un despacho y una sala grande. También está **bastante cerca** de mi escuela. Y tú, ¿**vives** en una casa o en un apartamento?❞

Más vocabulario
lejos = far (from)

el comedor

el despacho

la escalera

el baño

la sala

el segundo piso

el primer piso

la planta baja

el sótano

el garaje

"Todos tenemos que **ayudar** con **los quehaceres** en la casa. Para organizar el trabajo vamos a usar una aplicación. Mamá va a **cocinar**. Su **cuarto** favorito es **la cocina**. Papá va a lavar la ropa, limpiar el baño y lavar los platos **sucios**. Mi hermana tiene que sacar la basura y pasar la aspiradora. ¿Y **cuáles son** los trabajos que yo debo hacer? Pues, **doy** de comer al perro, **pongo** la mesa con los platos **limpios** y corto el césped."

quitar el polvo

sacar la basura

cortar el césped

poner la mesa

arreglar el cuarto

limpiar el baño

lavar la ropa

hacer la cama

lavar el coche

lavar los platos sucios

cocinar en la cocina

pasar la aspiradora

dar de comer al perro

En la casa

)) ESCUCHAR   Escucha la descripción de los quehaceres y señala con el dedo *dónde* hacer cada uno.

¿Qué piensas? ¿Lógico o ilógico?

)) ESCUCHAR   Escucha cada frase. Si es lógica, haz el gesto del pulgar hacia arriba (*"thumbs-up" sign*). Si no es lógica, haz el gesto del pulgar hacia abajo (*"thumbs-down" sign*).

Marcela y Lucas escriben mensajes sobre lo que hacen. Marcela es un poco perezosa y Lucas es muy trabajador.

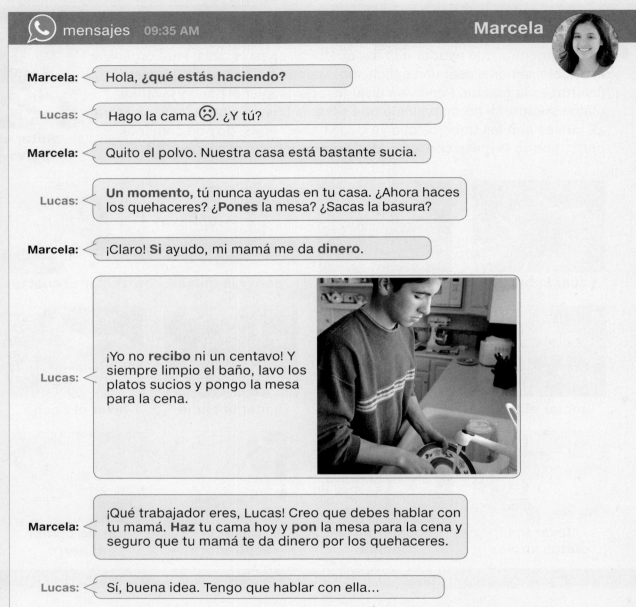

mensajes   09:35 AM   **Marcela**

Marcela: Hola, **¿qué estás haciendo?**

Lucas: Hago la cama ☹. ¿Y tú?

Marcela: Quito el polvo. Nuestra casa está bastante sucia.

Lucas: **Un momento,** tú nunca ayudas en tu casa. ¿Ahora haces los quehaceres? **¿Pones** la mesa? ¿Sacas la basura?

Marcela: ¡Claro! **Si** ayudo, mi mamá me da **dinero.**

Lucas: ¡Yo no **recibo** ni un centavo! Y siempre limpio el baño, lavo los platos sucios y pongo la mesa para la cena.

Marcela: ¡Qué trabajador eres, Lucas! Creo que debes hablar con tu mamá. **Haz** tu cama hoy y **pon** la mesa para la cena y seguro que tu mamá te da dinero por los quehaceres.

Lucas: Sí, buena idea. Tengo que hablar con ella...

3

¿Qué están haciendo?

ESCRIBIR   Lee el texto y presta atención (*pay attention*) a las palabras clave. Contesta estas preguntas con *sí* o *no.*

1. ¿Lucas quita el polvo?

2. ¿Marcela hace la cama?

3. ¿Recibe dinero Marcela cuando hace quehaceres?

4. ¿Es Lucas muy trabajador?

5. ¿Está muy limpia la casa de Marcela?

Videohistoria

La casa del verano

Before You Watch

Inferring As you watch the video, listen to the tone and details of the conversation between Sebastián and Mateo. What clues tell you when each one is serious or joking?

Complete the Activity

Una casa en el aire ¿Te gustaría vivir en un árbol *(tree)*? Mira las fotos y describe qué te gusta o no te gusta de esta casa.

▶ Watch the Video

What kind of house do Sebastián and Teo imagine they will live in when they go to Costa Rica?

Go to **Savvas.com/Autentico** to watch the video *La casa del verano* and to view the script.

Mateo   **Sebastián**

After You Watch

 ¿COMPRENDES? Answer the following questions based on what you can infer from the video.

1. ¿Qué comparte Sebastián con Mateo sobre el verano?
2. ¿Cuál es el quehacer que hace Mateo en su casa?
3. ¿Quiere hacer Mateo este *(this)* quehacer en la casa de verano? ¿Por qué?
4. ¿Qué van a enseñar a los monos *(monkeys)*?
5. ¿Hablan en serio Sebastián y Mateo? ¿Por qué?

Vocabulario en uso

OBJECTIVES
▶ Listen to and write descriptions of a house
▶ Write about and discuss furniture and chores
▶ Exchange information about homes

4

La casa de los Ramírez

ESCUCHAR, ESCRIBIR Los Ramírez van a comprar la casa que ves aquí. En una hoja de papel escribe los números del 1 al 8 y escribe el nombre de cada cuarto que describen.

> **Nota**
> *Primero(a)* and *tercero(a)* become *primer* and *tercer* before a masculine singular noun.
> • Mi dormitorio está en el **primer** piso.
> • Su apartamento está en el **tercer** piso.

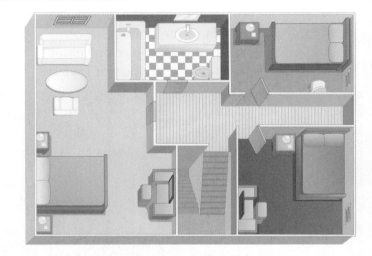

5

¿Cierto o falso?

ESCRIBIR, ESCUCHAR, HABLAR EN PAREJA Escribe cinco frases para indicar dónde están los cuartos en la casa de los Ramírez. Las frases pueden ser ciertas o falsas. Lee tus frases a otro(a) estudiante, quien va a indicar si son ciertas o falsas. Si son falsas, tiene que dar la información correcta.

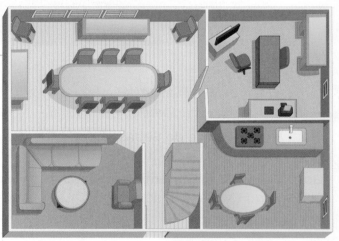

Videomodelo
A —*La sala está en el primer piso.*
B —*Falso. La sala está en la planta baja.*

>
> **También se dice . . .**
> **la sala** = el salón *(muchos países)*, el living *(España)*
> **el despacho** = la oficina *(muchos países)*
> **el piso** = la planta *(muchos países)*
> **el apartamento** = el piso *(España)*, el departamento *(muchos países)*

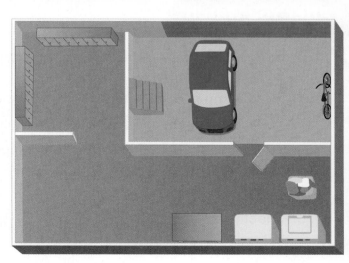

Go **Online** to practice

SAVVAS
realize™

Savvas.com/Autentico

 AUDIO VIDEO WRITING SPEAK/RECORD MAPA GLOBAL

¿Dónde pongo la silla?

HABLAR EN PAREJA   Ayudas a la familia Ramírez a mudarse *(move)* a su nueva casa pero no sabes dónde poner sus cosas. Pregunta a otro estudiante dónde tiene que poner todo.

Modelo
A —¿Dónde tienes que poner **la silla**?
B —Pongo **la silla** en **el comedor**.

> **Nota**
> *Poner*, "to put," is also used in the expression *poner la mesa*, "to set the table." It has an irregular *yo* form: *pongo*.
> • En la mañana **pongo** la mesa.

Estudiante A

Estudiante B

¡Respuesta personal!

¿En qué cuarto?

ESCRIBIR   ¿En qué cuarto hacen los Ramírez estos quehaceres? Escribe las frases.

Modelo
Sacan la basura en el patio.

CULTURA   España

El patio en España es un área en el centro del edificio[1]. Hay casas con patios que tienen plantas y fuentes[2]. Los árabes trajeron[3] este estilo de arquitectura a España, y los españoles lo trajeron a las Américas.

Pre-AP® Integration: La arquitectura ¿Cómo es un patio español comparado con un patio en tu comunidad?

Mapa global interactivo Explora los patios más famosos de Sevilla, España.

Un patio típico en Córdoba, España

---

[1]building [2]fountains [3]brought

8

¿Cómo ayudas en casa?

HABLAR EN PAREJA ¿Ayudas mucho en casa? Pregunta a otro(a) estudiante qué tiene que hacer para ayudar.

Videomodelo

A —¿Tienes que **lavar el coche**?
B —*Sí, lavo el coche todos los sábados.*

Nota

Dar means "to give" and is used in the expression *dar de comer*, "to feed." It has an irregular *yo* form: *doy*.

• En mi casa **doy** de comer al perro.

Estudiante A

Estudiante B

a veces	en el (verano)
mucho	los fines de
todos los días	semana
todos los (sábados)	nunca

9

¿Dónde vives?

ESCRIBIR, HABLAR EN PAREJA Escribe una lista de cinco lugares en tu comunidad, como la escuela, el centro comercial, la biblioteca, etc. Pregunta a otro(a) estudiante si vive cerca o lejos de estos lugares.

Videomodelo

El cine Rex
A —¿Vives cerca del cine Rex?
B —Sí, vivo bastante cerca del cin
o: —No, vivo muy lejos.

10

Y tú, ¿qué dices?

ESCRIBIR, HABLAR

1. ¿Ayudas mucho o poco en casa? ¿Cuáles son tus quehaceres?

2. ¿Generalmente tu cuarto está sucio o limpio?

3. En tu casa, ¿quién pasa la aspiradora? ¿Quién saca la basura?

4. Para ti, ¿cuáles son los tres peores quehaceres? ¿Y los mejores?

5. Imagina que eres padre o madre. ¿Cuánto dinero recibe tu hijo(a) si hace sus quehaceres?

6. ¿Vives cerca o lejos de tu escuela?

También se dice . . .

cocinar = guisar *(España)*
cortar el césped = cortar la hierba, cortar el pasto *(muchos países)*, cortar el zacate *(México)*
lavar los platos = fregar los platos *(España)*
quitar el polvo = sacudir los muebles *(México)* desempolvar *(Bolivia)*

Gramática

OBJECTIVES
▶ Listen to, follow, and write instructions and recommendations
▶ Read and respond to a letter and a survey
▶ Explain what has to be done around the house

Go **Online** to practice   **Savvas.com/Autentico**
SAVVAS **realize**™

VIDEO   WRITING   SPEAK/RECORD

Affirmative *tú* commands

When you tell friends, family members, or young people to do something, you use an affirmative *tú* command. To give these commands, use the same present-tense forms that you use for *Ud., él, ella.*

Infinitive	Ud. / él / ella	Affirmative *tú* commands
hablar	habl**a**	¡Habl**a**!
leer	le**e**	¡Le**e**!
escribir	escrib**e**	¡Escrib**e**!

- Certain verbs, like *poner* and *hacer,* have irregular command forms.

Jorgito, ¡**pon** la mesa!   Jorgito, ¡**haz** tu cama!

¿Recuerdas?
In the direction lines of many activities, you have already seen many affirmative commands.
- **Habla** con otra persona.
- **Lee** las frases.
- **Escribe** la palabra apropiada.

Más recursos   ONLINE
▶ *Gram*Activa Video
▶ **Tutorials:** Formation of regular *tú* commands
🔊 *Canción de hip hop: Cenicienta*
✏ *Gram*Activa Activity

11

"Simón dice . . . "

ESCUCHAR, GRAMACTIVA   Escucha y sigue *(follow)* las instrucciones de tu profesor(a) o de otro(a) estudiante. Si no dicen *"Simón dice,"* no debes hacer la acción.

12

¡Habla bien!

 ESCRIBIR EN PAREJA   Un(a) amigo(a) quiere hablar bien el español. ¿Qué recomiendas? Escribe el mandato *(command)* de los siguientes verbos.

Modelo
usar: *usa*
Usa un buen diccionario.

1. estudiar
2. ver
3. escuchar
4. escribir
5. hacer
6. hablar con
7. leer
8. practicar

Con un(a) compañero(a), escribe uno de los verbos de la lista en una hoja de papel. Tu compañero(a) tiene que escribir un mandato *(command)* con ese verbo. Intercambien *(exchange)* roles hasta acabar con la lista de verbos.

Instituto de inglés

Aprende con nosotros
¡Cursos de verano!

Nuestro sistema cubre las cuatro habilidades esenciales:
→ Hablar
→ Comprender
→ Leer
→ Escribir

Grupos reducidos
Cuotas accesibles
Tel: 212–1234

¿Qué debo hacer?

LEER, ESCRIBIR EN PAREJA Tu amiga tiene un problema y te escribe unos mensajes de texto. Lee sus mensajes y escribe tus recomendaciones sobre lo que debe hacer usando los verbos de la lista.

Modelo

Aquí están mis recomendaciones:
Come menos dulces, . . .

beber	dormir	jugar
comer	hacer ejercicio	**¡Respuesta**
correr	levantar pesas	**personal!**

Escribe un email a un(a) compañero(a), usando el modelo. Explica tu problema y pídele consejo (*advice*) a tu compañero(a).

 mensajes   08:07 AM

¡Hola! Tengo un problema grande. Quisiera estar mejor de salud. No estoy muy enferma pero tampoco estoy en buena forma. Siempre tengo mucho sueño y poca energía...

Si camino a la escuela, estoy muy cansada. Si hago muchos quehaceres por la casa, también estoy cansada.

¡Y no quiero estar cansada! ¿Qué debo hacer?
C. ☹

Muchos quehaceres

HABLAR EN PAREJA Tú y tu compañero(a) deben hacer muchos quehaceres en casa. Tomen turnos (*take turns*) para decir a la otra persona lo que está sucio (o lo que no está limpio). Luego digan lo que tiene que hacer la otra persona.

¿Recuerdas?

Adjectives agree in number and gender with the nouns they modify.

- **La** casa está sucia.
- **Los** platos están limpios.

Modelo

Los platos no están limpios.
Lava los platos, por favor.

Go **Online** to practice

Savvas.com/Autentico

SAVVAS
realize™

WRITING

SPEAK / RECORD

¿Quién hace los quehaceres?

LEER, ESCRIBIR, HABLAR, EN PAREJA Una encuesta de la CEPAL, una comisión de las Naciones Unidades, explica quién hace la mayoría de *(most of)* los quehaceres de la casa.

Modelo

ir de compras
Las mujeres van de compras mucho más que los hombres.

1 Estudia la gráfica y haz comparaciones. Explica si las mujeres o los hombres ecuatorianos hacen los siguientes quehaceres mucho más, un poco más o menos que los otros.

1. comprar cosas para la familia
2. cocinar la comida y la cena
3. cuidar a los niños

4. lavar y planchar *(iron)* la ropa
5. arreglar los cuartos
6. limpiar la casa

2 Envía un mensaje a otro estudiante y pregunta quién en su casa hace los quehaceres de la gráfica con más frecuencia. Según su respuesta dile qué debe hacer para compartir mejor el trabajo con otros miembros de la familia.

¿Quién hace los quehaceres?

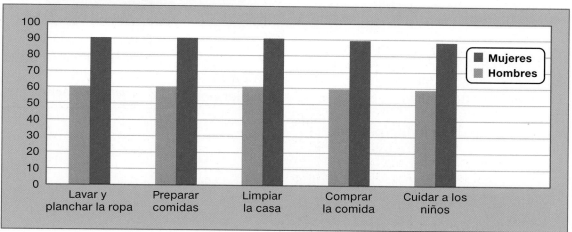

Fuente: CEPAL, Unidad de la Mujer. Tabulaciones especiales de las encuestas de hogares de los respectivos países

Exploración del lenguaje ‹ The endings *-dor* and *-dora*

Every day you use appliances and devices such as computers, calculators, and dryers. Many of these English words add the ending *-er* or *-or* to a verb, as in *toast* → *toaster*. Spanish follows a similar pattern. Identify the pattern in **despertador, computadora, calculadora,** and **aspiradora.** Can you guess what the corresponding verbs are and what they mean?

Try it out! Read each statement and decide which appliance is needed.

1. Tengo calor.
2. ¿Dónde está el pan tostado?
3. Mi ropa está sucia.
4. Necesito leche para el cereal.

a. Está en la tostadora.
b. Ponla en la lavadora.
c. Está en el refrigerador.
d. Necesitas el ventilador.

Gramática

> **OBJECTIVES**
> ▶ Listen to a conversation about chores
> ▶ Talk and write about what people are doing
> ▶ Read and respond to a housing ad and a survey

The present progressive tense

When you want to emphasize that an action is happening *right now*, you use the present progressive tense.

Paco **está lavando** los platos.   *Paco is washing dishes (now).*
Estoy haciendo la cama.   *I'm making the bed (right now).*

To form the present progressive tense, use the present-tense forms of *estar* + the present participle. The present participle is formed by dropping the ending of the infinitive and adding *-ando* for *-ar* verbs or *-iendo* for *-er* and *-ir* verbs.

(yo)	**estoy**	lav**ando** com**iendo** escrib**iendo**	(nosotros) (nosotras)	**estamos**	lav**ando** com**iendo** escrib**iendo**
(tú)	**estás**	lav**ando** com**iendo** escrib**iendo**	(vosotros) (vosotras)	**estáis**	lav**ando** com**iendo** escrib**iendo**
Ud. (él) (ella)	**está**	lav**ando** com**iendo** escrib**iendo**	Uds. (ellos) (ellas)	**están**	lav**ando** com**iendo** escrib**iendo**

Leer has an irregular spelling in the present participle: *leyendo.*

¿Recuerdas?

You use the present tense to talk about an action that regularly takes place, or that is happening now.

- Paco **lava** los platos.
  Paco washes the dishes.
  OR
  Paco is washing the dishes.

Más recursos ONLINE

▶ *GramActiva* Video
▶ **Tutorial:** Formation of the present progressive
✎ *GramActiva* Activity

16

¿Qué están haciendo ahora?

  ESCRIBIR   Escribe cinco frases para explicar lo que están haciendo varias personas en tu sala de clases.

Modelo
La profesora está escribiendo algo.

17

Escucha y escribe

 ESCUCHAR, ESCRIBIR   Estos hermanos tienen muchos quehaceres. Escucha y escribe la pregunta de la madre y las excusas de los hijos.

Go **Online** to practice
Savvas.com/Autentico

SAVVAS
realize™

AUDIO VIDEO WRITING SPEAK/RECORD

Un momento, por favor

HABLAR EN PAREJA, ESCRIBIR A veces no podemos hacer los quehaceres porque estamos haciendo otras cosas. Trabaja con otro(a) estudiante para dar un mandato y una excusa.

Videomodelo

A —*Por favor, **da de comer al perro.***
B —*No puedo. **Estoy estudiando para un examen.***

Estudiante A

Estudiante B

Un momento . . .	beber
No puedo . . .	comer
Lo siento . . .	escribir
Me gustaría	escuchar
pero . . .	estudiar
	hablar
¡Respuesta	hacer
personal!	jugar
	tocar

Juego

ESCRIBIR, HABLAR EN GRUPO, GRAMACTIVA

1 En una hoja de papel *(sheet of paper),* escribe una frase para explicar lo que está haciendo una persona (usa la forma *tú*). En otra hoja de papel, escribe una frase para explicar lo que están haciendo dos personas (usa la forma *Uds.*).

2 Todas las frases van boca abajo *(face down)* encima de una mesa. Toma una frase. Si la frase usa la forma *tú*, haz la acción solo(a). Si la frase usa la forma *Uds.*, haz la acción con otro(a) estudiante. Los compañeros tienen que adivinar *(guess)* lo que estás (están) haciendo.

Modelo

Estás levantando pesas.

Uds. están esquiando.

¿Qué están haciendo todos?

ESCRIBIR, HABLAR, GRAMACTIVA Haz un dibujo de tres personas que están haciendo diferentes actividades. En otra hoja de papel, escribe dos preguntas sobre lo que está haciendo cada persona. Trabaja en un grupo de tres. Da tu dibujo a los otros estudiantes y lee tus preguntas. Tus compañeros tienen que contestar.

Videomodelo

A —*¿Qué **está haciendo la chica?***

B/C —*Está **lavando los platos sucios.***

¿Qué casa están buscando?

LEER, ESCRIBIR En Santiago, Chile, tres personas están buscando *(looking for)* una nueva casa y leen el anuncio a la derecha. ¿Quién crees que va a comprar *(buy)* la casa? Explica tu opinión.

Chile

José Guzmán: "Quiero vivir bastante cerca de mi trabajo. Para mi esposa es importante tener una cocina equipada. Prefiero una casa con sólo un piso porque mis padres van a vivir con nosotros y las escaleras son muy difíciles para ellos".

Alejandro Lara: "Mis padres y yo vivimos en un apartamento ahora. Quiero una casa con tres dormitorios porque mis primos vienen a nuestra casa a veces. No quiero una casa muy grande porque no me gusta ni pasar la aspiradora ni limpiar los baños".

Dora Peña: "Mi familia y yo estamos buscando una casa nueva. Tenemos dos hijas y mi mamá vive con nosotros. Quiero una casa con un dormitorio un poco separado para mi mamá. Prefiero tener alfombra en los dormitorios porque nuestras hijas juegan mucho allí".

LAS MEJORES CASAS
En la avenida La Florida

«Visite nuestra oficina y compre hoy mismo»

Planta baja: Amplia sala • Comedor separado • Cocina y baño de visitas

Primer piso: Dormitorio principal, más 2 dormitorios y otro baño

Segundo piso: Amplio dormitorio con baño completo y una gran sala de estar

- Cerámica en el primer piso
- Alfombra en dormitorios
- Cocina equipada
- Papel vinílico en paredes
- Armarios terminados
- Ventanas de aluminio
- Amplio jardín

Casa Venecia: 310 m² 3 pisos
Desde chp[1] 40.000.000

[1]Peso chileno

¡Llame hoy! 232 9980

Pronunciación ⟩ The letters *n* and *ñ*

In Spanish, the letter *n* sounds like the *n* in "no." Listen to and say these words:

anaranjado	nieva	nadar	joven	desayuno
necesito	encantado	número	nombre	donde

However, the sound changes when there is a tilde (~) over the *n*. The *ñ* then sounds like the *-ny-* of the English word *canyon.* Listen to and say these words:

señor	otoño	español	enseñar	año
montañas	niña	mañana	piñata	cumpleaños

Try it out!
Listen to this *trabalenguas* and then try to say it.

El señor Yáñez come ñames[1] en las mañanas con el niño.

[1]yams

¿Dónde viven?

LEER, ESCRIBIR   En la capital de Venezuela, Caracas, analizaron *(they analyzed)* dónde viven algunos habitantes. Según los estudios, ¿viven más personas en casas o en apartamentos? ¿Viven en casas y apartamentos grandes o pequeños? Estudia las gráficas y luego contesta las preguntas.

Nota

Do you see the pattern in the following numbers?

100,000 = cien mil

200,000 = doscientos mil

300,000 = trescientos mil

But watch out for 500,000:

542,656 = quinientos cuarenta y dos mil seiscientos cincuenta y seis

1,000,000 = un millón

Conexiones ‹ Las matemáticas

1. ¿Cuántas personas viven en una casa con dos cuartos? ¿Cuántas viven en un apartamento con dos cuartos?

2. ¿Cuántas personas viven en una casa con ocho o más cuartos? ¿Cuántas viven en un apartamento con ocho o más cuartos?

3. Calcula el porcentaje de personas que viven en una casa con cuatro cuartos. Calcula el porcentaje de personas que viven en un apartamento con cuatro cuartos.

Personas que viven en casas: 2,151,690

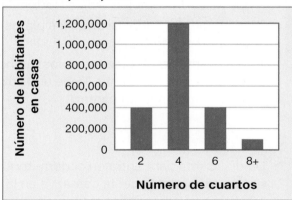

Personas que viven en apartamentos: 542,656

 Mapa global interactivo

Compare neighborhoods in Caracas, Venezuela.

El español en el mundo del trabajo

As the number of Hispanic homebuyers in the United States has grown, the demand for Spanish speakers in professions related to housing has also increased.

• Look for ads in Spanish in the real estate section of your local newspaper or at a local house and garden store. How would knowledge of Spanish be helpful for real estate agents, architects, builders, and retailers?

Lectura

OBJECTIVES
▶ Read a version of "Cinderella"
▶ Skim to find characters and dialogue to aid comprehension
▶ Analyze the "Cinderella" story across cultures

Strategy
Skimming This reading is based on the story of Cinderella. Quickly skim the story and identify key details about the characters and key words in the dialogue that remind you of Cinderella.

Cantaclara Lee esta historia sobre una joven que se llama Cantaclara.

Hay una muchacha que se llama Cantaclara. Ella vive con su madrastra y sus dos hermanastras, Griselda y Hortencia. Las cuatro viven en una casa grande y Cantaclara hace todos los quehaceres. Sus dos hermanastras y su madrastra no hacen nada.

—Cantaclara, saca la basura. Y después, pon la mesa —dice la madrastra.

—Cantaclara, haz mi cama y limpia el baño —dice Griselda.

—Haz mi cama también —dice Hortencia.

—Un momento. Estoy lavando los platos ahora mismo —dice Cantaclara.

¡Pobre[1] Cantaclara! Hace todos los quehaceres y cuando trabaja, ella canta. Tiene una voz[2] muy clara y le encanta cantar.

Un día, Cantaclara entra en el dormitorio de Griselda para hacer la cama. Ve en la televisión un anuncio[3] para un programa muy popular que se llama *La estrella[4] del futuro*. En la televisión hay un señor que dice: "¡Hola, amigos! ¿Tienen talento? ¿Cantan bien? ¿Por qué no cantan para nosotros? ¡Pueden tener un futuro fantástico y recibir muchísimo dinero!"

Cantaclara está muy contenta. Ella puede cantar. Ella quiere un futuro fantástico. En este momento, ella decide cantar para el programa *La estrella del futuro*.

[1]Poor [2]voice [3]ad [4]star

Es la noche del programa. Después de hacer todos los quehaceres, Cantaclara está saliendo[5] de casa cuando su madrastra le habla.

—Cantaclara, ¿adónde vas?

—Quiero salir por unas horas, madrastra. ¿Está bien?

—Ahora no. Tienes que limpiar la cocina —contesta la madrastra. —Está muy sucia.

—Pero, madrastra, tengo que . . .

—¡No importa, Cantaclara! ¡Limpia la cocina!

Cantaclara mira su reloj. Sólo tiene una hora. Va a la cocina y limpia todo. Trabaja muy rápidamente. Después de cuarenta y cinco minutos, termina el trabajo.

Cantaclara llega[6] al programa y canta su canción favorita. ¡Por supuesto ella canta mejor que todos![7] Ella va a tener un futuro fantástico y va a recibir muchísimo dinero.

Son las ocho de la noche. La madrastra y las dos hermanastras están en la sala y ven su programa favorito. Pero, ¿qué es esto? ¡Ven a Cantaclara en la pantalla!

—Mira, mamá. ¡Es Cantaclara! —dice Hortencia.

—¡Oh, no! Si Cantaclara es la nueva estrella del futuro, ¿quién va a hacer los quehaceres? —pregunta Griselda.

[5]is leaving [6]arrives [7]anyone else

 ¿Comprendes?

Contesta estas preguntas sobre la historia.

1. ¿Dónde decide cantar Cantaclara?
2. ¿Quién canta mejor en el programa?
3. ¿Dónde ve Cantaclara el anuncio del programa?
4. ¿Quién hace todos los quehaceres de la casa?
5. ¿Con quién vive Cantaclara?

6. ¿Qué hace Cantaclara cuando trabaja?
7. ¿A quién ven en la tele la madrastra y sus dos hijas?
8. ¿Cuáles son las palabras clave o los detalles del texto que te hacen pensar en la Cenicienta?

CULTURA ⟩ **El mundo hispano**

La Cenicienta La historia de la Cenicienta es popular en todo el mundo. Muchas culturas tienen su versión, y hay más de 1,500 variaciones. El cuento viene de una historia china del siglo IX[1] llamada "Yeh-Shen".

Pre-AP Integration: El lenguaje y la literatura ¿Qué detalles de la historia son diferentes en cada cultura?

[1]ninth century

Perspectivas del mundo hispano

¿Cómo son las casas en el mundo hispano?

In many Spanish-speaking countries the architectural features of houses are very different from those in the United States. Houses tend to be separated from the outside by a barrier such as a tall wall or fence. The owner would open a gate to enter the property where there may be a carport or small outside area. In many communities, the outside wall of the house is located directly on the sidewalk and the front windows may contain bars or *rejas*. The doors may be large wooden or metal doors. A plain walled exterior gives no hints about what may be a beautiful, comfortable interior.

Inside, a home will often have an open space in the middle called the *patio*. Many rooms of the house open onto the *patio*, and it is a place for the family to meet, eat meals, talk, and spend time together. Privacy is valued, and the home and family activities are shielded from view from the outside.

Homes in Spanish-speaking countries are used for the family and to entertain very close relatives and friends. It is unusual to invite non-family members such as coworkers or casual friends into the home. Parties often take place in restaurants or small reception halls.

▲ El patio de una casa en Córdoba, España

Comparación cultural Look around your neighborhood. How does the architecture of houses compare with the design of houses in the Spanish-speaking world? Complete the following sentences about the homes in your community.

Modelo
En mi comunidad, las casas son *grandes* y tienen *dos plantas*.

Las casas generalmente tienen _____.

La cocina está en _____.

Las casas a veces tienen _____ para trabajar.

En las casas grandes, los carros se guardan en _____.

Analizar If architectural features of houses in Spanish-speaking countries imply a desire for privacy, what do the architectural features of houses in the United States imply? How does the concept of a *patio* compare in these cultures?

▲ Una casa en Santo Domingo de Silos, España

Presentación escrita

OBJECTIVES
▶ Create a flyer advertising a house or apartment
▶ Identify and answer key questions to find ideas

Go **Online** to practice
SAVVAS **realize**™
Savvas.com/Autentico

WRITING

Se vende casa o apartamento

TASK Design a flyer in Spanish to promote the sale of your family's house or apartment. Create an attractive flyer that will make your home (or dream house) appealing to a potential buyer.

1 Prewrite Think about the information you want to include, then jot down your answers to these questions.

- En general, ¿cómo es la casa o el apartamento?
- ¿Qué cuartos hay? ¿Cómo son? ¿De qué colores son?
- ¿Hay algo especial en la casa (piscina, cuarto especial)?
- Incluye *(Include)* otra información importante como la dirección *(address)* y el precio *(price)*.

2 Draft Use the ad on p. 310 and your Prewrite answers to design the flyer. Include illustrations and other features to make it attractive. Begin with *Se vende casa/apartamento*.

3 Revise Read your ad to see that you have included all the information a potential buyer might want. Check for correct spelling. Share your flyer with a partner, who will check the following:

- Is the flyer neat and attractive? Does it include a visual?
- Is the key information provided?
- Does it make you want to look at the property?

4 Publish Write a final copy, making any necessary changes. You may want to include it in a class collection called *Se vende* or in your portfolio.

5 Evaluation The following rubric will be used to grade your flyer.

Strategy
Using key questions Answering key questions can help you think of ideas for writing.

Una casa típica, Coclé, Panamá

Rubric	Score 1	Score 3	Score 5
Neatness and attractiveness	You use no visual and your ad contains visible error corrections and smudges.	You use a visual, but your ad contains visual error corrections and smudges.	You use a visual, have no error correction or smudges, and your ad is attractive.
Use of vocabulary expressions	You use very little variation of vocabulary and have frequent usage errors.	You use limited vocabulary, with some usage errors.	You use an extended variety of vocabulary with very few usage errors.
Amount of information provided	You only describe rooms.	You describe rooms plus special features.	You describe rooms, special features, and provide price and address.

Auténtico

Partnered with **EFE:**

Una cama que se hace sola

Antes de ver

Usa la estrategia: Listen for Comprehension

As you watch the video, listen for what you already know about the topic, and for the ways in which ideas are organized. Use this information, along with the key details and key vocabulary, to help build your comprehension.

Read this Key Vocabulary

se hace sola = it makes itself

estira = smooth out

colcha = bedspread

sueño = dream

▶ Ve el video

This video describes a new invention in Spain, a bed that makes itself. What would you want to know about this invention before purchasing one for your own house?

Go to **Savvas.com/Autentico** and watch the video *Una cama que se hace sola, un sueño hecho realidad* to learn more about this new model.

Completa las actividades

Mientras ves Identifica el orden de los detalles clave mientras ves el video. Numera los detalles según su orden en el video.

El inventor espera comercializar la cama pronto.

La invención estira la colcha.

Un inventor ha creado una cama que se hace sola.

En menos de 1 minuto, la cama está perfecta.

Deja las almohadas sobre la cama.

Hay dos modos, manual y automático.

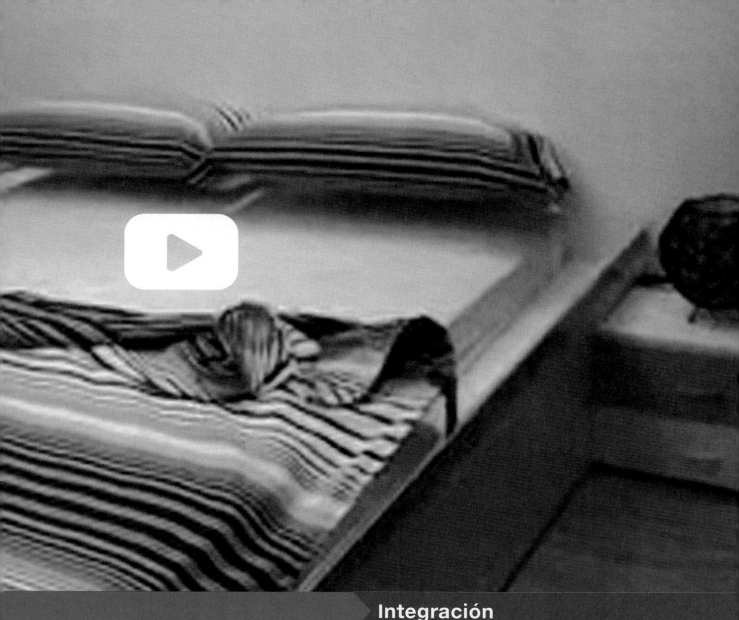

Integración

Después de ver Mira el video varias veces para identificar los detalles clave *(key details)* y contestar estas preguntas.

1. ¿Con esta nueva invención, cuál es el quehacer que ya no tienes que hacer?

2. ¿Quieres comprar esta invención para tu casa?

3. En el video, dice que la invención ayuda a "evitarse un trabajo mañanero". ¿Hay un trabajo, o un quehacer, que te gustaría evitar?

 For more activities, go to the *Authentic Resources Workbook*.

La comunidad

Expansión Busca otros recursos en *Auténtico* en línea. Después, contesta las preguntas.

 6B Auténtico

Integración de ideas Los recursos auténticos hablan sobre otros aspectos de las casas y los quehaceres. Escribe tres o cuatro oraciones sobre las casas y los quehaceres en el mundo hispanohablante según los recursos auténticos.

Comparación cultural Compara las casas y los quehaceres en la cultura hispanohablante con tu comunidad.

Repaso del capítulo

OBJECTIVES
▶ Review the vocabulary and grammar
▶ Demonstrate you can perform the tasks on p. 319

🔊 Vocabulario

to talk about where someone lives

cerca (de)	close (to), near
lejos (de)	far (from)
vivir	to live

to talk about houses or apartments

el apartamento	apartment
el baño	bathroom
la cocina	kitchen
el comedor	dining room
el cuarto	room
el despacho	home office
la escalera	stairs, stairway
el garaje	garage
el piso	story, floor
la planta baja	ground floor
el primer piso	second floor
la sala	living room
el segundo piso	third floor
el sótano	basement

to name household chores

arreglar el cuarto	to straighten up the room
ayudar	to help
cocinar	to cook
cortar el césped	to cut the lawn
dar (yo doy, tú das)	to give
dar de comer al perro	to feed the dog
hacer la cama	to make the bed
lavar (el coche, los platos, la ropa)	to wash (the car, the dishes, the clothes)
limpiar el baño	to clean the bathroom
pasar la aspiradora	to vacuum
poner (yo pongo, tú pones)	to put, place
poner la mesa	to set the table
los quehaceres	chores
quitar el polvo	to dust
sacar la basura	to take out the trash

to describe household items

limpio, -a	clean
sucio, -a	dirty

other useful words

bastante	enough; rather
¿Cuáles?	which (ones)
el dinero	money
un momento	a moment
¿Qué estás haciendo?	What are you doing?
recibir	to receive
si	if, whether

Gramática

affirmative *tú* commands

For regular verbs, use the *Ud./él/ella* form:

-ar:	habla
-er:	lee
-ir:	escribe

For *hacer* and *poner:*

hacer	haz
poner	pon

present progressive tense

Use the present-tense forms of *estar* + the present participle to say that you are doing something right now.

present participles:

-ar:	stem + **-ando** → lav**ando**
-er:	stem + **-iendo** → com**iendo**
-ir:	stem + **-iendo** → escrib**iendo**

For *Vocabulario adicional,* see pp. 472–473.

Preparación para el examen

Más recursos Savvas.com/Autentico

▣▣ Games   ▭ Flashcards   ✎ Instant check

▶ Tutorials   ▶ *Gram*Activa videos   ▶ Animated verbs

What you need to be able to do for the exam . . .	Here are practice tasks similar to those you will find on the exam . . .	For review go to your print or digital textbook . . .
Interpretive		
1 ESCUCHAR I can listen to and understand teenagers' excuses for not doing a chore.	As you listen to a teenager explain to his mother why he can't do a particular chore at the moment, identify: a) what the mother wants the teenager to do; b) what the teenager says he is busy doing.	**pp. 298–301** *Vocabulario en contexto* **p. 303 Actividad 7** **p. 304 Actividad 8** **p. 308 Actividad 17** **p. 309 Actividad 18**
Interpersonal		
2 HABLAR I can give advice about how to be successful in school.	Your school counselors have asked you to participate in an orientation for new Spanish-speaking students. Tell each student what they should do. For example, you might say *Escucha bien en clase* or *Haz la tarea*.	**p. 305 Actividad 12** **p. 306 Actividad 13**
Interpretive		
3 LEER I can read and understand ads for apartments that you might find in the classified section of a Spanish-language newspaper.	A friend is moving to Spain and asks you to help find an apartment. He wants a two-bedroom, two-bath apartment with a small kitchen. He wants to live near a gym and a library. Read this ad and answer the following: a) Is this a good apartment for him? b) How many of his requested features does it have? c) What other features mentioned might he like? *Este maravilloso apartamento tiene todo. Está cerca de un parque y un gimnasio moderno. Tiene una cocina pequeña, pero totalmente equipada. Tiene dos dormitorios con estantes y un baño muy grande. También tiene televisión por satélite y un garaje privado. No se permiten animales.*	**pp. 298–301** *Vocabulario en contexto* **p. 302 Actividades 4–5** **p. 310 Actividad 21** **p. 315** *Presentación escrita*
Presentational		
4 ESCRIBIR I can write a list of household chores that I can do.	You and your classmates are offering to do chores to earn money for your Spanish club. Make a list of at least eight chores that you would be willing to do.	**pp. 298–301** *Vocabulario en contexto* **p. 303 Actividades 6–7** **p. 304 Actividad 8** **p. 306 Actividad 14** **p. 307 Actividad 15**
Cultures		
5 COMPARAR I can demonstrate an understanding of cultural perspectives regarding houses.	Explain how the architectural features of many homes in the Spanish-speaking world reflect the importance the owners place on privacy. How do these features compare to those in homes in the United States?	**p. 303** *Cultura* **p. 314** *Perspectivas del mundo hispano*

España
México
Panamá
Costa Rica
Venezuela
Colombia
Perú
Bolivia
Uruguay

CHAPTER OBJECTIVES

Communication

By the end of this chapter you will be able to:

- Listen to conversations and read about clothes and shopping.
- Talk and write about shopping plans and gifts.
- Exchange information while purchasing an item of clothing.

Culture

You will also be able to:

- **Autentico:** Identify cultural practices in an authentic video about shopping.
- Understand the role of *molas* in the Kuna culture.
- Compare the significance of crafts and clothing in Panama and the United States.

You will demonstrate what you know and can do:

- Presentación oral: ¿En qué puedo servirle?
- Repaso del capítulo: Preparación para el examen

You will use:

Vocabulary
- Shopping
- Clothing
- Prices and numbers

Grammar
- Stem-changing verbs: *pensar, querer,* and *preferir*
- Demonstrative adjectives

ARTE y CULTURA ▶ España

Joan Miró (1893–1983) was born near Barcelona, Spain. He painted this self-portrait in 1919, when he was 26 years old. Here he portrays himself wearing a *garibaldina*, or cardigan, a collarless sweater or jacket that buttons in the front. *Garibaldinas* were popular at the time, and they were usually red, a color that makes this portrait even more intense.

▶ How do fashions change across time, or from culture to culture? Give three examples.

 Mapa global interactivo Explore Barcelona, Spain, home of the Miró Museum, and describe the streets and architecture.

"El joven de la garibaldina roja" ▶ (autorretrato) (1919), Joan Miró

Oil on canvas. © 2009 Successió Miró/Artists Rights Society (ARS), New York / ADAGP, Paris. Photo: J.G. Berizzi. Musée Picasso, Paris, France. Copyright Réunion des Musées Nationaux / Art Resource, NY.

Mercado de artesanías,
Playa del Carmen, México

▶ Videocultura **Los mercados**

Vocabulario en contexto

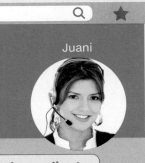

" Necesito ropa **nueva** para la fiesta. Voy a **buscar** aquí en **esta tienda de ropa** en línea. **Quizás** tienen ropa bonita. "

Tienda de ropa
EL ARMARIO GRANDE

Juani

el traje

la camisa

la chaqueta

los pantalones

Juani Buenas tardes, soy Juani, **la dependienta. ¿En qué puedo servirle?**

Antonio **Busco** unos **jeans** y una camisa.

Juani ¿**Prefiere** usted ropa deportiva o elegante?

Antonio **Pienso comprar** ropa para una fiesta.

Juani: Entonces, ¿no **quiere** unos pantalones? Son más elegantes.

Antonio Sí, me encantan los pantalones. Pero también necesito jeans. ¡Mejor compro **los dos! ¿Cuánto cuestan?**

los calcetines

los zapatos

los pantalones cortos

la gorra

la camiseta

la blusa

la falda

el abrigo

los jeans

el traje de baño

el suéter

la sudadera

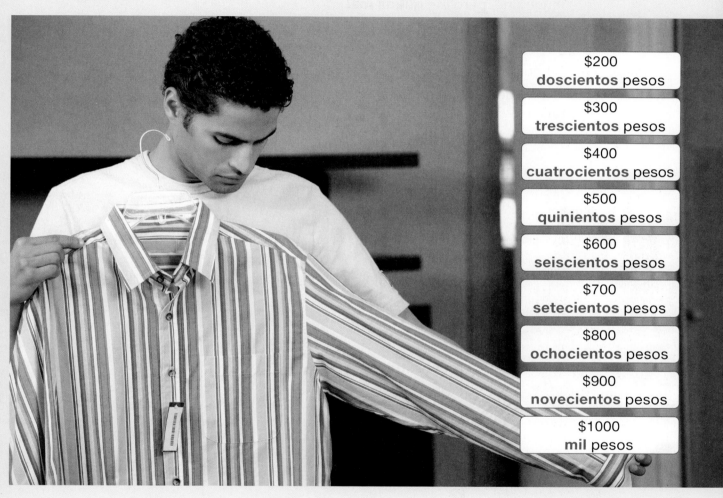
Fran: ¿**Cómo me queda** esta camisa?

Edu: **Te queda bien.** Me gusta.

Fran: Pues, no **cuesta** mucho dinero. Solo cuesta **doscientos** pesos.

Edu: **¡Tienes razón!** Y puedes **llevar** la camisa con tus zapatos marrones.

Más vocabulario

entrar = to enter
este, esta = this
Perdón. = Excuse me.

$200
doscientos pesos

$300
trescientos pesos

$400
cuatrocientos pesos

$500
quinientos pesos

$600
seiscientos pesos

$700
setecientos pesos

$800
ochocientos pesos

$900
novecientos pesos

$1000
mil pesos

1

¿Qué ropa llevan hoy?

🔊 ESCUCHAR   Escucha qué ropa llevan hoy diferentes personas. Señala la foto de cada artículo de ropa que escuchas.

2

¿Cuánto cuesta?

🔊 ESCUCHAR   Escucha el precio de cada artículo de ropa. ¿Cuánto cuesta? Indica con los dedos cuántas veces 100 cuesta el artículo.

Lisa y Marcela hablan sobre las cosas que quieren comprar.

Lisa: Marcela, ¿quieres ir de compras?

Marcela: Sí, hace frío y necesito un abrigo o una chaqueta.

Lisa: En *Abrigos Mil* tienen abrigos a buen **precio** y de todos los colores.

Marcela: **Esa** tienda es muy cara. También quiero un vestido nuevo. Tengo uno, pero **me queda mal**.

Lisa: ¡No, te queda perfecto! **¿Quieres** comprar unas botas? ¿Te gustan **estas** botas negras aquí, o **esos** zapatos rojos allí?

Marcela: Me gustan las botas y los zapatos… ¡pero cuestan mucho dinero!

Lisa: Al lado de mi casa hay una tienda donde los zapatos no cuestan **tanto**.

Marcela: ¡Genial! ¿Cuándo **vamos**?

las botas

el vestido

el abrigo

3

¿Vamos de compras?

ESCRIBIR Lee las oraciones. Escribe *C (cierto)* si la oración es correcta o *F (falso)* si la oración es incorrecta. Corrige *(correct)* las oraciones falsas.

1. Lisa piensa comprar una chaqueta.

2. Hace frío y Marcela necesita un abrigo o una chaqueta.

3. El vestido le queda bien a Marcela.

4. *Abrigos Mil* es una tienda cara.

5. Marcela también quiere unas botas.

6. Lisa quiere comprar un vestido.

7. A Marcela no le gustan esos zapatos rojos.

Videohistoria

De compras

Before You Watch

Recognize comparison and contrast Some people love to shop and others don't. How would each type of person act during a day spent together shopping?

Complete the Activity

¿Qué prefieres? Mira las fotos de dos tiendas. ¿Prefieres entrar en la tienda de ropa o la tienda de zapatos? ¿Por qué?

▶ Watch the Video

¿Cuántas cosas compra Emma cuando va de compras con su prima Valentina?

Go to **Savvas.com/Autentico** to watch the video *De compras* and to view the script.

Valentina

After You Watch

 ¿COMPRENDES? Contesta las preguntas según el video.

1. ¿Qué color de blusa le gusta a Emma?
2. ¿De dónde son la dependienta y Emma?
3. ¿A quién le gusta más comprar ropa?
4. ¿Quién no está contenta? ¿Por qué?
5. ¿Qué quiere comprar Emma para llevar en San Juan, botas o zapatos?

Pregunta personal ¿Te gusta ir de compras? ¿En las tiendas, eres como (*like*) Emma o Valentina? ¿Por qué?

Vocabulario en uso

OBJECTIVES

▶ Listen to shoppers and clerks comment on clothes and prices
▶ Write and talk about the clothes you wear and buy
▶ Describe the clothes in a painting
▶ Discuss how clothes fit and how much they cost

4

¿Qué piensas llevar?

 ESCRIBIR ¡Es importante llevar ropa diferente en diferentes ocasiones! ¿Qué ropa piensas llevar a estos lugares o actividades? Escribe las frases.

1. la playa
2. un baile elegante
3. un concierto
4. las montañas
5. un partido de básquetbol

Modelo
la casa de un amigo
Pienso llevar unos jeans y una camiseta.

5

Escucha y escribe

 ESCUCHAR, ESCRIBIR Trabajas en una tienda de ropa y escuchas los comentarios de diferentes personas que buscan ropa. Escribe los números del 1 al 6 en una hoja de papel y escribe las frases que escuchas. Después indica con (+) o (-) si piensas que las personas van a comprar la ropa.

También se dice . . .

la camiseta = la playera *(México)*; la polera *(Chile)*; la remera *(Argentina)*

la chaqueta = la chamarra *(México, Bolivia)*; la campera *(Argentina, Chile, Paraguay, Uruguay)*

los jeans = los mahones *(el Caribe)*; las mezclillas *(México)*; los vaqueros *(Argentina, España)*; el pantalón vaquero *(España)*

el suéter = el jersey *(España)*; la chompa *(Bolivia, Ecuador, Paraguay, Perú, Uruguay)*

Go **Online** to practice Savvas.com/Autentico

WRITING AUDIO SPEAK/RECORD VIDEO

¿En qué puedo servirle?

HABLAR EN PAREJA Tú y tu compañero(a) van de compras. Pregunta y contesta según el modelo. Recuerda usar el pronombre *usted* en la conversación. Escoge cinco cosas.

Videomodelo

A —¿*En qué puedo servirle, señor (señorita)?*
B —*Me gustaría comprar **una camisa nueva**.*

A—¿*De qué color?*
B—*Estoy buscando **una camisa blanca**.*

7

Juego

ESCRIBIR, HABLAR EN PAREJA

1 Escribe una descripción de la ropa de una persona en tu clase. Incluye dos o más cosas que lleva y los colores de la ropa.

2 Juega con otro(a) estudiante. Lee tu descripción. Tu compañero(a) tiene que identificar a la persona que describes. Antes de decir *(Before saying)* su nombre, él o ella tiene que hacer tres preguntas para saber más cosas. Por ejemplo: ¿*Lleva una sudadera azul? ¿Tiene zapatos negros? ¿Sus calcetines son blancos? ¿Es Mateo?*

¿Qué ropa llevan en el cuadro?

ESCRIBIR Escribe cuatro o más frases para describir la ropa que lleva la familia en este cuadro de Oscar Ortiz.

Modelo
El padre lleva . . .

CULTURA Puerto Rico

Oscar Ortiz (1964–) es un pintor y un ilustrador de Nueva York. Cuando él tenía[1] cinco años, su familia se mudó[2] a Puerto Rico. Muchas de sus pinturas representan escenas de la vida en Puerto Rico. Sus cuadros muestran un estilo muy diverso y colores tropicales.

Pre-AP® Integration: Las artes visuales ¿Qué puede expresar un artista con los colores?

"Mi Futuro y mi Tierra" (2003), Oscar Ortiz ▶
Coloured pencil on paper. Private Collection/Bridgeman Images

[1]was [2]moved

9

En la tienda

LEER, HABLAR EN PAREJA Con otro(a) estudiante lee la conversación entre un(a) dependiente(a) y un(a) joven. Empareja lo que dice el (la) dependiente(a) con lo que contesta el (la) joven.

el (la) dependiente(a)

1. Buenas tardes. ¿En qué puedo servirle?
2. ¿Qué color prefiere Ud.?
3. Pues, estos pantalones son muy populares.
4. Sólo 50 dólares.
5. Pues, hay otros pantalones que no cuestan tanto.
6. Creo que le quedan muy bien.

el (la) joven

a. Perdón . . . ese precio es demasiado para mí.
b. Entonces voy a comprar estos pantalones.
c. Quiero comprar unos pantalones nuevos.
d. Son bonitos. A ver si me quedan bien.
e. No sé—quizás negro.
f. Me gustan. ¿Cuánto cuestan?

10

¿Cuánto cuesta en Montevideo?

ESCUCHAR, ESCRIBIR Estás comprando ropa en Montevideo, Uruguay. Escucha los precios en pesos uruguayos. Escribe en tu hoja de papel el precio que escuchas.

1. la camiseta
2. la blusa
3. el traje de baño
4. el suéter
5. el vestido
6. la chaqueta

Modelo
los zapatos
Escuchas: *Los zapatos cuestan mil ochocientos veinte pesos.*
Escribes: *1820 pesos*

CULTURA **Bolivia • Costa Rica • Perú**

El dinero de Bolivia, Perú y Costa Rica es muy diferente. Los países latinoamericanos tienen nombres especiales para su moneda[1] nacional y usan símbolos diferentes. En Bolivia, la moneda oficial es el *boliviano* (BOB). El *nuevo sol* (s/) es la moneda oficial de Perú. La moneda de Costa Rica se llama *colón* y su símbolo es ¢ delante de la cantidad[2]. Por ejemplo, ¢100 significa "100 colones". En Latinoamérica, se usan las palabras céntimo o centavo. Las imágenes de sus billetes representan la cultura e historia de los países.

• Compara estos billetes con los de los Estados Unidos. ¿Son similares, o diferentes?

---

[1]currency [2]amount

11

¿Cómo me queda?

 HABLAR EN PAREJA Estás en una tienda de ropa. Te pruebas *(You're trying on)* la ropa y necesitas la opinión honesta de tu amigo(a) sobre qué debes comprar. Escoge dos artículos de ropa.

Nota

Me / te queda(n) follows the same pattern as *me / te gusta(n)*.

• La camisa **me** qued**a** bien pero los jeans **me** qued**an** mal.

Videomodelo

A —¿*Me queda* bien **el traje**? ¿*Debo comprarlo*?

B —*Te queda bien. Creo que debes comprar el traje.*

Estudiante A

Estudiante B

Te queda(n) bien / mal.
Es / son muy / bastante / demasiado . . .
¡Qué guapo / bonita estás!
(No) me gusta(n) mucho.

Pronunciación **The letter z**

In most Spanish-speaking countries, the letter *z* sounds like the *s* in *see*. Listen to and say these words:

zapato	zanahoria	haz	almuerzo	quizás	nariz
izquierda	arroz	azul	razón	cabeza	perezoso

In many parts of Spain, however, the letter *z* is pronounced like the *th* in *think*. Listen to the words as a Spaniard says them and practice saying them as if you were in Spain.

Try it out! Listen to *"En la puerta del cielo"* ("At Heaven's Gate"), a traditional poem from Puerto Rico. Then say the poem aloud.

En la puerta del cielo, venden zapatos para los angelitos que andan descalzos.

12

Y tú, ¿qué dices?

ESCRIBIR, HABLAR

1. ¿Qué ropa llevas en el verano? ¿Y en el invierno? Incluye tres artículos de ropa para cada estación.

2. ¿Cuáles son tres artículos de ropa que te gustaría comprar? ¿Cuánto cuesta cada uno? ¿Cuál es el total?

3. Describe alguna ropa nueva que tienes.

Gramática

OBJECTIVES
▶ Listen to clothing choices and write about shopping plans
▶ Exchange information while discussing what you and others plan and want to do

¿Recuerdas?
You have used *quiero /quieres* and *prefiero / prefieres* to say what you want or prefer.

Stem-changing verbs: *pensar, querer,* and *preferir*

Verbs like *pensar* ("to think," "to plan"), *querer* ("to want"), and *preferir* ("to prefer") are *e* ➔ *ie* stem-changing verbs. The *-e-* of the stem changes to *-ie-* in all forms except *nosotros* and *vosotros.* Here are the forms:

Use the infinitive for any verb that follows *pensar, querer,* or *preferir.*

¿Piensas comprar esa blusa?
Do you plan to buy that blouse?

(yo)	pienso quiero prefiero	(nosotros) (nosotras)	pensamos queremos preferimos
(tú)	piensas quieres prefieres	(vosotros) (vosotras)	pensáis queréis preferís
Ud. (él) (ella)	piensa quiere prefiere	Uds. (ellos) (ellas)	piensan quieren prefieren

Más recursos ONLINE
- ▶ *GramActiva* video
- ▶ Tutorial: *-Querer*
- ▶ Animated verbs
- ◀)) *Canción de hip hop:* ¿Quieres ir de compras?
- ✎ *GramActiva* Activity

13

¿Qué prefieren llevar?

ESCUCHAR, ESCRIBIR

1 En una hoja de papel escribe los números del 1 al 6. Escucha lo que quieren o piensan hacer diferentes personas y escribe las frases.

2 Escribe otra frase para decir qué piensan llevar las personas para sus actividades.

Modelo
Mis primas quieren ir a un baile el viernes.
Piensan llevar una falda y una blusa.

14

¿Qué piensas hacer?

HABLAR EN PAREJA   Habla con otro(a) estudiante sobre qué piensas hacer tú y qué piensan hacer otras personas.

Estudiante A

1. tus amigos(as) / mañana
2. tu familia / este fin de semana
3. tus amigos y tú / esta tarde
4. tú / el domingo
5. tu amigo(a) / esta noche

Videomodelo
tu amigo(a) / después de las clases
A —¿Qué *piensa* hacer tu amigo después de las clases?
B —*Mi amigo David piensa montar en monopatín.*

Estudiante B

¡Respuesta personal!

15

¿Qué quieren comprar?

 ESCRIBIR Estos jóvenes tienen dinero y quieren ir de compras. Escribe frases para decir qué prefieren comprar y cuándo piensan ir de compras.

Modelo

Catalina / el sábado

Catalina quiere ir de compras. Prefiere comprar unos pantalones cortos talla pequeña. Piensa ir a la tienda de ropa el sábado.

> **Para decir más . . .**
>
> **la talla** = size (*clothing*)
>
> **el número** = size (*shoes*)
>
> **mediano(a)** = medium
>
> Here is how you talk about sizes:
> • una camisa talla grande
> • unos zapatos número nueve

1. Isidoro y Lorenzo / esta tarde

3. Javier / este fin de semana

2. Julia y yo / mañana

¡Respuesta personal!

4. yo / ¿ ?

16

¿Qué piensan hacer Uds.?

 ESCRIBIR, HABLAR EN PAREJA

1 Copia la tabla en una hoja de papel y escribe los nombres de tres personas con quienes vas a salir. ¿Adónde quieren ir Uds. y qué piensan hacer?

¿Con quién?	¿Adónde?	¿Qué?
Pepe	*el gimnasio*	*levantar pesas*

2 Dile (*Tell*) a otro(a) estudiante adónde quieren ir tú y la otra persona. Tu compañero(a) va a adivinar (*guess*) qué piensan hacer Uds. Puede continuar adivinando hasta (*until*) decir la actividad correcta.

Videomodelo

A —*Pepe y yo queremos ir al gimnasio.*

B —*¿Uds. piensan **jugar al básquetbol**?*

A —*No, no pensamos **jugar al básquetbol**.*

B —*¿Uds. piensan **levantar pesas**?*

A —*Sí, tienes razón. Pensamos levantar pesas.*

Pensamos comprar algo en el mercado.

Gramática

OBJECTIVES
▶ Point out items of clothing
▶ Read and discuss a clothing ad
▶ Exchange information while discussing prices and planning a fashion show

Demonstrative adjectives

You use demonstrative adjectives to point out nouns: *this* cap, *these* socks, *that* shirt, *those* shoes. Notice that "this" and "these" refer to things that are close to you, while "that" and "those" refer to things that are at some distance from you.

Here are the corresponding demonstrative adjectives in Spanish. Like other adjectives, demonstrative adjectives agree in gender and number with the nouns that follow them.

	"this," "these"	"that," "those"
SINGULAR	**este** suéter **esta** falda	**ese** vestido **esa** chaqueta
PLURAL	**estos** suéteres **estas** faldas	**esos** vestidos **esas** chaquetas

Strategy
Using rhymes to remember meaning To remember the difference between these demonstrative adjectives that are spelled very similarly, memorize this rhyme:
"This" and "these" both have t's, "that" and "those" don't.

Más recursos   ONLINE
▶ *GramActiva* video
▶ **Tutorial:** Demonstrative adjectives
✎ *GramActiva* Activity

17

En la tienda de ropa

LEER, ESCRIBIR   Carmen está en una tienda y habla con su amiga sobre la ropa que se están probando *(trying on).* Escribe la forma correcta de *este(a)* o *estos(as)* para cada número.

Carmen: __1.__ botas son bonitas, ¿no?

Mariel: Sí, pero creo que __2.__ zapatos son bastante feos.

Carmen: ¿Qué piensas de __3.__ blusa? A mí me gusta mucho.

Mariel: A mí también. __4.__ suéter es demasiado grande, ¿no?

Carmen: Tienes razón. Y pienso que __5.__ falda es muy larga también.

Mariel: Quizás. __6.__ jeans no cuestan mucho. ¡Qué bueno!

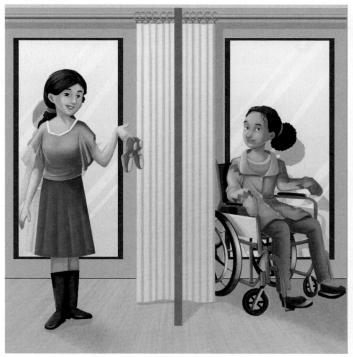

18

¡Un día con tu hermanito!

 HABLAR EN PAREJA Tienes que cuidar *(take care of)* a tu hermanito. Tus padres tienen toda la ropa para él encima de la cama, ¡pero tu hermanito tiene sus propias ideas!

Videomodelo

A —(tú)—*Tienes que llevar **esta ropa.***

B —(tu hermanito)—*¡No! No quiero llevar **esa ropa.** Prefiero **esta ropa** que está en el armario.*

1 **2** **3** **4** **5**

19

Juego

 ESCRIBIR, HABLAR EN GRUPO ¿Quién en tu clase sabe mejor cuánto cuestan diferentes cosas?

1 Trabaja con otro(a) estudiante. Escojan un objeto o una foto de un objeto. Puede ser ropa, algo de la casa, algo de la escuela, etc. Escriban una descripción de ese objeto y determinen cuánto cuesta.

Modelo

Este suéter azul y amarillo es . . . . Puedes llevar este suéter a . . . . Puedes comprar este suéter en . . . . ¿Cuánto cuesta este suéter? (Cuesta 55 dólares).

2 Ahora, trabajen en grupos de cuatro parejas (ocho estudiantes). Lean la descripción de su objeto sin decir cuánto cuesta. La pareja que da el precio más aproximado *(closest)* sin exceder *(without exceeding)* el precio, gana.

Modelo

—*Pensamos que el suéter cuesta 50 dólares.*

—*Daniel y Eva, Uds. ganan. El suéter cuesta 55 dólares.*

Exploración del lenguaje < Nonverbal language

You've learned about the gesture *¡Ojo!,* which means "be careful." Another common gesture used by Spanish speakers conveys the meaning of "a lot of money." This gesture is made by holding the hand palm-up and rubbing the fingertips together. It is often accompanied by expressions such as *¡Cuesta muchísimo!* or *Es mucho dinero.* It can even be used when you're describing someone who is rich.

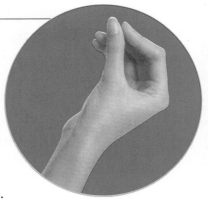

• Review a clothing website together with a classmate. Discuss whether the items you like are expensive or not, and indicate that with a gesture.

20

¡Muchos regalos!

LEER, HABLAR EN PAREJA Muchas personas en tu familia y unos amigos tienen cumpleaños este mes y tienes que comprar regalos. Tú y un(a) compañero(a) miran la página en Internet de una tienda de ropa. Habla con tu compañero(a) sobre qué necesitas comprar.

1. tu hermano o amigo
2. tu hermana o amiga
3. tu abuelo o abuela
4. tu mamá o papá

Videomodelo
tu tía o tío

A —*Necesito un regalo para **mi tía**. Voy a buscar **un suéter** para **ella**.*

B —*Buena idea. ¿Te gusta **este suéter rosado**? Sólo cuesta 32 dólares.*

A —*Sí. Vamos a la tienda a buscar **este suéter**.*

La tienda de ropa Perfección *¡Sólo 1 día!*

$35 orig. $50 $25 orig. $38 $18 orig. $30 $19 orig. $28

$18 orig. $30 $8 orig. $14 $11 orig. $18 $32 orig. $45

21

En la tienda

HABLAR EN PAREJA

Conexiones **Las matemáticas**

Estás ahora en la tienda de ropa Perfección de la Actividad 20. Hablas con un(a) dependiente(a) sobre los descuentos que hay en la ropa hoy.

1 Calcula el porcentaje de descuento de la ropa en el anuncio.

2 Pregunta y contesta según el modelo.

Videomodelo
tu tía o tío

A —*Perdón, señor (señorita). ¿Cuánto cuesta **ese suéter rosado**?*

B —*Hoy **este suéter cuesta** sólo **32** dólares. Es un descuento del **29** por ciento.*

A —*¡Genial! Quiero comprar **el suéter**. ¡Qué buen precio!*

Go **Online** to practice

Savvas.com/Autentico

SAVVAS •••
realize™

VIDEO   WRITING   SPEAK/RECORD

Un desfile de modas

ESCRIBIR, HABLAR EN GRUPO   Trabajen en grupos de tres. Una persona de los tres va a ser el (la) modelo en un desfile de modas *(fashion show)*. Decidan qué va a llevar el (la) modelo. En una hoja de papel, describan tres o más cosas que lleva el (la) modelo. Pueden incluir los colores, cuánto cuesta, dónde pueden comprar la ropa y en qué ocasión o estación pueden llevar la ropa.

Su modelo va a participar con los otros modelos de la clase en el desfile de modas. Los otros dos leen la descripción de la ropa.

Para decir más . . .

cómodo, -a = comfortable
elegante = elegant
de algodón = cotton
de lana = wool
de seda = silk

Modelo

El (La) modelo que entra en este momento lleva . . .

CULTURA ▸ Venezuela

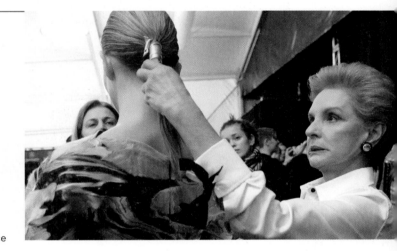

Carolina Herrera es una diseñadora[1] famosa venezolana. Diseña ropa, perfume y accesorios para mujeres y colonia para hombres. En el mundo hispano hay muchos diseñadores creativos y talentosos que dejan su marca[2] en el mundo de la moda.

Pre-AP® Integration: La moda y el diseño Piensa en nombres de diseñadores famosos de los Estados Unidos. ¿ Crees que influyen[3] en la cultura? ¿Por qué?

[1]designer   [2]make their mark   [3]influence

El español en la comunidad

Locate a store in your community or on the Internet that sells products from Spanish-speaking countries. Visit the store or Web site and list the types of items you find there. Are they similar to the items listed in the ad? Bring your list to class and compare it with other students' lists. What are the most common types of items found in these stores?

Boutique Guadalajara

Vestidos y accesorios para toda ocasión

Ropa sport y vaquera; sombreros, botas

🎁 **Invitaciones y regalos**
📕 **Libros y revistas**
€ **Envío de dinero y tarjetas telefónicas**

1819 First Street, Sonora, Arizona

Lectura

OBJECTIVES

▶ Read about traditional clothing in Panama
▶ Use maps and photos to predict content
▶ Compare and contrast *carnaval* celebrations to those in your community

Strategy

Predicting Look at the maps and photos on these pages and read the title to predict what the reading will be about. This will help you anticipate the types of words and expressions you will encounter as you read.

Tradiciones de la ropa panameña

Map: Mar Caribe, ISLAS DE SAN BLAS, COSTA RICA, Canal de Panamá, PANAMÁ, Ciudad de Panamá, Golfo de Panamá, Las Tablas, LOS SANTOS, OCÉANO PACÍFICO, COLOMBIA

Una tradición panameña de mucho orgullo[1] es llevar el vestido típico de las mujeres, "la pollera". Hay dos tipos de pollera, la pollera montuna[2] y la pollera de gala, que se lleva en los festivales. La pollera de gala se hace a mano y cuesta muchísimo por la cantidad de joyas[3] que adornan el vestido. ¿Cuánto cuesta una pollera de gala? Puede costar unos 1.850 dólares americanos, y requiere aproximadamente siete meses de trabajo. La pollera es tan importante que en la ciudad de Las Tablas celebran el Día Nacional de La Pollera el 22 de julio.

Si quieres celebrar con los panameños, puedes visitar la ciudad de Las Tablas en la provincia de Los Santos. Las Tablas es famosa por ser el mejor lugar para celebrar los carnavales. Durante el carnaval y en otros festivales, puedes admirar los vestidos y los bailes tradicionales.

El canal de Panamá conecta el océano Pacífico con el mar Caribe y el océano Atlántico. El istmo de Panamá es la conexión entre

dos continentes, y tiene costas sobre el océano Pacífico y el mar Caribe. Es famoso por el canal en el que navegan barcos[4] de todo el mundo. El folklore panameño es muy variado. La música, los bailes y los vestidos son importantes en la vida[5] social, especialmente en las provincias del centro del país.

[1]pride [2]from the mountains [3]jewels [4]ships [5]life

Otro tipo de ropa auténtica de Panamá viene de los indios Kuna, un grupo de indígenas que viven en las islas de San Blas. Las mujeres llevan una blusa hecha[6] de molas. Las molas son paneles decorativos que forman la parte de adelante y de atrás de las blusas. Las mujeres demuestran[7] su talento y expresión personal con los diseños[8] originales de las molas. Los diseños representan formas humanas y animales. Hoy día, puedes ver y admirar molas como objetos de arte en muchos museos y colecciones.

▶ Molas de colores brillantes con formas de animales

[6]made   [7]demonstrate   [8]designs

¿Comprendes?

1. ¿Por qué es importante Panamá en el comercio global?

2. ¿Cuáles son las dos formas de ropa auténtica de Panamá en el artículo?

3. ¿Qué puedes celebrar si visitas Las Tablas?

4. ¿Cuánto puede costar una pollera de gala? En tu opinión, ¿es mucho o poco dinero?

5. ¿Cómo se llama el grupo de indígenas que viven en las islas de San Blas?

6. ¿Quiénes llevan las molas, los hombres o las mujeres?

7. ¿Por qué es diferente cada mola?

8. ¿Cuáles son las palabras clave de este texto?

Mapa global interactivo Visit Panamá's Islas de San Blas and the Canal and analyze distances using online tools.

CULTURA ◀ El mundo hispano

El carnaval es una celebración tradicional en muchos países latinoamericanos. Es durante las semanas antes de Cuaresma[1]. En el carnaval eligen[2] una reina de la belleza, hay desfiles[3], trajes de muchos colores y baile. El Carnaval de la Tablas, un pueblo[4] cerca de la costa del Pacífico de Panamá, es muy popular. Van miles[5] de visitantes cada año.

Pre-AP® Integration: El entretenimiento y la diversión ¿Qué celebraciones tradicionales hay en tu comunidad? Compara estas tradiciones con la celebración del carnaval. ¿Son similares, o diferentes? ¿Por qué?

[1]Lent   [2]choose   [3]parades   [4]town   [5]thousands

El Carnaval en Panamá

La cultura en vivo

Las molas

Las *molas* son telas[1] de colores brillantes que hacen los indios kuna. Los kuna viven en las Islas San Blas, en la costa de Panamá. *Mola* es una palabra kuna que significa "blusa". Este arte empezó[2] con el proceso de la fabricación de ropa, pero hoy la palabra *mola* describe cualquier tela hecha[3] con este método.

Las mujeres kuna recortan[4] la tela y la cosen[5]. Los colores de la tela son visibles y crean diseños. Luego las mujeres cosen más detalles. Muchos diseños de *molas* representan la naturaleza o los animales.

Comparación cultural ¿Hay una persona de tu familia que hace arte? ¿Tienes ropa que usas para expresar tus intereses o tu personalidad?

[1]fabrics [2]started [3]made [4]cut out [5]sew

Online Cultural Reading

Go to Auténtico ONLINE to view an online shopping site for a Mexican department store.

Strategy: Use context to get meaning. Pay attention to how unknown words are used on the site to get at their meaning.

Aplicación: ¿Comprendiste el sitio web? ¿Qué articulo de ropa te gustaría comprar? ¿Cuánto cuesta?

MATERIALS
- 2 pencils
- rubber bands
- construction paper
- paste or glue
- scissors

DIRECTIONS

1. Your teacher will provide a pattern to trace on a piece of construction paper. You may prefer to trace around a cookie cutter or draw a simple design found in nature (for example, a leaf, flower, or fir tree). *(Fig. 1)*

2. Double all the lines by drawing with two pencils fastened together with rubber bands. *(Fig. 2)*

3. Cut out all spaces that do NOT fall between the double lines. *(Fig. 3)*

4. Paste or glue the cutout figure onto construction paper of a contrasting color.

5. Cut around the pasted or glued figure, leaving a border of the second color. *(Fig. 4)*

6. Paste or glue this cutout figure onto another piece of construction paper and cut around it, leaving a border of the new color. Paste the entire piece on a contrasting background.

Presentación oral

OBJECTIVES
▶ Demonstrate how to buy and sell clothing in a store
▶ Use feedback from your partner to improve your performance

Go **Online** to practice

Savvas.com/Autentico

🎤
SPEAK/RECORD

¿En qué puedo servirle?

TASK You and a partner will play the roles of a customer and a salesclerk in a clothing store. You will ask and answer questions about the articles of clothing sold in the store. The customer will then decide whether or not to buy the articles.

1 Prepare Work with a partner to prepare the skit. One of you will play the role of the salesperson, and the other will be the shopper. Be prepared to play both roles and remember to use the appropriate register, including the formal *usted*, since this is a conversation between adults. Decide the type of clothing the store will sell and bring to class articles of clothing or pictures from a magazine. Give the store a name.

> **Cliente:** Make a list of expressions and questions you can use to ask about, describe, and say whether you will buy an article of clothing.

> **Dependiente(a):** Make a list of expressions and questions you can use to help your client, answer his or her questions, and show him or her the clothing.

2 Practice Work with your partner and practice both roles. You might want to review *Vocabulario en contexto,* the *Videohistoria,* and Actividad 9 for ideas. You can use your written notes when you practice, but not during the actual role play.

3 Present Your teacher will assign the roles. The clerk will begin the conversation. Keep talking until the customer has made a decision to buy or not to buy the article of clothing.

4 Evaluation The following rubric will be used to grade your presentation.

Strategy

Seeking feedback As you practice with a partner, seek his or her feedback to correct errors you have made and to improve your overall performance.

Rubric	Score 1	Score 3	Score 5
How well you sustain a conversation	You provide no conversational response or follow-up to what your partner says.	You provide frequent responses or follow-up to what your partner says.	You always respond to your partner, listen and ask follow-up questions, or volunteer additional information.
Completeness of presentation	You only describe the clothing.	You describe the clothing and price.	You describe the clothing, price, and the decision to purchase.
Use of new and previously learned vocabulary	You use very limited and repetitive vocabulary.	You use only recently acquired vocabulary.	You use recently acquired and previously learned vocabulary.

Auténtico

Partnered with

Un probador virtual

Antes de ver

Usa la estrategia: Listen for Key Details

As you watch the video, identify the key details. Use your background knowledge about shopping and vocabulary from this chapter to determine which information is essential.

Read this Key Vocabulary

prendas = garment

has elegido = you have chosen

terminas malhumorado = finish grumpy

probador = fitting room

quitarse = take off

se prueba = try on oneself

renovar = renew

vestuario = wardrobe

realmente = actually

▶ Ve el video

Do you like to shop for clothes? Do you wish you could know if an outfit will fit or look good without having to try it on?

Go to **Savvas.com/Autentico** and watch the video ***Un probador virtual que permite probarse las prendas sin quitarse la ropa*** to learn more about a new shopping experience.

Completa las actividades

Mientras ves Escucha lo que dicen sobre las ventajas del probador. Lee la lista aquí y escribe C (*Cierto*) si la frase es correcta y F (*Falso*) si es incorrecta según las ideas clave del video.

1. **La ropa cuesta menos con el probador virtual.**
2. **No tienes que quitarte la ropa que llevas.**
3. **Tienes que escribir tus características físicas en un papel.**
4. **El probador virtual hace una selección rápida de diferentes tipos de ropa.**
5. **Puedes usar la pantalla táctil para ver cómo te queda la ropa.**
6. **Lo que más le gusta se prueba después realmente.**

Integración

Después de ver
Mira el video otra vez para contestar estas preguntas.

1. ¿Para qué es la pantalla táctil?

2. ¿Prefieres probarte la ropa realmente o usar un probador virtual?

3. En el video, dice que "terminas malhumorado" después de probar ropa. En tu experiencia, ¿terminas malhumorado" cuando vas de compras? ¿Por qué?

 For more activities, go to the *Authentic Resources Workbook*.

En las tiendas

Expansión Busca otros recursos en *Auténtico* en línea. Después, contesta las preguntas.

 7A Auténtico

Integración de ideas Los recursos de este capítulo informan sobre la ropa y las tiendas. Describe un plan de compras de ropa nueva usando información de los recursos auténticos. ¿Adónde vas? ¿Qué compras? ¿Por qué?

Comparación cultural Compara la experiencia de comprar ropa en los recursos auténticos con tu experiencia típica en las tiendas en tu comunidad.

Repaso del capítulo

OBJECTIVES
▶ Review the vocabulary and grammar
▶ Demonstrate you can perform the tasks on p. 343

🔊 Vocabulario

to talk about shopping

buscar	to look for
comprar	to buy
el dependiente, la dependienta	salesperson
¿En qué puedo servirle?	How can I help you?
entrar	to enter
la tienda	store
la tienda de ropa	clothing store

to talk about clothing

el abrigo	coat
la blusa	blouse
las botas	boots
los calcetines	socks
la camisa	shirt
la camiseta	T-shirt
la chaqueta	jacket
la falda	skirt
la gorra	cap
los jeans	jeans
los pantalones	pants
los pantalones cortos	shorts
la sudadera	sweatshirt
el suéter	sweater
el traje	suit
el traje de baño	swimsuit
el vestido	dress
los zapatos	shoes
¿Cómo me / te queda(n)?	How does it (do they) fit (me / you)?
Me / te queda(n) bien / mal.	It fits (They fit) me / you well / poorly.
llevar	to wear
nuevo, -a	new

other useful words

quizás	maybe
Perdón.	Excuse me.
¡Vamos!	Let's go!

to talk about prices

¿Cuánto cuesta(n) . . . ?	How much does (do) . . . cost?
costar (o ➔ ue)	to cost
el precio	price
tanto	so much
doscientos, -as	two hundred
trescientos, -as	three hundred
cuatrocientos, -as	four hundred
quinientos, -as	five hundred
seiscientos, -as	six hundred
setecientos, -as	seven hundred
ochocientos, -as	eight hundred
novecientos, -as	nine hundred
mil	a thousand

to indicate if someone is correct

tener razón	to be correct

to indicate specific items

los / las dos	both
este, esta	this
estos, estas	these
ese, esa	that
esos, esas	those

Gramática

pensar *to think, to plan*

pienso	pensamos
piensas	pensáis
piensa	piensan

preferir *to prefer*

prefiero	preferimos
prefieres	preferís
prefiere	prefieren

querer *to want*

quiero	queremos
quieres	queréis
quiere	quieren

For *Vocabulario adicional,* see pp. 472–473.

Preparación para el examen

What you need to be able to do for the exam . . .	Here are practice tasks similar to those you will find on the exam . . .	For review go to your print or digital textbook . . .

Interpretive

1 ESCUCHAR I can listen to and understand reasons why people are returning clothing items.

Listen as people explain to the clerk in a department store why they are returning or exchanging clothing they received as gifts. Try to decide if the reason is: a) it doesn't fit well; b) it's the wrong color or style; c) it's too expensive; d) they just didn't like it.

pp. 322–325 *Vocabulario en contexto*
p. 326 **Actividad 5**
p. 328 **Actividad 10**
p. 329 **Actividad 11**
p. 332 **Actividad 17**

Interpersonal

2 HABLAR I can describe what I will buy with gift certificates from my favorite clothing store.

You got gift certificates from your favorite clothing store for your birthday. Describe at least four items you would like to buy.
You could say something like: *Me gustaría comprar un suéter rojo. Prefiero esos suéteres que me quedan grandes.*

pp. 322–325 *Vocabulario en contexto*
p. 327 **Actividad 6**
p. 328 **Actividad 9**
p. 329 **Actividad 12**
p. 330 **Actividades 13**
p. 331 **Actividades 15**
p. 334 **Actividades 20**
p. 339 *Presentación oral*

Interpretive

3 LEER I can read and understand an online order form for a department store.

You want to apply for a job at a department store. They need someone who understands Spanish to interpret online orders. Read the entries to see if you can tell them: a) the item ordered; b) the color; c) the price.

pp. 322–325 *Vocabulario en contexto*
p. 328 **Actividad 10**
p. 334 **Actividad 20**

	Artículo	Color	Precio
A	sudadera	rojo / azul	355 pesos
B	abrigo	negro	801 pesos
C	falda	blanco / marrón / verde	506 pesos

Presentational

4 ESCRIBIR I can fill in an order form for specific clothing items I might purchase as gifts.

Order the following items using the online order form: a) black boots for your sister, who is very little; b) a blue-and-white baseball cap for your brother, who would need a small size; c) three pairs of gray socks for your dad, who has VERY big feet!

pp. 322–325 *Vocabulario en contexto*
p. 327 **Actividad 7-8**
p. 329 **Actividad 12**
p. 331 **Actividad 15**

Artículo	Color	Talla

Cultures

5 Comparación cultural I can demonstrate an understanding of cultural perspectives on crafts and clothing.

Think about something you would consider to be American folk art that has been passed on from one generation to another. How would it be similar to or different from the *molas* made by the Kuna Indians?

pp. 336–337 *Lectura*
p. 338 *La cultura en vivo*

¡Qué regalo!

España
Illinois
Nueva York
California
Florida
Texas
Cuba
República
México
Dominicana
El Salvador
Puerto Rico
Panamá
Colombia
Paraguay
Chile
Argentina

CHAPTER OBJECTIVES

Communication

By the end of this chapter you will be able to:

- Listen to and read descriptions of gifts and gift stores.
- Talk and write about items you've bought and their price.
- Exchange information while comparing gifts and price.

Culture

You will also be able to:

- **Auténtico:** Identify cultural practices in an authentic video about shopping and stores.
- Compare cultural perspectives about shopping malls in Chile and the United States.
- Explain the role of markets and specialty stores in Spanish-speaking countries.
- Compare the significance of gifts in a Mexican festival and in holidays in the United States.

You will demonstrate what you know and can do:

- Presentación escrita: Un regalo para mi...
- Repaso del capítulo: Preparación para el examen

You will use:

Vocabulary

- Stores and online shopping
- Gifts and clothing accessories
- Expressions to describe past events

Grammar

- The preterite of -ar verbs
- The preterite of verbs ending in -car and -gar
- Direct object pronouns

ARTE y CULTURA ▶ Paraguay

Ñandutí, which means "spider web" in the Guaraní language, refers to the fine lace weavings from the small South American country of Paraguay. Wall hangings and table linens are just a few of the intricately woven and multicolored items made from this fabric. *Ñandutí* looms are routinely found outside the doorways of houses in Itauguá, a small town where much of the country's *ñandutí* is made.

▶ Handmade items are usually more expensive than mass-produced ones. Why do you think some people are willing to pay more for these items?

Mantel *(Tablecloth)* de ñandutí, Itauguá, Paraguay ▶

Go **Online** to practice

SAVVAS
realize™

Savvas.com/Autentico

 AUDIO

 VIDEO

 WRITING

 SPEAK/RECORD

 MAPA GLOBAL

 AUTÉNTICO

 FLASCHARDS

 ETEXT 2.0

 GAMES

El centro comercial
Galerías Pacífico,
Buenos Aires, Argentina

Videocultura **Los mercados**

Vocabulario en contexto

Nelson va de compras y llama a Jaime.

Jaime

Nelson

Jaime: ¡Hola amigo! ¿Dónde estás?

Nelson: Estoy en la joyería. Quiero comprar un regalo para mi **novia**, Marisol. **El año pasado compré** unos aretes para ella.

Jaime: Entonces, este año necesitas algo diferente. Tal vez, ¿un collar?

Nelson: ¡Uf! ¡Los collares son **caros**!

Jaime: Debes ir al mercado[1]. **La semana pasada** compré una cadena para mi mamá allí y **pagué** menos que en la joyería.

Nelson: Buena idea. Ahorita voy.

[1]market

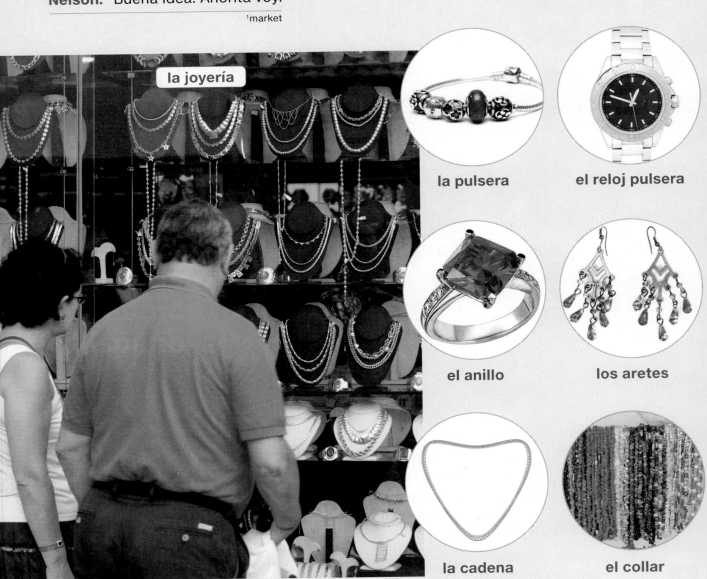

la joyería

la pulsera

el reloj pulsera

el anillo

los aretes

la cadena

el collar

Nelson y Jaime van al mercado y tienen esta conversación:

Nelson: Aquí estoy, en el mercado. Los collares son **baratos**, pero no me gustan mucho.

Jaime: ¿Hay perfumes?

Nelson: No **los** veo…

Jaime: ¿Hay pulseras?

Nelson: A ver… ¡Sí! ¡**Mira!**

Jaime: Es bonita. ¿Por qué no **la** compras?

Nelson: Tampoco es cara. La voy a comprar. Gracias por tu ayuda, amigo.

el llavero

la cartera

el bolso

la corbata

el perfume

los guantes

los anteojos de sol

1

¿Qué compro?

ESCUCHAR   Nelson y Jaime están en el mercado. Escucha su conversación y señala con el dedo cada artículo que deben comprar.

2

¿Dónde lo pones?

ESCUCHAR   Escucha cada una de estas oraciones. Señala la parte del cuerpo en la que una persona lleva cada artículo que se menciona.

Fernanda, Angélica y Lucía hablan de sus planes para la tarde.

Fernanda: ¡Hola chicas! ¿Quieren ir al cine?

Angélica: No, no puedo. Voy con mi mamá al almacén y luego a unas tiendas en el centro comercial.

Lucía: Yo tampoco puedo. Voy a **la tienda de descuentos**.

Fernanda: ¿Qué van a comprar?

Lucía: Yo necesito comprar **software**.

Angélica: ¡Nosotras necesitamos de todo! En la **tienda de electrodomésticos** vamos a comprar un lavaplatos. En la **librería** vamos a comprar un libro y en **la zapatería** unos zapatos nuevos. Voy a estar allí toda la tarde.

Fernanda: ¡Ay chicas, qué aburridas! ¿Por qué no buscan **en la Red**? **Venden** de todo y así pueden comprar desde la casa. **Hace una semana**, mi mamá compró un televisor en la Red. **Ayer** yo compré un anillo. Y **anoche** compré unos zapatos.

Angélica: ¡Buena idea! Voy a hablar con mi mamá.

Lucía: ¡Uf, no! Yo prefiero ir a la tienda.

el almacén

la tienda de descuentos

3

¿Dónde lo compras?

ESCRIBIR Contesta las preguntas sobre la tienda donde vas a comprar cada una de estas cosas.

1. ¿Dónde compras zapatos?

2. ¿Adónde vas para comprar un libro?

3. ¿Dónde compras un lavaplatos?

4. ¿Adónde vas a comprar algo barato?

Videohistoria

En el Rastro

Go **Online** to practice
Savvas.com/Autentico

SAVVAS
realize™

AUDIO   VIDEO   WRITING   SCRIPT

Before You Watch

Using visuals Have you ever been to a flea market? El *Rastro* in Madrid is an outdoor flea market open on Sundays. Look at the photos to get an idea of the market size and items for sale.

Complete the Activity

¿Qué hay en el Rastro? Mira las fotos. ¿Cómo es el Rastro? ¿Qué puedes comprar allí?

▶ Watch the Video

¿Qué hace Armando cuando llama a Teo? ¿Por qué quiere ayuda?

Go to **Savvas.com/Autentico** to watch the video *En el Rastro* and to view the script.

Mateo

After You Watch

 ¿COMPRENDES? Contesta las preguntas.

1. ¿Por qué Armando llama a Teo por teléfono?
2. ¿Está Armando mucho tiempo o poco tiempo en el Rastro?
3. ¿A Teo le gusta el collar? ¿Por qué?
4. ¿Son baratas todas las cosas en el Rastro?
5. ¿Qué dos cosas en el mercado Armando muestra *(shows)* a Teo?
6. Los dos hablan de un buen regalo para su mamá. ¿Qué es?

Comparación cultural ¿Dónde puedes ir a comprar cosas usadas o viejas en tu comunidad? Compara el lugar *(place)* con el Rastro.

Vocabulario en uso

OBJECTIVES

▶ Listen to comments about stores and talk about where you shop
▶ Write about and discuss stores, gifts, and shopping trips
▶ Read and analyze an ad for a jewelry store
▶ Exchange information about shopping malls and gifts

4

Escucha y escribe

ESCUCHAR, ESCRIBIR

1 Vas a escuchar lo que unos jóvenes dicen de algunas tiendas. En una hoja de papel escribe los números del 1 al 6. Escribe lo que escuchas.

2 Escribe frases para describir lo que crees que van a comprar los jóvenes en cada tienda.

Modelo
Creo que él (ella) va a comprar . . .

5

En tu comunidad

ESCRIBIR, HABLAR EN PAREJA

1 Para cada tienda de la lista, piensa en una que está en tu comunidad. Escribe una frase para describir dos o más cosas que venden allí.

Modelo
una tienda de ropa
En la tienda de ropa Moda, venden camisas, pantalones y corbatas.

2 Trabaja con otro(a) estudiante. Lee lo que venden en cada tienda sin decir qué tipo de tienda es. Tu compañero(a) debe identificar qué tipo de tienda es.

1. una librería
2. una tienda de descuentos
3. una tienda de electrodomésticos
4. una joyería
5. un almacén
6. una zapatería

Videomodelo
A —*Venden camisas, pantalones y corbatas allí.*
B —*¿Es una tienda de ropa?*

CULTURA **El mundo hispano**

Los centros comerciales y los grandes almacenes son populares en los países hispanos, pero muchas personas compran en tiendas tradicionales. Estas tiendas son de familias y la lealtad[1] de los clientes es muy importante.

• ¿Por qué crees que muchas personas van a las tiendas pequeñas si los centros comerciales y grandes almacenes también son muy populares? ¿Dónde prefieres comprar? ¿Por qué?

Mapa global interactivo Visita unas tiendas en San Luis Potosí, México y compara estas tiendas a las de tu comunidad.

¿Qué venden en esta sombrería de Barcelona, España?

[1]loyalty

Go Online to practice   Savvas.com/Autentico

SAVVAS
realize™

AUDIO   VIDEO   SPEAK/RECORD   MAPA GLOBAL

¿Dónde está el almacén La Galería?

DIBUJAR, ESCRIBIR, HABLAR EN PAREJA   Haz preguntas sobre la vida de cada día. Pregunta a otro(a) estudiante dónde están las tiendas en un centro comercial.

1 Haz un dibujo de un centro comercial. En el dibujo incluye (include):

una zapatería	una tienda de regalos
un almacén	una tienda de ropa
un restaurante	una tienda de electrodomésticos
una librería	
una tienda de descuentos	**¡Respuesta personal!**

2 Inventa un nombre para cada tienda y el restaurante. Escribe los nombres en tu dibujo.

3 Muestra (Show) tu dibujo a otro(a) estudiante Haz seis preguntas sobre el centro comercial. Tu compañero(a) debe contestar.

Videomodelo

A —¿Dónde está **el restaurante La Mariposa**?
B —Está **detrás de la zapatería y la librería**.
A —¿Por qué quieres ir allí?
B —**Quiero comer con mi amigo.**

¿Recuerdas?

To tell the location of something, use *está* . . . :

a la derecha de	**delante de**
a la izquierda de	**detrás de**
al lado de	**lejos de**
cerca de	

Para decir más...

entre = between
enfrente de = across from

---

vas / voy a . . .
quieres / quiero . . .
necesitas / necesito . . .
te / me gustaría . . .
piensas / pienso . . .
comer . . .
buscar . . .
comprar . . .
mirar . . .
piensas / pienso . . .

Un buen regalo

HABLAR EN PAREJA   Habla con otro(a) estudiante para intercambiar (exchange) opiniones sobre los buenos regalos para diferentes personas.

Videomodelo

un señor que trabaja en una oficina
A —¿Cuál es un buen* regalo para **un señor que trabaja en una oficina**?
B —Creo que **una corbata** es el mejor regalo para él.
A —¿Sabes dónde venden **corbatas**?
B —Por supuesto. En **la tienda de ropa**.

Estudiante A

1. un(a) joven que no es puntual
2. un(a) joven que trabaja en un almacén
3. tu hermano(a) mayor (menor)
4. tu mejor amigo(a)
5. tu novio(a)
6. tu abuelo(a)

Estudiante B

¡Respuesta personal!

Buen is used in front of a masculine singular noun.

8

¡Qué barato! ¡Qué caro!

HABLAR EN PAREJA El fin de semana pasado compraste muchas cosas. Ahora un(a) amigo(a) quiere saber dónde compraste todas las cosas y cuánto pagaste.

Estudiante A

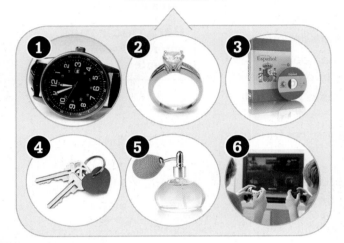

Videomodelo

A —¿Dónde compraste tu **suéter** nuevo?
B —*Lo compré en **la tienda de ropa**.*
A —*¿Cuánto pagaste?*
B —*Pagué **25** dólares.*
A —*¡Qué barato!*
o: —*¡Uf! ¡Qué caro!*

Estudiante B

¡Respuesta personal!

9

Vamos a la joyería

LEER, ESCRIBIR, HABLAR EN PAREJA Lee el anuncio de una joyería en Tegucigalpa, Honduras, y luego contesta las preguntas.

1. ¿Qué venden en la tienda?
2. Según el anuncio, ¿las cosas que venden en la tienda cuestan mucho o poco?
3. Además de *(In addition to)* vender, ¿qué otros servicios hay en la joyería?
4. Pregunta a dos personas diferentes:
   - ¿Qué te gustaría comprar en una joyería?
   - ¿Qué joyas tienes?

Strategy

Using cognates and context clues Try to figure out the meanings of unknown words by looking for cognates or by seeing how other words are used in the sentence.

- Can you guess the meanings of *bajos, diamantes, piedras preciosas, baterías,* and *arreglos* in this ad?

Joyería Hermanos Silva ¡Precios bajos todos los días! 🔍

Vendemos relojes variados y todo tipo de joyas para toda ocasión

- Anillos y collares de diamantes y otras piedras preciosas
- Baterías de reloj, incluyendo instalación
- Hacemos reparaciones y joyas nuevas de su oro* viejo
- Reparación de cadenas y arreglos de pulseras

MENCIONE ESTE ANUNCIO Y RECIBA UN DESCUENTO DEL 10%

Abierto de lunes a sábado de 10:00 hs. a 18:00 hs.

*gold

Exploración del lenguaje ⟩ Nouns that end in *-ería*

The Spanish word ending, or suffix, *-ería* usually indicates a place where something is sold, made, or repaired. This suffix is added to a form of the word that names the specialty item. For example, if you know that *una joya* is a piece of jewelry, you understand that you can buy jewelry at *la joyería*.

Modelo
joyería
En la joyería venden joyas como anillos, pulseras y collares.

Try it out! You will often see these signs over stores. Tell what each one sells.

heladería   librería   pastelería   papelería   panadería   zapatería

Venden flores para todas las ocasiones en esta florería en España.

Esta joyería vende pulseras, anillos y collares.

Muchos españoles compran su pan cada día en una panadería.

Muchos mexicanos compran tortillas frescas en una tortillería cerca de su casa.

10

Y tú, ¿qué dices?

ESCRIBIR, HABLAR   Haz preguntas a tu compañero(a) sobre las compras que hace.

1. ¿A qué tiendas vas de compras? ¿Qué te gusta comprar?

2. ¿Para quiénes compras regalos? ¿Qué tipo de regalos compras?

3. ¿Qué regalo compraste recientemente? ¿Cuándo y dónde compraste el regalo? ¿Pagaste mucho o poco dinero?

Gramática

OBJECTIVES
▶ Listen to a description of family activities
▶ Write and talk about what you and others did
▶ Interview a classmate about activities last week

The preterite of *-ar* verbs

To talk about actions that were completed in the past, you use the preterite tense. To form the preterite tense of a regular *-ar* verb, add the preterite endings to the stem of the verb. Here are the preterite forms of *comprar*:

(yo)	compr**é**	(nosotros) (nosotras)	compr**amos**
(tú)	compr**aste**	(vosotros) (vosotras)	compr**asteis**
Ud. (él) (ella)	compr**ó**	Uds. (ellos) (ellas)	compr**aron**

¿Recuerdas?
In Spanish, the endings of verbs identify both who is performing the action (the subject) and when it is being performed (the tense).

Notice the accent marks on the endings -é and -ó.

The *nosotros* form is the same in the present and preterite tenses. You will need to look for other context clues to tell which tense is intended.

Más recursos ONLINE

▶ **GramActiva Video**

▶ **Tutorials:** Past tense, Tense, *Hacer* in time expressions, Preterite

◀)) **Canción de hip hop:** *¿Qué compraste ayer?*

✎ **GramActiva Activity**

11

¿El presente o el pasado?

◀)) **ESCUCHAR** En una hoja de papel escribe los números del 1 al 8. Vas a escuchar ocho frases que describen los quehaceres de una familia. ¿Ocurren los quehaceres en el presente o el pasado *(past)*? Escribe *presente* o *pasado*.

12

El dinero es un buen regalo

 ESCRIBIR, HABLAR Tus abuelos les regalaron *(gave)* a todos dinero y cada uno compró algo. Explica lo que compraron todos y cuándo compraron las cosas.

Modelo
Mi hermano _____ hace una semana.
*Mi hermano **compró un reloj pulsera** hace una semana.*

 1. Mi madre _____ ayer.

 4. Tú _____ hace tres días.

 2. Mis primos _____ anoche.

 5. Mis tíos _____ hace un mes.

 3. Mi papá _____ el año pasado.

 6. Mi hermana y yo _____ ayer.

13

Juego

HABLAR EN GRUPO, GRAMACTIVA

1 Tu profesor(a) va a enseñar a todos cómo deben señalar *(point to)* a diferentes personas *ella, nosotros, tú, ellos,* etc. Practica con tu profesor(a).

2 Trabaja en un grupo de cuatro. Una persona es líder y dice un infinitivo de la lista y un sujeto *(subject)*. Por ejemplo: *cantar/ella.* Los otros tienen que señalar a la persona, o a las personas, y decir el verbo en el pretérito: *ella cantó.* Continúa así con tres sujetos más y el mismo verbo. Después, cambia de *(change)* líderes.

¿Recuerdas?

arreglar	escuchar	montar
bailar	esquiar	nadar
caminar	estudiar	pasar
cantar	hablar	patinar
cocinar	lavar	trabajar
cortar	levantar	usar
dibujar	limpiar	

14

Hace una semana

ESCRIBIR, HABLAR EN PAREJA Usa el pretérito para escribir y hablar de tus actividades.

1 Copia la tabla en una hoja de papel. Usa los verbos de la lista de la Actividad 13 para escribir seis actividades que hiciste *(you did)* en el pasado. Indica cuándo hiciste cada actividad.

¿Qué?	¿Cuándo?
patiné	*la semana pasada*

2 Usa la información de la tabla para escribir frases sobre tus actividades. Incluye información para contestar *¿dónde?* y *¿con quién?* Después, lee tus frases a otro(a) estudiante y pregunta: *¿Y tú?* Tu compañero(a) debe contestar. Escribe la respuesta de tu compañero(a).

3 Escribe tres frases con la información del paso 2.

Modelo
Patiné en el parque con mis amigos la semana pasada, pero Luisa montó en monopatín con su hermana.

Nota
To say when something happened, use *hace* + a time expression. It's like saying "ago."

• Compré la pulsera **hace un año.** *I bought the bracelet a year ago.*

Videomodelo

A —*Patiné en el parque con mis amigos la semana pasada. ¿Y tú?*

B —*Monté en monopatín con mi hermana la semana pasada.*

Gramática

OBJECTIVES
▶ Write and talk about what you and others did
▶ Discuss gifts you bought
▶ Read a timeline to write and talk about historical events

The preterite of verbs ending in *-car* and *-gar*

Verbs that end in *-car* and *-gar* have a spelling change in the *yo* form of the preterite.

buscar: c → qu   yo bus**qué**

Silvia y Rosa bus**caron** aretes pero yo bus**qué** un collar.

pagar: g → gu   yo pa**gué**

¿Cuánto pa**gaste** por tu cadena? Pa**gué** 13 dólares.

Verbs such as *jugar* that have a stem change in the present tense do not have a stem change in the preterite.

El sábado pasado **jugué** al tenis.
Mis hermanos **jugaron** al básquetbol.

¿Recuerdas?
You know these verbs that end in *-car* and *-gar*:

buscar	practicar
jugar	sacar
pagar	tocar

Más recursos   ONLINE

▶ *GramActiva* Video
▶ Tutorial: Preterite
✏ *GramActiva* Activity

15

El viernes pasado

 ESCRIBIR, LEER   El viernes pasado Juan invitó a unos amigos a su casa. Completa la descripción de sus actividades con la forma apropiada del pretérito de los verbos *jugar, pagar, sacar* y *tocar*.

El viernes pasado mis amigos pasaron tiempo conmigo en mi casa. Tomás y Fernando __1.__ videojuegos en mi dormitorio pero yo no __2.__ con ellos. Yo __3.__ la guitarra en la sala y todos cantamos. Jorge __4.__ el piano un poco también. Después de cantar, nosotros __5.__ al vóleibol. Mi amiga Ana __6.__ fotos de nosotros. ¡Qué graciosas son las fotos! A las nueve fuimos por pizza y ¡mis padres __7.__ la cuenta! ¡Qué bueno porque nunca tengo mucho dinero! Yo __8.__ fotos de todos mis amigos en la pizzería. ¡Qué bien lo pasamos nosotros!

CULTURA Colombia

El Museo del Oro en Bogotá, Colombia, tiene más de 33,000 objetos de oro[1] y piedras preciosas[2] de las culturas pre-colombinas[3]: las culturas que había[4] antes de llegar Colón a las Américas. Estas civilizaciones antiguas pensaban[5] que el oro da la energía del Sol.

• ¿Qué museos visitas en tu comunidad o en otros lugares? ¿Qué aprendes de los objetos que hay allí?

El Museo del Oro en Bogotá, Colombia

[1]gold [2]precious stones [3]pre-Columbian [4]were [5]thought

Pronunciación ◄ The letter combinations *gue*, *gui*, *que*, and *qui*

You know that when the letter *g* appears before the letters *a, o,* or *u,* it is pronounced like the *g* in "go," and that *g* before *e* and *i* is pronounced like the *h* in "he."

To keep the sound of the *g* in "go" before *e* and *i*, add the letter *u*: *gue, gui*. Don't pronounce the *u*. Listen to and say these words:

Guillermo	guitarra	espaguetis
guisantes	hamburguesa	Miguel

You also know that the letter *c* before *a, o,* or *u* is pronounced like the *c* in "cat," while the *c* before *e* and *i* is usually pronounced like the *s* in "Sally."

To keep the sound of the *c* in "cat" before *e* and *i*, words are spelled with *qu*: *que, qui*. The *u* is not pronounced. Listen to and say these words:

queso	quehacer	quince
quinientos	quieres	quisiera
riquísimo	querer	

Try it out! Listen to the first verse of this traditional song from Puerto Rico entitled *"El coquí." El coquí* is a little tree frog found in Puerto Rico, named for the *coquí* sound it makes at night.

El coquí, el coquí siempre canta.
Es muy suave el cantar del coquí.
Por las noches a veces me duermo
con el dulce cantar del coquí.
Coquí, coquí, coquí, quí, quí, quí,
coquí, coquí, coquí, quí, quí, quí.

Cultura "El coquí" is sung as a lullaby in Puerto Rico. Identify words in the lyrics that suggest this cultural practice.

16

Juego

ESCRIBIR, ESCUCHAR, HABLAR EN GRUPO, GRAMACTIVA

1 Escribe en una hoja de papel una o dos frases para indicar qué regalo compraste, para quién es, dónde lo compraste y cuánto pagaste.

Modelo
Compré un collar para mi novia en la Red. Pagué 45 dólares.

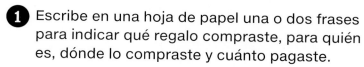

2 Trabaja con un grupo de cuatro. Pon tu hoja de papel en una bolsa *(bag)* con las otras hojas del grupo. Cada uno toma una hoja, que debe ser de otro(a) estudiante del grupo. Cambia una parte de la frase y lee la nueva frase al grupo. ¿Quién puede identificar el cambio?

Videomodelo
A —*Esta persona compró un collar **para su madre** en la Red. Pagó 45 dólares.*
B —*No es cierto. Compré un collar **para mi novia**.*

Una lección de historia

LEER, ESCRIBIR, HABLAR Estudia la línea cronológica *(timeline)*, los eventos y el mapa. Luego usa el pretérito para emparejar estos eventos históricos con las personas en la línea cronológica.

Nota
Here is how you say dates:
• 1500 mil quinientos
• 1898 mil ochocientos noventa y ocho
• 2005 dos mil cinco

Modelo

1 —*En 1492, Cristóbal Colón llegó (arrived) a la República Dominicana.*

Conexiones **La historia**

Los eventos

   a. fundar la misión de San Diego de Alcalá
   b. pagar 15 millones de dólares a México según el Tratado de Guadalupe Hidalgo
   c. empezar la construcción del canal de Panamá
   d. explorar la Florida
   e. ayudar a Cuba y Puerto Rico a declarar su independencia de España
   f. buscar las siete ciudades de Cíbola en el suroeste de los Estados Unidos
   g. llegar a la República Dominicana

1540
3. Francisco Vázquez de Coronado

1513
2. Juan Ponce de León

1492
1. Cristóbal Colón

1400   1450   1500   1550

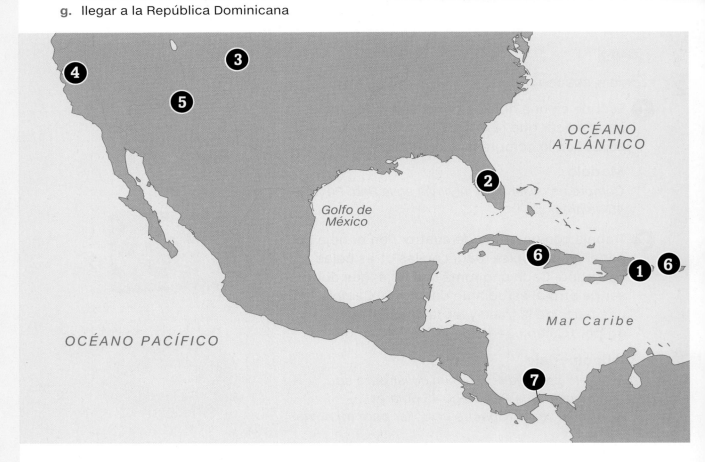

OCÉANO ATLÁNTICO

Golfo de México

OCÉANO PACÍFICO

Mar Caribe

La misión de San Diego de Alcalá,
en California, fue fundada en 1769.

El edificio más antiguo de los Estados Unidos
está en San Agustín, en la Florida.

1848
5. El presidente James K.
Polk y los Estados Unidos

1600	1650	1700	1750	1800	1850	1900	1950

1769
4. Fray Junípero Serra

1898
6. El presidente
William McKinley y
los Estados Unidos

1904
7. El presidente
Theodore Roosevelt y
los Estados Unidos

18

Y tú, ¿qué dices?

 ESCRIBIR, HABLAR

1. ¿Qué deportes practicaste el año pasado?

2. ¿Jugaste algún partido de tenis o de fútbol el mes pasado? ¿Cómo jugaste?

3. ¿Tocaste un instrumento musical ayer? ¿Cuál? Si no, ¿te gustaría saber tocar algún instrumento? ¿Cuál?

4. ¿Sacaste fotos durante tus vacaciones? Si no, ¿quién las sacó? ¿De qué?

5. Para el cumpleaños de tu mejor amigo(a), ¿qué compraste? ¿Cuánto pagaste?

Gramática

OBJECTIVES
▶ Write and talk about what people bought, where, and when
▶ Exchange information to guess who has different items
▶ Role-play conversations about shopping

Direct object pronouns

A direct object tells who or what receives the action of the verb.

> Busco **una cadena.**

> Compré **unos guantes.**

To avoid repeating a direct object noun, you can replace it with a direct object pronoun.

> ¿Dónde compraste **tus aretes?**
> *Where did you buy **your earrings?***

> **Los** compré en la joyería Sánchez.
> *I bought **them** at Sánchez Jewelry.*

Direct object pronouns agree in gender and number with the nouns they replace.

> ¿Tienes **mi pulsera?**
> No, no **la** tengo.
> ¿Tienes *mis anillos?*
> No, no **los** tengo.

A direct object noun *follows* the conjugated verb. A direct object pronoun comes *before* the conjugated verb.

When an infinitive follows a conjugated verb, the direct object pronoun can either be placed before the conjugated verb or be attached to the infinitive.

> ¿Quieres comprar **el llavero?**

> Sí, **lo** quiero comprar.

> **o:** Sí, quiero comprar**lo.**

	singular		plural	
M.	lo	*it*	los	*them*
F.	la	*it*	las	*them*

Más recursos ONLINE

▶ *GramActiva* Video
▶ **Tutorial:** Direct object pronouns
✎ *GramActiva* Activity

19

¡No compraron nada!

✎ **ESCRIBIR** Ayer muchas personas fueron *(went)* al centro comercial y miraron muchas cosas pero ¡no compraron nada! Escribe lo que no compraron.

Modelo
Carlos
Ayer Carlos miró una cartera pero no la compró.

 1. Juanita

 4. nosotros

 2. los novios

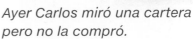 5. el señor Miró

 3. tú

 6. yo

También se dice . . .
el anillo = la sortija *(muchos países)*
los aretes = los pendientes *(España)*; los aros *(Argentina, Uruguay)*
la pulsera = el brazalete *(muchos países)*
el bolso = la cartera *(Argentina, Bolivia)*; la bolsa *(Chile, México)*
los anteojos de sol = las gafas de sol *(Argentina, España)*
la cartera = la billetera *(Argentina, Uruguay, Bolivia)*

20

¿Quién compró qué?

LEER, ESCRIBIR ¿Te gusta ser detective? ¡Vamos a ver si puedes descubrir lo que compraron las personas, dónde compraron las cosas y cuánto costó cada cosa!

1 Lee las pistas *(clues)*. Luego copia la tabla en una hoja de papel y completa la tabla.

Las pistas

1. José gastó *(spent)* $35 en la joyería.

2. El software costó $45.

3. Paco no compró la novela.

4. Isabel fue *(went)* de compras a la tienda de electrodomésticos.

5. Luisa gastó $20 en la librería.

6. Los guantes costaron $25.

7. Paco fue de compras al almacén, pero no compró el collar.

Nombre	¿Qué compró?	¿Dónde lo compró?	¿Cuánto costó?

2 Usa la información de la tabla y escribe tus frases completas.

Modelo
José compró . . . . Los (Las/Lo/La) compró en . . . . Costaron (Costó) . . . .

21

¡Demasiadas preguntas!

HABLAR EN PAREJA, ESCRIBIR

1 Tu hermanito te hace muchas preguntas. Trabaja con otro(a) estudiante y contesta todas sus preguntas con mucha paciencia.

1. ¿Vas a comprar perritos calientes?

2. ¿Quieres leer este libro?

3. ¿Tienes que hacer la tarea?

4. ¿Quieres jugar videojuegos conmigo?

5. ¿Puedo comer este pastel?

6. ¿Debo hacer mi cama?

Videomodelo

A —*¿Necesito llevar mis botas en el invierno?*
B —*Sí, necesitas llevarlas.*
o:—*No, no necesitas llevarlas.*

2 Trabaja con otro(a) estudiante y usa el modelo de arriba para enviarle mensajes de texto. Pide consejo *(advice)* sobre lo que debes y no debes hacer. Usa expresiones apropiadas como ¡Claro que sí! o ¡Claro que no! si estás de acuerdo, o no, con el consejo.

¿Cuándo los compró?

ESCRIBIR, HABLAR EN PAREJA

1 Escribe cuatro frases para indicar lo que compró una persona y cuándo lo compró.

Modelo
Mi padre compró unos guantes la semana pasada.

2 Lee tus frases a otro(a) estudiante sin decir cuándo la persona compró el artículo. Tu compañero(a) va a preguntar cuándo lo compró.

Videomodelo
A —*Mi padre compró unos guantes.*
B —*¿Cuándo los compró?*
A —*Los compró la semana pasada.*

Juego

HABLAR EN GRUPO, GRAMACTIVA Play this game in groups of five.

1 Each student in a group of five puts an object in the center of the group. The objects must be items for which you have learned the name in Spanish. One student turns around while another hides one of the objects.

2 The student who turned around now guesses who has the object. Correct first guesses are worth five points; correct second guesses are worth three. If the second guess is wrong, the student who has the object must say that he or she has it. All take turns being the "guesser."

Videomodelo
A —*Marta, ¿tienes el llavero?*
B —*No, no lo tengo.*
A —*Carlos, ¿tienes el llavero?*
C —*No, no lo tengo.*
A —*¿Quién tiene el llavero?*
D —*¡Yo lo tengo!*

CULTURA México

Los zapotecas y otros grupos indígenas del estado mexicano de Oaxaca tienen sus propias lenguas y culturas. Se juntan[1] cada julio para celebrar *Guelaguetza*, una palabra zapoteca que significa "regalo". El primer *Guelaguetza* se celebró hace más[2] de 3,000 años con música, baile y comida. Hoy las festividades duran[3] dos semanas y celebran bailes regionales, música, trajes[4] y comida.

Pre-AP® Integration: Las tradiciones y los valores ¿Qué celebración es similar en tu cultura? ¿Por qué?

Mapa global interactivo Explora el estado de Oaxaca, México y describe la geografía y el lugar del festival.

[1]get together [2]more than...ago [3]last [4]costumes

La fiesta de la Guelaguetza en Oaxaca, México

Pero mamá, necesito . . .

HABLAR EN PAREJA   Quieres ir de compras, pero primero debes hablar con tu madre o padre. Explica lo que necesitas y ¡pide *(ask for)* dinero! Tu madre o padre va a explicar por qué no necesitas comprar nada. Tu profesor(a) te dará el papel *(will assign the role)* que vas a hacer.

1 **Hijo(a):** Piensa en lo que quieres comprar y cómo vas a convencer *(convince)* a tu padre o madre.

Padre (Madre): Tienes que decir a tu hijo(a) que no necesita lo que pide. Piensa en razones *(reasons)* para convencerle de esto.

2 Practica el drama con otro(a) estudiante.

3 Presenta el drama a tus compañeros. Ellos van a decidir quién tiene las mejores razones: los padres o los hijos.

CULTURA   España

El Rastro de Madrid es quizá el mercado de pulgas[1] más grande del mundo. Está en una de las partes más viejas de la ciudad[2] y llegan miles de visitantes los domingos. Los vendedores ponen sus puestos[3] en la calle y ofrecen desde jeans a pinturas. Los cazadores de gangas[4] y los coleccionistas de antigüedades buscan los mejores precios.

• ¿Vas a mercados de tu comunidad o estado? ¿Qué tipo de cosas hay? ¿Cómo crees que son diferentes de las cosas que hay en El Rastro de Madrid?

Mapa global interactivo   Explora El Rastro en Madrid, España y analiza las conexiones entre el mercado y la ciudad.

[1]flea market [2]city [3]stalls [4]bargain hunters

El Rastro, en Madrid, España ▶

El español en el mundo del trabajo

Large stores and mail-order companies employ buyers who search the world over for goods to offer their customers. Buyers often need to rely on their language skills when looking for products in places where English may not be spoken, and when negotiating prices.

• What stores in your community might employ buyers who travel the world (or the Internet) in search of products from Spanish-speaking countries?

Lectura

OBJECTIVES

▶ Read about shopping in four Hispanic communities in the United States

▶ Use prior experience to understand what you read

▶ Consider the relationship between handicrafts and artwork

Strategy

Using prior experience Think about a trip that you took to another city. Did you go shopping? What items did you find that were unique to that city?

¡De compras!

Lee este artículo de una revista. A Luisa le encanta ir de compras.
¿Qué puede comprar en cada ciudad?

De compras con Luisa, la compradora

¡Me encanta ir de compras! Hay muchos lugares donde me gusta ir de compras en los vecindarios[1] hispanos. Siempre es una experiencia divertida. Hay cosas que uno puede comprar que son muy baratas y que no hay en otros lugares. Voy a hablar de mis aventuras por las comunidades hispanas de Nueva York, Miami, Los Ángeles y San Antonio.

Tienda en la Pequeña Habana, Miami

En el Barrio de Nueva York, en la calle[2] 116, venden ropa, comida típica del Caribe, discos compactos, libros y mucho más. Allí compré una camiseta con la bandera de Puerto Rico. En junio siempre hay una celebración grande que se llama el Festival de la calle 116. ¡Me encanta Nueva York!

La calle 116, en Nueva York

La Pequeña Habana y la calle Ocho son el corazón[3] de la comunidad cubana en Miami. Hay bodegas[4] que venden productos típicos cubanos: frijoles[5] negros y frutas tropicales como el maguey y la papaya. Allí compré pasta de guayaba, un dulce delicioso que los cubanos comen con queso blanco. ¡Qué rico!

Pasta de guayaba

[1]neighborhoods [2]street [3]heart [4]grocery stores [5]beans

La calle Olvera es la calle más antigua[6] de la ciudad de Los Ángeles y allí uno puede ver la cultura mexicana. Hay muchos restaurantes y muchos lugares para comprar artesanías.[7] Me encanta ir de compras en las joyerías porque las joyas me fascinan. En las joyerías de la calle Olvera, venden joyas de plata:[8] aretes, collares, anillos y mucho más. En una joyería de allí compré una pulsera muy bonita a un precio muy bajo.

¡Ahora vamos a hablar de San Antonio! ¡Qué compras! En esta ciudad bonita de Texas, hay tiendas de artesanías mexicanas que son fabulosas. Mis favoritas están en el Mercado o como dicen en inglés, *Market Square*. Allí compré una piñata para mi hermano, una blusa bordada[9] para mi madre, una cartera para mi padre y un sarape[10] para decorar mi dormitorio...¡y no pagué mucho!

La calle Olvera, Los Ángeles

El Mercado en San Antonio, Texas

[6]oldest [7]handicrafts [8]silver [9]embroidered [10]shawl; blanket

✎ ¿Comprendes?

1. De los cuatro lugares en *¡De compras!,* ¿adónde debe ir cada persona? Fíjate en las palabras clave del texto.

   Ana: Me gustaría comprar algo de Puerto Rico.

   Lorenzo: A mí me fascinan las artesanías mexicanas.

   Miguel: ¿Mi almuerzo favorito? El sándwich cubano.

2. ¿Qué compró Luisa en cada lugar?

 Mapa global interactivo Visita zonas de compras en Nueva York, Miami, Los Ángeles y San Antonio.

CULTURA ▶ El mundo hispano

Las artesanías[1] de Puerto Rico, México y otros países hispanos son muy populares entre los turistas que buscan regalos. Estas artesanías tienen la calidad[2] del arte de un museo. En el Mexican Fine Arts Center Museum del barrio de Pilsen en Chicago, los visitantes pueden ver colecciones permanentes de pinturas, tejidos[3], esculturas, cerámica y joyería de plata[4] de todo México. La tienda del museo vende otros tipos de artículos hechos a mano[5] también.

Pre-AP® Integration: Definiciones de la creatividad ¿Crees que las artesanías hechas a mano deben estar en museos con el arte? ¿Por qué?

[1]crafts [2]quality [3]weavings [4]silver jewelry [5]handmade

Una pintura en el Mexican Fine Arts Center en Chicago, Illinois

Perspectivas del mundo hispano

¿Por qué vas al centro comercial?

Why do people go to the mall? Note the differences between consumers in Chile and the United States.

In the United States many people go to the mall to see what merchandise is available and to spend time. In Chile, many people go to the mall because they want to make a specific purchase. They decide where to go according to the merchandise they need to buy.

For many in the United States, going to the mall is more than going shopping. The mall offers an opportunity to eat and to spend time with friends. For 50% of United States consumers the atmosphere of a mall is very important. Only 13% of Chilean consumers think that atmosphere is important.

Although their motivation for going to the mall is different, 80% of both Chilean and United States consumers make a purchase once they are in the stores.

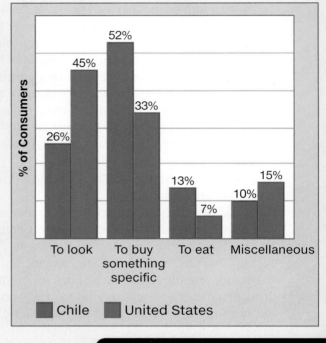

Investigar Interview at least three people your age and at least three adults that you know and find out what their main reasons for going to a mall are, how they decide which mall to go to, and if they usually make a purchase while at the mall. Compare what you find out with the results above for shoppers in the United States and Chile and write a brief summary for your friends and adults you interview. Follow the model.

Modelo

Según los resultados de mi encuesta (survey):
***Dos** de mis amigos (o dos adultos) **van al centro comercial** para **ver ropa**.*
Van al centro comercial (nombre) porque les gustan las tiendas.
*Ellos siempre **compran comida** y a veces **compran ropa** cuando van al centro comercial.*

Comparación cultural Why might shoppers in the United States consider the mall atmosphere an important factor in their decision about where to shop? Given what you have read about the reasons Chileans go shopping, what do you think a store clerk in a mall in Chile might expect you to do if you entered his or her store? How might a Chilean exchange student feel if he or she went to the mall with you and your friends?

Online Cultural Reading

Go to Auténtico ONLINE to read and understand an online shopping site in Peru.

En el centro comercial Galerías Pacífico, Buenos Aires, Argentina

Presentación escrita

OBJECTIVES
▶ Write a letter about a gift for a relative
▶ Decide on a format and organize information before writing

Un regalo para mi . . .

TASK You recently bought a gift for a family member. Write a letter to a relative about the gift so that he or she will not buy the same item.

1 Prewrite A family member is celebrating a birthday. Think about the gift you bought. Answer the questions to organize your thoughts.
- ¿Para quién es el regalo?
- ¿Qué compraste y por qué?
- ¿Dónde lo compraste? ¿Cuánto pagaste?
- ¿Cuándo es la fiesta de cumpleaños?

2 Draft Use your Prewrite answers to write a first draft. Begin your letter with expressions such as *Querido(a)...* or *Hola...*, and close it with *Tu primo(a)...* or *Saludos*, or *Hasta pronto*.

3 Revise Read the letter and check spelling, vocabulary choice, verb forms, and agreement. Share the letter with your partner, who will check the following:
- Is the letter easy to read and understand?
- Does it provide all the necessary information?
- Did you use appropriate letter style, expressions and format?
- Are there any errors?

4 Publish Rewrite the letter, making any necessary changes or additions. Share your letter with your teacher. Send your letter to a classmate who can answer as if they are your relative.

5 Evaluation The following rubric will be used to grade your letter.

Strategy

Organizing information Before writing a message, decide on the appropriate style and greetings and closings expressions in Spanish based on who you are communicaitng with. Also decide if you should use *tú* or usted.

Querido Mauricio:
Compré un reloj pulsera para la abuelita. Lo compré en el almacén Génova que está en el centro comercial Plaza del Río. No pagué mucho por él. Creo que a la abuelita le va a gustar. Voy a ver a toda la familia el dos de octubre para la fiesta de cumpleaños de la abuelita.
Tu primo,
Luis

Rubric	Score 1	Score 3	Score 5
How easily the letter is understood	Only a little of what you have written is comprehensible to others.	Most of what you have written is comprehensible.	All of what you have written is comprehensible to others.
Amount of information provided	You only give information about the gift and where it was purchased.	You give information about the gift, where you bought it, and why.	You provide all gift information and information about the party.
Appropriate greeting and closing are used	You use only a greeting or closing.	You use both a greeting and closing, but there are errors.	You use both a greeting and closing accurately.
Accurate use of the preterite	You use many incorrect verb forms.	You use incorrect verb forms.	You use very few incorrect verb forms.

Auténtico

Partnered with EFE:

Madrid de compras

Antes de ver

Usa la estrategia: Use Visual Clues to Infer Meaning

As you watch the video, watch the images that appear on the screen. What is the focus on each shot? Think about how the images can help you identify key ideas and infer meaning from the video.

Read the Key Vocabulary

el ocio = free time

la moda = fashion

las tendencias = the trends

escaparates = store windows

diseñadores = designers

▶ Ve el video

Madrid is a fashion capital, and in this video we visit the stores of some well-known designers located in a mall where runway fashion hits the streets.

Go to **Savvas.com/Autentico** and watch the video **Madrid de compras** to learn more about fashion in Madrid.

Completa las actividades

Mientras lees Marca el vocabulario que ves en las imágenes. Vas a ver tres tiendas. Indica la(s) tienda(s) en el video que vende cada producto.

el anillo	**los aretes**
el bolso	**la cadena**
la cartera	**el collar**
la corbata	**los guantes**
el llavero	**el perfume**
el reloj pulsera	
los anteojos de sol	

Integración

Después de ver Mira el video otra vez para contestar estas preguntas.

1. ¿Quién es uno de los diseñadores más importantes de España? ¿De dónde viene su apellido?

2. ¿Cuál es una de las tiendas 'del momento'?

3. La mujer dice que van a terminar en una tienda dedicada al *mundo de cacao*. Usa las imágenes para identificar qué tipo de tienda es. ¿Qué productos venden?

 For more activities, go to the *Authentic Resources Workbook*.

De compras

Expansión Busca otros recursos en *Auténtico* en línea. Después, contesta las preguntas.

 7B Auténtico

Integración de ideas Los recursos auténticos de este capítulo informan sobre las tiendas y los centros comerciales en el mundo hispanohablante. Usa información de los recursos auténticos y decide cuál es el mejor lugar y cuál es el peor lugar para comprar un regalo. Explica tu decisión.

Comparación cultural Compara la moda de ropa de tu comunidad con la ropa en países hispanohablantes. ¿Hay diferencias?

Repaso del capítulo

OBJECTIVES
▶ Review the vocabulary and grammar
▶ Demonstrate you can perform the tasks on p. 371

🔊 Vocabulario

to talk about places where you shop

el almacén	department store
pl. **los almacenes**	
en la Red	online
la joyería	jewelry store
la librería	bookstore
la tienda de descuentos	discount store
la tienda de electrodomésticos	household appliance store
la zapatería	shoe store

to talk about gifts you might buy

el anillo	ring
los anteojos de sol	sunglasses
los aretes	earrings
el bolso	purse
la cadena	chain
la cartera	wallet
el collar	necklace
la corbata	tie
los guantes	gloves
el llavero	key chain
el perfume	perfume
la pulsera	bracelet
el reloj pulsera	watch
el software	software

to talk about who might receive a gift

el novio	boyfriend
la novia	girlfriend

to talk about buying or selling

barato, -a	inexpensive, cheap
caro, -a	expensive
mirar	to look (at)
pagar (por)	to pay (for)
vender	to sell

to talk about time in the past

anoche	last night
el año pasado	last year
ayer	yesterday
hace + *time expression*	ago
la semana pasada	last week

other useful expressions

¡Uf!	Ugh! Yuck!

Gramática

preterite of regular -ar verbs

compré	**compramos**
compraste	**comprasteis**
compró	**compraron**

preterite of *-car* **and** *-gar* **verbs**

These verbs have a spelling change in the *yo* form of the preterite.

buscar *c → qu*	**yo busqué**
pagar *g → gu*	**yo pagué**
jugar *g → gu*	**yo jugué**

direct object pronouns

	SINGULAR	PLURAL
M.	**lo** *it*	**los** *them*
F.	**la** *it*	**las** *them*

For *Vocabulario adicional,* see pp. 472–473.

Preparación para el examen

What you need to be able to do for the exam . . .	Here are practice tasks similar to those you will find on the exam . . .	For review go to your print or digital textbook . . .

Interpretive

1 ESCUCHAR I can listen to and understand someone describing a gift she bought and where she bought it.

As a teenager tells what she bought for her friend's *quinceañera,* see if you can tell: a) what she bought; b) where she bought it; c) how much she paid for it.

pp. 346–349 *Vocabulario en contexto*
p. 347 Actividad 1
p. 350 Actividad 4

Interpersonal

2 HABLAR I can exchange opinions about whether certain items are expensive or inexpensive.

Think about a gift you've bought. Tell your partner what you bought, for whom you bought it, and how much you paid. Then ask your partner whether he or she thinks the gift was expensive or inexpensive. Your partner will then share the same information and ask the same questions about a gift that he or she bought.

p. 350 Actividad 5
p. 351 Actividades 6–7
p. 352 Actividad 8
p. 354 Actividad 12

Interpretive

3 LEER I can read and understand an online advertisement for a store I might find on the Internet.

While shopping online, you find a Web site for a discount store in Mexico City. Can you list at least two advantages for customers who shop here?

Tienda virtual de descuentos
Todos nuestros clientes reciben un descuento del 10%. Tenemos de todo —perfume para su novia, bolsos para su mamá, videojuegos para su hermano y software para Ud. Tenemos los mejores precios y descuentos de la Red. Si paga por algo en la Tienda virtual, va a recibir "ePesos". Puede usarlos en su próxima visita.

pp. 346–349 *Vocabulario en contexto*
p. 352 Actividad 9

Presentational

4 ESCRIBIR I can write a short explanation about items that I bought this school year with my own money.

As an entry for your class journal, explain how you spent your money last month. Describe: a) at least two new clothing items or accessories you bought; b) where you bought the items; c) how much you paid for them.

p. 354 Actividad 12
p. 357 Actividad 16
p. 360 Actividad 19
p. 361 Actividad 20
p. 362 Actividad 22
p. 367 Presentación escrita

Cultures

5 Comparación cultural I can demonstrate an understanding of cultural perspectives regarding shopping.

Think about what you do when you go to a shopping mall. Based on what you've learned in this chapter, would these be the same things that Chileans do? What similarities and differences would you expect to see in shopping malls and in attitudes of shoppers in both countries?

p. 366 *Perspectivas del mundo hispano*

De vacaciones

España
México
Colombia
República Dominicana
Nicaragua
Costa Rica
Puerto Rico
Ecuador
Perú
Chile
Argentina

CHAPTER OBJECTIVES

Communication

By the end of this chapter you will be able to:

- Listen to and read descriptions of trips and vacations.
- Talk and write about favorite and imaginary trips.
- Exchange information while describing your best vacation.

Culture

You will also be able to:

- **Auténtico:** Identify cultural practices in an authentic video about vacations and tourism.
- Explain the tradition of the *ojo de Dios* and compare it to crafts in the United States.
- Identify places of geographical and historical importance in Spanish-speaking countries and compare them to places in the United States.

You will demonstrate what you know and can do:

- Presentación oral: Mi viaje
- Repaso del capítulo: Preparación para el examen

You will use:

Vocabulary

- Vacation destinations and activities
- Modes of transportation
- Attractions, parks, and animals
- Expressions to talk about a trip or vacation

Grammar

- The preterite of *-er* and *-ir* verbs
- The preterite of *ir*
- The personal *a*

ARTE y CULTURA España

Spanish artist **Joaquín Sorolla y Bastida** (1863–1923) was famous for his paintings of the sea and coastline. Known as *el pintor de la luz* (the painter of light), Sorolla was a master at capturing the movement and reflection of light and water in sea and sky. He did many portraits of beachgoers along the coast of his native Valencia. The city of Valencia continues to be a destination for Spaniards and international tourists, who visit the beautiful towns and beaches of the Costa Blanca.

▶ What would you highlight if you were painting your town or city?

 Mapa global interactivo Visit Valencia, Spain, home of the artist Joaquín Sorolla, and compare the beach area of the city to other beach communities.

"La hora del baño, Valencia" (1909), ▶ Joaquín de Sorolla y Bastida

La hora del baño, Valencia (1909). O/L-1,50x1,505. Sorolla, Joaquín.

Go **Online** to practice

SAVVAS **realize**™

Savvas.com/Autentico

 AUDIO

 VIDEO

 WRITING

 SPEAK/RECORD

 MAPA GLOBAL

 AUTÉNTICO

 FLASCHARDS

ETEXT 2.0

 GAMES

Una excursión a las cataratas del río Iguazú, Argentina

▶ Videocultura **Las vacaciones**

Vocabulario en contexto

Jesús: Hola, Verónica. Hace muchos días que no hablamos. ¿Adónde **fuiste**?

Verónica: Hola, Jesús. **Fui de vacaciones** con mis papás.

Jesús: ¿Qué **lugar visitaste**?

Verónica: Fui a la ciudad de Santo Domingo, en la República Dominicana.

Jesús: Y, ¿**cómo lo pasaste**?

Verónica: ¡Pues, **fue tremendo, fantástico**!

Jesús: ¿Sí? **Dime, ¿qué hiciste**?

Verónica: Llegamos **tarde** a la ciudad y **descansamos** en **el hotel**. Por la noche, **vi** una obra muy divertida en el teatro al lado del hotel. Otro día vi monumentos, **como** el Obelisco, y también fui al museo. ¡Fue genial!

Jesús: Así que, ¿**te gustó** la República Dominicana?

Verónica: Sí, ¡**me gustó** mucho! Es un **país** muy bonito. ¡Quiero **regresar** pronto! ¡Me encanta **viajar**! Y tú, ¿qué hiciste?

Jesús   Verónica

el monumento

el zoológico

el museo

el parque de diversiones

la ciudad

el estadio

el boleto

el teatro

la obra de teatro

Jesús: Pues, **durante** las vacaciones fui **en barco** a Puerto Rico. Allí, fui con mis tíos **en autobús** a un **parque nacional** precioso y **vi** pájaros exóticos y monos en los árboles. **Temprano** por la mañana fui a la playa. También **aprendí** a montar a caballo y ¡**salí** a bucear en **el mar**! Fue **impresionante**.

Más vocabulario
el avión = plane
el tren = train

el mar
el árbol
el parque nacional

bucear

el mono

el pájaro
el lago

montar a caballo

tomar el sol

1

¿Cómo viajan?

🔊 ESCUCHAR   Vas a escuchar a unos jóvenes describir su viaje. Señala con el dedo cada lugar que mencionan.

2

¿En la playa o en la ciudad?

🔊 ESCUCHAR   La familia Vargas habla de sus vacaciones. Si hablan de una actividad que hacen en la playa, haz el gesto del pulgar hacia arriba *(thumbs up)*. Si hablan de una actividad que hacen en la ciudad, haz el gesto del pulgar hacia abajo *(thumbs down)*.

Julio habla con su mamá de su viaje a Costa Rica.

Julio   **Mamá**

Julio: Mamá, ¡**el viaje** con los abuelos **no fue un desastre!** Costa Rica es un país muy bonito.

Mamá: Dime, ¿qué hiciste en Costa Rica?

Julio: El primer día, salimos temprano del hotel a pasear en bote por el Parque Nacional. Vi muchos **animales** interesantes como pájaros en los árboles, monos y flores de todos los colores. También vi muchas otras **atracciones**.

Mamá: ¿**Viste** osos también?

Julio: ¡No, mamá, no vi osos!

pasear en bote

el oso

Mamá: ¿Y qué te pasó después?

Julio: Después visitamos la ciudad de San José. Me gustó mucho. Vi monumentos y aprendí muchas cosas de la historia de ese país. También compré algunos **recuerdos**.

Mamá: ¡Qué bien, Julio! Veo que te gusta viajar.

Julio: ¡Sí mamá! Fue fantástico. ¡Ahora quiero viajar con los abuelos por todos los países!

3

Viajes

 ESCRIBIR Contesta las preguntas con la información correcta.

1. ¿Quién fue de viaje a Costa Rica?
2. ¿Dónde ve Julio muchos animales interesantes?
3. ¿Adónde quiere ir Julio ahora?
4. ¿Qué compró Julio en San José?

Videohistoria

Go **Online** to practice
Savvas.com/Autentico

 SAVVAS **realize**™

 AUDIO VIDEO WRITING SCRIPT

En el Ecuador

Before You Watch

Identify cultural practices How do you think geography influences the activities in a country? What activities do you do that are related to where you live?

Complete the Activity

Las vacaciones ¿Qué te gustaría hacer durante las vacaciones en estos lugares? Mira las fotos y escribe una actividad para cada lugar.

▶ Watch the Video

¿Cuáles son las atracciones de un país que está en la línea ecuatorial?

Go to **Savvas.com/Autentico** to watch the video *En el Ecuador* and to view the script.

Ximena

After You Watch

 ¿COMPRENDES? Contesta las preguntas.

1. ¿Quién va a ir a Ecuador con su familia?
2. ¿Quién tiene fotos de Ecuador?
3. ¿Qué atracciones turísticas de Ecuador en el video dependen de la geografía?
4. ¿Qué tour le gustó mucho a Lucía?
5. ¿Qué le pasó a Pablo, el hermano de Lucía, en cada lugar?

Comparación cultural Compara las atracciones donde vives con las de Ecuador. ¿Son importantes en la cultura de tu comunidad o región?

Vocabulario en uso

OBJECTIVES
▶ Write and talk about trips and vacation activities
▶ Listen to a description of a trip
▶ Read and write about boating and scuba-diving vacations
▶ Exchange information while comparing favorite trips

4

Una lista de actividades

ESCRIBIR, HABLAR EN PAREJA

1 ¿Qué actividades te gusta hacer cuando vas de vacaciones? ¿Qué actividades no te gusta hacer? En una hoja de papel, haz tres columnas y escribe *me gusta mucho, me gusta* y *no me gusta nada.* Debajo de cada expresión, escribe estas actividades en la columna apropiada.

ver . . .

visitar . . .

sacar fotos de . . .

ir a . . .

ir a . . .

comprar . . .

bucear . . .

ir a . . .

ir a . . .

visitar . . .

2 Usa tu lista de actividades y habla con otro(a) estudiante. Pregunta y contesta según el modelo. Haz por lo menos *(at least)* cuatro preguntas.

▶ **Videomodelo**

A —*Cuando vas de vacaciones, ¿qué te gusta más:*
 ver una obra de teatro o ir al zoológico?
B —*Me gusta más **ir al zoológico.***

5

Escucha y escribe

ESCUCHAR, ESCRIBIR Vas a escuchar a una persona describir su viaje a Puerto Rico. Uno de los lugares que visitó es El Yunque. En una hoja de papel escribe los números del 1 al 6 y escribe las frases que escuchas.

El Yunque, un parque nacional de Puerto Rico ▶

¿Qué te gustaría hacer?

HABLAR EN PAREJA   Habla con otro(a) estudiante sobre adónde les gustaría ir de vacaciones.

Videomodelo

A —*Dime, ¿te gustaría ir de vacaciones a una ciudad?*

B —*Sí, porque en una ciudad puedes ir de compras y comer en restaurantes fantásticos.*

o: —*No. Me gustaría más ir a un parque nacional porque puedes ir de camping.*

Estudiante A

1. una ciudad
3. un lago
2. un parque nacional
4. el mar

Estudiante B

¡Respuesta personal!

7

El delta del río¹ Paraná

LEER, ESCRIBIR   Lee la descripción del delta del río Paraná, a 30 kilómetros de Buenos Aires, y completa las frases con las palabras correctas de los recuadros. Después contesta las preguntas.

| tren | ciudad | país | lugar |

Al norte de la __1.__ de Buenos Aires, Argentina, está el delta del río Paraná, un laberinto de islas y canales con más de 2.500 kilómetros navegables. Es un __2.__ favorito de los habitantes de Buenos Aires para ir de excursión. Para ir de Buenos Aires al delta, muchas personas viajan en __3.__ hasta² el Tigre, un pueblo³ pequeño.

| descansar | regresar | pasear | montar |

Aquí las personas pueden __4.__ en bote por los canales, __5.__ y tomar el sol en la orilla⁴, __6.__ a caballo o practicar el esquí acuático.

| recuerdos | lagos | pájaros | árboles |

También pueden comprar comida y __7.__ turísticos en los mercados⁵. Las personas siempre tienen sus cámaras en las excursiones al delta porque hay muchos tipos de animales y __8.__ que viven en los __9.__ muy altos.

- Para ti, ¿es el delta del río Paraná un buen lugar para ir de vacaciones? ¿Por qué?

- ¿Qué actividades te gustaría hacer en este lugar?

▲ El delta del río Paraná, Tigre

---

¹river   ²as far as   ³town   ⁴riverbank   ⁵markets

Mapa global interactivo Identifica el río Paraná en Argentina y compáralo con un río de los Estados Unidos.

Cómo puedes viajar

ESCRIBIR EN PAREJA Mira los mapas al principio del libro. Escribe un mensaje y dile a tu compañero(a) que te gustaría planear un viaje de un lugar o país a otro. Tu compañero(a) debe ofrecer dos alternativas para viajar entre los dos lugares. Luego, escribe un email a una agencia de viajes para explicar tu plan.

También se dice . . .

el autobús =
   el camión *(México)*;
   el colectivo, el ómnibus
   (Argentina, Bolivia); la guagua
   (Puerto Rico, Cuba); el micro
   (Perú, Chile)

Modelo

A —*Me gustaría viajar* **de la República Dominicana** *a* **Puerto Rico.** *¿Cómo puedo viajar?*

B —*Puedes viajar en* **barco** *o en* **avión.**

Estudiante B

Estudiante A

¡Respuesta personal!

Pronunciación ⟨ Diphthongs

In Spanish, there are two groups of vowels: "strong" *(a, e* and *o)* and "weak" *(i* and *u).*

When a weak vowel is combined with any other vowel, the individual vowel sounds become blended to form a single sound called a diphthong *(un diptongo).* Listen to and say these words:

limpiar baile siete seis estadio ciudad
fuimos cuarto juego aire piensas autobús

When two strong vowels are together, each vowel is pronounced as a separate sound. Listen to and say these words:

teatro	museo	pasear	bucear
cereal	video	leer	zoológico
traer	idea	tarea	cumpleaños

If there is an accent mark over a weak vowel, it causes that letter to be pronounced as though it were a strong vowel. Listen to and say these words:

| día | frío | tíos | zapatería |
| joyería | país | esquío | gustaría |

Try it out! Listen to some of the lines of *"Cielito lindo,"* a song from Mexico that is very popular with mariachi bands. Can you identify the diphthongs in the lyrics? Try saying the words and then singing the song.

De la sierra morena,
cielito lindo, vienen bajando
un par de ojitos negros,
cielito lindo, de contrabando.
¡Ay, ay, ay, ay!
Canta y no llores,
porque cantando se alegran,
cielito lindo, los corazones.

¿Quieres aprender a bucear?

LEER, ESCRIBIR, HABLAR EN PAREJA Lee el anuncio y contesta las preguntas.

1. ¿Por qué debes estudiar cursos de buceo en la escuela "Flor del mar"?
2. Practica las señales con otro(a) estudiante. ¿Qué puedes comunicar?

≡ **Escuela de buceo** > Cursos   Q

Escuela de buceo
"Flor del mar"

Cursos de buceo "Flor del mar"
¡Aprende a bucear en sólo tres cursos! Ve peces
impresionantes y otros animales del mar.
Practica un deporte interesante y divertido.
Pasa tiempo con amigos en un lugar fantástico.

Si quieres información sobre un curso de buceo en la
República Dominicana, comunícate al 555-19-19 con la Dra.
María Elena Santos o al 555-02-28 con Marcos Morelos.

Señales de buceo

Hay un lenguaje especial que permite a los
buzos comunicarse en el agua con señales. En
los cursos de buceo, puedes aprender estas
señales. Así no vas a tener ningún problema
practicando este deporte. Algunas de las
señales más importantes son:

Alto	Ir hacia arriba	Ir hacia abajo	Preguntar si estás bien	Contestar OK o sí	Hay un problema	¡Peligro!

Mapa global interactivo Explora la costa de Puerto Plata en
la República Dominicana e investiga los lugares históricos.

10

¿Dónde aprendiste a bucear?

HABLAR EN PAREJA Habla con otro(a) estudiante sobre
dónde aprendió a hacer las actividades de la lista.

1. bucear
2. montar a caballo
3. esquiar
4. montar en bicicleta
5. patinar
6. tocar la guitarra

Videomodelo
nadar
A —¿Dónde aprendiste a **nadar?**
B —Aprendí a **nadar** en **California.**
o: —No aprendí a **nadar** nunca
pero me gustaría aprender.
o: —No aprendí a **nadar** nunca y no
quiero aprender.

¿Adónde fuiste?

 HABLAR EN PAREJA   La primavera pasada fuiste de vacaciones a la Ciudad de México. Ahora tienes tus fotos y hablas con otro(a) estudiante. En la Ciudad de México viste las cosas y los eventos de la lista.

un partido de fútbol
muchas atracciones
una obra de teatro
el monumento del Ángel de la Independencia
animales como osos y monos
muchos cuadros interesantes

Videomodelo

A —*¿Adónde fuiste?*
B —*Fui al Paseo de la Reforma.*
A —*¿Qué viste?*
B —*Vi el monumento del Ángel de la Independencia.*
A —*¿Cómo lo pasaste allí? ¿Te gustó?*
B —*Fue impresionante. Me gustó mucho.*

 El Paseo de la Reforma con el monumento del Ángel de la Independencia **¡Impresionante!**

Museo de arte de Frida Kahlo **¡Fantástico!**

El Zoológico del Parque Chapultepec **¡Tremendo!**

El parque de diversiones en el Parque Chapultepec **¡Muy divertido!**

El Teatro del Auditorio **¡Fenomenal**!

El Estadio Azteca **¡Genial!**

Y tú, ¿qué dices?

 ESCRIBIR, HABLAR

1. ¿Adónde te gustaría ir de vacaciones en los Estados Unidos? ¿Cómo quieres viajar? ¿Qué te gustaría hacer?

2. ¿Qué ciudades te gustaría visitar? ¿Qué lugares en esas ciudades quieres ver?

3. Cuando viajas, ¿prefieres salir temprano o tarde?

4. Durante un viaje, ¿descansas mucho o regresas a casa muy cansado(a)?

Gramática

OBJECTIVES
▶ Read and complete a fairy tale
▶ Write about and discuss what you and others did on vacation

The preterite of -er and -ir verbs

Regular -er and -ir verbs are similar to one another in the preterite. Here are the preterite forms of *aprender* and *salir.* Notice the accent marks on the endings -í and -ió:

¿Recuerdas?
You have already learned to talk about completed past actions using regular -ar verbs.

(yo)	**aprendí**	(nosotros) (nosotras)	**aprendimos**
(tú)	**aprendiste**	(vosotros) (vosotras)	**aprendisteis**
Ud. (él) (ella)	**aprendió**	Uds. (ellos) (ellas)	**aprendieron**

(yo)	**salí**	(nosotros) (nosotras)	**salimos**
(tú)	**saliste**	(vosotros) (vosotras)	**salisteis**
Ud. (él) (ella)	**salió**	Uds. (ellos) (ellas)	**salieron**

The verb *ver* is regular in the preterite but does not have accent marks in any of its forms:

vi   viste   vio   vimos   visteis   vieron

Más recursos ONLINE

▶ *GramActiva* video
▶ **Animated verbs**
▶ **Tutorials:** Preterite, Preterite of regular verbs
✎ *GramActiva* Activity

13

Ricitos de Oro y los tres osos

LEER, ESCRIBIR Escribe los verbos apropiados en el pretérito para completar cada frase del cuento *Ricitos de Oro y los tres osos.*

Un día los tres osos __1.__ *(salir / beber)* temprano de su casa para caminar. Ricitos de Oro, una chica muy bonita, __2.__ *(comer / ver)* la casa de los tres osos y __3.__ *(recibir / abrir)* la puerta. Ella no __4.__ *(ver / comprender)* que era¹ la casa de los tres osos y __5.__ *(comer / aprender)* toda la comida del oso chiquito. Luego ella __6.__ *(beber / decidir)* dormir un poco. Poco después, los tres osos regresaron a su casa, __7.__ *(abrir / salir)* la puerta y __8.__ *(deber / ver)* a Ricitos de Oro en la cama del osito. Cuando Ricitos de Oro __9.__ *(viajar / ver)* a los osos, __10.__ *(abrir / salir)* de la casa rápidamente. __11.__ *(Comer / Correr)* hasta llegar² a su propia casa.

¹it was ²until she arrived

CULTURA México

El metro de la Ciudad de México es uno de los mejores sistemas de metro del mundo. Es rápido, moderno y muy barato. Además, un extenso sistema extenso de autobuses cruza¹ toda la ciudad. Los autobuses más pequeños de color verde y gris, llamados peseros, también llevan² pasajeros por las rutas principales.

Pre-AP® Integration: La población y la demografía ¿Por qué crees que la Ciudad de México tiene un sistema de transporte público tan avanzado y variado?

Mapa global interactivo Visita lugares cerca del metro de la Ciudad de México y compara el servicio del metro con los sistemas de transporte de tu comunidad.

¹crosses ²carry

Durante las vacaciones

ESCRIBIR, HABLAR

1 Escribe seis frases para decir qué hicieron (*did*) estas personas durante sus vacaciones. Usa las palabras de la lista.

1. mi familia y yo
2. mis amigos
3. yo
4. mis padres
5. mi hermano(a)
6. mi amigo(a) *(nombre)*

comer en . . .
compartir una casa en . . .
escribir . . .
correr en . . .
aprender a . . .
ver . . .
salir de casa temprano para . . .
salir con . . .

Modelo
Durante las vacaciones, mi hermana y yo corrimos en la playa de Santa Mónica.

2 Luego, usa el mismo modelo para describir oralmente las situaciones en las que te encontraste durante tus últimas vacaciones.

Tú y yo

ESCRIBIR, HABLAR EN PAREJA

1 Trabaja con otro(a) estudiante. Lee una frase de la Actividad 14. Tu compañero(a) va a contestar si tiene una idea similar en su hoja de papel.

Videomodelo

A —*Mi hermana y yo corrimos en la playa de Santa Mónica.*
B —*Mi amigo y yo también corrimos, pero nosotros corrimos en un estadio.*
o: —*Yo no corrí en las vacaciones. Escribí cuentos todos los días.*

Modelo
Adela y yo corrimos durante las vacaciones. Ella corrió en un estadio con su amigo. Yo corrí en la playa con mi hermana.

2 Escribe seis frases para comparar lo que hicieron tú y tu compañero(a) durante las vacaciones.

CULTURA ◀ **Argentina, Chile**

La Patagonia es una región grande y con mucho viento en la parte sur de América del Sur. Tiene climas y terrenos[1] diversos. Patagonia está al este de los Andes, entre Chile y Argentina. Es un área con poca población[2], pero hay muchas especies de animales. Hay una gran colonia de pingüinos[3] magallánicos, que visitan las costas este y oeste de Chile y Argentina, y también las islas de la región.

• ¿Qué regiones de los Estados Unidos pueden compararse con la Patagonia? ¿Qué tipo de animales viven en esas regiones?

Pingüinos de la Patagonia

[1]lands [2]population [3]penguins

Gramática

OBJECTIVES
▶ Write about and discuss where you and others went on vacation and what you did
▶ Exchange information about past trips while playing a game

Go **Online** to practice   **Savvas.com/Autentico**

 VIDEO   WRITING   SPEAK/RECORD

The preterite of *ir*

Ir is irregular in the preterite. Notice that the preterite forms of *ir* do not have accent marks:

(yo)	**fui**	(nosotros) (nosotras)	**fuimos**
(tú)	**fuiste**	(vosotros) (vosotras)	**fuisteis**
Ud. (él) (ella)	**fue**	Uds. (ellos) (ellas)	**fueron**

The preterite of *ir* is the same as the preterite of *ser*. The context makes the meaning clear.

José **fue** a Barcelona.   *José **went** to Barcelona.*
El viaje **fue** un desastre.   *The trip **was** a disaster.*

Strategy

Using memory devices Here's a memory tip to help you remember the subjects of *fui* and *fue*:
The "I" form ends in -*i* *(fui)*.
The "he" and "she" form ends in -*e* *(fue)*.

Más recursos   ONLINE

▶ ***GramActiva* video**
▶ **Animated verbs**
🔊 ***Canción de hip hop:*** *¿Adónde fuiste?*
✎ ***GramActiva* Activity**

16

¿Adónde fueron?

HABLAR EN PAREJA Con otro(a) estudiante, di adónde y cómo fueron estas personas a estos lugares.

Videomodelo

A —¿*Adónde fueron Óscar y Lourdes?*
B —*Fueron al teatro.*
A —¿*Cómo fueron?*
B —*Fueron en coche.*

Óscar y Lourdes

1 los Sánchez

2 tus amigos y tú

3
Puerto Rico
Aeropuerto Internacional
Liliana

4
Santiago De Chile
Aeropuerto Internacional
Uds.

5 Gregorio

6
¡Respuesta personal!
tú

17

Juego

ESCRIBIR, HABLAR EN GRUPO, GRAMACTIVA

1 Play in groups of four. Each person cuts a sheet of paper to form a perfect square. Fold that square into four smaller squares. Unfold the paper and label the squares *a, b, c,* and *d.* Follow Step *a* below for the *a* square. Fold the corner of that little square so it covers what you have written. Pass the paper to the person on your left. Follow Step *b* for the *b* square on the paper you receive from the person on your right, fold down the corner, and pass it to your left. Continue until all the squares have been filled. Do not look at what is written on the paper you receive. Write all of your answers in Spanish.

a. Mis amigos fueron	**b.** al estadio
c. en barco	**d.** para ver una obra de teatro

a. Write a subject plus the correct preterite form of *ir.*

b. Write a destination or place *(a / al / a la . . .).*

c. Write a mode of transportation.

d. Write a reason *(para* + infinitive) for going somewhere.

2 When you get your original paper back, unfold each square and read the complete sentence to your group. Let the group decide, *¿Cuál es la frase más tonta* (silly)? Read your silliest sentence to the class. Then make changes to the sentence so it makes sense.

18

Tus vacaciones pasadas

ESCRIBIR, HABLAR EN GRUPO

1 Piensa en un lugar donde fuiste de vacaciones. Copia la tabla y escribe el lugar, dos o más actividades que hiciste y una descripción del viaje.

2 Habla con dos estudiantes sobre sus vacaciones.

¿Adónde fuiste?	¿Qué hiciste?	¿Cómo fue?
San Diego	Visité el zoológico, vi muchos animales, compré recuerdos	fantástico

Videomodelo

A —¿Adónde fuiste de vacaciones?

B —Fui a San Diego.

A —¿Qué hiciste allí?

B —Visité el zoológico y vi muchos animales. Compré recuerdos también.

A —¿Cómo lo pasaste? ¿Te gustó?

B —Fue fantástico.

3 Escribe una descripción de los viajes de los dos estudiantes con quienes hablaste.

Modelo

Pedro fue a San Diego. Visitó el zoológico. Vio muchos animales y compró recuerdos. Su viaje fue fantástico. Miguel fue a . . .

Gramática

OBJECTIVES
▶ Read and represent a traditional children's rhyme
▶ Identify geographical features of some Spanish-speaking countries
▶ Write about and discuss whom you saw and what you visited on a trip

Go **Online** to practice Savvas.com/Autentico

SAVVAS **realize**™   VIDEO   WRITING   SPEAK/RECORD

The personal *a*

You know that the direct object is the person or thing that receives the action of a verb. When the direct object is a person or group of people, you usually use the word *a* before the object. This is called the "personal *a*."

Visité **a mi abuela.**   *I visited **my grandmother.***

Vimos a **Juan y Gloria.**   *We saw **Juan and Gloria.***

You can also use the personal *a* when the direct object is a pet.

Busco **a mi perro,** Capitán.

To ask who receives the action of a verb, use *¿A quién?*

¿A quién visitaron Uds.?

Más recursos   ONLINE

▶ *Gram*Activa video

▶ Tutorial: Personal *a*

19

Don Pepito y don José

LEER, ESCRIBIR, HABLAR EN PAREJA

1 Lee esta rima tradicional.

—**Hola, don Pepito.**
—**Hola, don José.**
—**¿Pasó* Ud. por mi casa?**
—**Por su casa no pasé.**
—**¿Vio Ud. a mi abuela?**
—**A** *su abuela* **no** *la* **vi.**
—**Adiós, don Pepito.**
—**Adiós, don José.**

* Did you stop by

2 Ahora escribe las líneas *¿Vio Ud. a mi abuela?* y *A su abuela no la vi* y sustituye estos miembros de la familia por "abuela". Usa el pronombre (pronoun) apropiado.

1. tíos   3. primas

2. hermano   4. hermanita

3 Con otro(a) estudiante, lee la rima. Un(a) estudiante va a ser don Pepito y el (la) otro(a), don José. Lean la rima cuatro veces, cada vez con un miembro diferente de la familia.

Nota
You have learned the direct object pronouns *lo, la, los,* and *las.* These direct object pronouns can refer to people as well as to things. Note that the direct object pronouns do not take the personal *a.*
—¿Viste **a tus primos** durante tus vacaciones?
—Sí, **los** vi.

En Barcelona, España

20

De visita

HABLAR EN PAREJA Pregunta a otro(a) estudiante si visitó a diferentes personas o diferentes lugares durante las vacaciones.

Videomodelo

tus tíos

A —¿Visitaste a tus tíos durante las vacaciones?

B —Sí, los visité.

o: —No, no los visité.

Estudiante A

1. tus abuelos
2. un(a) amigo(a) que no vive aquí
3. un parque de diversiones
4. tus primos
5. otra ciudad
6. el museo de arte

Estudiante B

¡Respuesta personal!

21

Juego de geografía: Las Américas

LEER, ESCRIBIR ¿Conoces[1] bien los países de las Américas? Empareja las descripciones con los países apropiados. Escribe el número de la descripción con el nombre del país.

Conexiones **La geografía**

1. Este país es el más grande de América Central. En el suroeste hay un lago muy grande que tiene el mismo nombre que el país. El lago está muy cerca de la frontera[2] con Costa Rica. En el este del país está el mar Caribe, donde el clima es tropical y llueve mucho.

2. Este país pequeño tiene dos regiones tropicales, en el este y en el oeste, con montañas en el centro. Un cuarto de las personas del país son de origen indígena y hablan quechua, el idioma[3] de los incas. Su nombre viene de la línea imaginaria que cruza el país.

3. Las ciudades más grandes de este país, como la capital, están en el centro del país, donde hay montañas y volcanes. En el norte hay desiertos extensos y en el sur hay selvas[4] tropicales. Este país comparte una frontera con los Estados Unidos.

4. Este país es el más grande de América del Sur, con el río más grande del mundo[5]. Una gran parte del país es selva tropical con miles de especies de plantas, árboles y animales como monos, jaguares y tucanes. Aquí no hablan español; hablan portugués.

5. Es el único[6] país de América del Sur que tiene playas en el mar Caribe y en el océano Pacífico. Es un país famoso por su café, que viene de los valles fértiles.

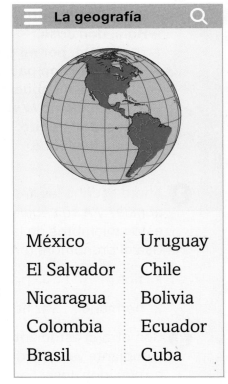

La geografía

México	Uruguay
El Salvador	Chile
Nicaragua	Bolivia
Colombia	Ecuador
Brasil	Cuba

[1]Do you know [2]border
[3]language [4]forests [5]world [6]only

Exploración del lenguaje — Nouns that end in *-io* and *-eo*

Latin words for buildings and places have carried into many modern languages, including Spanish. In many place names, the Latin ending *-um* (which remains in a number of words in English today) changed to an *-io* or *-eo* in Spanish. You know some of these words: *el estadio, el museo, el gimnasio.*

Try it out! Based on your knowledge of English and what you have learned about Spanish place names from Latin, match the definitions with the Spanish words in the list.

1. where you stand to deliver a speech
2. usually found in a cemetery
3. where you can see all kinds of sea life
4. where you sit when you see school plays or concerts
5. where you go to learn about stars and planets
6. where the ancient Romans went to see sporting events

El acuario de Valencia, España

a. el auditorio
b. el podio
c. el acuario
d. el planetario
e. el coliseo
f. el mausoleo

22

Y tú, ¿qué dices?

ESCRIBIR EN PAREJA   Contesta las siguientes preguntas. Luego, usa la información y escribe mensajes de texto a otro(a) estudiante para planear un fin de semana.

1. ¿Qué puedes visitar en tu comunidad? ¿Hay museos, parques de diversiones o monumentos? ¿Cuál prefieres visitar?
2. El año pasado, ¿fuiste a ver una obra de teatro en tu comunidad o en tu escuela? ¿Te gustó? ¿Por qué? ¿Cuestan mucho los boletos de teatro?
3. El año pasado, ¿visitaste un museo o un zoológico en tu comunidad? ¿Cómo lo pasaste?
4. ¿Prefieres viajar a otras ciudades, o prefieres visitar lugares en tu comunidad?

El español en la comunidad

Your community may have some of the tourist destinations you learned about in this chapter, such as *un museo, un teatro, un zoológico,* or *un parque de diversiones.* Think of different opportunities to use your Spanish at each of the locations. As you learn more Spanish, perhaps you could provide tours to visitors who speak Spanish. You could help write brochures and maps in Spanish to assist Spanish-speaking visitors. Can you think of other opportunities?

- Visit one of these locations in person or online and see what written resources are available in Spanish. Bring these materials to class to share with other students.

NO PESCAR

NO FISHING

OBJECTIVES
▶ Read journal entries about a trip to Peru
▶ Use context clues to understand new words

Strategy
Using context clues If you don't recognize a word, use the other words in the sentence to infer, or guess its meaning. Can you infer the meaning of *antigua, altura, construyeron,* and *nivel?*

Álbum de mi viaje al Perú
Por Sofía Porrúa

domingo, 25 de julio

Estoy en el Perú con mis amigos Beto y Carmen. Vamos en autobús a Cuzco, antigua capital del imperio inca. Hoy día es una ciudad pequeña y una atracción turística. Beto está sacando muchas fotos con su cámara digital. Carmen está dibujando todo lo que ve. Las montañas son fantásticas

miércoles, 28 de julio

Hoy es el Día de la Independencia peruana. En esta fecha en 1821, José de San Martín proclamó la independencia del Perú. En Lima, gran ciudad moderna y capital del país, hay grandes celebraciones.

jueves, 29 de julio

Hoy estamos en Machu Picchu, ruinas impresionantes de una ciudad antigua de los incas. A más de 2.000 metros de altura en los Andes, los incas construyeron calles, casas, acueductos, palacios, templos y terrazas para cultivar. Hiram Bingham, un arqueólogo de la Universidad de Yale, descubrió[1] Machu Picchu en 1911.

[1]discovered

sábado, 31 de julio

Estamos paseando en bote por el lago Titicaca, en la frontera del Perú y Bolivia. Es el lago más grande de estos países y el más alto del mundo.² ¡Estamos a más de 3.800 metros sobre el nivel del mar!

miércoles, 4 de agosto

Ahora estamos en un avión pequeño. Sobre la tierra³ podemos ver algo muy misterioso: hay un desierto donde vemos enormes dibujos de animales y figuras geométricas. Estos dibujos se llaman las Líneas de Nazca. Miden⁴ más de 300 metros y tienen más de dos mil años. ¿Quiénes los dibujaron, y por qué? Es necesario estar en un avión para verlos. ¿Cómo dibujaron los artistas algo tan⁵ grande sin poder verlo? Mañana regresamos al Cuzco y el domingo salimos de Perú. ¡Un viaje muy interesante! Beto tiene sus fotos y Carmen, sus dibujos. Yo no soy ni fotógrafa ni artista, por eso voy a comprar tarjetas postales como recuerdos.

²world ³ground ⁴They measure ⁵so

Mapa global interactivo Explora las ruinas de Machu Picchu y las líneas de Nazca y analiza los efectos del clima y el turismo.

¿Comprendes?

1. ¿Cómo va a recordar Sofía su viaje al Perú? ¿Y Beto y Carmen?

2. Pizarro y los españoles descubrieron muchas de las ciudades de los incas. ¿Por qué piensas que no descubrieron Machu Picchu? ¿Quién la descubrió?

3. Para muchos turistas que visitan el lago Titicaca es difícil caminar y respirar *(breathe)*. ¿Puedes inferir por qué tienen estos problemas?

4. ¿Cuáles son los misterios de las Líneas de Nazca?

5. Copia la tabla en una hoja de papel. Usa la información de la lectura para comparar Perú con los Estados Unidos.

	Perú	Estados Unidos
a. Dos lugares históricos y turísticos		
b. Día de la Independencia		
c. Año de la proclamación de la independencia		
d. Capital del país hoy		
e. Héroe nacional		

La cultura en vivo

El ojo de Dios

Si viajas por el mundo hispano vas a ver una variedad maravillosa de arte y artesanías[1]. Muchas de estas artesanías ya existían[2] antes de la llegada de los españoles a las Américas. Una forma de arte popular entre los visitantes a México es el ojo de Dios.

El ojo de Dios es un tejido[3] con forma de diamante. Como regalo, simboliza los buenos deseos que una persona le da a otra. Los ojos de Dios pueden tener su origen en las culturas de Perú del año 300 A.C. Los indios indígenas de la región de Sierra Madre en México son conocidos por hacer esta artesanía. Los coras, los huicholes, los tarahumara y los tepehuane hacen esta artesanía y usan estos tejidos en su vida diaria[4].

Comparación cultural ¿Cuáles son algunas de las artesanías tradicionales de los Estados Unidos? ¿Cuál es la historia de estas artesanías?

[1]crafts [2]already existed [3]weaving [4]daily life

Mujer tarahumara en San Rafael, México

How to make an *ojo de Dios*

Materials

- yarn
- scissors
- two sticks of the same size
- optional: feathers, beads, or tassels for finishing touches

Directions

1. Tie the sticks together to form a cross. *(Fig. 1)*

2. Tie the end of the yarn to the center of the cross.

3. Weave the yarn over and around each stick, keeping the yarn pulled tight. *(Fig. 2)* To change color, knot together two ends of different-colored yarn. The knot should fall on the back side. Continue wrapping until the sticks are covered with yarn. Tie a small knot at the back and leave enough yarn to make a loop for hanging.

4. You may want to add feathers, beads, or tassels to the ends of the sticks. Hang your decorative piece for everyone to enjoy.

Figure 1

Figure 2

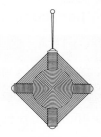

Figure 3

Presentación oral

OBJECTIVES
▶ Describe a trip you took
▶ Use a word web to organize your ideas

Mi viaje

TASK Tell a friend about a trip you took. It could be a vacation, a visit to family, or an imaginary trip. Use photos or drawings to make your talk more interesting.

1 Prepare Use the word web to think about what you did on your trip. Include situations and events in each circle. Use photos or pictures to illustrate each part of the trip noted on the word web. Design an appealing illustration of your trip.

2 Practice Use the information in your word web to describe your trip. Go through your story several times using the photographs or illustrations. Use your notes in practice, but not when you present. End by saying how you felt about the trip.

Strategy

Using graphic organizers Using a graphic organizer such as a word web will help you think through what you want to say in your presentation.

¿Qué lugares visitaste?   ¿A quiénes viste?
Mi viaje a . . .
¿Qué hiciste?   ¿Qué compraste?

Modelo

En marzo, fui a la Florida para visitar a mis primos. Tomamos el sol en la playa y nadamos mucho. Aprendí a bucear y vi animales muy interesantes en el mar. La Florida es un lugar fantástico. El viaje fue muy divertido.

3 Present Talk about your trip to a small group or the whole class. Use your photos or drawings to help you.

4 Evaluation The following rubric will be used to grade your presentation.

Rubric	Score 1	Score 3	Score 5
Amount of information provided	You include two categories from the word web.	You include three categories from the word web.	You include all four categories from the word web.
Use of photographs or visuals	You include only two visuals that clearly connect to trip.	You include three visuals that clearly connect to trip.	You include four visuals that clearly connect to trip.
How easily you are understood	You are extremely difficult to understand. Your teacher could only recognize isolated words and phrases.	You are understandable, but have frequent errors in vocabulary and/or grammar that hinder your comprehensibility.	You are easily understood. Your teacher does not have to "decode" what you are trying to say.

Auténtico

Partnered with **E FE:**

La monumental Cartagena de Indias

Antes de ver

Usa la estrategia: Listen for Essential Information

As you watch the video, listen for key details. Use these details to identify the important cultural and historic highlights of Cartagena de Indias, Colombia.

Read this Key Vocabulary

resguardada = protected   **empedradas** = cobbled

murallas = walls   **nivel mundial** = worldwide

engalanada = decked out   **cruceros** = cruise ships

puerto = port

▶ Ve el video

Cartegena is a city rich in culture and history. Both a modern port city and an important UNESCO World Heritage site, with a tropical climate: Which of these features attracts you most as a tourist?

Go to **Savvas.com/Autentico** and watch the video *La monumental Cartagena de Indias abre sus puertas* to learn about the tourist attractions in the coastal Carribean city.

Completa las actividades

Mientras ves Identifica los detalles clave sobre las atracciones turísticas de Cartagena de Indias. Indica cuál de estas actividades puedes hacer en la ciudad.

1. **Ver una estatua del fundador de la ciudad, Pedro de Heredia.**
2. **Pasar por las murallas grandes de la ciudad antigua.**
3. **Visitar una fortaleza militar de la época colonial.**
4. **Pasear por el centro histórico en coche de caballo.**
5. **Llegar al puerto de Cartagena en crucero en vez de avión.**
6. **Sacar fotos de un espectáculo de bailes tradicionales.**

Integración

Después de ver Mira el video otra vez para contestar estas preguntas.

1. ¿Cuáles son tres atracciones turísticas de Cartagena?

2. En el video, dice que los cruceros vienen para "dar a conocer lo mejor del país a los turistas". ¿Qué quiere decir esta frase?

3. ¿Te interesa más visitar los lugares modernos de Cartagena o los lugares históricos mencionados en el video? ¿Por qué?

 For more activities, go to the *Authentic Resources Workbook.*

Las vacaciones

Expansión Busca otros recursos en *Auténtico* en línea. Después, contesta las preguntas.

 8A Auténtico

Integración de ideas Los recursos auténticos de este capítulo informan sobre varios aspectos de las vacaciones. Escribe un párrafo con detalles de una vacación en el mundo hispanohablante.

Comparación cultural Piensa en los lugares populares para las vacaciones en tu país y cómo te preparas para viajar, y compara esos lugares con lo que aprendiste sobre las vacaciones en los países hispanohablantes.

Repaso del capítulo

OBJECTIVES
▶ Review the vocabulary and grammar
▶ Demonstrate you can perform the tasks on p. 397

🔊 # Vocabulario

to talk about places to visit on vacation

la ciudad	city
el estadio	stadium
el lago	lake
el lugar	place
el mar	sea
el monumento	monument
el museo	museum
el país	country
el parque de diversiones	amusement park
el parque nacional	national park
el teatro	theater
la obra de teatro	play
el zoológico	zoo

to talk about things to see on vacation

el animal	animal
el árbol	tree
la atracción *pl.* las atracciones	attraction(s)
el mono	monkey
el oso	bear
el pájaro	bird

to talk about things to do on vacation

aprender (a)	to learn
bucear	to scuba dive / snorkel
(comprar) recuerdos	(to buy) souvenirs
descansar	to rest, to relax
montar a caballo	to ride horseback
pasear en bote	to go boating
tomar el sol	to sunbathe
visitar	to visit

to talk about ways to travel

en	by
el autobús	bus
el avión	airplane
el barco	boat, ship
el tren	train

to talk about your vacation

el boleto	ticket
como	like, such as
¿Cómo lo pasaste?	How was it (for you)?
dime	tell me
fantástico, -a	fantastic
Fue un desastre.	It was a disaster.
el hotel	hotel
impresionante	impressive
ir de vacaciones	to go on vacation
Me gustó.	I liked it.
¿Qué hiciste?	What did you do?
¿Qué te pasó?	What happened to you?
regresar	to return
salir	to leave, to go out
¿Te gustó?	Did you like it?
tremendo, -a	tremendous
vi	I saw
¿viste . . . ?	Did you see . . . ?
viajar	to travel
el viaje	trip

to express time

durante	during
tarde	late
temprano	early

Gramática

preterite of -er and -ir verbs

aprendí salí	aprendimos salimos
aprendiste saliste	aprendisteis salisteis
aprendió salió	aprendieron salieron

preterite of ir

fui	fuimos
fuiste	fuisteis
fue	fueron

For *Vocabulario adicional,* see pp. 472–473.

Preparación para el examen

Más recursos Savvas.com/Autentico

Games Flashcards Instant check
Tutorials *Gram*Activa videos Animated verbs

What you need to be able to do for the exam . . .	Here are practice tasks similar to those you will find on the exam . . .	For review go to your print or digital textbook . . .

Interpretive

 1 ESCUCHAR I can listen to and understand someone describing what he did and where he went during his last vacation.

As part of a presentation in Spanish class, a student talked about his last vacation. As you listen, see if you can determine: a) where he went; b) one thing he did; c) one thing he saw.

pp. 374–377 *Vocabulario en contexto*
p. 375 Actividad 1
p. 378 Actividades 4–5

Interpersonal

2 HABLAR I can tell about my best trip or vacation.

Find out where your partner went on his or her best vacation, and what he or she did and saw. As you listen, make a drawing that includes details of the trip. Then your partner will ask you to describe your best vacation. Do your drawings match the descriptions?

p. 379 Actividad 6
p. 380 Actividad 8
p. 382 Actividad 11
p. 385 Actividad 16
p. 386 Actividad 18
p. 393 *Presentación oral*

Interpretive

 3 LEER I can read and understand a vacation postcard.

Read the postcard Javier sent to his friend last summer during his family vacation. Which things does he say he liked? Was there anything he didn't like?

¡Hola! Salí de vacaciones la semana pasada y ahora estamos aquí en Puerto Rico. Visitamos a nuestra tía en San Juan. Ayer fuimos al Viejo San Juan, donde vi muchos monumentos. También vi El Morro, un lugar muy famoso. ¡Fue fabuloso! Hoy fui a la playa de Luquillo y tomé el sol. Los otros bucearon por tres horas, pero a mí no me gusta el mar. Después, comimos arroz con pollo en un restaurante. ¡Uf! ¡Siempre arroz con pollo aquí! Regreso el sábado. ¡Hasta luego! Javier

p. 379 Actividad 7
p. 381 Actividad 9
p. 388 Actividad 21
pp. 390–391 *Lectura*

Presentational

 4 ESCRIBIR I can write a brief narrative describing an imaginary character's trip.

You have been asked by a first-grade teacher to write a story in Spanish for her students. She has a stuffed bear in her room, *el Oso Teo,* so you decide to write the story about him and his trip. Tell where he went, what he did, what he saw, and what he ate. Begin with something like, *"El Oso Teo fue de viaje a su parque favorito . . ."*

p. 378 Actividad 4
p. 384 Actividades 14–15
p. 386 Actividad 18
p. 389 Actividad 22
pp. 390–391 *Lectura*

Cultures • Comparisons

 5 COMPARAR I can demonstrate an understanding of cultural perspectives regarding artwork and crafts.

Think about a gift you might give someone to symbolize good luck and good fortune in our culture. Compare it to a traditional craft from Mexico that is given for the same reason. Describe its significance and history in the Spanish-speaking world.

p. 392 *La cultura en vivo*

Ayudando en la comunidad

España
Florida
Honduras
México
Guatemala
El Salvador
Nicaragua
Costa Rica
Ecuador
Perú
República Dominicana
Puerto Rico

CHAPTER OBJECTIVES

Communication

By the end of this chapter you will be able to:

- Listen to and read about community service.
- Talk and write about volunteer activities and recycling.
- Exchange information about volunteering.

Culture

You will also be able to:

- **Auténtico:** Identify key details in an authentic video about volunteer work.
- Compare perspectives about volunteer activities in Spanish-speaking countries to your community.
- Compare environmental efforts in Spain, Costa Rica, and other Spanish-speaking countries to programs in your community.

You will demonstrate what you know and can do:

- Presentación escrita: ¿Puedes ayudarnos?
- Repaso del capítulo: Preparación para el examen

You will use:

Vocabulary

- Recycling
- Places in a community
- Volunteer work

Grammar

- The present tense of *decir*
- Indirect object pronouns
- The preterite of *hacer* and *dar*

ARTE y CULTURA ⟩ El mundo hispano

¿Te gustaría ayudar? This young woman volunteers with a community-service program in Miami. Have you considered combining your knowledge of Spanish with community service? The United States Peace Corps offers many opportunities for public service abroad. Volunteers help communities, families, and individuals, working in areas that include education, health care, business development, environment, and agriculture. Currently 28% of Peace Corps volunteers serve in Latin America and the Caribbean, and are trained and work in Spanish.

▶ How could your language skills help you serve other people? What projects might you want to work on as Peace Corps volunteer?

 Mapa global interactivo Explore Peace Corps Projects in Latin America and analyze the role of volunteers.

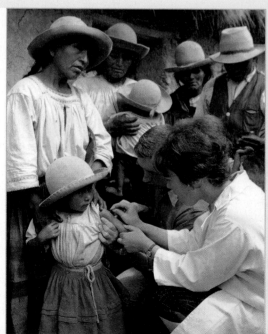

Go **Online** to practice

Savvas.com/Autentico

SAVVAS
realize™

 AUDIO
 VIDEO
 WRITING
 SPEAK/RECORD
 MAPA GLOBAL
 AUTÉNTICO
 FLASCHARDS
 ETEXT 2.O
 GAMES

Una joven ayuda
con un proyecto
de voluntarios en
Miami, Florida.

▶ Videocultura **Las vacaciones**

OBJECTIVES

Read, listen to, and understand information about volunteer work, community-service tasks, and what people did to help others.

" Ahora mi **barrio** tiene un centro de reciclaje donde puedes **llevar** el vidrio, los periódicos y el plástico. Con mis amigos del barrio vamos a **recoger** la basura del río y la calle y después, vamos a **separar** las cosas **usadas** para **reciclar**las. **Es necesario**. ¡Para tener un barrio mejor **hay que** reciclar! ".

Más vocabulario

la calle = street
el río = river
la vez, las veces = time(s)

las botellas

los periódicos

el vidrio

las latas

las cajas

el cartón

las bolsas   **el plástico**

el centro de reciclaje

Mercedes: Gabi, ¿quieres ser **voluntaria** en algún grupo de la escuela? Hay que **decidir** esta semana.

Gabi: ¡Sí! Pero no sé cuál. Hay tantas opciones buenas... Con el grupo "Jardines Verdes" puedo ayudar en un jardín para **la comunidad**. Y los jóvenes del grupo "Nuestra Comunidad" **les** llevan comida a los ancianos. **¿Qué más** puedo hacer?

Carlos: En "Casas para Todos" puedes ayudar en **proyectos de construcción** para las personas **pobres** de la comunidad que no tienen casa. Es un proyecto **increíble**.

Mercedes: A mí me gusta trabajar como voluntaria en **el Hospital** de los niños. **A menudo** les traemos **juguetes** y jugamos con ellos.

Carlos: Ser voluntario en la escuela ayuda con **los problemas** de la comunidad y es **una experiencia inolvidable**.

Mercedes   Gabi   Carlos

los voluntarios

el campamento

los niños

la anciana

la escuela primaria

el jardín

1

¿Qué hago?

🔊 ESCUCHAR María explica qué quiere hacer para ayudar como voluntaria. Señala con el dedo dónde es cada actividad que menciona.

2

Hay que separar la basura.

🔊 ESCUCHAR Juan Carlos habla de las tareas de reciclaje que tiene que hacer. ¿Puedes inferir si lo que dice es lógico? Señala con el dedo pulgar hacia arriba si la oración es lógica y con el dedo pulgar hacia abajo si la oración es ilógica.

Ana y Pedro hablan de sus experiencias como voluntarios en el verano.

 mensajes   10:14 AM

Ana / Pedro

Pedro Ana. Dime, ¿qué hiciste durante el verano?

Ana Trabajé como voluntaria en un campamento para niños **otra vez**, como el año pasado.
Les enseñé a usar objetos usados para hacer arte. Me encantó ayudarles.

Pedro ¡Qué dices! Yo también trabajé en un campamento de la escuela primaria. Fue una experiencia increíble. ¡Los niños tienen tanta energía!

Ana ¡Sí! Me encanta **el trabajo voluntario**. Ayudar a **los demás** nos da mucha satisfacción.

Pedro El mes pasado trabajé en un centro para **ancianos**. Pasé mucho tiempo con ellos y hablamos de todo. Te **digo** que es increíble escuchar sus experiencias.

Ana ¡Es verdad! Pedro, este fin de semana voy a participar en un proyecto de construcción que ayuda a **la gente** pobre del barrio. ¿Vienes conmigo?

Pedro Me gustaría mucho, ¡sí!

3

Jóvenes voluntarios

 ESCRIBIR   Escribe la respuesta correcta a las preguntas.

1. ¿Qué hizo Ana durante las vacaciones?
   a. trabajó como voluntaria
   b. trabajó en un restaurante

2. ¿Por qué Ana quiere ayudar a los demás?
   a. porque quiere dinero
   b. porque siente satisfacción
   c. porque quiere aprender arte

3. ¿Adónde van a trabajar Ana y Pedro este fin de semana?
   a. en un centro para ancianos
   b. en un proyecto de construcción

Videohistoria

Mi trabajo voluntario

Before You Watch	Complete the Activity

Focus on key words Identify each teen's volunteer experience by listening for the word *trabajo* or different forms of the verb *trabajar.* How many experiences can you identify?

Trabajo voluntario Describe el trabajo voluntario que ves en las fotos. ¿Qué hacen los jóvenes?

▶ Watch the Video

¿Qué aprendió Mateo en su experiencia como voluntario?

Go to **Savvas.com/Autentico** to watch the video *Mi trabajo voluntario* and to view the script.

Ximena Camila Valentina Mateo Sebastián

After You Watch

¿COMPRENDES? Usa palabras clave del video para identificar quién de los jóvenes hizo el trabajo voluntario.

1. Estuvo de voluntario en un hospital, pero no le gustó.
2. Ayudó en su comunidad. Leyó libros a los niños.
3. Enseñó a niños en un campamento.
4. Ayudó en su comunidad en el centro de reciclaje.
5. Vendió flores en una tienda de un hospital y le gustó mucho.

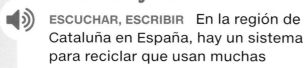

Vocabulario en uso

OBJECTIVES

▶ Listen and write about a recycling program
▶ Talk and write about community service
▶ Discuss recycling in your community
▶ Read about Costa Rican and Spanish conservation efforts and compare them to programs in the United States

---

4

Escucha y escribe

ESCUCHAR, ESCRIBIR En la región de Cataluña en España, hay un sistema para reciclar que usan muchas personas.

1 En una hoja de papel, escribe los números del 1 al 6. Escucha la descripción de este sistema y escribe las frases.

2 Escribe tres frases para describir el sistema de reciclaje que usan, o que deben usar, en tu comunidad o barrio. Si quieres, usa las frases sobre Cataluña como modelo.

También se dice . . .

la lata = el bote *(España, Puerto Rico)*

En la Costa del Sol, España

5

El reciclaje

ESCRIBIR EN PAREJA Escribe mensajes y pregunta a otro(a) estudiante sobre lo que tiene que reciclar y cómo hacerlo en casa.

Modelo

A —*En tu casa, tienes que reciclar **el papel**?*
B —*¡Por supuesto! **Lo** separamos y **lo** ponemos en **la caja azul**.*
o: —*No sé. Nosotros no **lo** reciclamos.*

Luego, escribe un email a otro amigo y pregúntale qué debe hacer en su comunidad con los materiales de reciclaje.

1 **2** **3**

4 **5** **6**

¿Recuerdas?

The direct object pronouns *lo, la, los,* and *las* replace nouns. They have the same gender and number as the nouns they replace.

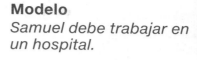
El trabajo voluntario

 LEER, ESCRIBIR, HABLAR   Según las preferencias de los jóvenes de las fotos, explica dónde debe trabajar cada uno de ellos.

Modelo
Samuel debe trabajar en un hospital.

 **Teresa:** Prefiero los trabajos al aire libre* como un proyecto de construcción. Me encanta trabajar con las manos.
*outdoors

 **Samuel:** Me gusta mucho ayudar a la gente pobre o a las víctimas de los desastres. Sus problemas son muy importantes para mí.

 **Rafael:** Mi trabajo voluntario favorito es estar con niños en un campamento o una escuela primaria. Para mí es una experiencia inolvidable ver cómo aprenden tanto.

 **Bárbara:** Me gusta mucho pasar tiempo con los ancianos. Son muy interesantes y simpáticos y me enseñan muchas cosas.

1  **2**  **3**  **4**  **5**  **6**

CULTURA ⟩ España

El reciclaje España es un país líder en Europa en el reciclaje. El programa de reciclaje de vidrio en España se llama Ecovidrio, de las palabras ecología y vidrio. Ecovidrio comenzó en la década de 1990 y tiene mucho éxito[1]. El reciclaje de vidrio es una manera excelente de reducir desechos[2] y proteger el medio ambiente[3].

Pre-AP® Integration: Los temas del medio ambiente ¿Cómo son los programas de reciclaje de tu comunidad comparados con el reciclaje de vidrio en España? ¿Qué otros programas hace tu comunidad?

[1]success [2]waste [3]environment

Reciclaje de vidrio en Andalucía, España

You know that *actividad* means "activity" and that *comunidad* means "community." In Spanish, nouns that end in *-dad* or *-tad* usually correspond to nouns in English that end in *-ty*. Nouns that end in *-dad* or *-tad* are feminine.

In a similar way, nouns in Spanish that end in *-ción* or *-sión* frequently correspond to nouns in English that end in *-tion* or *-sion*. These nouns are also feminine. You know that *construcción* means "construction" and that *posesión* means "possession."

Try it out! Figure out the meanings of these Spanish words.

la generosidad	*la comunicación*
la responsabilidad	*la comisión*
la variedad	*la vegetación*
la tranquilidad	*la información*
la libertad	*la organización*
la universidad	*la presentación*

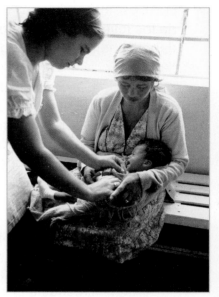

Una enfermera asiste a un bebé en una clínica de salud en Honduras.

CULTURA ⟩ México

El arte de vidrio México es conocido por su producción de hermosos[1] objetos de vidrio. Muchas de estas obras de arte (como vasos y jarrones[2]) son de botellas recicladas y otras cosas de vidrio. Al derretir[3] el vidrio, los artistas le dan forma. Los artesanos también decoran ventanas con pedazos[4] de vidrio de colores. Cada objeto de vidrio es único.

• En tu casa, ¿qué objetos comunes o artísticos son de materiales reciclados?

¹beautiful ²vases ³melt ⁴pieces

Arte de vidrio de México

7

Y tú, ¿qué dices?

ESCRIBIR, HABLAR

1. ¿Qué cosas reciclas en casa? ¿Y en la escuela? ¿Qué más podemos reciclar?

2. ¿Qué puede hacer la gente para tener un barrio más limpio?

3. ¿Qué tipo de trabajo voluntario te gustaría hacer?

4. Escribe dos recomendaciones sobre cómo debemos ayudar a los demás.

5. ¿Qué organizaciones en tu comunidad reciben ropa usada o juguetes como donación? ¿Qué más podemos darles a las personas que necesitan ayuda?

La protección de las áreas naturales

LEER, HABLAR EN PAREJA, ESCRIBIR Costa Rica es un país increíble con mucha vegetación y una gran variedad de animales. La conservación de estas áreas naturales del país es muy importante. Por eso hay muchas áreas protegidas[1] en el país.

Conexiones ◀ **Las matemáticas**

1 Mira el mapa de Costa Rica. Las áreas protegidas (como parques nacionales y reservas) están indicadas en verde. Estima qué porcentaje del área total del país es el área protegida.

2 Mira la tabla que compara las áreas protegidas con el área total del país. Trabaja con otro(a) estudiante para:
- calcular qué porcentaje del área total es el área protegida.
- comparar la respuesta con las estimaciones que hicieron Uds.

3 Averigua[2] cuántas millas cuadradas tienen los Estados Unidos y cuántas de estas millas son parques nacionales o estatales y, por lo tanto[3], áreas protegidas. Busca la información en una enciclopedia o en el Internet.

4 Calcula qué porcentaje del área total de los Estados Unidos son estos parques. Preparen un informe sobre los resultados.

[1]protected [2]Figure out [3]therefore

Modelo

El área total de los Estados Unidos es de ___ millas cuadradas. ___ millas cuadradas son parques nacionales o estatales. Estos parques representan el ___ por ciento del país.

Áreas protegidas
5.035 millas cuadradas

Área total
19.730 millas cuadradas

CULTURA ◀ **Costa Rica**

La Asociación Conservacionista de Monteverde en Costa Rica ayuda a proteger[1] el bosque lluvioso en la Reserva Bosque Nuboso Monteverde. La gente joven de todo el mundo ayuda a preservar el bosque. Los voluntarios mantienen los senderos[2] y ayudan en los proyectos de conservación.

Pre-AP® Integration: Los temas del medio ambiente ¿Qué programas de tu comunidad o estado son similares al programa de Costa Rica? ¿Cómo ayudan a la protección de áreas naturales?

Mapa global interactivo Visita el Bosque Nuboso de Costa Rica. Escribe una lista de las ideas clave para su conservación.

[1]protect [2]trails

Entrada a la Reserva Bosque Nuboso, Monteverde, Costa Rica

Gramática

OBJECTIVES
▶ Summarize what people say about volunteering
▶ Read and write about recycling in Puerto Rico
▶ Exchange information while comparing opinions about environmentalism

The present tense of *decir*

The verb *decir* means "to say" or "to tell." Here are all its present-tense forms:

(yo)	**digo**	(nosotros) (nosotras)	**decimos**
(tú)	**dices**	(vosotros) (vosotras)	**decís**
Ud. (él) (ella)	**dice**	Uds. (ellos) (ellas)	**dicen**

The *yo* form is irregular: **digo.**

Notice that the *e* of *decir* changes to *i* in all forms except *nosotros* and *vosotros*.

¿Recuerdas?
You have used forms of *decir* in the questions *¿Cómo se dice?* and *Y tú, ¿qué dices?*

Más recursos ONLINE

▶ *GramActiva* Video
▶ Tutorials: *Decir*
▶ Animated verbs
✎ *GramActiva* Activity

9

Hay que reciclar

ESCRIBIR Escribe las formas apropiadas del verbo *decir* para completar las opiniones de diferentes personas sobre cómo tener una comunidad limpia.

1. Mis padres _____ que es necesario recoger la basura en las calles.

2. La gente _____ que es importante llevar los periódicos a un centro de reciclaje.

3. Las personas en mi comunidad _____ que tenemos que separar la basura.

4. Mi profesor de biología _____ que es necesario reciclar el vidrio y el plástico.

5. Nosotros _____ que debemos limpiar nuestro barrio y comunidad.

6. Yo _____ que el reciclaje es muy importante.

7. ¿Qué _____ tú?

Nota
Use the *él / ella* form of the verb with *la gente*.
To tell *what* people say, use *que* after *decir*.
• La gente dice que . . .

10

¿Qué dices tú?

LEER, ESCRIBIR Lee las frases del 1 al 5 de la Actividad 9. Escribe otras para decir si haces estas mismas actividades a menudo, a veces o nunca.

11

¿Cómo debemos participar más?

ESCRIBIR, HABLAR EN GRUPO

1 Forma un grupo con cuatro estudiantes. Comparen las frases que escribieron para la Actividad 10 y digan con qué frecuencia *(how often)* todos hacen las cosas. Cada grupo va a presentar sus frases a la clase.

2 Cada estudiante debe anotar las respuestas de todos los grupos.

3 Después de escuchar y anotar las frases de todos los grupos, calcula el porcentaje de estudiantes que hacen estas actividades a menudo, a veces o nunca. Escribe frases sobre los resultados.

Modelo

En nuestro grupo, una persona dice que recoge la basura en las calles a menudo. Tres personas dicen que no la recogen nunca.

Modelo

En esta clase, el 10 por ciento de las personas dicen que recogen la basura en las calles a menudo; el 70 por ciento dicen que la recogen a veces; y el 20 por ciento dicen que no la recogen nunca.

12

Las 3 Rs

LEER, HABLAR, ESCRIBIR   Lee el anuncio que está abajo *(below)*. Habla de Puerto Rico y la importancia de la conservación. Luego contesta las preguntas.

1. ¿Cómo puedes "reducir"? ¿Qué cosas compras o usas a veces que no son necesarias?

2. ¿Cómo puedes reciclar o reusar cosas en casa o en la escuela?

3. Según las frases que escribiste para la Actividad 11, escribe tres recomendaciones para cuidar *(take care of)* más tu comunidad.

¡Tú puedes ser parte de la solución del problema de la basura en nuestra isla!

Recuerda esta guía práctica de las 3 erres

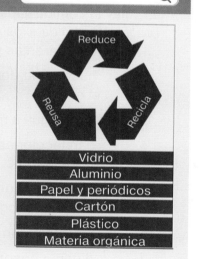

Reduce: Cuando vas de compras, decide no comprar cosas que no son necesarias.

Reusa: Usa un producto, objeto o material varias veces[1]. No debes tirar[2] a la basura las cosas que puedes usar otra vez.

Recicla: Usa los mismos materiales otra vez o usa un proceso natural o industrial para hacer el mismo o nuevos productos.

Lo que compras, comes, cultivas o tiras puede ser la diferencia entre un buen futuro o un futuro de destrucción para Puerto Rico.

[1]several times [2]throw away

Gramática

OBJECTIVES
▶ Write about and discuss what you and others do for people in the community
▶ Play a listening comprehension game with classmates

Indirect object pronouns

An indirect object tells *to whom* or for *whom* an action is performed. Indirect object pronouns are used to replace an indirect object noun.

Les doy dinero.　　*I give money to them.*

Te llevo el vidrio y las latas.　　*I'll bring you the glass and the cans.*

¿**Nos** reciclas estas botellas, por favor?　　*Will you please recycle these bottles for us?*

The indirect object pronoun comes right before the conjugated verb. Here are the different indirect object pronouns:

SINGULAR	PLURAL
me (to / for) me	**nos** (to / for) us
te (to / for) you	**os** (to / for) you
le (to / for) him, her; you *(formal)*	**les** (to / for) them; you *(formal)*

When an infinitive follows a conjugated verb, the indirect object pronoun can be attached to the infinitive or be placed before the conjugated verb.

Quiero **darle** un juguete al niño.

o: **Le quiero dar** un juguete al niño.

Because *le* and *les* have more than one meaning, you can make the meaning clear, or show emphasis, by adding *a* + the corresponding name, noun, or pronoun.

Les damos lecciones **a Miguel y a Felipe.**

Les damos lecciones **a los niños.**

Les damos lecciones **a ellos.**

Más recursos ONLINE
▶ **GramActiva** Video
▶ **Tutorials:** Indirect object pronouns, Indirect objects
◀)) **Canción de hip hop:** *Experiencia inolvidable*
✎ **GramActiva** Activity

13

Las Olimpíadas Especiales

LEER, ESCRIBIR Unos jóvenes ayudan con las Olimpíadas Especiales. Escribe *me, te, le, nos* o *les* para completar cada frase.

Modelo
___ llevan comida a los padres de los niños.
Les llevan comida a los padres de los niños.

1. ___ dan naranjas y jugo a los participantes.

2. ___ hacen una donación a la señora que organizó el evento.

3. ___ traen agua a mis compañeros porque tienen sed.

4. ___ dan lecciones de varios deportes a los participantes.

5. ___ dicen a nosotros que debemos preparar los concursos *(contests).*

6. ___ traen a mí un sándwich porque tengo hambre.

7. ___ dicen a nosotros que necesitan más ayuda.

Voluntarios y atletas en las Olimpíadas Especiales, Miami

Juego

HABLAR EN GRUPO, GRAMACTIVA

1 Tu profesor(a) va a dividir a los estudiantes en grupos de cinco. Cada grupo forma una fila *(line)*. Las primeras personas de cada fila van al frente de la clase y el (la) profesor(a) les dice una frase.

2 Las personas regresan a sus grupos y le dicen a la primera persona de la fila, *"Me dice que . . . "* y repite la frase del (de la) profesor(a). Luego la primera persona repite la frase a la segunda persona de la fila.

3 Cada grupo continúa hasta decir la frase a la última *(last)* persona. Esta persona escribe la frase que escucha en una hoja de papel. El grupo más rápido y que dice la frase más correcta gana *(wins)* el juego.

15

¿Cómo ayuda la gente a los demás?

ESCRIBIR Escribe frases para decir cómo la gente ayuda a los demás. Usa las palabras de las listas y *a menudo, a veces* o *nunca.*

Modelo

A veces la gente les lleva comida a los ancianos.

dar	dinero	ropa usada	los pobres
enseñar	flores	juguetes	los niños
comprar	cuentos	periódicos	las personas
llevar	comida	revistas	enfermas
leer		una lección de . . .	los ancianos

16

Regalos

ESCRIBIR, HABLAR EN PAREJA

1 En una hoja de papel, haz dos listas. En la primera, escribe los nombres de cinco personas. En la segunda, escribe un regalo para cada una de estas personas.

2 Habla con otro(a) estudiante sobre los regalos que vas a comprar.

▶ **Videomodelo**

A —*¿A quién vas a comprar un regalo?*
B —*Le voy a comprar un regalo a mi abuela.*
A —*¿Qué le vas a comprar?*
B —*Le voy a comprar flores.*

Gramática

OBJECTIVES
▶ Listen to a description of disaster-relief efforts
▶ Exchange information and write about what you and others did
▶ Read and write about a program to protect sea turtles

The preterite of *hacer* and *dar*

Hacer and *dar* are irregular verbs in the preterite. Notice that these verbs do not have any accent marks in the preterite.

- The preterite stem for *hacer* is *hic-*. In the *Ud. / él / ella* form, the *-c-* changes to a *-z-* so that it keeps the "s" sound: *hizo.*

- The preterite stem for *dar* is *di-*. The same stem is used for all the preterite forms.

> **¿Recuerdas?**
> You used the preterite *tú* form of *hacer* when you asked, *¿Qué hiciste?*

> **Más recursos** ONLINE
> ▶ *GramActiva* Video
> ▶ Animated Verbs
> ✎ *GramActiva* Activity

(yo)	**hice**	(nosotros) (nosotras)	**hicimos**
(tú)	**hiciste**	(vosotros) (vosotras)	**hicisteis**
Ud. (él) (ella)	**hizo**	Uds. (ellos) (ellas)	**hicieron**

(yo)	**di**	(nosotros) (nosotras)	**dimos**
(tú)	**diste**	(vosotros) (vosotras)	**disteis**
Ud. (él) (ella)	**dio**	Uds. (ellos) (ellas)	**dieron**

17

En un hospital

LEER, ESCRIBIR Una joven habla de su experiencia como voluntaria en un hospital. Escribe los verbos en el pretérito para completar las frases.

Mis amigos y yo __1.__ *(dar / decidir)* hacer un trabajo voluntario en un hospital. Nosotros __2.__ *(ir / hacer)* dibujos para los ancianos en el hospital. La semana pasada una amiga y yo __3.__ *(llevar / hablar)* los dibujos al hospital. La enfermera[1] nos __4.__ *(dar / decidir)* permiso para entrar en los cuartos de varios ancianos. Nosotros __5.__ *(llevar / visitar)* a los ancianos y les __6.__ *(decidir / dar)* los dibujos. Los ancianos nos __7.__ *(hablar / llevar)* de sus familias y nos __8.__ *(decidir / dar)* abrazos.[2] Ésta fue la primera vez que yo __9.__ *(hacer / llevar)* un trabajo voluntario. Fue una experiencia inolvidable para nosotros. Vamos a regresar al hospital otra vez. [1]nurse [2]hugs

---

CULTURA España

El Hospital de la Caridad, un hospital y asilo en Sevilla, España, lo fundaron los monjes[1] de la Hermandad de la Caridad[2] en el siglo XVII. Hoy, los hermanos aún[3] cuidan de las personas que son mayores o pobres y necesitan ayuda.

Pre-AP® Integration: El bienestar social ¿Cómo ayudan los programas de tu comunidad a las personas que lo necesitan?

[1]monks [2]Charity Brotherhood [3]still

El Hospital de la Caridad en Sevilla, España

18

Las donaciones

ESCUCHAR, ESCRIBIR

1 Vas a escuchar cómo varias personas y organizaciones, como la Cruz Roja, ayudaron a las víctimas de un desastre en El Salvador. En una hoja de papel, escribe los números del 1 al 6. Escribe las frases que escuchas.

2 Luego, escribe un email a otro estudiante y pregunta qué deben hacer ustedes para ayudar en caso de un desastre.

La Cruz Roja ayuda en El Salvador.

19

¿Qué hicieron el sábado pasado?

ESCRIBIR, HABLAR EN PAREJA

1 Escribe lo que hicieron estas personas el fin de semana pasado.

tu mejor amigo(a)	tu madre (padre)
tú y tus amigos	tu profesor(a) de . . .
tus amigos(as)	tú

2 Habla con otro(a) estudiante sobre lo que hicieron las personas.

Videomodelo

A —¿Qué *hicieron* tus amigos el fin de semana pasado?

B —*Mis amigos fueron al río. Y tus amigos, ¿qué hicieron ellos?*

A —*Vieron una película en el cine.*

o: —*No sé qué hicieron ellos.*

Un grupo de amigos juegan al básquetbol en Managua, Nicaragua.

20

Y tú, ¿qué dices?

ESCRIBIR, HABLAR

1. ¿Qué hiciste el viernes pasado? ¿Qué hicieron tus amigos?

2. ¿Qué hizo tu familia el verano pasado?

3. ¿Qué les diste a tus hermanos o a tus amigos para su cumpleaños? ¿Qué te dieron a ti?

4. ¿Qué hizo la gente de tu comunidad el año pasado para ayudar a los pobres o a las víctimas de un desastre?

5. ¿Hizo tu barrio algo para ayudar a los ancianos o a los niños? ¿Qué?

21

Juego

ESCRIBIR, HABLAR EN GRUPO

1 En grupos de cuatro, deben pensar en diferentes premios *(prizes)* que reciben las personas: por ejemplo, el premio Nobel, el Heisman, el Óscar, el Emmy, el Golden Globe o el Grammy. Cada uno escribe una pregunta que tu grupo va a hacerle a otro grupo sobre los premios que dieron el año pasado.

2 Tu grupo debe leer una de las preguntas a otro grupo, que tiene 30 segundos para contestarla. Si el grupo contesta bien la primera vez, recibe tres puntos. Si contesta bien la segunda vez, recibe un punto. Si contesta mal, tu grupo debe decirles la respuesta.

▶ **Videomodelo**

A —*¿A quién le dieron el Óscar por ser la mejor actriz el año pasado?*

B —*Le dieron el premio a . . .*

Para decir más . . .

la actriz	actress
el actor	actor
el / la cantante	singer
el / la atleta	athlete

Al autor peruano-español Mario Vargas Llosa le dieron el premio Nobel de Literatura en 2010.

Pronunciación ◀ The letter *x*

The letter *x* is pronounced several ways. When it is between vowels or at the end of a word, it is pronounced /ks/. Listen to and say these words:

examen	taxi	aproximadamente
exactamente	dúplex	éxito

When the *x* is at the beginning of a word, it is usually pronounced /s/. At the end of a syllable, the x can be pronounced /s/, /ks/, or /gs/. Listen to and say these words:

xilófono	explicar	experiencia
exploración	experimento	experto

Try it out! Work with a partner to ask and answer these questions, paying special attention to how you pronounce the letter *x*.

1. ¿En qué clase son más difíciles los exámenes?

2. ¿Qué clase tienes durante la sexta hora?

3. ¿En qué clase haces experimentos? ¿Qué tipo de experimentos haces?

4. ¿En qué clase hablas o escribes mucho de tus experiencias personales?

Una familia en Xochimilco, México

In the 1500s, the *x* represented the "h" sound of the Spanish letter *j*. That is why you see some words, like México, Oaxaca, and Texas written with *x*, even though the *x* is pronounced like the letter *j*. In words from indigenous languages of Mexico and Central America, the *x* has the /sh/ sound, as with the Mayan cities of Xel-há and Uxmal.

Go **Online** to practice
SAVVAS realize™

Savvas.com/Autentico

AUDIO VIDEO WRITING SPEAK/RECORD MAPA GLOBAL

Las tortugas tinglar

LEER, ESCRIBIR, HABLAR   Lee esta información sobre las tortugas tinglar. Luego contesta las preguntas.

www.tortugatinglar.com

¡La tortuga tinglar es enorme! Es la tortuga marina más grande del mundo[1]. Los tinglares adultos pueden ser de hasta siete pies de largo y pesar[2] hasta 1.400 libras[3]. Cada año, entre febrero y julio, esta tortuga sale del mar en la noche y pone sus huevos en playas tropicales, como las de la República Dominicana, Costa Rica o de la isla de Culebra cerca de Puerto Rico. Después regresa a aguas frías.

Desde 1970 el tinglar está en peligro[4] de extinción. Por eso, en la primavera voluntarios de diferentes países van a las playas como las de la isla de Culebra. Llevan trajes de baño, jeans, sudaderas, camisetas, cámaras, binoculares, linternas[5], repelente contra mosquitos y muchas ganas de[6] ayudar a las tortugas. Patrullan[7] las playas buscando las tortugas.

Después de que las tortugas ponen los huevos, los voluntarios los llevan a un nido artificial. Aproximadamente 60 días después, las tortuguitas salen de los huevos. Los voluntarios llevan a las tortuguitas al mar donde nadan continuamente por unas 28 horas. Estos voluntarios son muy importantes para la preservación de la tortuga tinglar.

La tortuga tinglar

[1]in the world [2]weigh [3]pounds [4]danger [5]flashlights [6]the desire [7]They patrol

1. Para ti, ¿cuáles son los hechos (facts) más increíbles sobre la tortuga tinglar?

2. Escribe una lista, en orden, del trabajo que hacen los voluntarios en la playa.

3. ¿Te gustaría trabajar como voluntario en una de las playas donde están las tortugas tinglar? ¿Por qué?

Mapa global interactivo Look at tortoise nesting sites in the Dominican Republic, Puerto Rico, and Costa Rica.

El español en el mundo del trabajo

There may be community service organizations in your neighborhood where knowing Spanish is helpful. These organizations include medical clinics, food kitchens, senior centers, career counseling and job training, and after-school programs. Volunteering your skills for these agencies is the first step to finding out if you would be interested in pursuing work in the nonprofit sector.

- Check with local agencies to find out which ones offer services in Spanish (or in other languages). Develop a class list of volunteer opportunities in your community in which you could use your Spanish skills.

Protegiendo a las tortugas en las Islas Caimán

Lectura

OBJECTIVES
▶ Read about an international volunteer organization
▶ Use cognates to increase comprehension
▶ Identify benefits of volunteer work

Strategy
Recognizing cognates
Recognizing cognates in the article will help you understand the key details and main idea of the reading.

Lee este artículo sobre una organización que hace proyectos de construcción en muchos países del mundo.

Hábitat para la Humanidad Internacional

Hábitat es una organización internacional que ayuda a la gente pobre a tener casa. Su objetivo es construir casas seguras[1] que no cuestan mucho para las personas que no tienen mucho dinero. Hábitat trabaja con las familias pobres, con los grupos de voluntarios y con las personas que les dan dinero. Esta organización tiene más de 1.400 proyectos en muchas comunidades de los Estados Unidos y otros 1.600 proyectos en más de 70 países diferentes. Hábitat ha construido[2] unas 800.000 casas en todo el mundo.

Guatemala tiene diecisiete afiliados de Hábitat. Cada afiliado tiene su propio dinero y hace su plan de construcción y sus proyectos. Los afiliados de Guatemala tienen mucho éxito[3]. Han construido más de 10.000 casas y tienen planes para construir 15.000 más en los años que vienen. Según Hábitat, las personas pobres tienen que ayudar a construir sus casas. Es una manera positiva de ayudar a los demás. Hábitat les da los materiales de construcción y los trabajadores voluntarios. Cuando la casa está construida, el nuevo propietario[4] paga una pequeña hipoteca[5] cada mes. Después, los nuevos propietarios tienen que ayudar a otros futuros propietarios a construir sus casas.

---

[1]safe [2]has built [3]success [4]owner [5]mortgage

▶ Un proyecto de Hábitat para la Humanidad Internacional

Para todos, es una experiencia increíble.

—Ayer fue mi cumpleaños y recibí el mejor regalo de mi vida, mi propia casa —dijo una señora de la comunidad de Baja Verapaz.

La mayoría[6] del dinero viene de donaciones privadas y del trabajo voluntario de muchísimas personas.

¿Sabes que el ex-presidente Jimmy Carter y su esposa Rosalynn son dos de los primeros miembros voluntarios de Hábitat? Los grupos de voluntarios son una parte fundamental del éxito de la organización.

—Es una experiencia inolvidable para ayudar a los demás —dijo un voluntario en Guatemala.

[6]the majority

Trabajadores de Hábitat para la Humanidad Internacional

¿Comprendes?

1. ¿Qué hace Hábitat?

2. ¿Con quiénes trabaja Hábitat?

3. ¿En cuántos países está Hábitat?

4. ¿Cuántas casas construyeron los afiliados de Guatemala?

5. ¿Qué tienen que pagar los nuevos propietarios?

6. ¿Qué tienen que hacer los nuevos propietarios?

7. ¿De dónde viene el dinero para construir las casas?

8. Y a ti, ¿te gustaría trabajar con Hábitat? ¿Por qué?

9. Escribe un resumen del texto con cuatro detalles clave sobre Hábitat en Guatemala.

CULTURA ‹ Los países andinos

La minga es un concepto usado en Ecuador, Colombia y otros países de los Andes. Es una tradición en la que las personas trabajan de voluntarios para la comunidad. Ayudan en tareas de construcción o en la agricultura. La idea de la minga es que luego las personas que ayudan también reciben ayuda de otros. *Minga* es una palabra del quechua que significa "trabajo colectivo".

Pre-AP® Integration: La conciencia social ¿Por qué crees que es importante la colaboración entre personas en una comunidad?

Personas en Perú trabajan juntas en un campo de papas

Perspectivas del mundo hispano

¿Trabajas como voluntario?

Online Cultural Reading

Go to Auténtico ONLINE to read about the National Parks in Costa Rica.

Throughout the Spanish-speaking world students are involved in volunteer activities and organizations. In many private schools students are encouraged to serve their community for two to three hours per week to help them learn responsibilities that will make them good citizens. Community service also provides a good occasion to explore different professions such as education, medicine, or social work. For example, many young people work with local branches of the *Cruz Roja* (Red Cross) and learn how to respond in times of emergency. Courses are offered by the organization, and some students even study for a degree in health services.

In many Spanish-speaking countries, students are involved in causes dealing with the environment. In these countries, the natural beauty of the land is not only a source of national pride, it is also an economic resource and important to the well-being of the country. Students work at recycling centers collecting paper, glass, and plastic and collect trash along roadsides and in parks.

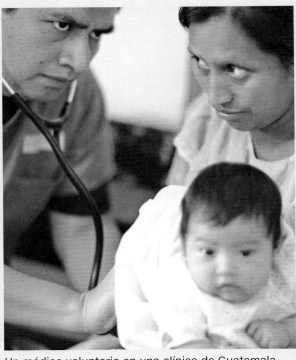

Un médico voluntario en una clínica de Guatemala

Investigar Survey the students in your class. Who does volunteer work? What kind of work do they do? How often are they involved in community service activities? Write a few lines describing one of their volunteer activities. Follow the model.

Modelo

Luisa trabaja como voluntaria en un campamento...

Comparación cultural How does the involvement in volunteerism among teenagers in many Spanish-speaking countries compare with the involvement of teenagers in your community?

En la Reserva Ecológica El Ángel, en el Ecuador

Presentación escrita

OBJECTIVES
▶ Design a poster promoting community service
▶ Use key questions to cover important ideas

Go **Online** to practice
SAVVAS realize™
Savvas.com/Autentico

WRITING

¿Puedes ayudarnos?

TASK Your school wants to organize a clean-up campaign for a park, recreation center, playground, or other place in your community. Make a poster announcing the project and inviting students to participate.

1 Prewrite Answer the following questions about your project.

- ¿Qué van a limpiar y qué tienen que hacer?
- ¿Dónde está el lugar?
- ¿Cuándo y cuántas horas van a trabajar?
- ¿Quién(es) puede(n) participar?

2 Draft Use the answers to the questions to prepare a first draft. Organize the information logically. Remember that you want students to stop and read the poster.

3 Revise Check your draft for spelling, accent marks, punctuation, and vocabulary usage. Share your work with a partner, who will check the following:

- Is the information presented clearly and arranged logically?
- Is there anything that you should add or change?
- Are there any errors?

4 Publish Prepare a final version, making any necessary changes. Add visuals to make the poster appealing. Display it in the classroom, cafeteria, or school library, or add it to your portfolio.

5 Evaluation The following rubric will be used to grade your presentation.

> **Strategy**
> **Using key questions** Answering key questions can help you think of ideas for writing.

Rubric	Score 1	Score 3	Score 5
Completeness of information	You provide only the name of your project.	You provide the name and location of your project.	You provide your project name, location, plus when, for how long, and who.
Accuracy of language	You use little variation of vocabulary with many grammar errors.	You use limited vocabulary with some grammar errors.	You use a variety of vocabulary with very few grammar errors.
Visual presentation	Your only visual on the poster is the title.	You provide the title and one visual on your poster, in color.	You provide the title and two or more visuals on your poster, in color.

Auténtico

Partnered with ★★ **NBC LEARN**

Trabajar como voluntario

Antes de ver

Usa la estrategia: Make and Verify Your Prediction

As you watch the video, try and determine the purpose of the video. Use key details to make predictions about the video. What does the video hope to communicate? Then, as the video progresses, see if your predictions were correct.

Read the Key Vocabulary

maneras = ways

involucrarse = get involved

beneficiarse = benefit

juntos = together

auxilio = helping

Ve el video

Why do people volunteer? What kinds of volunteer opportunities exist and when is the best age to volunteer?

Go to Savvas.com/Autentico and watch the video *Trabajar como voluntario* to learn more about service and volunteering.

Completa las actividades

Mientras ves Numera las oraciones en orden según el video, mientras identificas los detalles claves del video.

Hacer trabajo voluntario enseña responsabilidad.

Trabajar como voluntario une a la familia.

El trabajo de voluntario desarrolla la empatía.

Ser voluntario es un ejemplo que afecta al joven toda la vida.

Los jóvenes pueden trabajar como voluntarios.

Los padres e hijos pueden trabajar como voluntarios juntos.

R COMO VOLUNTARIO ★

Integración

Después de ver Mira el video otra vez para contestar estas preguntas.

1. ¿Cuáles son dos trabajos voluntarios que menciona el video?

2. ¿Qué aprenden los jóvenes al trabajar de voluntario?

3. ¿Crees que todos los jóvenes deben hacer trabajo voluntario?

 For more activities, go to the *Authentic Resources Workbook*.

El trabajo voluntario

Expansión Busca otros recursos auténticos en *Auténtico* en línea. Después, contesta las preguntas.

 8B Auténtico

Integración de ideas Los recursos auténticos de este capítulo informan sobre varios aspectos del trabajo voluntario. ¿Según estos recursos, qué trabajos pueden ayudar a desarrollar la autodisciplina en los adolescentes?

Comparación cultural Contesta la pregunta: Compara los trabajos voluntarios en los EE.UU con los de otros países. ¿Es más importante servir en tu propia comunidad o servir en otro país?

Repaso del capítulo

OBJECTIVES
▶ Review the vocabulary and grammar
▶ Demonstrate you can perform the tasks on p. 423

🔊 Vocabulario

to talk about recycling

la bolsa	bag, sack
la botella	bottle
la caja	box
el cartón	cardboard
el centro de reciclaje	recycling center
la lata	can
llevar	to take; to carry
el periódico	newspaper
el plástico	plastic
reciclar	to recycle
recoger	to collect; to gather
separar	to separate
usado, -a	used
el vidrio	glass

to talk about places in a community

el barrio	neighborhood
la calle	street, road
la comunidad	community
el jardín	garden, yard
el río	river

to discuss possibilities for volunteer work

los ancianos	older people
el anciano	older man
la anciana	older woman
el campamento	camp
los demás	others
la escuela primaria	primary school
la gente	people
el hospital	hospital
el juguete	toy
los niños	children
el niño	young boy
la niña	young girl
pobre	poor
el problema	problem

For *Vocabulario adicional,* see pp. 472–473.

el proyecto de construcción	construction project
el trabajo voluntario	volunteer work
el voluntario, la voluntaria	volunteer

other useful expressions

a menudo	often
decidir	to decide
Es necesario.	It's necessary.
la experiencia	experience
Hay que . . .	One must . . .
increíble	incredible
inolvidable	unforgetable
¿Qué más?	What else?
la vez *pl.* las veces	time
otra vez	again

Gramática

decir *to say, to tell*

digo	decimos
dices	decís
dice	dicen

indirect object pronouns

SINGULAR		PLURAL	
me	(to / for) me	**nos**	(to / for) us
te	(to / for) you	**os**	(to / for) you
le	(to / for) him, her; you *(formal)*	**les**	(to / for) them; you *(formal)*

preterite of *dar*

di	dimos
diste	disteis
dio	dieron

preterite of *hacer*

hice	hicimos
hiciste	hicisteis
hizo	hicieron

Preparación para el examen

What you need to be able to do for the exam . . .	Here are practice tasks similar to those you will find on the exam . . .	For review go to your print or digital textbook . . .

Interpretive

1 ESCUCHAR I can listen and understand as someone describes what he did in his community.

A radio station is sponsoring a contest to encourage people to help in the community. Listen as a teen tells the announcer what he did. Infer from the description whether he: a) helped older people; b) worked on a recycling project; c) contributed money; d) volunteered in a hospital or school.

pp. 400–403 *Vocabulario en contexto*
p. 401 Actividades 1–2
p. 404 Actividad 4
p. 413 Actividad 18

Interpersonal

2 HABLAR I can ask and answer questions about what I or someone I know did to help others in the past few months.

Many organizations offer scholarships to students who help others. With a partner, practice asking and answering the following questions for the scholarship interviews with a local agency that works in the Spanish-speaking community: a) What did you do to help others? b) Why did you decide to do volunteer work?

p. 404 Actividad 5
p. 405 Actividad 6
p. 406 Actividad 7

Interpretive

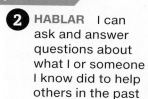

3 LEER I can read and understand information about what people gave as donations to other people or groups.

The Spanish Club treasurer's report about charitable contributions is ready for the members. Read one line item from the report. Indicate whether the member(s) donated: a) cash; b) lessons for an individual or group; c) clothing; d) furniture. For example, you might read: *Scott y Jamie le dieron una cama y una cómoda a una familia pobre.*

p. 412 Actividad 17
p. 415 Actividad 22
pp. 416–417 *Lectura*

Presentational

4 ESCRIBIR I can write a list of things teenagers can do to help in my community.

To encourage your classmates to participate in *La semana de la comunidad,* make a poster for your classroom with at least five suggestions for activities. For example: *Recicla las botellas. Ayuda a los niños de la escuela primaria.*

p. 408 Actividades 9–10
p. 409 Actividad 12
p. 410 Actividad 13
p. 411 Actividad 15
p. 412 Actividad 17
p. 419 *Presentación escrita*

Culture

5 COMPARAR I can demonstrate an understanding of cultural perspectives regarding volunteer work.

Think about the volunteer activities in which you and your friends participate. Based on what you've learned in this chapter, compare these to the type of work teenage volunteers do in Spanish-speaking countries.

pp. 400–403 *Vocabulario en contexto*
p. 407 *Cultura*
p. 416–417 *Lectura*
p. 417 *Cultura*
p. 418 *Perspectivas del mundo hispano*

CAPÍTULO 9A
El cine y la televisión

España
Florida
México
Venezuela
Argentina

CHAPTER OBJECTIVES

Communication

By the end of this chapter you will be able to:

- Listen to and read different opinions about television.
- Talk and write about television programs and movies.
- Exchange information while sharing opinions about television and film.

Culture

You will also be able to:

- **Autentico:** Identify cultural practices in an authentic text about television shows.
- Understand and use common gestures and compare them to ones you use.
- Compare television programs in Spanish-speaking countries and in the United States.

You will demonstrate what you know and can do:

- Presentación oral: ¿Qué dan esta semana?
- Repaso del capítulo: Preparación para el examen

You will use:

Vocabulary

- Television programs
- Movies
- Words and expressions to give opinions

Grammar

- *Acabar de* + infinitive
- *Gustar* and similar verbs

ARTE y CULTURA   España

Portrait of Luis Buñuel Luis Buñuel (1900–1983) was a Spanish-born film director. He made films in Spain, the United States, Mexico, and France. His films were often controversial because of their strong imagery and difficult topics. Buñuel made two surrealist films with artist Salvador Dalí (1904–1989), Spain's most famous surrealist painter. The films mixed reality and dreams. This portrait of Buñuel was painted by Dalí in 1924 when the painter was 20 years old and Buñuel was 24.

▶ Who are some young film directors today whose films are considered to be "cutting edge"?

"Retrato de Luis Buñuel" (1924), Salvador Dalí ▶

Oil on canvas, .70 x .60 m. Coll. Luis Buñuel, Mexico City, D.F., Mexico. © 2009 Salvador Dalí, Gala-Salvador Dalí Foundation/Artists Rights Society (ARS), New York. Photo: Bridgeman-Giraudon / Art Resource, NY.

Alfonso Cuarón, director de cine
mexicano, filmando una película

Vocabulario en contexto

OBJECTIVES

Read, listen to, and understand information about movies and television programs and opinions on media entertainment.

CINE ÁLAMO – Películas de estreno

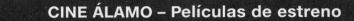

una película de ciencia ficción
15:30   17:05   20:25   23:00

un drama
14:30   17:05   20:30   22:00

una película romántica
13:15   15:15   18:30   21:00

una comedia
13:15   15:15   18:30   21:45

una película policíaca
14:30   17:05   20:30   22:00

una película de horror
13:25   17:30   19:30   21:15

Luisa:	Vamos al cine, ¿qué **dan** en el Cine Álamo?
Amanda:	A ver, ¿quieres ver un drama?
Luisa:	**Me aburren** los dramas. Siempre son iguales.
Amanda:	**¿De veras? Me encantan** los dramas, pero si quieres podemos ver una película de ciencia ficción. **Empieza** a las tres y media.
Luisa:	¡Fabuloso! Estas son mis películas favoritas.
Amanda:	Pues, ¿vamos a comer algo **antes de** ir al cine?
Luisa:	¡Genial!

Más vocabulario
tonto, -a = silly
violento, -a = violent
cómico, -a = funny

Carlos: ¿Qué dan en la televisión?

Enrique: Los programas de la vida real me aburren, pero me encantan los programas deportivos. ¿No hay un partido de fútbol en **el canal** 3?

Carlos: Sí, pero empieza a las cinco y **ya** son **casi** las siete. Podemos ver un programa de entrevistas. Son muy interesantes y **acaban de** hablar con la actriz de mi película favorita.

Enrique: No estoy de acuerdo. El fútbol es mucho más **emocionante**.

Carlos

Enrique

Un programa...	Un programa...	Un programa...
de la vida real	**de entrevistas**	**educativo**
Un programa...	Un programa...	Un programa...
de concursos	**de noticias**	**deportivo**
Un programa...	Un programa...	
musical	**de dibujos animados**	**Una telenovela**

1

¿Cuál es su favorito?

🔊 ESCUCHAR   Escucha los programas favoritos de los amigos. Señala con el dedo el programa favorito que mencionan.

2

Cierto o falso

🔊 ESCUCHA   Escucha las descripciones de las películas y programas. Si una frase es lógica, haz el gesto del pulgar hacia arriba. Si no es lógica, haz el gesto del pulgar hacia abajo.

Lourdes: ¡Ernesto! ¿Vamos a ver la televisión?

Ernesto: Claro que sí. ¿Qué podemos ver? ¿La película *Aventura en el espacio*?

Lourdes   Ernesto

Lourdes: ¡Uf! ¡Es muy larga, **dura** tres horas y **media** y **termina** muy tarde! ¿Qué más hay?

Ernesto: **¿Qué clase de** programa te gusta?

Lourdes: Pues, me gusta la telenovela *Amor secreto*.

Ernesto: ¡A mí también! **El actor** y **la actriz** principales son muy guapos.

Lourdes: Sí, pero a veces es un poco **infantil** y poco **realista**.

Ernesto: Es verdad. **Por eso** me gustan más los programas educativos. Duran **menos de** una hora.

Lourdes: ¡Sí, a mí también **me interesan**! **Especialmente** si hablan **sobre** animales.

3

¿Qué vamos a ver hoy?

ESCRIBIR Lee las oraciones y elige la opción correcta para completar cada una de las oraciones.

1. A Ernesto le gustan los programas...

   a. que son cómicos.

   b. que enseñan algo.

   c. de la vida real.

2. A Lourdes le gustan...

   a. los programas educativos.

   b. las películas que duran mucho tiempo.

   c. las películas violentas.

3. Lourdes prefiere programas que son...

   a. infantiles.

   b. de horror.

   c. realistas.

Go **Online** to practice

SAVVAS **realize**™

Savvas.com/Autentico

 AUDIO   VIDEO   WRITING   SCRIPT

¡Solo un televisor!

Before You Watch

Use background knowledge What happens when you watch television with friends or family? How do you all decide what to watch? Can you all agree or do you disagree?

Complete the Activity

¿Qué programas ves? Mira las fotos e identifica la clase de programa. ¿Te gusta ver estos tipos de programas?

▶ Watch the Video

¿Qué pasa cuando los voluntarios descubren que va a haber un televisor para todos?

Go to **Savvas.com/Autentico** to watch the video *¡Solo un televisor!* and to view the script.

Ximena   Camila   Valentina   Mateo   Sebastián

After You Watch

¿COMPRENDES?   Lee las oraciones. Escribe *C* (cierto) si es correcta o *F* (falso) si es incorrecta. Corrige las oraciones falsas.

1. A todos los jóvenes les interesan los programas deportivos.
2. A Valentina y a Ximena les gustan los programas de concursos.
3. A nadie le interesa ver los programas de noticias.
4. Sebastián sólo quiere ver programas de ciencia ficción.
5. Va a ser difícil para todos los jóvenes pasar el verano sin ver la televisión.

Pregunta personal   Compara tus programas favoritos a los preferidos de los voluntarios. ¿Con quién estás de acuerdo?

Vocabulario en uso

OBJECTIVES
▶ Listen to and write descriptions of different television programs
▶ Read about and discuss opinions of and preferences for programs and movies
▶ Exchange information about the amount of television you and others watch

4

Muchas opiniones

 ESCUCHAR, ESCRIBIR EN PAREJA Un programa de radio les pregunta a sus oyentes *(listeners)* qué piensan de los diferentes programas de televisión.

1 En una hoja de papel copia la tabla y escribe los números del 1 al 6. Vas a escuchar las opiniones de unas personas. Escribe la clase de programa en la primera columna y la descripción en la segunda columna. Luego escribe frases para expresar tu opinión.

Programa de televisión	Descripción
1. las comedias	muy cómicas

Modelo
Me encantan las comedias porque son muy cómicas.

 2 Comunica con otro(a) estudiante. Escribe un mensaje de texto para explicar si estás de acuerdo con sus opiniones.

Modelo
Estudiante 1: *Las comedias son muy cómicas.*
Estudiante 2: *Estoy de acuerdo./No estoy de acuerdo. Las comedias son muy tontas.*

5

Buenos ejemplos

 ESCRIBIR Escoge seis de los siguientes programas de televisión. Luego escribe frases para dar un buen ejemplo de los diferentes programas.

Modelo
Piratas del Caribe es una comedia.

Go **Online** to practice   Savvas.com/Autentico

AUDIO   VIDEO   WRITING   SPEAK/RECORD

¿Te gustaría ver . . . ?

HABLAR EN PAREJA, ESCRIBIR

1 Usa la información que escribiste en la Actividad 5 y habla con otro(a) estudiante. Expresa tus preferencias sobre qué clase de programas le gustaría ver. Él o ella puede usar las siguientes palabras.

me aburren	tontos, -as	fascinantes
me gustan	emocionantes	cómicos, -as
me interesan	violentos, -as	infantiles
me encanta	realistas	**¡Respuesta personal!**

Videomodelo

A —Me gustan las comedias. ¿Te gustaría ver **una comedia** como...?

B —¡Uf! **Me aburren las comedias.** Son **tontas**.

o: —¡Por supuesto! **Me encantan las comedias.** Son **cómicas**.

2 Luego, escriban preguntas sobre los programas en una hoja de papel y compartan las notas con otros estudiantes para que las contesten.

Escucha y escribe

ESCUCHAR, ESCRIBIR   Escucha y luego escribe en una hoja de papel lo que dice un joven sobre un programa de televisión que ve.

¿Qué programa ves tú?

ESCRIBIR EN GRUPO

1 Usa la descripción del programa de televisión de la Actividad 7 como modelo y escribe sobre un programa que tú ves. No debes nombrar el programa en la descripción. Escribe tu opinión sobre el programa.

2 Envía tu descripción a otros(as) estudiantes de la clase. Ellos deben identificar el programa que describes y escribir su opinión sobre ese programa.

CULTURA   ▶ **Argentina, España, México, Venezuela**

Las telenovelas Venezuela, México, Argentina, y España producen muchas telenovelas populares entre las personas de todas las edades[1]. Normalmente, en Estados Unidos las telenovelas duran muchos años con los mismos actores. Pero las telenovelas hispanas son diferentes porque solo duran unos pocos meses. Luego, otra telenovela nueva empieza con actores diferentes y la sustituye[2].

• ¿Qué prefieres, las historias que continúan durante años o las que duran solo unos meses? ¿Por qué?

[1]ages [2]replaces it

Actores de la telenovela venezolana *La viuda joven*

¿Qué dicen los críticos?

LEER, HABLAR EN PAREJA Lee el artículo de abajo que escribieron los críticos Guillo y Nadia. Luego trabaja con otro(a) estudiante para decidir qué película van a ver. Contesta las preguntas en el recuadro.

Nota
Use *más / menos **de*** with numbers.
- **más de** tres horas
- menos **de** diez personas

Videomodelo

A —*Acabo de leer un artículo sobre la película . . . ¿Te gustaría verla?*
B —*¿Qué clase de película es?*

¿Qué clase de película es?	¿Cuánto tiempo dura?
¿De veras? ¿Cómo es?	¿Quiénes son los actores principales?
¿Sí? ¿Qué pasa en la película?	Pues, ¿quieres verla?

Guillo

Nadia

En nuestra opinión

¿Piensas ir al cine este fin de semana? Nadia y Guillo te dan sus impresiones de tres nuevas películas . . .

★ ★ ★ recomendable
★ ★ más o menos
★ no la recomiendo

Cuando el amor llega Con Cristina Campos y Rafael Montenegro. Una película romántica sobre un joven rico enamorado de una chica pobre. Ante la oposición de sus padres, el amor de los jóvenes es imposible. Esta película, de dos horas y media, es similar a las viejas fórmulas de las telenovelas—un poco tonta y aburrida. Los protagonistas son buenos, pero los actores secundarios son demasiado dramáticos. Recomendable para personas que no tienen nada que hacer. (★)

Mis padres son de otro planeta Unos chicos descubren que sus padres son originarios de otra galaxia y que están en este planeta para explorar y planear una invasión. Una producción para toda la familia que combina elementos de comedia y ciencia ficción. Es tan fascinante y cómica que no puedes creer que estás en el cine por más de tres horas. Los actores principales, Javier Zaragoza y Miguel Vilar, son fantásticos. (★ ★ ★)

Mi perro es mi héroe Un drama para toda la familia—no es violenta y es bastante realista. Un poco infantil, pero con mucha acción y emoción. El mejor amigo del hombre, el perro, con inteligencia y valor, le salva la vida* a toda la familia. La película es divertida pero un poco corta (menos de dos horas). Tiene muy buenos actores, como Ana Jiménez y Antonio Barrera. Es una buena película. (★ ★ ★)

*saves the life

Go **Online** to practice

Savvas.com/Autentico

SAVVAS ●●●●
realize.™

VIDEO

WRITING

SPEAK/RECORD

10

¿Cuántas horas de tele?

🎤 **HABLAR EN GRUPO, ESCRIBIR** Vas a calcular el promedio *(average)* de horas que tus compañeros ven la tele.

▶ | **Conexiones** ⟨ **Las matemáticas**

1 Escribe el número de horas que viste la tele cada día de la semana pasada. Suma *(Add up)* estas horas. Calcula el promedio de horas para cada día. _____ *(total de horas)* dividido por 7

2 Trabaja con un grupo de cuatro personas. Pregunta a tus compañeros(as) el tiempo promedio que vieron la televisión cada día. Escribe la información que recibes de tu grupo.

3 Calcula el promedio de horas que tu grupo vio la tele cada día la semana pasada. Escribe una frase para presentar la información a la clase.

Videomodelo

A —*Como promedio, ¿cuántas horas viste la tele cada día?*

B —*La vi casi dos horas cada día.*

11

La tele en tu vida

 LEER, HABLAR EN GRUPO En un estudio reciente, se dio a conocer que, como promedio, las personas de los Estados Unidos ven más de cuatro horas de tele al día. ¡La suma de estas horas equivale a más de dos meses al año frente a la televisión!

1 Usa el promedio de horas de tu grupo de la Actividad 10 y calcula el número total de horas que vieron la tele en un año.

• 365 días al año por *(promedio de horas)* son *(total de horas)* al año

Los principales países adictos a la pantalla chica

Los cinco países que ven más la televisión al día

Source: Ofcom International Communications Market Report

2 Usa el total de horas al año para contestar estas preguntas. *(Nota: Hay aproximadamente 720 horas en un mes.)*

1. ¿Tu grupo ve la tele más de un mes al año o menos?

2. ¿La ven Uds. más que el promedio de personas en los Estados Unidos o menos? ¿Y de las personas en los otros países de la gráfica?

3. ¿Crees que las personas en los países de la gráfica ven demasiada tele? ¿Por qué?

Gramática

Acabar *de* + infinitive

When you want to say that something just happened, use the present tense of *acabar de* + infinitive.

Acabo de ver un programa musical.　　*I just saw* a music program.

Mis padres **acaban de ir** al cine.　　*My parents just went* to the movies.

Acabamos de hablar de esa película.　　*We just talked* about that movie.

Although the action took place in the past, the present-tense forms of *acabar* are used.

> **Más recursos** ONLINE
>
> ▶ *GramActiva* Video
> ▶ Tutorial: *Acabar de* + infinitive
> ✎ *GramActiva* Activity

12

¡Acaban de hacer muchas cosas!

ESCRIBIR La familia Martínez acaba de hacer muchas cosas esta mañana antes de ir a estudiar y trabajar. Lee la lista de quehaceres y escribe quién acaba de hacer qué cosa.

Modelo
mamá / preparar el desayuno de sus hijos
Mamá **acaba de preparar** el desayuno de sus hijos.

Quehaceres . . .

1. mamá / preparar el desayuno de sus hijos
2. Carlitos / comer el desayuno
3. Mariel / limpiar su dormitorio
4. Ezequiel / sacar la basura
5. Ezequiel, Carlitos y Mariel / terminar su tarea
6. papá / pasar la aspiradora en la sala
7. Elena / dar de comer al gato
8. todos / buscar sus abrigos

CULTURA El mundo hispano

Ugly Betty fue una comedia de televisión muy popular. Está basada en[1] una telenovela de Colombia llamada *Yo soy Betty, la fea*. La actriz principal era America Ferrera, una actriz latina de Los Ángeles, California. La historia de Betty está adaptada para el público de los Estados Unidos y cuenta la vida de una chica mexicano-americana que vive en Nueva York. Igual que[2] la actriz, la protagonista Betty tiene padres que emigraron[3] desde un país hispano. El programa duró cuatro temporadas[4] con 85 episodios.

Pre-AP® Integration: El entretenimiento y la diversión ¿Por qué crees que un programa puede ser popular en diferentes países?

[1]is based on　[2]just like　[3]emigrated　[4]seasons

La actriz America Ferrera

Acabo de ver . . .

🎤 ESCRIBIR, HABLAR EN PAREJA

1 Copia la gráfica. Escribe tres clases de programas de televisión o películas que acabas de ver. Da el nombre y escribe una descripción.

¿Recuerdas?
Some adverbs you can use in descriptions are:
bastante   muy
demasiado   un poco

Acabo de ver . . .	Nombre	Descripción
Una película romántica	*¡No puedo vivir sin ti!*	*demasiado triste*

2 Trabaja con otro(a) estudiante para hablar sobre lo que acaban de ver. Den su opinión sobre los programas o las películas.

▶ **Videomodelo**

A —*Acabo de ver* **una película romántica**.

B —*¿De veras? ¿Cómo se llama?*

A —*¡No puedo vivir sin ti!*

B —*¿Te gustó?*

A —**No, no me gustó** *porque es* **demasiado triste**.

Exploración del lenguaje ‹ Words of Greek and Arabic origin

Languages change when regions and nations interact with, or are colonized by, people who speak a different language. Long before the Romans brought Latin to Spain, certain Greek words had entered Latin. Words like *el problema*, *el programa*, and *el drama* were masculine nouns in Greek. When they came into Latin and then Spanish, they kept their masculine gender even though they end in *a*.

Try it out! Which of these new words would you use in the following sentences?

el clima   el sistema   el poema

1. No comprendo _____ de clasificación de películas en ese país.

2. Me gustaría visitar Panamá porque _____ allí es tropical.

3. Me gusta _____ que acabo de leer.

Arabic also had a large influence on Spanish. Around A.D. 700 the Arabic-speaking Moors invaded Spain from northern Africa. They ruled for 800 years and played a major role in the development of the Spanish language and culture. Words that came from Arabic often begin with the letters *al-*. Many words in Spanish that have a *z* or a *j* in them are also of Arabic origin. You know these words that came from Arabic: *alfombra, azúcar, naranja*.

Try it out! These words are also from Arabic. Fill in the missing letters.

a_ul   _macén   _anahoria

🌐 **Mapa global interactivo** Mide las distancias entre España y los países del mar Mediterráneo y explora la región.

Gramática

OBJECTIVES
▶ Listen to a family's comments about programs
▶ Discuss and write opinions about television and movies
▶ Create an ideal television programming schedule

Gustar and similar verbs

Even though we usually translate the verb *gustar* as "to like," it literally means "to please." So when you say, *Me gustan los programas deportivos*, you're actually saying, "Sports programs are pleasing to me." *Programas deportivos* is the subject of the sentence, and *me* is the indirect object. Here's the pattern:

indirect object + form of *gustar* + subject

The subject in a sentence with *gustar* usually follows the verb. You need to know if the subject is singular or plural to know which form of *gustar* to use. If the subject is singular, use *gusta*. If it's plural, use *gustan*. If it's an infinitive, use *gusta*.

Me gust**a el actor** en la telenovela pero no me gust**an las actrices.**

A mis amigos les gust**a ver** películas.

To emphasize or clarify *who* is pleased, you can use an additional *a* + pronoun:

A mí me gustan los dibujos animados, pero **a él** no le gustan.

Here are the other verbs you know that are similar to *gustar*:

aburrir	A mí **me aburren** las películas románticas.
doler *(o→ue)*	A Fernando **le duelen** los pies.
encantar	A mis padres **les encanta** el teatro.
faltar	**Me faltan** un cuchillo y un tenedor.
interesar	**Nos interesan** mucho los programas musicales.
quedar	¿No **te queda** bien el vestido?

¿Recuerdas?

You have used me *gusta(n)*, te *gusta(n)*, and le *gusta(n)* to talk about what a person likes.

• A mí **me gusta** el cine pero a mi hermano **le gusta** más la televisión.

Más recursos ONLINE

▶ *GramActiva* Video
▶ **Tutorial:** *Gustar* and similar verbs
🔊 *Canción de hip hop:* ¿Qué te interes
✏ *GramActiva Activity*

14

Escucha y escribe

ESCUCHAR, ESCRIBIR

1. Escucha las opiniones de la familia Linares sobre los programas que dan en la televisión. En una hoja de papel, escribe las palabras clave que escuchas y piensa en las opiniones de la familia.

2. Escucha de nuevo el audio. Ahora, escribe los tipos de programas que describe la familia.

3. Escucha el audio y escribe del 1 al 6 las frases que escuchas.

Nos gustan las películas cómicas.

A mí y a ti

🎤 **ESCRIBIR, HABLAR EN PAREJA**

1 Trabaja con otro(a) estudiante. Copia el diagrama Venn en una hoja de papel. Escribe el nombre de tu compañero(a) encima del óvalo a la derecha. En el óvalo indicado con *A mí* escribe cinco clases de películas o programas de televisión que te gustan.

2 Pregunta a tu compañero(a) si le gustan las clases de programas y películas que tú escribiste. Si a él o a ella le gusta la clase de programa o película, escribe el nombre en el óvalo de la derecha. (Vas a usar el diagrama Venn en la Actividad 16.)

Modelo

A mí   *A nosotros*   *A Rosa*

los programas policíacos
las películas de horror

las películas de horror

Videomodelo

A —*¿Te gustan los programas policíacos?*
B —*A ver . . . no, no me gustan mucho.*
A —*Pues, ¿te gustan las películas de horror?*
B —*Sí, me gustan mucho.*

16

A nosotros nos gusta . . .

✏️ **ESCRIBIR** Compara los dos lados de tu diagrama. Escribe las clases de programas y películas que a los dos les gustan en el centro de ese diagrama. Escribe al menos cinco frases completas para expresar su opinión y describir qué les gusta a Uds.

Modelo

A nosotros nos gustan las películas de horror. A mí me gustan los programas policíacos pero a Rosa no le gustan.

Modelo

A mí   *A nosotros*   *A Rosa*

los programas policíacos
las películas de horror

las películas de horror

las películas de horror

CULTURA ◄ **El mundo hispano**

Televisión por cable La industria de televisión por cable y satélite en América Latina ha crecido mucho. Algunos canales de cable están especializados en noticias o deportes y también ofrecen sus programas a otros países. El fútbol es el deporte que atrae[1] a más personas. El Mundial es especialmente popular en América Latina y en todo el mundo.

Pre-AP® Integration: El entretenimiento y la diversión ¿Por qué crees que el fútbol es tan popular en América Latina? ¿Crees que el deporte puede ayudar a unir[2] a las personas de un país? ¿Cómo?

[1]attracts [2]bring together

17

Juego

1 Trabaja en grupos de cuatro personas. Necesitas 20 tarjetas de tres colores. Debes tener cinco tarjetas de un color para la columna 1, cinco de otro color para la columna 2 y diez del tercer color para la columna 3. En cada tarjeta, escribe una de las palabras o expresiones de las dos primeras columnas. Para la tercera columna, escribe dos palabras para cada categoría (por ejemplo, para "cuerpo" puedes escribir *el brazo* en una tarjeta, y *la pierna* en otra).

a mí	encanta(n)	cuerpo
a mi amigo(a)	duele(n)	películas
a nosotros	interesa(n)	clases
a mis amigos	aburre(n)	ropa
a Uds.	queda(n) bien	comidas

2 Baraja *(Shuffle)* las tarjetas de cada columna y ponlas boca abajo *(face down)* en sus tres grupos. Toma una tarjeta de cada grupo, forma una frase completa y di la frase. *Importante:* Para las palabras del primer grupo, vas a tener que escoger una de estas palabras: *me, te, le, nos, les.* Si tu grupo decide que la gramática de tu frase es correcta, recibes 1 punto. Recibes otro punto si la frase es lógica. Si puedes cambiar la frase para hacerla lógica, recibes 2 puntos.

a mi amigo(a)	**duele(n)**
el pescado	

Modelo
A mi amigo le duele el pescado. (1 punto)
A mi amigo le duele la pierna. (2 puntos)

Pronunciación ⟨ Linking words

In Spanish just as in English, you don't pronounce a sentence as completely separate words. Instead, the words flow together in phrases. That is why it often seems that phrases or sentences sound as if they are one long word.

How the words flow together depends on the last sound of a word and the beginning sound of the following word. The flow of sounds is usually created by two of the same vowels, two different vowels, or a consonant followed by a vowel. Listen to and say these word combinations:

me‿encanta	de‿entrevistas	le‿aburre
nos‿interesa	dibujos‿animados	de‿horror

Try it out! Listen to and say these sentences. Be careful not to break the flow of sound where you see "‿".

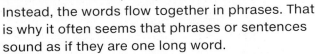

Me‿interesa‿ese programa de‿entrevistas.

A‿Ana le‿aburre‿ese programa‿educativo.

La película de‿horror dura‿una‿hora y media.

Vamos‿a ver lo que‿hay‿en la tele.

Me‿encanta‿el‿actor de‿esa telenovela.

¿Qué hay en la tele?

ESCRIBIR , HABLAR EN GRUPO   A veces decimos, "¡Hay tantos canales y programas en la tele pero no hay nada interesante!". Ahora tienes la oportunidad de planear seis horas de televisión para el sábado, desde las 17.00 horas hasta las 23.00 horas, para un concurso que se llama "Tus propias seis horas en la tele".

1 Trabaja en un grupo de tres. Escriban una lista de programas o películas que les gustaría incluir *(include)* en las seis horas. Den esta información para cada programa o película:

- la clase de programa
- el nombre
- cómo es
- cuánto tiempo dura
- para quiénes es recomendable
- por qué le va a interesar al público

2 Preparen una presentación para la clase. Pueden hacer algo visual para acompañar su presentación.

3 Después de escuchar a los diferentes grupos, cada grupo va a votar por la mejor presentación. ¡No pueden votar por la suya *(your own)!* Los grupos tienen que escribir cuatro frases para explicar su decisión. El grupo que recibe más votos gana el concurso.

Modelo

Nosotros votamos por la presentación del grupo de Ana, David y Kathy. Tienen muchos programas que nos interesan a nosotros.

El español en la comunidad

While many television networks are losing viewers, the number of viewers watching Spanish-language networks is growing. Choose a Spanish-language network such as *Univisión, Telemundo, Azteca,* or *UniMás* and look online at their program listings. Find the name of a program for each kind of show on p. 426. Watch a few minutes of one of the programs. Although you might find it difficult to understand, tune in from time to time. You'll be amazed at how much you'll learn!

- How are the listings similar to or different from those for the networks you usually watch? Write your impressions of the television show you watched.

Lectura

OBJECTIVES
- Read about limiting time teens spend in front of a screen
- Read without stopping to understand unknown words

www...

Limitar el tiempo delante de la pantalla

Strategy

Reading for comprehension Read without stopping at unfamiliar words. Then go back, decide if the words are important, and see if you can infer their meanings.

Para muchos de nosotros, limitar el uso de la computadora y pasar menos tiempo en actividades sedentarias puede ser difícil. Hoy nos entretienen[1] muchos tipos de pantallas como las pantallas de televisor, monitores de computadoras y también los aparatos de mano que usamos para leer nuestros correos electrónicos[2], escuchar música, mirar televisión y jugar videojuegos.

Los expertos de la salud dicen que el tiempo que pasamos frente a una pantalla en la casa debe limitarse a dos horas o menos cada día, excepto por razones de trabajo o para hacer la tarea. El tiempo que pasamos delante de la pantalla puede usarse mejor si lo dedicamos a hacer actividad física.

Una investigación de la fundación "Henry J. Kaiser"* indica que las reglas[3] sobre el consumo de información mediante[4] aparatos electrónicos son todo un desafío[5] para muchos padres y personas que cuidan[6] niños.

Según esta investigación:

- El 28% de niños entre 8 y 18 años dice que sus padres establecen reglas sobre el uso de la televisión.

- El 30% de niños entre 8 y 18 años indica que sus padres establecen reglas sobre el uso de videojuegos.

- El 36% de niños entre 8 y 18 años dice que sus padres establecen reglas sobre el uso de la computadora.

El mismo estudio también confirmó que cuando los padres establecen reglas sobre el uso de la televisión, los videojuegos y la computadora, el tiempo que los niños pasan con esos aparatos es casi tres horas diarias menos que cuando no hay reglas.

*Fuente: Fundación "Henry J. Kaiser", "Generation M²: Media in the Lives of 8- to 18-Year-Olds" (Generación M²: Los medios de comunicación en la vida de los niños de 8 a 18 años de edad; enero 2010)

[1]entertain [2]e-mails [3]rules [4]by means of [5]challenge [6]take care of

¿Comprendes?

Demuestra tu comprensión de la lectura en un debate. Prepara información sobre la cuestión: ¿Deben los padres limitar el tiempo que los hijos pasan delante de las pantallas?

1. Escribe una lista de cuatro razones *(reasons)* a favor de limitar el tiempo delante de las pantallas. Usa información que leíste en el artículo.

2. Escribe una lista con las palabras desconocidas de la lectura y con el significado que puedes inferir del contexto.

Y tú, ¿qué dices?

1. Usa la información en tu lista para expresar tu opinión: ¿Es necesario limitar el tiempo que los jóvenes pasan delante de las pantallas? ¿Por qué?

2. Para ti, ¿va a ser fácil o difícil limitar el tiempo que pasas delante de las pantallas? ¿Por qué?

3. En Chile, a una persona que ve mucha televisión se le llama "un(a) tevito(a)". ¿Qué puedes decirle a un(a) tevito(a) para persuadirlo(a) a hacer otras cosas que son mejores para la salud?

La cultura en vivo

Comunicación sin palabras

Todas las culturas tienen gestos para comunicar mensajes. Ya viste gestos para *¡ojo! y más o menos*. Estos son algunos gestos más que se usan en los países hispanos para comunicar un mensaje.

Comparación cultural ¿Qué gestos usas con más frecuencia? ¿Son tus gestos similares o iguales a los que ves en esta página? ¿Entiendes alguno de estos gestos sin leer la explicación?

Online Cultural Reading

Go to Auténtico ONLINE to view today's TV schedule for Spanish channel Telemadrid.

Strategy: Identify cultural practices by comparing information to your own experience.

Aplicación: Lee la información en la página web. Compara la programación que ofrece el canal con los programas de los canales que tú ves para identificar diferencias culturales.

mucha gente

¡Hay mucha gente en la fiesta!

(Place your fingertips together, then open your hand. Repeat this motion in a rhythmic gesture.)

un poco

Por favor, un poquito de postre.

¡a comer!

¡Vamos a comer!

(With your fingertips bunched, bring your hand up close to your mouth, then extend it forward, bending your arm at the elbow. Repeat the motion two or three times.)

¡qué rico!

¡Este plato está muy rico!

(Kiss the bunched fingertips of one hand, then quickly pull your hand away, extending your fingers.)

no sé

No sé dónde está el libro.

nada

No tengo nada.

Con un compañero(a) crea una comedia corta con uno de estos gestos. Preséntenlo delante de la clase.

Presentación oral

OBJECTIVES
▶ Present a review of a recent movie or television show
▶ Use a chart to organize key information

Go **Online** to practice
SAVVAS **realize**™

Savvas.com/Autentico

🎤 SPEAK/RECORD

¿Qué dan esta semana?

TASK You are reviewing a movie or television show you have just seen for your school's closed-circuit TV system. Prepare a summary of the movie or show.

1 Prepare Choose a movie or TV show, then download or cut out ads or photos about it. Copy the chart below and provide the information for the movie or show you have chosen.

Nombre		Cómo es	
Clase de película o programa		Cuánto tiempo dura	
Actor / actores		Para quiénes es	
Actriz / actrices		Tus impresiones	

Strategy

Using charts Create a chart to help you think through the key information you will want to talk about. This will help you speak more effectively.

2 Practice Use your notes from the chart for your presentation. Create a poster with the visuals you have collected. Go through your presentation several times. You may use your notes in practice, but not when you present. Try to:

• provide all key information about the film or show
• use complete sentences in your presentation
• speak clearly

3 Present Present your chosen movie or television show to a small group or the class. Use your poster to help guide you.

4 Evaluation The following rubric will be used to grade your presentation.

Rubric	Score 1	Score 3	Score 5
Completeness of presentation	Your only visual on the poster is the title.	You included the title and one visual on the poster, in color.	You include the title plus two or more visuals on the poster, in color.
Amount of information you communicate	You only include the movie or TV show and actors.	You provide descriptions of the movie or TV show plus actors.	You provide elements shown to the left, plus personal impressions.
How easily you are understood	You are extremely difficult to understand. Your teacher could only recognize isolated words and phrases.	You are understandable, but with frequent errors in vocabulary and/or grammar that hinder your comprehensibility.	You are easily understood. Your teacher does not have to "decode" what you are trying to say.

Auténtico

Partnered with UNIVISION® COMMUNICATIONS INC

Antes muerta que Lichita

Antes de leer

Usa la estrategia: Build Context with Familiar Words

As you read the text, use your known vocabulary and the cognates you find to build contextual meaning for those words that are new to you. Use the context and identify key words and phrases to understand the main ideas.

Read this Key Vocabulary

podrás = you will

contenido = content

siente = she feels

querida = beloved

▶ Lee el texto

This article is an advertisement for an insider blog with special information about a soap opera, or *telenovela*. The telenovela is a very important part of some Spanish-speaking cultures. Families can be divided over their love or hate for a favorite character! Can you identify parts of pop culture that bring your family together?

Go to Savvas.com/Autentico and read the text *"Antes muerta que Lichita" es más que una telenovela, ¡descubre su contenido exclusivo digital!* to learn about this popular Spanish language *telenovela*.

Completa las actividades

Mientras lees Numera las siguientes ideas principales en el orden en que aparecen.

Aprende más sobre los personajes (characters).
Obtiene acceso a información en cualquier (any) lugar.
Aprende secretos de la telenovela en el blog.
Conoce mejor a Lichita.

Integración

Después de leer
Contesta las preguntas para demostrar lo que comprendes del texto.

1. You have seen the words *detrás* and *cámara*. What would the English translation for the phrase *detrás de cámaras* most likely be, given the context?

2. The metaphor *como hilo de media* refers to the fragile material that is easily undone of a woman's stocking. What can you infer about the heroine of the *telenovela* from the use of this metaphor?

3. What key words in the text help you to infer the details of the *telenovela*?

 For more activities, go to the *Authentic Resources Workbook*.

La televisión y el cine

Expansión Busca otros recursos en *Auténtico* en línea. Después, contesta las preguntas.

 9A Auténtico

Integración de ideas Los recursos auténticos de este capítulo informan sobre la televisión y el cine en el mundo hispanohablante. Después de estudiar los recursos, ¿qué prácticas culturales puedes identificar relacionadas con los programas de televisión o con las películas de cine?

Comparación cultural Compara la televisión y el cine en el mundo hispanohablante con el cine y la televisión de tu cultura.

Repaso del capítulo

OBJECTIVES
▶ Review the vocabulary and grammar
▶ Demonstrate you can perform the tasks on p. 447

🔊 # Vocabulario

to talk about television shows

el canal	channel
el programa de concursos	game show
el programa deportivo	sports show
el programa de dibujos animados	cartoon show
el programa de entrevistas	interview program
el programa de la vida real	reality program
el programa de noticias	news program
el programa educativo	educational program
el programa musical	musical program
la telenovela	soap opera

to talk about movies

la comedia	comedy
el drama	drama
la película de ciencia ficción	science fiction movie
la película de horror	horror movie
la película policíaca	crime movie, mystery
la película romántica	romantic movie

to give your opinion of a movie or program

cómico, -a	funny
emocionante	touching
fascinante	fascinating
infantil	for children; childish
realista	realistic
tonto, -a	silly, stupid
violento, -a	violent
me aburre(n)	it bores me (they bore me)
me interesa(n)	it interests me (they interest me)

For *Vocabulario adicional,* see pp. 472–473.

to ask and tell about movies or programs

el actor	actor
la actriz	actress
dar	to show
durar	to last
empezar (e→ ie)	to begin
terminar	to end
más / menos de	more / less than
medio, -a	half
¿Qué clase de . . . ?	What kind of . . . ?

to talk about what has just happened

acabar de + *infinitive*	to have just . . .

other useful expressions

antes de	before
casi	almost
¿De veras?	Really?
especialmente	especially
por eso	therefore, for that reason
sobre	about
ya	already

Gramática

verbs similar to *gustar*

aburrir	to bore
doler (o → ue)	to hurt, to ache
encantar	to please very much, to love
faltar	to be missing
interesar	to interest
quedar	to fit

Preparación para el examen

Más recursos Savvas.com/Autentico

- Games
- Flashcards
- Instant check
- Tutorials
- *GramActiva* videos
- Animated verbs

What you need to be able to do for the exam . . .	Here are practice tasks similar to those you will find on the exam . . .	For review go to your print or digital textbook . . .
Interpretive		
1 ESCUCHAR I can listen and understand as people express opinions about movies and TV programs.	Listen as you hear a phone pollster ask people about TV programs they have watched on the new Spanish-language cable station. For each viewer, decide if the shows were: a) boring; b) interesting; c) too violent; d) too childish or silly.	**pp. 426–429** *Vocabulario en contexto* **p. 430 Actividad 4** **p. 431 Actividades 6–7** **p. 435 Actividad 13**
Interpersonal		
2 HABLAR I can exchange opinions with a partner about the types of movies and TV programs people prefer.	Tell your partner about a movie or TV program you just saw and express your opinion about it. Ask if your partner saw the same thing and what he or she thought of it. If your partner didn't see it, ask him or her to tell about something he or she just saw. You might say: *Acabo de ver una película fantástica con Tom Cruise . . .*	**pp. 426–429** *Vocabulario en contexto* **p. 430 Actividad 4** **p. 431 Actividad 6** **p. 432 Actividad 9** **p. 435 Actividad 13** **p. 437 Actividad 15** **p. 443 Presentación oral**
Interpretive		
3 LEER I can read and understand what an entertainment critic writes about a new TV program.	Before class begins, you grab a Spanish-language magazine and turn to the entertainment section. After reading part of the entertainment critic's review, see if you can determine his opinion of a new soap opera series, *Mi secreto*. Does he like it? Why or why not? En el primer episodio de **Mi secreto**, nos aburren con una historia infantil y con actores sin talento que quieren ser emocionantes pero no pueden. ¡Pienso que este programa es para las personas que no tienen nada que hacer!	**pp. 426–429** *Vocabulario en contexto* **p. 432 Actividad 9**
Presentational		
4 ESCRIBIR I can write about a movie I recently saw.	You are keeping a journal to practice writing in Spanish. Today you are going to write about a movie you saw recently. Mention the name of the movie, the type of movie it is, and what you liked or disliked about it.	**p. 431 Actividad 8** **p. 435 Actividad 13** **p. 437 Actividades 15–16** **p. 443** *Presentación oral*
Cultures		
5 COMPARAR I can demonstrate an understanding of common gestures.	You have learned that almost all cultures can communicate without words. With a partner, see if you can demonstrate the six gestures you have learned in this chapter from the Spanish-speaking world. Are these gestures similar to those in our culture?	**p. 442** *La cultura en vivo*

9B
La tecnología

España

México
Nicaragua

CHAPTER OBJECTIVES

Communication

By the end of this chapter you will be able to:

- Listen to and read conversations about computers.
- Talk about the Internet and write a Web profile.
- Exchange information about Internet use and the benefits of computers.

Culture

You will also be able to:

- **Autentico:** Identify cultural practices in an authentic audio about video games.
- Identify the impact of the Internet on the Spanish language.
- Compare computer use in Spanish-speaking countries with your own use of technology.

You will demonstrate what you know and can do:

- Presentación escrita: La computadora en mi vida
- Repaso del capítulo: Preparación para el examen

You will use:

Vocabulary	Grammar
• Communication	• The present tense of *pedir* and *servir*
• Computer-related activities	• *Saber* and *conocer*
• Internet and digital products	

ARTE y CULTURA España

"Reading the Letter" is from Picasso's Neo-Classical period, when he was influenced by Roman sculpture. The heavy lines and statue-like shapes highlight the seriousness of the moment shown. In 1921, mail was the main form of communication, and telephone use was limited. Today initiatives such as One Laptop per Child, shown in the photo, help students in developing countries connect with the global community.

▶ How do you and your friends communicate? How can equal access to technology change communication worldwide?

"Reading the Letter" (1921), Pablo Picasso ▶

Oil on canvas, 184 X 105 cm. © 2009 Estate of Pablo Picasso/Artists Rights Society (ARS), New York. Photo: Réunion des Musées Nationaux/Art Resource, NY.

Estudiantes
nicaragüenses con sus
computadoras nuevas,
Tipitapa, Nicaragua

Videocultura **Medios de comunicación**

OBJECTIVES

Read, listen to, and understand information about computers, computer use, and ways to communicate.

Abuela Sonia

Anita

66 Mi abuela comprende que la tecnología puede **servir para** mucho en su vida. Ella **se comunica** con familia y amigos con la computadora, pero a veces necesita ayuda **99**.

Abuela Sonia Es verdad. Uso **el correo electrónico**. No es **complicado**. **Tomé un curso** para aprender.

Anita Sí, abuelita. Es fácil. Nadie debe **tener miedo de** usar la tecnología. Es perfecta para **comunicarse** con los amigos y la familia que no viven cerca, como nuestros primos en Colombia.

Abuela Sonia Bueno, generalmente me gusta escribirles una carta o **enviarles** una tarjeta en el día de su cumpleaños. Pero ahora hablo por teléfono porque es más barato que antes o **escribo** un mensaje **por correo electrónico**.

Anita Sí abuelita, es verdad. Vamos a llamar a mi primo con mi **computadora portátil**. Podemos hablar cara a cara con Miguelito. **¿Qué te parece?**

hablar cara a cara

la tarjeta

las cartas

Anita	Abuela, usamos la computadora en la escuela, en casa, en **el laboratorio**, en el trabajo. No podemos vivir sin la computadora.
Abuela Sonia	Bueno, yo la uso pero puedo vivir sin ella. En tu opinión, **¿para qué sirve?**
Anita	Puedo **buscar información** para mis clases. Si tengo que hacer **un informe** para una clase, puedo **navegar en la Red**, encontrar **un sitio Web** interesante y **rápidamente** tengo la información.
Abuela Sonia	Pero yo no necesito hacer tarea. Y prefiero leer el periódico o escuchar la radio.
Anita	Abuela, si **estás en línea** es posible leer las noticias y escuchar tu música favorita en la Red. Pero eso es más complicado. Vamos, te ayudo.

Más vocabulario

la composición = composition
la diapositiva = slide
la dirección electrónica = e-mail address
grabar un disco compacto = to burn a CD

crear documentos

la presentación

navegar en la Red

los gráficos

1

¿Quién lo hace?

🔊 ESCUCHAR Escucha las siguientes frases. Escribe *Anita* en un papel y *Sonia* en otro. Muestra el papel que dice *Anita* si ella hace esta actividad. Muestra el papel que dice *Sonia* si es ella quien hace esta actividad. ¡Ojo! Las dos pueden hacer la misma actividad.

2

¿Lógico o ilógico?

🔊 ESCUCHAR Escucha las frases. Si lo que oyes es lógico, señala con el pulgar hacia arriba *(thumbs up)*. Si la respuesta no es lógica, señala con el pulgar hacia abajo *(thumbs down)*.

Rosa y Carlos escriben mensajes sobre un proyecto de tecnología.

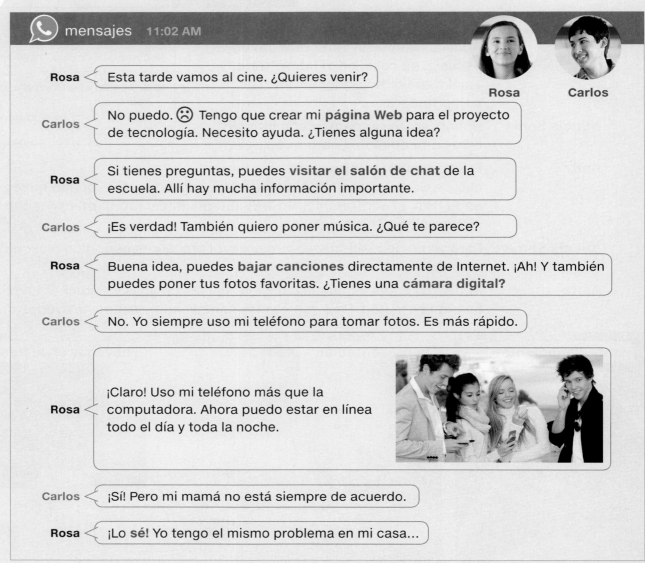

mensajes 11:02 AM

Rosa Esta tarde vamos al cine. ¿Quieres venir?

Carlos No puedo. 😞 Tengo que crear mi **página Web** para el proyecto de tecnología. Necesito ayuda. ¿Tienes alguna idea?

Rosa Si tienes preguntas, puedes **visitar el salón de chat** de la escuela. Allí hay mucha información importante.

Carlos ¡Es verdad! También quiero poner música. ¿Qué te parece?

Rosa Buena idea, puedes **bajar canciones** directamente de Internet. ¡Ah! Y también puedes poner tus fotos favoritas. ¿Tienes una **cámara digital**?

Carlos No. Yo siempre uso mi teléfono para tomar fotos. Es más rápido.

Rosa ¡Claro! Uso mi teléfono más que la computadora. Ahora puedo estar en línea todo el día y toda la noche.

Carlos ¡Sí! Pero mi mamá no está siempre de acuerdo.

Rosa ¡Lo **sé**! Yo tengo el mismo problema en mi casa...

3

¿Crees que sí o que no?

 ESCRIBIR Lee las frases. Escribe *Sí* si la frase es correcta o *No* si la frase es incorrecta. Si es incorrecta, escribe la información correcta.

1. Carlos no necesita ayuda para su proyecto de tecnología.

2. Rosa no usa mucho su teléfono.

3. Para bajar canciones debes estar en línea.

4. Carlos y Rosa siempre están en línea si están en casa.

¡Hasta luego!

Before You Watch

Monitor comprehension Focus on questions such as *¿quién?, ¿cómo?* or *¿qué dicen?* to check your understanding of this episode.

Complete the Activity

La comunicación Mira las fotos. ¿Qué forma de tecnología prefieres para comunicarte con tu familia? ¿Y con tus amigos?

▶ Watch the Video

¿Crees que es fácil decir '¡Adiós!' a la familia?

Go to **Savvas.com/Autentico** to watch the video *¡Hasta luego!* and to view the script.

Ximena

Camila

Valentina

Mateo

Sebastián

After You Watch

 ¿COMPRENDES? Contesta las preguntas.

1. ¿Qué están haciendo los cinco voluntarios?
2. ¿Cómo llama la familia a Sebastián por primera vez?
3. ¿Por qué llama Daniel a Sebastián por segunda vez?
4. ¿Cómo mandó una carta el padre de Sebastián?
5. ¿Qué problema tuvo Sebastián con la carta que envió su padre?

Pregunta personal ¿Conoces a una persona que no tiene o a quien no le gusta la tecnología nueva? ¿Cómo te comunicas con esta persona?

Vocabulario en uso

OBJECTIVES
▶ Read and exchange information about how you and others use computers and the Internet
▶ Listen to and express opinions about computers and communication

4

La computadora y tú

LEER, HABLAR EN PAREJA

1 Toma esta prueba *(test)* sobre cómo usas la computadora. Determina tu evaluación y lee la recomendación del Centro de Computación.

2 Pregunta a otro(a) estudiante qué curso debe tomar según los resultados de la prueba. Tiene que darte tres razones *(reasons)* para justificar el curso.

Videomodelo

A —*¿Qué curso debes tomar?*

B —*Debo tomar un curso avanzado.*

A —*¿Por qué?*

B —*Porque ya navego en la Red y busco sitios Web. Sé crear un sitio Web.*

La computadora y tú

1. ¿Cómo te comunicas más con otras personas?
   a. Les hablo cara a cara.
   b. Les llamo por teléfono.
   c. Les escribo por correo electrónico.
   d. Les envío mensajes de chat.
2. ¿Cómo buscas información cuando escribes informes?
   a. Voy a la biblioteca por un libro.
   b. Les pido ayuda a mis amigos.
   c. Navego en la Red y busco sitios Web.
   d. Bajo documentos que me sirven mucho.
3. ¿Qué sabes hacer en la computadora?
   a. Sé encender* la computadora.
   b. Sé escribir una composición.
   c. Sé crear una presentación usando diapositivas.
   d. Sé crear un sitio Web.
4. ¿Para qué te sirve la computadora?
   a. No me sirve para nada.
   b. Me sirve para jugar juegos.
   c. Me sirve para navegar en la Red.
   d. Me sirve para buscar y bajar información.
5. ¿Cuál es tu opinión de las computadoras?
   a. Tengo miedo de las computadoras.
   b. Las computadoras son demasiado complicadas.
   c. Las computadoras me ayudan a hacer cosas más rápidamente.
   d. Las computadoras son necesarias para la comunicación.

*to turn on

El Centro de Computación tiene cursos ideales para ti. Según el resultado de la prueba, debes tomar uno de estos cursos:

Puntos	Tu curso ideal
de 5 a 10	Básico 1
de 11 a 16	Básico 2
de 17 a 23	Intermedio
de 24 a 30	Avanzado

Evaluación
Cada a = 1 punto
Cada b = 3 puntos
Cada c = 4 puntos
Cada d = 6 puntos

Las cuevas¹ de Altamira Mucho antes de que las personas pudieran² escribir, dibujaron en las paredes de las cuevas. Estos dibujos son la primera forma de comunicación que tenemos. En 1878 descubrieron en las cuevas de Altamira, en el norte de España, unos dibujos espectaculares de animales como bisontes³, ciervos⁴, caballos y jabalís⁵. Estos dibujos tienen más de 14,000 años.

Pre-AP Integration: El acceso a la tecnología ¿Por qué crees que los habitantes de la cueva dibujaron animales?

 Mapa global interactivo Explora las cuevas prehistóricas de Altamira en España.

¹caves ²could ³bisons ⁴deer ⁵wild boars

Bisontes en las cuevas de Altamira

Opiniones diferentes

ESCUCHAR, ESCRIBIR

1 Vas a escuchar las opiniones de cuatro personas sobre cómo prefieren comunicarse. En una hoja de papel, escribe los números del 1 al 4 y escribe lo que escuchas.

2 Después de escuchar sus opiniones, indica si crees que las personas que tienen estas opiniones están en la sala o en el laboratorio de computadoras.

6

Definiciones

LEER, ESCRIBIR   Lee las definiciones y escribe la palabra correspondiente.

1. Es una foto que podemos proyectar durante una presentación.

2. Es una composición musical que podemos cantar.

3. Es una forma de comunicación que usa bolígrafo y papel. *(Hay dos posibilidades).*

4. Es un lugar en la Red que da información sobre una organización o una persona.

5. Es una computadora pequeña que puedes llevar a diferentes lugares.

Modelo

Es como enviar una carta por computadora.
el correo electrónico

6. Es un lugar en la escuela donde hay muchas computadoras que los estudiantes pueden usar.

7. Es una forma de comunicación bonita o cómica que le envías* a una persona para su cumpleaños.

8. Es algo visual que puedes crear o ver en la computadora.

9. Es algo que escribes sobre un tema para una clase. *(Hay dos posibilidades).*

*Enviar has an accent mark on the *i* in all present-tense forms except *nosotros* and *vosotros*.

CULTURA España

La Real Academia Española se fundó[1] en España en 1713 para mantener la calidad, la elegancia y la pureza[2] del español. Hoy en día, hay Academias en todos los países de habla española, como Filipinas y los Estados Unidos. Las Academias trabajan para reflejar las necesidades[3] de más de 360 millones de hablantes[4] nativos. La Real Academia Española publica el diccionario más importante y completo de español. ¿Por qué es importante conservar la calidad del lenguaje?

Pre-AP Integration: Las innovaciones tecnológicas ¿Conoces algún diccionario importante en línea? ¿Cuál es? ¿Miras este diccionario a menudo?

[1]was founded [2]purity [3]needs [4]speakers

La Real Academia Española en Madrid

7

¿Cómo te comunicas?

ESCRIBIR, HABLAR EN GRUPO

1 Mira cada dibujo y escribe qué forma de comunicación es. Luego escribe por qué se usa esta forma de comunicación.

Modelo

hablar por teléfono
Casi todos tienen teléfonos.
Es fácil.

¿Recuerdas?
You use the indirect object pronoun *les* to mean "to them" or "for them."

2 Trabaja con un grupo de cinco personas y pregunta a tus compañeros cómo se comunican con otras personas y por qué. Escriban sus respuestas.

Para decir más . . .
eficiente efficient
íntimo, -a personal
rápido, -a quick, fast

Videomodelo

A —¿Cómo te comunicas con otras personas?
B —Les **hablo por teléfono.**
A —¿Por qué?
B —Porque **casi todos tienen teléfonos y es fácil.**

3 Una persona de cada grupo va a escribir en la pizarra la forma preferida de comunicación de su grupo. Según esta información, ¿cuál es la forma de comunicación preferida de la clase?

8

¿Para qué usas Internet?

LEER, ESCRIBIR, HABLAR   Lee el anuncio y luego contesta estas preguntas.

1. ¿Para qué se usa más Internet en Chile, para trabajar o para escribir mensajes? ¿Para hacer tareas o para ver películas?

2. ¿Usas tú Internet a menudo, a veces o nunca? ¿Para qué lo usas?

3. ¿Para qué usan Internet las personas que conoces?

Usar Internet en casa

¿Cuáles son tus razones[1] para tener Internet en casa? En Chile, las razones principales son tener acceso a información, la comunicación y la educación. Curiosamente[2], usar Internet para trabajar y manejar una empresa[3] familiar no son las razones más importantes. Estos resultados son similares en las ciudades y las áreas rurales.

[1]reasons [2]curiously
[3]enterprise

Y tú, ¿que dices?

🎤 ESCRIBIR, HABLAR

1. ¿Tienes tú, o tiene tu familia o un(a) amigo(a), una computadora portátil? ¿Qué te parece?

2. ¿A veces tienes miedo de las computadoras? ¿Por qué?

3. ¿Tienes tu propia dirección electrónica? Crea una nueva dirección electrónica "inolvidable" para las personas que nunca recuerdan *(remember)* tu dirección.

4. ¿Qué sabes crear en la computadora?

5. ¿Qué sitio Web conoces mejor? ¿Qué te parece?

Exploración del lenguaje ⟨ Using *-mente* to form an adverb

Adverbs are words that describe verbs. They often tell *how* an action is performed. Many adverbs in English end in the letters *-ly: slowly, frequently, happily,* and so on. To form similar adverbs in Spanish, add the ending *-mente* to the feminine singular form of an adjective. This *-mente* ending is equivalent to the *-ly* ending in English.

rápida ➜ rápidamente   fácil ➜ fácilmente   general ➜ generalmente

práctica ➜ prácticamente   feliz ➜ felizmente   especial ➜ especialmente

Note that if the adjective has a written accent, as with *rápida, fácil,* and *práctica,* the accent appears in the same place in the adverb form.

Try it out! Give the adverb for each of the adjectives in the list. Then use each adverb in one of the sentences. Some sentences have more than one possible answer.

normal   total   completo   frecuente   reciente

1. El laboratorio de nuestra escuela es _____ nuevo.

2. _____ les escribo a mis amigos por correo electrónico pero hoy les envío una carta.

3. _____ mis padres nos compraron una nueva computadora.

4. Mi hermano está _____ contento cuando está usando la computadora.

5. _____ grabamos canciones en un disco compacto.

Gramática

OBJECTIVES
▶ Talk and write about asking for help
▶ Discuss what your favorite restaurant serves and give advice about ordering
▶ Discuss an object's use while playing a game

The present tense of *pedir* and *servir*

Pedir and *servir* are stem-changing verbs in which the *e* in the stem of the infinitive changes to *i* in all forms except *nosotros* and *vosotros*.

Here are the present-tense forms of *pedir* and *servir*:

(yo)	pid**o**	(nosotros) (nosotras)	ped**imos**
(tú)	pid**es**	(vosotros) (vosotras)	ped**ís**
Ud. (él) (ella)	pid**e**	Uds. (ellos) (ellas)	pid**en**

(yo)	sirv**o**	(nosotros) (nosotras)	serv**imos**
(tú)	sirv**es**	(vosotros) (vosotras)	serv**ís**
Ud. (él) (ella)	sirv**e**	Uds. (ellos) (ellas)	sirv**en**

Pedir means "to ask for."

   Juan **pide** la dirección electrónica.

   Pedimos más información sobre la Red.

Servir means "to serve" or "to be useful for."

   Servimos refrescos después de la clase.

   Las computadoras **sirven** para mucho.

Más recursos ONLINE

▶ *Gram*Activa video
▶ Animated Verbs
✎ *Gram*Activa Activity

10

En la clase de tecnología

ESCRIBIR   En la clase de tecnología hay muchas cosas que los estudiantes no pueden hacer. Por eso le piden ayuda al profesor. Escribe las frases.

Nota
In English you say that you ask *for* help. In Spanish, "for" is implied in the meaning of *pedir* and a separate word is *not* used.

Modelo
Fernando (no poder / bajar los gráficos)
Fernando le pide ayuda al profesor porque no puede bajar los gráficos.

1. Mario (no saber / grabar un disco compacto)
2. nosotros (no comprender / por qué hay un error)
3. tú (querer / crear una canción)
4. Marisol y Elena (no poder / abrir el documento)
5. yo (desear / enviar una foto por correo electrónico)
6. Vicente y yo (no poder / crear nuestro sitio Web)

11

¿Pides muchas cosas?

HABLAR EN PAREJA   Habla con otro(a) estudiante sobre las cosas que les pides a diferentes personas.

1. ropa nueva
2. tiempo libre sin tarea
3. ayuda con . . .
4. tu propio(a) . . .
5. tiempo libre sin quehaceres
6. **¡Respuesta personal!**

Videomodelo

dinero

A —¿A quién le pides **dinero**?
B —*Le* pido **dinero a mi mejor amiga, Luisa.**
o: —*Les* pido **dinero a mis padres.**

¿Recuerdas?
The indirect object pronouns *le* and *les* mean "to him, her, you (pl.), them." With *pedir,* they refer to the person whom you ask for something.

12

Los mejores restaurantes

HABLAR EN PAREJA, ESCRIBIR

❶ Piensa en los restaurantes que conoces. ¿Qué sirven allí que te gusta? Con otro(a) estudiante, habla sobre los restaurantes y la comida que sirven.

❷ Ahora hablen con otra pareja de los restaurantes donde Uds. comen, lo que piden y con qué sirven las comidas. Preparen tres o más recomendaciones de restaurantes para presentar a la clase.

Videomodelo

A —¿En qué restaurante comes?
B —*Como en el restaurante . . . . A menudo pido . . . allí. Es muy.... Lo sirven con . . . .*

Modelo

Si Uds. quieren comer bien, recomendamos el restaurante Las Palmeras. Siempre pedimos el pescado . . . ¡es delicioso! Lo sirven con arroz. . .

13

Juego

ESCRIBIR, HABLAR EN PAREJA   Con otro(a) estudiante, escriban descripciones de tres cosas y expliquen para qué sirven. Lean las frases a otra pareja para ver si ellos pueden identificar las cosas.

Videomodelo

A —*Es una cosa bastante pequeña. Puede estar en tu mochila o pupitre. No cuesta mucho dinero.*
B —*¿Para qué sirve?*
A —*Sirve para escribir cartas o composiciones.*
B —*Es un bolígrafo.*

14

Y tú, ¿qué dices?

ESCRIBIR, HABLAR

1. ¿A quién le pides ayuda con la computadora? ¿Le pides ayuda a menudo o sólo a veces?

2. ¿Qué haces cuando tus amigos te piden ayuda con la computadora? ¿Para qué cosas te piden ayuda?

Gramática

OBJECTIVES
▶ Discuss and write about people you know and what you know how to do
▶ Read a timeline and write about technological inventions

Saber and conocer

Sé and *sabes* come from the verb *saber*, "to know." There is another verb in Spanish that also means "to know": *conocer*. Use *conocer* to talk about people, places, and things that you are familiar with.

Here are the present-tense forms of *saber* and *conocer*. Except for the *yo* forms, they are regular in the present tense.

¿Recuerdas?

You have used *(yo) sé* and *(tú) sabes* to talk about knowing a fact and to say what you know how to do.

- **¿Sabes** dónde está la biblioteca?
- Yo **sé** esquiar bastante bien.

(yo)	**sé**	(nosotros) (nosotras)	sab**emos**
(tú)	sab**es**	(vosotros) (vosotras)	sab**éis**
Ud. (él) (ella)	sab**e**	Uds. (ellos) (ellas)	sab**en**

(yo)	cono**zco**	(nosotros) (nosotras)	conoc**emos**
(tú)	conoc**es**	(vosotros) (vosotras)	conoc**éis**
Ud. (él) (ella)	conoc**e**	Uds. (ellos) (ellas)	conoc**en**

- *Conocer* is followed by the personal *a* when the direct object is a person. Direct object pronouns can also be used with *conocer*.

    ¿Conocen Uds. **a la señora** que trabaja en el laboratorio?

    Sí, **la** conocemos bien. ¿Quieres **conocerla**?

Más recursos ONLINE

- ▶ *GramActiva* video
- ▶ **Tutorials:** Adverbs, Adverbial clauses
- ▶ **Animated verbs**
- 🔊 *Canción de hip hop: Tecnología*
- ✏️ *GramActiva* Activity

15

Lo que sabemos hacer

HABLAR EN PAREJA Habla con otro(a) estudiante sobre quiénes saben hacer las diferentes actividades en los dibujos.

 Videomodelo

A —¿*Quién sabe* **esquiar**?
B —*Mario* **sabe esquiar**. *Lo hace* **a menudo.**

① **②** **③** **④** **⑤** **⑥**

16

¿Qué lugares conoces?
¿Y a qué personas?

ESCRIBIR, HABLAR EN PAREJA Si una persona visita tu comunidad y tu escuela, ¿puedes ayudarla a conocer a diferentes personas y lugares? Escribe frases completas con las formas apropiadas del verbo *conocer* y la información necesaria. Después lee tus frases a otro(a) estudiante. ¿Conocen Uds. a las mismas personas y los mismos lugares?

1. (Yo) _____ a muchos de los estudiantes en la clase de . . .

2. Mis amigos y yo (no) _____ a la secretaria de la escuela. Es la Sra. . . .

3. Mi hermano(a) / amigo(a) _____ bastante bien al (a la) profesor(a) de . . .

4. Mis amigos _____ bien el parque de diversiones . . .

5. (Yo) _____ la tienda . . .

   donde me gusta comprar . . .

6. Mi madre (padre) _____

   bien *(un lugar en tu ciudad)* . . .

7. Si la persona necesita usar la computadora, nosotros _____

   el programa de software . . .

España

¿Conoces la Plaza de España en Sevilla?

17

¿*Saber* o *conocer*?

HABLAR EN PAREJA Trabaja con otro(a) estudiante para ver lo que sabe y conoce.

1. la hermana de . . .
2. bajar información de la Red
3. el nombre de una canción en español
4. las cámaras digitales
5. España o México
6. la dirección electrónica de . . .
7. un sitio Web interesante
8. enviar fotos por la Red

Videomodelo

la persona que trabaja en la biblioteca de la escuela

A —*¿Conoces a la persona que trabaja en la biblioteca de la escuela?*
B —*Sí, la conozco. Es la Sra. Wilton. Es muy simpática.*
o:—*No, no la conozco.*

Videomodelo

bailar salsa

A —*¿Sabes bailar salsa?*
B —*Sí, sé bailar salsa. Me encanta.*
o:—*No, no sé bailar salsa.*

Knowing how to divide words into syllables will help you sound out a new word. Just as in English, all syllables in Spanish include a vowel. When there is a consonant between two vowels, you divide the word into syllables before the consonant. The letter combinations *ch, ll,* and *rr* are never divided in Spanish.

Listen to and say these words:

ju-gar	pá-gi-na	la-bo-ra-to-rio	na-ve-gar
ca-lle	no-ti-cias	co-mu-ni-dad	a-bu-rri-do

When there are two consonants between vowels, you divide the word between the consonants. Exceptions are the blends *pr, pl, br, bl, fr, fl, tr, dr, cr, cl, gr,* and *gl.* These blends are never divided and go with the following vowel: *pro-ble-ma.* Listen to and say these words:

car-ta	in-fan-til	con-cur-sos	jar-dín
par-que	a-bri-go	des-can-sar	pa-dres

When there are three or more consonants between vowel sounds, the first two go with the vowel that precedes them and the third goes with the vowel that follows them: *trans-por-te.* When the second and third consonants form a blend, however, the first consonant goes with the vowel before it and the other consonants go with the vowel that follows them: *en-tre.*

Listen to and say these words:

es-cri-to-rio	com-pli-ca-do
en-tre-vis-tas	com-pras-te

Try it out! See if you can separate the following words into the correct syllables.

1. emocionante
2. rápidamente
3. computadora
4. problema
5. electrónico
6. comunicamos

18

Los tres cerditos

LEER, ESCRIBIR Lee el anuncio y contesta las preguntas.

1. ¿Conocen los cerditos a la "persona" que está en la ventana? ¿Saben ellos lo que quiere?

2. ¿Tiene tu familia un servicio de identificación de llamadas en su teléfono? ¿Te gusta este servicio, o te gustaría tener este servicio? ¿Por qué?

3. ¿Te parece bien saber quién llama por teléfono? ¿Por qué?

4. ¿Te gusta hablar por teléfono? ¿Con quién te gusta hablar más?

¿Sabes quién es?

Pide el servicio de identificación de llamadas. Si eres cliente de Teléfonos Caribe, es completamente gratis.

. . . .

Así, siempre vas a saber quién está llamando. ¡Pídelo hoy! Llama al teléfono 20-05-617.

19

Go **Online** to practice
Savvas.com/Autentico

SAVVAS •••
realize™

AUDIO

WRITING

¿Qué inventos conoces?

LEER, ESCRIBIR, DIBUJAR Mucho antes de la invención de la computadora personal, había *(there were)* otros inventos que nos ayudaron a comunicarnos y que seguimos *(keep)* usando. Mira la línea cronológica y lee la lista de inventos. Luego contesta las preguntas.

Conexiones ◀ La tecnología

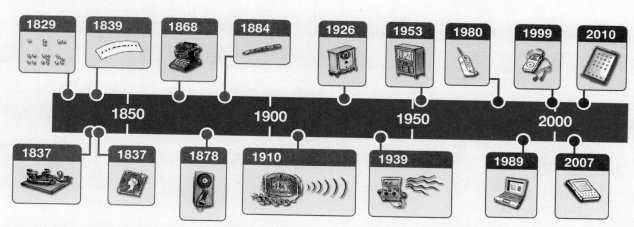

1. Identifica cada invento según el año en que se inventó y explica qué impacto tiene sobre la comunicación.

2. Busca información en la Red o en la biblioteca para identificar los inventores de cada invento de la lista.

3. ¿Cuál de estos inventos te parece el más importante? ¿Por qué?

4. Piensa en un invento que quieres hacer. ¿Para qué sirve? Escribe un párrafo y haz un dibujo para explicar tu invento.

la máquina de escribir	el reproductor de MP3
el teléfono celular	la primera película de sonido
el alfabeto Braille	el telégrafo
el televisor	el sello
el televisor en color	el código Morse
el lector de libro electrónico	el teléfono
la pluma	el walkie-talkie
	la Red
	la tableta digital

El español en el mundo del trabajo

The ability to share information is crucial in the 21st century. Innovations from medicine, science, technology, engineering, manufacturing, and social services need to be communicated across the globe. With a partner, make a list of six ways in which information can be spread. For each, tell how knowing Spanish would be beneficial. Share your ideas with the class.

Lectura

OBJECTIVES
▸ Read about the impact of the Internet on the Spanish language
▸ Use prior knowledge to understand what you read

La invasión del *ciberspanglish*

Lee este artículo sobre Internet. Internet sirve para muchas cosas aquí en los Estados Unidos y también en los otros países donde hablan español. Pero no es siempre fácil traducir[1] los términos técnicos.

Strategy
Using prior knowledge Use what you know about a topic to help you understand what you read. This article is on the Internet and its impact on the Spanish language. List five things you know about the Internet that might help you with this reading.

La invasión del *ciberspanglish*

¿Te gusta usar Internet? La gente de todos los países del mundo usa Internet. Sirve para muchas cosas: para hacer compras, divertirse, educarse, trabajar, buscar información, hacer planes para un viaje y mucho más. Hoy en día uno no puede pensar en una vida sin computadoras o Internet.

Si quieres explorar Internet en español, hay una explosión de portales (sitios que sirven como puerta a Internet) en los Estados Unidos, España y América Latina. Como puedes imaginar, hay una rivalidad[2] grande entre estos portales para atraer[3] a los hispanohablantes. Algunos portales dan la misma información en inglés y español; sólo tienes que hacer clic para cambiarla.

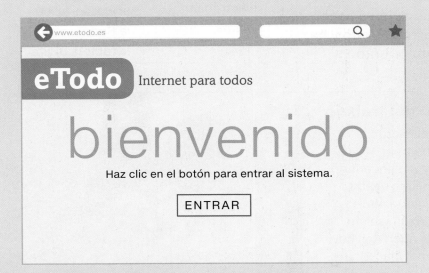

www.etodo.es

eTodo Internet para todos

bienvenido

Haz clic en el botón para entrar al sistema.

ENTRAR

[1]to translate [2]rivalry [3]to attract

Juntos[4], el inglés y el español en Internet dieron origen al *ciberspanglish*. A algunas personas no les gusta este nuevo "idioma"[5]. Piensan que el español es suficientemente rico para poder traducir los términos del inglés. Hay otros que dicen que no hay problema con mezclar[6] los idiomas para comunicarse mejor. Piensan que el *ciberspanglish* es más fácil y lógico porque los términos técnicos vienen del inglés y expresarlos en español es bastante complicado.

Éste es un debate que va a durar[7] mucho tiempo, y no presenta grises.

Términos de ciberspanglish	Términos en español
emailear	mandar por correo electrónico
espam	un bombardeo de grandes cantidades de correo electrónico
chatear	conversar
hacer clic	picar con el ratón
hacer doble clic	picar dos veces con el ratón
rebutear	reiniciar
linkear	enlazar con una página en Internet
crashear	quebrar o chocar
formatear	dar formato a un disco
programar	escribir un programa
escanear	rastrear o digitalizar
surfear	explorar o navegar
hacer un upgrade	actualizar o subir un grado
el clipart	dibujos artísticos
hacer un exit	salir
printear	imprimir
tuitear	escribir en Twitter
bloguear	escribir una entrada de blog
blog	diario digital
post	entrada de un blog

[4]Together [5]language [6]mixing [7]to last

¿Comprendes?

1. Look at the list you created for the Strategy "Using prior knowledge." Place a check mark next to any pieces of information mentioned in the article.

2. According to the article, how could the Internet help you learn more Spanish?

3. Summarize briefly the main idea of each of the two sides of the argument related to *ciberspanglish*.

4. You have already learned that Spanish borrowed words from languages such as Greek and Arabic. Is *ciberspanglish* different? Why or why not?

5. What do you think the statement *Éste es un debate que . . . no presenta grises* means? Why is it appropriate as the closing statement for this article?

Perspectivas del mundo hispano

¿Para qué usas una computadora?

In many Spanish-speaking countries, the use of computers and access to the Internet are often not as widespread as in the United States. Some homes don't have telephones, computers cost more money, and in some cases, the Internet is not as accessible. Schools and libraries may not have computers or the same access to the Internet as they often do in most communities in the United States. For these reasons, many cybercafés have opened. Cybercafés are nice places for students to meet after school and work on assignments, do research, or e-mail friends. They offer very inexpensive access to the Internet.

In recent years, the number of *portales* (portals) that serve as access points to the Internet has increased and many of these are offered in Spanish as well as English. The number of *buscadores* (search engines) has also increased, making it easier for Spanish speakers to search for information or just surf the Internet.

Usando computadoras para estudiar, México

Haciendo la tarea en la computadora

Online Cultural Reading

Go to Auténtico ONLINE to see a ski resorts guide in Chile.

Identificar Name three ways that you think Spanish-language Internet sites could help you learn more Spanish and understand the perspectives of Spanish speakers.

Comparación cultural Survey five of your friends. Over the course of one week, how much time do they spend using a computer and for what reasons? Then complete the following statement and share it with your class:

Mis amigos(as) usan la computadora _____ horas a la semana. Mis amigos(as) usan la computadora para _____, para _____, y para _____.

OBJECTIVES
▶ Write an e-mail about your computer use
▶ Use examples to support a persuasive argument

Go **Online** to practice
SAVVAS
realize.
Savvas.com/Autentico

WRITING

La computadora en mi vida

TASK Your parents think you spend too much time on the computer. You disagree. Send an e-mail to your best friend in Mexico explaining your position and how you plan to defend your computer use.

1 **Prewrite** In a chart, list at least three ways you use computers and the benefit (la ventaja) to you.

Cómo uso la computadora	La ventaja
Busco información para mis clases en Internet.	Aprendo mucho y es muy interesante.

Strategy

Using supporting examples When preparing a persuasive argument, you should first clearly state your position and then provide examples to support it. Making a list of your arguments will help you make a strong statement.

2 **Draft** Use the information from the chart to write the first draft of your e-mail. Here are some expressions you might include:

pienso que . . .   tengo que . . .
creo que . . .   primero (segundo, tercero), . . .

3 **Revise** Check for spelling, accent marks, verb forms, pronouns, and vocabulary use. Share the e-mail with a partner. Your partner should check the following:

• Is the paragraph easy to read and understand?
• Does it provide good support for your position?
• What could you add to give more information, or change to make it clearer?
• Are there any errors?

4 **Publish** Rewrite the e-mail, making necessary changes. Share with your teacher and add it to your portfolio.

5 **Evaluation** The following rubric will be used to grade your e-mail.

Rubric	Score 1	Score 3	Score 5
Amount of information you provided	You list one way and benefit.	You list two ways and benefits.	Your list of ways and benefits is complete.
Presentation of reason and benefit	Your reason and support for your position lack clarity.	Your reasons and support for your position are clear, but not forceful.	You are clear and persuasive in your reasons and support for your position.
Vocabulary, spelling, grammar	Your vocabulary use is limited with several errors in spelling and grammar.	Your vocabulary use is somewhat extensive, but you have many errors in spelling and grammar.	You have very few errors in spelling and grammar and use varied vocabulary.

Auténtico

Partnered with IDB

¿Cómo los juegos mayas llegan a la era digital?

Antes de escuchar

Usa la estrategia: Listen for Key Words

As you listen to the audio, don't try to catch every word. Instead, listen for key words and phrases to help you identify the key details and get a general understanding.

Read this Key Vocabulary

de qué se trata = What it is about

empresa = company

a través de = through

dispositivos móviles = mobile devices

descargas = downloads

nos dimos cuenta = we realized

desafío = challenge

desarrollo = development

reto = challenge

▶ Escucha el audio

Listen to the creator of the startup Digital Partners explain his vision and his project, which uses digital games to promote culture to young people in Guatemala. Use cognates and words you understand to infer meaning of new words in the audio.

Go to Savvas.com/Autentico and listen to the audio *¿Cómo los juegos mayas llegan a la era digital?* to learn about a startup's attempt to engage youth in their local culture.

Completa las actividades

Mientras escuchas Identifica estas palabras e ideas clave mientras escuchas el audio. Indica cuando escuchas cada una, y corrige frases incorrectas.

- **Es una empresa textual.**
- **Los jóvenes aprecian el valor de la cultura.**
- **Usan la tecnología digital para llegar a los jóvenes.**
- **Permite creatividad con mensajes políticos o sociales.**
- **Era difícil hacer una idea una realidad.**
- **En Guatemala existe una industria del desarrollo de videojuegos.**

Integración

Después de escuchar ¿Qué puedes inferir del audio? Contesta las preguntas para demostrar tu comprensión.

1. ¿Cuál es el propósito *(goal)* de Digital Partners?

2. ¿Por qué son los videojuegos una plataforma creativa para enseñar cultura a los jóvenes?

3. What is the main challenge that is mentioned in the audio? Based on this challenge, what can you infer about the video games available to young people in Guatemala?

 For more activities, go to the *Authentic Resources Workbook*.

La comunicación y la tecnología

Expansión Busca otros recursos en *Auténtico* en línea. Después, contesta las preguntas.

 9B Auténtico

Integración de ideas Los recursos auténticos de este capítulo informan sobre aspectos de la comunicación y la tecnología en el mundo hispanohablante. ¿Qué usos diferentes de la tecnología puedes identificar en la información?

Comparación cultural Compara la comunicación y el uso de la tecnología en el mundo hispanohablante con los de tu cultura.

Repaso del capítulo

OBJECTIVES
▶ Review the vocabulary and grammar
▶ Demonstrate you can perform the tasks on p. 471

🔊 Vocabulario

to talk about communication

cara a cara	face-to-face
la carta	letter
comunicarse	to communicate
(yo) me comunico	(with)
(tú) te comunicas	
enviar	to send
la tarjeta	card

to talk about computer-related activities

bajar	to download
buscar	to search (for)
la cámara digital	digital camera
la canción,	song
pl. las canciones	
la composición,	composition
pl. las composiciones	
la computadora portátil	laptop computer
crear	to create
el curso	course
tomar un curso	to take a course
la diapositiva	slide
la dirección electrónica	e-mail address
el documento	document
escribir por correo	to send an e-mail
electrónico	message
estar en línea	to be online
grabar un disco	to burn a CD
compacto	
los gráficos	graphics
la información	information
el informe	report
el laboratorio	laboratory
navegar en la Red	to surf the Web
la página Web	Web page
la presentación,	presentation
pl. las presentaciones	
el sitio Web	Web site
visitar salones de chat	to visit chat rooms

For *Vocabulario adicional,* see pp. 472–473.

other useful expressions

complicado, -a	complicated
¿Para qué sirve?	What's it (used) for?
¿Qué te parece?	What do you think?
rápidamente	quickly
Sirve para . . .	It's used for . . .
tener miedo (de)	to be afraid (of)

Gramática

pedir *(e → i)* *to ask for*

pido	pedimos
pides	pedís
pide	piden

servir *(e → i)* *to serve, to be useful for*

sirvo	servimos
sirves	servís
sirve	sirven

saber *to know (how)*

sé	sabemos
sabes	sabéis
sabe	saben

conocer *to know, to be acquainted with*

conozco	conocemos
conoces	conocéis
conoce	conocen

Preparación para el examen

Más recursos   Savvas.com/Autentico

▢ Games   ▣ Flashcards   ✎ Instant check

▶ Tutorials   ▶ *Gram*Activa videos   ▶ Animated verbs

What you need to be able to do for the exam . . .	Here are practice tasks similar to those you will find on the exam . . .	For review go to your print or digital textbook . . .

Interpretive

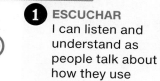

1 ESCUCHAR I can listen and understand as people talk about how they use computers.

You overhear some people expressing their opinions about computers. Tell whether each person likes or dislikes using computers.

pp. 450–454 *Vocabulario en contexto*

p. 451 **Actividades 1–2**

p. 455 **Actividad 5**

Interpersonal

2 HABLAR I can ask and answer questions about computers and the Internet.

A local Internet company wants to interview you to work as a telephone tech support assistant. To prepare, you and your partner take turns interviewing each other. Ask if your partner: a) knows how to surf the Web; b) is familiar with Web sites for teens; c) knows how to use the computer to create music; d) knows how to make graphics. Then switch roles.

pp. 450–454 *Vocabulario en contexto*

p. 454 **Actividad 4**

p. 457 **Actividad 9**

p. 459 **Actividad 14**

p. 460 **Actividad 15**

p. 461 **Actividad 17**

Interpretive

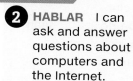

3 LEER I can read and understand part of an online conversation in a chat room.

A teen in the chat room *Mis padres y yo* is upset. According to the teenager, what do his parents not understand? What is his parents' opinion?

¡Yo soy muy impaciente! Para hacer la tarea, me gusta tener la información que necesito rápidamente. Mis padres dicen que puedo ir a la biblioteca y buscar libros allí para hacer mi tarea, pero me gustaría tener mi propia computadora. Ellos piensan que las computadoras sólo sirven para jugar videojuegos. ¿Qué hago?

pp. 450–454 *Vocabulario en contexto*

p. 454 **Actividad 4**

p. 455 **Actividad 6**

p. 456 **Actividad 8**

pp. 464–465 *Lectura*

Presentational

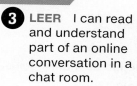

4 ESCRIBIR I can write my personal profile (*perfil*) for a Web survey.

You are completing a Web survey online for *MundoChat*. Provide answers to the following questions: a) what you like to do; b) your favorite Web site; c) how often you visit chat rooms; d) how much time you spend online each day.

p. 458 **Actividad 10**

p. 459 **Actividad 14**

p. 461 **Actividad 16**

p. 467 *Presentación escrita*

Cultures

5 COMPARAR I can demonstrate an understanding of cultural perspectives regarding technology.

Explain why cybercafés are so popular in many Spanish-speaking countries. Compare how you use computers to the way in which teenagers might use them in these countries. If you were to live in one of these countries, how might you approach homework differently?

p. 466 *Perspectivas del mundo hispano*

Vocabulario adicional

Tema 1

Las actividades

coleccionar sellos / monedas to collect stamps / coins

jugar al ajedrez to play chess

patinar sobre hielo to ice-skate

practicar artes marciales *(f.)* to practice martial arts

tocar to play *(an instrument)*

el bajo bass

la batería drums

el clarinete clarinet

el oboe oboe

el saxofón *pl.* **los saxofones** saxophone

el sintetizador synthesizer

el trombón *pl.* **los trombones** trombone

la trompeta trumpet

la tuba tuba

el violín *pl.* **los violines** violin

Tema 2

Las clases

el alemán German

el álgebra *(f.)* algebra

el anuario yearbook

la banda band

la biología biology

el cálculo calculus

el drama drama

la fotografía photography

el francés French

la geografía geography

la geometría geometry

el latín Latin

la química chemistry

la trigonometría trigonometry

Las cosas para la clase

la grapadora stapler

las grapas staples

el sacapuntas *pl.* **los sacapuntas** pencil sharpener

el sujetapapeles *pl.* **los sujetapapeles** paper clip

las tijeras scissors

Tema 3

Las comidas

Las frutas

el aguacate avocado

la cereza cherry

la ciruela plum

el coco coconut

el durazno peach

la frambuesa raspberry

el limón *pl.* **los limones** lemon

el melón *pl.* **los melones** melon

la pera pear

la sandía watermelon

la toronja grapefruit

Las verduras

el apio celery

el brócoli broccoli

la calabaza pumpkin

el champiñón *pl.* **los champiñones** mushroom

la col cabbage

la coliflor cauliflower

los espárragos asparagus

las espinacas spinach

el pepino cucumber

La carne

la chuleta de cerdo pork chop

el cordero lamb

la ternera veal

Los condimentos

la mayonesa mayonnaise

la mostaza mustard

la salsa de tomate ketchup

Otro tipo de comidas

los fideos noodles

Tema 4

Los lugares y actividades

el banco bank

el club club

el equipo de . . . ___ team

la farmacia pharmacy

la oficina office

la práctica de . . . ___ practice

la reunión *pl.* **las reuniones de . . . ___** meeting

el supermercado supermarket

Tema 5

Los animales

el conejillo de Indias guinea pig

el conejo rabbit

el gerbo gerbil

el hámster *pl.* **los hámsters** hamster

el hurón *pl.* **los hurones** ferret

el loro parrot

el pez *pl.* **los peces** fish

la serpiente snake

la tortuga turtle

Los miembros de la familia

el bisabuelo, la bisabuela great-grandfather, great-grandmother

el nieto, la nieta grandson, granddaughter

el sobrino, la sobrina nephew, niece

Las descripciones de personas

llevar anteojos to wear glasses
ser
   calvo, -a bald
   delgado, -a thin
   gordo, -a fat
tener
   la barba beard
   el bigote moustache
   las pecas freckles
   el pelo lacio straight hair
   el pelo rizado curly hair
   las trenzas braids

Tema 6

Las partes de la casa y cosas en la casa

el balcón *pl.* **los balcones** balcony
la estufa stove
el jardín *pl.* **los jardines** garden
el lavadero laundry room
la lavadora washing machine
el lavaplatos *pl.* **los lavaplatos** dishwasher
el microondas *pl.* **los microondas** microwave oven
los muebles furniture
el patio patio
el refrigerador refrigerator
la secadora clothes dryer
el sillón *pl.* **los sillones** armchair
el sofá sofa
el tocador dressing table

Los quehaceres

quitar
   la nieve con la pala to shovel snow
   los platos de la mesa to clear the table
rastrillar las hojas to rake leaves

Los colores

(azul) claro light (blue)
(azul) marino navy (blue)
(azul) oscuro dark (blue)

Tema 7

Las expresiones para las compras

ahorrar to save
el dinero en efectivo cash
gastar to spend
la(s) rebaja(s) sale(s)
regatear to bargain
se vende for sale

La ropa

la bata bathrobe
el chaleco vest
las pantimedias pantyhose
el paraguas *pl.* **los paraguas** umbrella
el pijama pajamas
la ropa interior underwear
el saco loose-fitting jacket
los tenis tennis shoes
las zapatillas slippers
los zapatos atléticos athletic shoes
los zapatos de tacón alto high-heeled shoes

Tema 8

Las expresiones para los viajes

el aeropuerto airport
la agencia de viajes travel agency
los cheques de viajero travelers' checks
el equipaje luggage
hacer una reservación to make a reservation

el lugar de interés place of interest
el pasaporte passport
volar *(o → ue)* to fly

Los animales del zoológico

el ave *(f.) pl.* **las aves** bird
el canguro kangaroo
la cebra zebra
el cocodrilo crocodile
el delfín *pl.* **los delfines** dolphin
el elefante elephant
la foca seal
el gorila gorilla
el hipopótamo hippopotamus
la jirafa giraffe
el león *pl.* **los leones** lion
el oso bear
el oso blanco polar bear
el pingüino penguin
el tigre tiger

Tema 9

Las expresiones para las computadoras

la búsqueda search
comenzar *(e → ie)* **la sesión** to log on
el disco duro hard disk
la impresora printer
imprimir to print
el marcapáginas *pl.* **los marcapáginas** bookmark
multimedia multimedia
la página inicial home page
la tecla de borrar delete key
la tecla de intro enter key

Adjectives describe nouns: *a red car*.

Adverbs usually describe verbs; they tell when, where, or how an action happens: *He read it **quickly***. Adverbs can also describe adjectives or other adverbs: ***very** tall, **quite well***.

Articles are words in Spanish that can tell you whether a noun is masculine, feminine, singular, or plural. In English, the articles are ***the**, **a**,* and ***an***.

Commands are verb forms that tell people to do something: ***Study!, Work!***

Comparatives compare people or things.

Conjugations are verb forms that add endings to the stem in order to tell who the subject is and what tense is being used: *escrib**o**, escrib**iste***.

Conjunctions join words or groups of words. The most common ones are ***and**, **but**,* and ***or***.

Direct objects are nouns or pronouns that receive the action of a verb: *I read the **book**. I read **it***.

Gender in Spanish tells you whether a noun, pronoun, or article is masculine or feminine.

Indirect objects are nouns or pronouns that tell you to whom / what or for whom / what something is done: *I gave **him** the book*.

Infinitives are the basic forms of verbs. In English, infinitives have the word "to" in front of them: ***to walk***.

Interrogatives are words that ask questions: ***What** is that? **Who** are you?*

Nouns name people, places, or things: ***students, Mexico City, books***.

Number tells you if a noun, pronoun, article, or verb is singular or plural.

Prepositions show relationship between their objects and another word in the sentence: *He is **in** the classroom*.

Present tense is used to talk about actions that always take place, or that are happening now: *I always **take** the bus; I **study** Spanish*.

Present progressive tense is used to emphasize that an action is happening *right now:* ***I am doing** my homework; he **is finishing** dinner*.

Preterite tense is used to talk about actions that were completed in the past: *I **took** the train yesterday; I **studied** for the test*.

Pronouns are words that take the place of nouns: ***She** is my friend*.

Subjects are the nouns or pronouns that perform the action in a sentence: ***John** sings*.

Superlatives describe which things have the most or least of a given quality: *She is the **best** student*.

Verbs show action or link the subject with a word or words in the predicate (what the subject does or is): *Ana **writes**; Ana **is** my sister*.

Nouns, Number, and Gender

Nouns refer to people, animals, places, things, and ideas. Nouns are singular or plural. In Spanish, nouns have gender, which means that they are either masculine or feminine.

Singular Nouns		Plural Nouns	
Masculine	**Feminine**	**Masculine**	**Feminine**
libro	carpeta	libros	carpetas
pupitre	casa	pupitres	casas
profesor	noche	profesores	noches
lápiz	ciudad	lápices	ciudades

Definite Articles

El, *la*, *los*, and *las* are definite articles and are the equivalent of "the" in English. *El* is used with masculine singular nouns; *los* with masculine plural nouns. *La* is used with feminine singular nouns; *las* with feminine plural nouns. When you use the words *a* or *de* before *el*, you form the contractions *al* and *del*: *Voy **al** centro; Es el libro **del** profesor*.

Masculine	
Singular	**Plural**
el libro	los libros
el pupitre	los pupitres
el profesor	los profesores
el lápiz	los lápices

Feminine	
Singular	**Plural**
la carpeta	las carpetas
la casa	las casas
la noche	las noches
la ciudad	las ciudades

Indefinite Articles

Un and *una* are indefinite articles and are the equivalent of "a" and "an" in English. *Un* is used with singular masculine nouns; *una* is used with singular feminine nouns. The plural indefinite articles are *unos* and *unas*.

Masculine	
Singular	**Plural**
un libro	unos libros
un escritorio	unos escritorios
un baile	unos bailes

Feminine	
Singular	**Plural**
una revista	unas revistas
una mochila	unas mochilas
una bandera	unas banderas

Pronouns

Subject pronouns tell who is doing the action. They replace nouns or names in a sentence. Subject pronouns are often used for emphasis or clarification: *Gregorio escucha música. **Él** escucha música.*

A *direct object* tells who or what receives the action of the verb. To avoid repeating a direct object noun, you can replace it with a *direct object pronoun*. Direct object pronouns have the same gender and number as the nouns they replace: *¿Cuándo compraste **el libro? Lo** compré ayer.*

An *indirect object* tells to whom or for whom an action is performed. *Indirect object pronouns* are used to replace an indirect object noun: ***Les** doy dinero. (I give money to them.)* Because *le* and *les* have more than one meaning, you can make the meaning clear, or show emphasis, by adding *a* + the corresponding name, noun, or pronoun: ***Les** doy el dinero a **ellos.***

After most prepositions, you use *mí* and *ti* for "me" and "you." The forms change with the preposition *con: conmigo, contigo.* For all other persons, you use subject pronouns after prepositions.

The Personal a

When the direct object is a person, a group of people, or a pet, use the word *a* before the object. This is called the "personal *a*": *Visité **a** mi abuela. Busco **a** mi perro, Capitán.*

Subject Pronouns		Direct Object Pronouns		Indirect Object Pronouns		Objects of Prepositions	
Singular	**Plural**	**Singular**	**Plural**	**Singular**	**Plural**	**Singular**	**Plural**
yo tú usted (Ud.) él, ella	nosotros, nosotras vosotros, vosotras ustedes (Uds.) ellos, ellas	me te lo, la	nos os los, las	me te le	nos os les	(para) mí, conmigo (para) ti, contigo Ud. él, ella	nosotros, nosotras vosotros, vosotras Uds. ellos, ellas

Adjectives

Words that describe people and things are called adjectives. In Spanish, most adjectives have both masculine and feminine forms, as well as singular and plural forms. Adjectives must agree with the noun they describe in both gender and number. When an adjective describes a group including both masculine and feminine nouns, use the masculine plural form.

Masculine		Feminine	
Singular	**Plural**	**Singular**	**Plural**
alto	altos	alta	altas
inteligente	inteligentes	inteligente	inteligentes
trabajador	trabajadores	trabajadora	trabajadoras
fácil	fáciles	fácil	fáciles

Shortened Forms of Adjectives

When placed before masculine singular nouns, some adjectives change into a shortened form.

One adjective, **grande**, changes to a shortened form before any singular noun: *una **gran** señora, un **gran** libro*.

bueno	buen chico
malo	mal día
primero	prímer trabajo
tercero	tercer plato
grande	gran señor

Possessive Adjectives

Possessive adjectives are used to tell what belongs to someone or to show relationships. Like other adjectives, possessive adjectives agree in number with the nouns that follow them.

Only *nuestro* and *vuestro* have different masculine and feminine endings. *Su* and *sus* can have many different meanings: *his, her, its, your,* or *their.*

Singular	Plural
mi	mis
tu	tus
su	sus
nuestro, -a	nuestros, -as
vuestro, -a	vuestros, -as
su	sus

Demonstrative Adjectives

Like other adjectives, demonstrative adjectives agree in gender and number with the nouns that follow them. Use *este, esta, estos, estas* ("this" / "these") before nouns that name people or things that are close to you. Use *ese, esa, esos, esas* ("that" / "those") before nouns that name people or things that are at some distance from you.

Singular	Plural
este libro	estos libros
esta casa	estas casas

Singular	Plural
ese niño	esos niños
esa manzana	esas manzanas

Interrogative Words

You use interrogative words to ask questions. When you ask a question with an interrogative word, you put the verb before the subject. All interrogative words have a written accent mark.

¿Adónde?	¿Cuándo?	¿Dónde?
¿Cómo?	¿Cuánto, -a?	¿Por qué?
¿Con quién?	¿Cuántos, -as?	¿Qué?
¿Cuál?	¿De dónde?	¿Quién?

Comparatives and Superlatives

Comparatives Use *más . . . que* or *menos . . . que* to compare people or things: *más interesante que . . . , menos alta que . . .*

When talking about number, use *de* instead of *que: Tengo **más de** cien monedas en mi colección.*

Superlatives Use this pattern to express the idea of "most" or "least."

el
la   + noun + más / menos + adjective
los
las

Es la chica más seria de la clase.
Son los perritos más pequeños.

Several adjectives are irregular when used with comparatives and superlatives.

older	mayor
younger	menor
better	mejor
worse	peor

Affirmative and Negative Words

To make a sentence negative in Spanish, *no* usually goes in front of the verb or expression. To show that you do not like either of two choices, use *ni . . . ni.*

Alguno, alguna, algunos, algunas and *ninguno, ninguna* match the number and gender of the noun to which they refer. *Ningunos* and *ningunas* are rarely used. When *alguno* and *ninguno* come before a masculine singular noun, they change to *algún* and *ningún.*

Affirmative	Negative
algo	nada
alguien	nadie
algún	ningún
alguno, -a, -os, -as	ninguno, -a, -os, -as
siempre	nunca
también	tampoco

Adverbs

To form an adverb in Spanish, *-mente* is added to the feminine singular form of an adjective. This *-mente* ending is equivalent to the "-ly" ending in English. If the adjective has a written accent, such as *rápida, fácil*, and *práctica*, the accent appears in the same place in the adverb form.

general	→	generalmente
especial	→	especialmente
fácil	→	fácilmente
feliz	→	felizmente
rápida	→	rápidamente
práctica	→	prácticamente

Verbos

Regular Present and Preterite Tenses

Here are the conjugations for regular -ar, -er, and -ir verbs in the present and preterite tense.

Infinitive	Present		Preterite	
estudiar	estudio	estudiamos	estudié	estudiamos
	estudias	estudiáis	estudiaste	estudiasteis
	estudia	estudian	estudió	estudiaron
correr	corro	corremos	corrí	corrimos
	corres	corréis	corriste	corristeis
	corre	corren	corrió	corrieron
escribir	escribo	escribimos	escribí	escribimos
	escribes	escribís	escribiste	escribisteis
	escribe	escriben	escribió	escribieron

Present Progressive

When you want to emphasize that an action is happening *right now*, you use the present progressive tense.

estudiar	estoy	estudiando	estamos	estudiando
	estás	estudiando	estáis	estudiando
	está	estudiando	están	estudiando
correr	estoy	corriendo	estamos	corriendo
	estás	corriendo	estáis	corriendo
	está	corriendo	están	corriendo
escribir	estoy	escribiendo	estamos	escribiendo
	estás	escribiendo	estáis	escribiendo
	está	escribiendo	están	escribiendo

Affirmative tú Commands

When telling a friend, a family member, or a young person to do something, use an affirmative *tú* command. To give these commands for most verbs, use the same present-tense forms that are used for *Ud., él, ella.* Some verbs have an irregular affirmative *tú* command.

Regular	Irregular	
¡Estudia!	decir	di
¡Corre!	hacer	haz
¡Escribe!	ir	ve
	poner	pon
	salir	sal
	ser	sé
	tener	ten
	venir	ven

Stem-changing Verbs

Here is an alphabetical list of the stem-changing verbs. Next year, you will learn the preterite verb forms that are shown here in italic type.

Infinitive and Present Participle	Present		Preterite	
costar (o → ue) costando	cuesta	cuestan	costó	costaron
doler (o → ue) doliendo	duele	duelen	dolió	dolieron
dormir (o → ue) *durmiendo*	duermo duermes duerme	dormimos dormís duermen	dormí dormiste *durmió*	dormimos dormisteis *durmieron*
empezar (e → ie) empezando	empiezo empiezas empieza	empezamos empezáis empiezan	*empecé* empezaste empezó	empezamos empezasteis empezaron
jugar (u → ue) jugando	juego juegas jueg	jugamos jugáis juegan	jugué jugaste jugó	jugamos jugasteis jugaron
llover (o → ue) lloviendo	llueve		llovió	
nevar (e → ie) nevando	nieva		nevó	
pedir (e → i) *pidiendo*	pido pides pide	pedimos pedís piden	pedí pediste *pidió*	pedimos pedisteis *pidieron*
pensar (e → ie) pensando	pienso piensas piensa	pensamos pensáis piensan	pensé pensaste pensó	pensamos pensasteis pensaron
preferir (e → ie) *prefiriendo*	prefiero prefieres prefiere	preferimos preferís prefieren	preferí preferiste *prefirió*	preferimos preferisteis *prefirieron*
sentir (e → ie) *sintiendo*	*See* **preferir**			
servir (e → i) *sirviendo*	*See* **pedir**			

Spelling-changing Verbs

These verbs have spelling changes in different tenses. The spelling changes are indicated in black. Next year, you will learn the preterite verb forms that are shown here in italic type.

Infinitive and Present Participle	Present		Preterite	
buscar (c → qu) buscando	*See regular verbs*		**busqué** buscaste buscó	buscamos buscasteis buscaron
comunicarse (c → qu) *comunicándose*	*See reflexive verbs*		*See reflexive verbs and* **buscar**	
conocer (c → zc) conociendo	**conozco** conoces conoce	conocemos conocéis conocen	*See regular verbs*	
creer (i → y) *creyendo*	*See regular verbs*		creí creíste *creyó*	creímos creísteis *creyeron*
empezar (z → c) empezando	*See stem-changing verbs*		**empecé** empezaste empezó	empezamos empezasteis empezaron
enviar (i → í) enviando	**envío** envías envía	enviamos enviáis envían	*See regular verbs*	
esquiar (i → í) esquiando	*See* **enviar**		*See regular verbs*	
jugar (g → gu) jugando	*See stem-changing verbs*		**jugué** jugaste jugó	jugamos jugasteis jugaron
leer (i → y) leyendo	*See regular verbs*		*See* **creer**	
pagar (g → gu) pagando	*See regular verbs*		*See* **jugar**	
parecer (c → zc) pareciendo	*See* **conocer**		*See regular verbs*	
practicar (c → qu) practicando	*See regular verbs*		*See* **buscar**	
recoger (g → j) recogiendo	**recojo** recoges recoge	recogemos recogéis recogen	*See regular verbs*	
sacar (c → qu) sacando	*See regular verbs*		*See* **buscar**	
tocar (c → qu) tocando	*See regular verbs*		*See* **buscar**	

Irregular Verbs

These verbs have irregular patterns. Next year, you will learn the preterite verb forms that are shown here in italic type.

Infinitive and Present Participle	Present		Preterite	
dar dando	doy das da	damos dais dan	di diste dio	dimos disteis dieron
decir *diciendo*	digo dices dice	decimos decís dicen	*dije* *dijiste* *dijo*	*dijimos* *dijisteis* *dijeron*
estar estando	estoy estás está	estamos estáis están	*estuve* *estuviste* *estuvo*	*estuvimos* *estuvisteis* *estuvieron*
hacer haciendo	hago haces hace	hacemos hacéis hacen	hice hiciste hizo	hicimos hicisteis hicieron
ir *yendo*	voy vas va	vamos vais van	fui fuiste fue	fuimos fuisteis fueron
poder *pudiendo*	puedo puedes puede	podemos podéis pueden	*pude* *pudiste* *pudo*	*pudimos* *pudisteis* *pudieron*
poner poniendo	pongo pones pone	ponemos ponéis ponen	*puse* *pusiste* *puso*	*pusimos* *pusisteis* *pusieron*
querer queriendo	quiero quieres quiere	queremos queréis quieren	*quise* *quisiste* *quiso*	*quisimos* *quisisteis* *quisieron*
saber sabiendo	sé sabes sabe	sabemos sabéis saben	*supe* *supiste* *supo*	*supimos* *supisteis* *supieron*
salir saliendo	salgo sales sale	salimos salís salen	salí saliste salió	salimos salisteis salieron
ser siendo	soy eres es	somos sois son	fui fuiste fue	fuimos fuisteis fueron
tener teniendo	tengo tienes tiene	tenemos tenéis tienen	*tuve* *tuviste* *tuvo*	*tuvimos* *tuvisteis* *tuvieron*

Irregular Verbs (continued)

Next year, you will learn the preterite verb forms that are shown here in italic type.

Infinitive and Present Participle	Present		Preterite	
traer *trayendo*	traigo traes trae	traemos traéis traen	*traje* *trajiste* *trajo*	*trajimos* *trajisteis* *trajeron*
venir *viniendo*	vengo vienes viene	venimos venís vienen	*vine* *viniste* *vino*	*vinimos* *vinisteis* *vinieron*
ver viendo	veo ves ve	vemos veis ven	vi viste vio	vimos visteis vieron

Reflexive Verbs

Next year, you will learn the preterite verb forms that are shown here in italic type.

Infinitive and Present Participle	Present	
comunicarse *comunicándose*	me comunico te comunicas *se comunica*	*nos comunicamos* *os comunicáis* *se comunican*
Affirmative Familiar *(tú)* Command	**Preterite**	
comunícate	me comuniqué te comunicaste *se comunicó*	*nos comunicamos* *os comunicasteis* *se comunicaron*

Expresiones útiles para conversar

The following are expressions that you can use when you find yourself in a specific situation and need help to begin, continue, or end a conversation.

Greeting Someone

Buenos días. Good morning.
Buenas tardes. Good afternoon.
Buenas noches. Good evening. Good night.

Making Introductions

Me llamo . . . My name is . . .
Soy . . . I'm . . .
¿Cómo te llamas? What's your name?
Éste es mi amigo *m.* **. . .** This is my friend . . .
Ésta es mi amiga *f.* **. . .** This is my friend . . .
Se llama. . . His / Her name is . . .
¡Mucho gusto! It's a pleasure!
Encantado, -a. Delighted.
Igualmente. Likewise.

Asking How Someone Is

¿Cómo estás? How are you?
¿Cómo andas? How's it going?
¿Cómo te sientes? How do you feel?
¿Qué tal? How's it going?
Estoy bien, gracias. I'm fine, thank you.
Muy bien. ¿Y tú? Very well. And you?
Regular. Okay. Alright.
Más o menos. More or less.
(Muy) mal. (Very) bad.
¡Horrible! Awful!
¡Excelente! Great!

Talking on the Phone

Aló. Hello.
Diga. Hello.
Bueno. Hello.
¿Quién habla? Who's calling?
Habla. . . It's [name of person calling].
¿Está. . . , por favor? Is . . . there, please?

¿De parte de quién? Who is calling?
¿Puedo dejar un recado? May I leave a message?
Un momento. Just a moment.
Llamo más tarde. I'll call later.
¿Cómo? No le oigo. What? I can't hear you.

Making Plans

¿Adónde vas? Where are you going?
Voy a. . . I'm going to . . .
¿Estás listo, -a? Are you ready?
Tengo prisa. I'm in a hurry.
¡Date prisa! Hurry up!
Sí, ahora voy. OK, I'm coming.
Todavía necesito. . . I still need . . .
¿Te gustaría. . . ? Would you like to . . . ?
Sí, me gustaría. . . Yes, I'd like to . . .
¡Claro que sí (no)! Of course (not)!
¿Quieres. . . ? Do you want to . . . ?
Quiero. . . I want to . . .
¿Qué quieres hacer hoy? What do you want to do today?
¿Qué haces después de las clases? What do you do after school (class)?
¿Qué estás haciendo? What are you doing?
Te invito. It's my treat.
¿Qué tal si. . . ? What about . . . ?
Primero. . . First . . .
Después. . . Later . . .
Luego. . . Then . . .

Making an Excuse

Estoy ocupado, -a. I'm busy.
Lo siento, pero no puedo. I'm sorry, but I can't.
¡Qué lástima! What a shame!
Ya tengo planes. I already have plans.
Tal vez otro día. Maybe another day.

Being Polite

Con mucho gusto. With great pleasure.
De nada. You're welcome.

Disculpe. Excuse me.
Lo siento. I'm sorry.
Muchísimas gracias. Thank you very much.
Te (Se) lo agradezco mucho. I appreciate it a lot.
Muy amable. That's very kind of you.
Perdón. Pardon me.
¿Puede Ud. repetirlo? Can you repeat that?
¿Puede Ud. hablar más despacio? Can you speak more slowly?

Keeping a Conversation Going

¿De veras? Really?
¿Verdad? Isn't that so? Right?
¿En serio? Seriously?
¡No lo puedo creer! I don't believe it!
¡No me digas! You don't say!
Y entonces, ¿qué? And then what?
¿Qué hiciste? What did you do?
¿Qué dijiste? What did you say?
¿Crees que. . . ? Do you think that . . .?
Me parece bien. It seems alright.
Perfecto. Perfect.
¡Qué buena idea! What a good idea!
¡Cómo no! Of course!
De acuerdo. Agreed.
Está bien. It's all right.

Giving a Description When You Don't Know the Name of Someone or Something

Se usa para. . . It's used to / for . . .
Es la palabra que significa. . . It's the word that means . . .
Es la persona que. . . It's the person who . . .

Ending a Conversation

Bueno, tengo que irme. Well, I have to go.
Chao. (Chau.) Bye.
Hasta pronto. See you soon.
Hasta mañana. See you tomorrow.

Vocabulario español-inglés

The *Vocabulario español–inglés* contains all active vocabulary from the text, including vocabulary presented in the grammar sections.

A dash (—) represents the main entry word. For example, **pasar la —** after **la aspiradora** means **pasar la aspiradora.**

The number following each entry indicates the chapter in which the word or expression is presented. The letter *P* following an entry refers to the *Para empezar* section.

The following abbreviations are used in this list: *adj.* (adjective), *dir. obj.* (direct object), *f.* (feminine), *fam.* (familiar), *ind. obj.* (indirect object), *inf.* (infinitive), *m.* (masculine), *pl.* (plural), *prep.* (preposition), *pron.* (pronoun), *sing.* (singular).

A

a to (prep.) (4A)
- **— …le gusta(n)** he/she likes (5A)
- **— …le encanta(n)** he/she loves (5A)
- **— casa** (to) home (4A)
- **— la derecha (de)** to the right (of) (6A)
- **— la izquierda (de)** to the left (of) (6A)
- **— la una de la tarde** at one (o'clock) in the afternoon (4B)
- **— las ocho de la mañana** at eight (o'clock) in the morning (4B)
- **— las ocho de la noche** at eight (o'clock) in the evening / at night (4B)
- **— menudo** often (8B)
- **— mí también** I do (like to) too (1A)
- **— mí tampoco** I don't (like to) either (1A)
- **¿— qué hora?** (At) what time? (4B)
- **— veces** sometimes (1B)
- **— ver** Let's see (2A)

el abrigo coat (7A)

abril April (P)

abrir to open (5A)

la abuela, el abuelo grandmother, grandfather (5A)

los abuelos grandparents (5A)

aburrido, -a boring (2A)

me aburre(n) it bores me (they bore me) (9A)

aburrir to bore (9A)

acabar de + *inf.* to have just …(9A)

el actor actor (9A)

la actriz *pl.* **las actrices** actress (9A)

acuerdo:
  Estoy de —. I agree. (3B)
  No estoy de —. I don't agree. (3B)

¡Adiós! Good-bye! (P)

¿Adónde? (To) where? (4A)

agosto August (P)

el agua *f.* water (3A)

ahora now (5B)

al *(a + el),* **a la,** to the (4A)
  al lado de next to (2B)

la alfombra rug (6A)

algo something (3B)

¿— más? Anything else? (5B)

allí there (2B)

el almacén *pl.* **los almacenes** department store (7B)

el almuerzo lunch (2A)

en el — for lunch (3A)

alto, -a tall (5B)

amarillo, -a yellow (6A)

el amigo male friend (1B)

la amiga female friend (1B)

anaranjado, -a orange (6A)

la anciana, el anciano older woman, older man (8B)

los ancianos older people (8B)

el anillo ring (7B)

el animal animal (8A)

anoche last night (7B)

los anteojos de sol sunglasses (7B)

antes de before (9A)

el año year (P)
  el — pasado last year (7B)
  ¿Cuántos años tiene(n) …? How old is/are …? (5A)
  Tiene(n) … años. He/She is / They are … (years old). (5A)

el apartamento apartment (6B)

aprender (a) to learn (to) (8A)

aquí here (2B)

el árbol tree (8A)

los aretes earrings (7B)

el armario closet (6A)

arreglar el cuarto to straighten up the room (6B)

el arroz rice (3B)

el arte:
  la clase de — art class (2A)
  artístico, -a artistic (1B)
  asco:
    ¡Qué —! How awful! (3A)

la atracción *pl.* **las atracciones** attraction(s) (8A)

atrevido, -a daring (1B)

el autobús *pl.* **los autobuses** bus (8A)

el avión *pl.* **los aviones** airplane (8A)

¡Ay! ¡Qué pena! Oh! What a shame/pity! (4B)

ayer yesterday (7B)

ayudar to help (6B)

el azúcar sugar (5B)

azul blue (6A)

B

bailar to dance (1A)

el **baile** dance (4B)

bajar (información) to download (9B)

bajo, -a short (5B)

la **bandera** flag (2B)

el **baño** bathroom (6B)

el **traje de —** swimsuit (7A)

barato, -a inexpensive, cheap (7B)

el **barco** boat, ship (8A)

el **barrio** neighborhood (8B)

el **básquetbol: jugar al —** to play basketball (4B)

bastante enough, rather (6B)

beber to drink (3A)

las **bebidas** beverages (3B)

béisbol: jugar al — to play baseball (4B)

la **biblioteca** library (4A)

bien well (P)

el **bistec** steak (3B)

blanco, -a white (6A)

la **blusa** blouse (7A)

la **boca** mouth (P)

el **boleto** ticket (8A)

el **bolígrafo** pen (P)

la **bolsa** bag, sack (8B)

el **bolso** purse (7B)

bonito, -a pretty (6A)

las **botas** boots (7A)

el **bote: pasear en —** to go boating (8A)

la **botella** bottle (8B)

el **brazo** arm (P)

bucear to scuba dive, to snorkel (8A)

bueno (buen), -a good (1B)

Buenas noches. Good evening. (P)

Buenas tardes. Good afternoon. (P)

Buenos días. Good morning. (P)

buscar to look for (7A); to search (for) (9B)

C

el **caballo: montar a —** to ride horseback (8A)

la **cabeza** head (P)

cada día every day (3B)

la **cadena** chain (7B)

el **café** coffee (3A); café (4A)

la **caja** box (8B)

los **calcetines** socks (7A)

la **calculadora** calculator (2A)

la **calle** street, road (8B)

calor:

Hace —. It's hot. (P)

tener — to be warm (5B)

la **cama** bed (6A)

hacer la — to make the bed (6B)

la **cámara** camera (5A)

la **— digital** digital camera (9A)

el **camarero, la camarera** waiter, waitress (5B)

caminar to walk (3B)

la **camisa** shirt (7A)

la **camiseta** T-shirt (7A)

el **campamento** camp (8B)

el **campo** countryside (4A)

el **canal** (TV) channel (9A)

la **canción** pl. **las canciones** song (9B)

canoso: pelo — gray hair (5B)

cansado, -a tired (4B)

cantar to sing (1A)

cara a cara face-to-face (9B)

la **carne** meat (3B)

caro, -a expensive (7B)

la **carpeta** folder (P)

la **— de argollas** three-ring binder (2A)

la **carta** letter (9B)

el **cartel** poster (2B)

la **cartera** wallet (7B)

el **cartón** cardboard (8B)

la **casa** home, house (4A)

a — (to) home (4A)

en — at home (4A)

casi almost (9A)

castaño: pelo — brown (chestnut) hair (5B)

catorce fourteen (P)

la **cebolla** onion (3B)

celebrar to celebrate (5A)

la **cena** dinner (3B)

el **centro:**

el **— comercial** mall (4A)

el **— de reciclaje** recycling center (8B)

cerca (de) close (to), near (6B)

el **cereal** cereal (3A)

los **cereales** grains (3B)

cero zero (P)

la **chaqueta** jacket (7A)

la **chica** girl (1B)

el **chico** boy (1B)

cien one hundred (P)

las **ciencias:**

la **clase de — naturales** science class (2A)

la **clase de — sociales** social studies class (2A)

cinco five (P)

cincuenta fifty (P)

el **cine** movie theater (4A)

la **ciudad** city (8A)

la **clase** class (2A)

la **sala de clases** classroom (P)

¿Qué — de...? What kind of ...? (9A)

el **coche** car (6B)

la **cocina** kitchen (6B)

cocinar to cook (6B)

el **collar** necklace (7B)

el **color** pl. **los colores** (6A)

¿De qué — ...? What color ... ? (6A)

la **comedia** comedy (9A)

el **comedor** dining room (6B)

comer to eat (3A)

cómico, -a funny, comical (9A)

la **comida** food, meal (3A)

como like, as (8A)

¿cómo?:

¿ — eres? What are you like? (1B)

¿ — es? What is he/she like? (1B)

¿ — está Ud.? How are you? *formal* (P)

¿ — estás? How are you? *fam.* (P)

¿ — lo pasaste? How was it (for you)? (8A)

¿ — se dice ...? How do you say ...? (P)

¿ — se escribe ...? How is ... spelled? (P)

¿ — se llama? What's his/her name? (1B)

¿ — te llamas? What is your name? (P)

¿ — te queda(n)? How does it (do they) fit you? (7A)

la **cómoda** dresser (6A)

compartir to share (3A)

complicado, -a complicated (9B)

la **composición** *pl.* **las composiciones** composition (9B)

comprar to buy (7A)

comprar recuerdos to buy souvenirs (8A)

comprender to understand (3A)

la **computadora** computer (2B)

la **— portátil** laptop computer (9B)

usar la — to use the computer (1A)

comunicarse to communicate (9B)

(tú) te comunicas you communicate (9B)

(yo) me comunico I communicate (9B)

la **comunidad** community (8B)

con with (3A)

— mis/tus amigos with my/your friends (4A)

¿ — quién? With whom? (4A)

el **concierto** concert (4B)

conmigo with me (4B)

conocer to know, to be acquainted with (9B)

contento, -a happy (4B)

contigo with you (4B)

la **corbata** tie (7B)

correr to run (1A)

cortar el césped to cut/to mow the lawn (6B)

las **cortinas** curtains (6A)

corto, -a short (5B)

los pantalones cortos shorts (7A)

la **cosa** thing (6A)

costar (o → ue) to cost (7A)

¿Cuánto cuesta(n) ... ? How much does (do) ... cost? (7A)

crear to create (9B)

creer to think (3B)

Creo que ... I think ... (3B)

Creo que no. I don't think so. (3B)

Creo que sí. I think so. (3B)

el **cuaderno** notebook (P)

el **cuadro** painting (6A)

¿Cuál? Which?, What? (3A)

¿ — es la fecha? What is the date? (P)

¿Cuándo? When? (4A)

¿cuánto?: ¿ — cuesta(n) ... ? How much does (do) ... cost? (7A)

¿cuántos, -as? how many? (P)

¿Cuántos años tiene(n) ...? How old is/are ...? (5A)

cuarenta forty (P)

el **cuarto** room (6B)

cuarto, -a fourth (2A)

y — *(time)* quarter past (P)

menos — *(time)* quarter to (P)

cuatro four (P)

cuatrocientos, -as four hundred (7A)

la **cuchara** spoon (5B)

el **cuchillo** knife (5B)

la **cuenta** bill (5B)

el **cumpleaños** birthday (5A)

¡Feliz —! Happy birthday! (5A)

el **curso: tomar un curso** to take a course (9B)

D

dar to give (6B)

— + *movie or TV program* to show (9A)

— de comer al perro to feed the dog (6B)

de of (2B); from (4A)

¿ — dónde eres? Where are you from? (4A)

— la mañana/la tarde/la noche in the morning /afternoon / evening (4B)

— nada. You're welcome. (5B)

— plato principal as a main dish (5B)

— postre for dessert (5B)

¿ — qué color ...? What color ...? (6A)

¿ — veras? Really? (9A)

debajo de underneath (2B)

deber should, must (3B)

decidir to decide (8B)

décimo, -a tenth (2A)

decir to say, to tell (8B)

¿Cómo se dice ...? How do you say ...? (P)

dime tell me (8A)

¡No me digas! You don't say! (4A)

¿Qué quiere — ...? What does ... mean? (P)

Quiere — ... It means ... (P)

Se dice ... You say ... (P)

las **decoraciones** decorations (5A)

decorar to decorate (5A)

el **dedo** finger (P)

delante de in front of (2B)

delicioso, -a delicious (5B)

los **demás, las demás** others (8B)

demasiado too (4B)

el **dependiente, la dependienta** salesperson (7A)

deportista sports-minded (1B)

derecha: a la — (de) to the right (of) (6A)

el **desayuno** breakfast (3A)

en el — for breakfast (3A)

descansar to rest, to relax (8A)

los descuentos: la tienda de — discount store (7B)

desear to wish (5B)

¿Qué desean (Uds.)? What would you like? (5B)

desordenado, -a messy (1B)

el despacho office (home) (6B)

el despertador alarm clock (6A)

después afterwards (4A)

después (de) after (4A)

detrás de behind (2B)

el día day (P)

Buenos —s . Good morning. (P)

cada — every day (3B)

¿Qué — es hoy? What day is today? (P)

todos los —s every day (3A)

la diapositiva slide (9B)

dibujar to draw (1A)

el diccionario dictionary (2A)

diciembre December (P)

diecinueve nineteen (P)

dieciocho eighteen (P)

dieciséis sixteen (P)

diecisiete seventeen (P)

diez ten (P)

difícil difficult (2A)

digital: la cámara — digital camera (9B)

dime tell me (8A)

el dinero money (6B)

la dirección electrónica e-mail address (9B)

el disco compacto compact disc (6A)

grabar un disco compacto to burn a CD (9B)

divertido, -a amusing, fun (2A)

doce twelve (P)

el documento document (9B)

doler (o → ue) to hurt (9A)

domingo Sunday (P)

dónde:

¿—? Where? (2B)

¿De — eres? Where are you from? (4A)

dormir (o → ue) to sleep (6A)

el dormitorio bedroom (6A)

dos two (P)

los/las dos both (7A)

doscientos, -as two hundred (7A)

el drama drama (9A)

los dulces candy (5A)

durante during (8A)

durar to last (9A)

E

la educación física: la clase de — physical education class (2A)

el ejercicio: hacer — to exercise (3B)

el the *m. sing.* (1B)

él he (1B)

los electrodomésticos: la tienda de — household appliance store (7B)

electrónico, -a: la dirección — e-mail address (9B)

ella she (1B)

ellas they *f. pl.* (2A)

ellos they *m. pl.* (2A)

emocionante touching (9A)

empezar (e → ie) to begin, to start (9A)

en in, on (2B)

— + *vehicle* by, in, on (8A)

— casa at home (4A)

— la ... hora in the ... hour (class period) (2A)

— la Red online (7B)

¿— qué puedo servirle? How can I help you? (7A)

encantado, -a delighted (P)

encantar to please very much, to love (9A)

a él/ella le encanta(n) he/she loves (5A)

me/te encanta(n) ... I/you love ... (3A)

encima de on top of (2B)

enero January (P)

enfermo, -a sick (4B)

la ensalada salad (3A)

la — de frutas fruit salad (3A)

enseñar to teach (2A)

entonces then (4B)

entrar to enter (7A)

enviar (i → í) to send (9B)

el equipo de sonido sound (stereo) system (6A)

¿Eres...? Are you ...? (1B)

es is (P); (he/she/it) is (1B)

— el *(number)* **de** *(month)* it is the ... of ... *(in telling the date)* (P)

— el primero de *(month)*. It is the first of ... (P)

— la una. It is one o'clock. (P)

— necesario. It's necessary. (8B)

— un(a) ... it's a ... (2B)

la escalera stairs, stairway (6B)

escribir:

¿Cómo se escribe ...? How is ... spelled? (P)

— cuentos to write stories (1A)

— por correo electrónico to write e-mail (9B)

Se escribe ... It's spelled ... (P)

el escritorio desk (2B)

escuchar música to listen to music (1A)

la escuela primaria primary school (8B)

ese, esa that (7A)

eso: por — that's why, therefore (9A)

esos, esas those (7A)

los espaguetis spaghetti (3B)

el español: la clase de — Spanish class (2A)

especialmente especially (9A)

el espejo mirror (6A)

la esposa wife (5A)

el esposo husband (5A)

esquiar (i → í) to ski (1A)

la estación *pl.* **las estaciones** season (P)

el estadio stadium (8A)

el **estante** shelf, bookshelf (6A)

estar to be (2B)

¿Cómo está Ud.? How are you? *formal* (P)

¿Cómo estás? How are you? *fam.* (P)

— + *present participle* to be + present participle (6B)

— en línea to be online (9B)

Estoy de acuerdo. I agree. (3B)

No estoy de acuerdo. I don't agree. (3B)

este, esta this (7A)

esta noche this evening (4B)

esta tarde this afternoon (4B)

este fin de semana this weekend (4B)

el **estómago** stomach (P)

estos, estas these (7A)

Estoy de acuerdo. I agree. (3B)

el/la **estudiante** student (P)

estudiar to study (2A)

estudioso, -a studious (1B)

la **experiencia** experience (8B)

F

fácil easy (2A)

la **falda** skirt (7A)

faltar to be missing (9A)

la **familia** family (1B)

fantástico, -a fantastic (8A)

fascinante fascinating (9A)

favorito, -a favorite (2A)

febrero February (P)

la **fecha: ¿Cuál es la —?** What is the date? (P)

¡Feliz cumpleaños! Happy birthday! (5A)

feo, -a ugly (6A)

la **fiesta** party (4B)

el **fin de semana:**

este — this weekend (4B)

los fines de semana on weekends (4A)

la **flor** *pl.* **las flores** flower (5A)

la **foto** photo (5A)

las **fresas** strawberries (3A)

frío:

Hace —. It's cold. (P)

tener — to be cold (5B)

fue it was (8A)

— un desastre. It was a disaster. (8A)

el **fútbol: jugar al —** to play soccer (4B)

el **fútbol americano: jugar al —** to play football (4B)

G

la **galleta** cookie (3A)

el **garaje** garage (6B)

el **gato** cat (5A)

generalmente generally (4A)

¡Genial! Great! (4B)

la **gente** people (8B)

el **gimnasio** gym (4A)

el **globo** balloon (5A)

el **golf: jugar al —** to play golf (4B)

la **gorra** cap (7A)

grabar un disco compacto to burn a CD (9B)

gracias thank you (P)

gracioso, -a funny (1B)

los **gráficos** computer graphics (9B)

grande large (6A)

las **grasas** fats (3B)

gris gray (6A)

los **guantes** gloves (7B)

guapo, -a good-looking (5B)

los **guisantes** peas (3B)

gustar:

a él/ella le gusta(n) he/she likes (5A)

(A mí) me gusta ... I like to ... (1A)

(A mí) me gusta más ... I like to ... better (I prefer to ...) (1A)

(A mí) me gusta mucho ... I like to ... a lot (1A)

(A mí) no me gusta ... I don't like to ... (1A)

(A mí) no me gusta nada ... I don't like to ... at all. (1A)

Le gusta ... He/She likes ... (1B)

Me gusta ... I like ... (3A)

Me gustaría ... I would like ... (4B)

Me gustó. I liked it. (8A)

No le gusta ... He/She doesn't like ... (1B)

¿Qué te gusta hacer? What do you like to do? (1A)

¿Qué te gusta hacer más? What do you like better (prefer) to do? (1A)

Te gusta ... You like ... (3A)

¿Te gusta ...? Do you like to ...? (1A)

¿Te gustaría ...? Would you like ... ? (4B)

¿Te gustó? Did you like it? (8A)

H

hablar to talk (2A)

— por teléfono to talk on the phone (1A)

hacer to do (3B)

hace + *time expression* ago (7B)

Hace calor. It's hot. (P)

Hace frío. It's cold. (P)

Hace sol. It's sunny. (P)

— ejercicio to exercise (3B)

— la cama to make the bed (6B)

— un video to videotape (5A)

haz *(command)* do, make (6B)

¿Qué hiciste? What did you do? (8A)

¿Qué tiempo hace? What's the weather like? (P)

(yo) hago I do (3B)

(tú) haces you do (3B)

hambre: Tengo —. I'm hungry. (3B)

la **hamburguesa** hamburger (3A)

hasta:

   — **luego.** See you later. (P)

   — **mañana.** See you tomorrow. (P)

Hay There is, There are (P, 2B)

   — **que** one must (8B)

el **helado** ice cream (3B)

el **hermano, la hermana** brother, sister (5A)

el **hermanastro, la hermanastra** stepbrother, stepsister (5A)

los **hermanos** brothers; brother(s) and sister(s) (5A)

el **hijo, la hija** son, daughter (5A)

los **hijos** children; sons (5A)

la **hoja de papel** sheet of paper (P)

¡Hola! Hello! (P)

el **hombre** man (5B)

la **hora:**

   en la ... — in the ... hour (class period) (2A)

   ¿A qué hora? At what time? (4B)

el **horario** schedule (2A)

horrible horrible (3B)

el **horror: la película de —** horror movie (9A)

el **hospital** hospital (8B)

el **hotel** hotel (8A)

hoy today (P)

los **huevos** eggs (3A)

I

la **iglesia** church (4A)

igualmente likewise (P)

impaciente impatient (1B)

importante important (6A)

impresionante impressive (8A)

increíble incredible (8B)

infantil childish (9A)

la **información** information (9B)

el **informe** report (9B)

el **inglés: la clase de —** English class (2A)

inolvidable unforgettable (8B)

inteligente intelligent (1B)

interesante interesting (2A)

interesar to interest (9A)

   me interesa(n) it interests me (they interest me) (9A)

el **invierno** winter (P)

ir to go (4A)

   — **a** + *inf.* to be going to + *verb* (4B)

   — **a la escuela** to go to school (1A)

   — **de camping** to go camping (4B)

   — **de compras** to go shopping (4A)

   — **de pesca** to go fishing (4B)

   — **de vacaciones** to go on vacation (8A)

   ¡Vamos! Let's go! (7A)

izquierda: a la — (de) to the left (of) (6A)

J

el **jardín** *pl.* **los jardines** garden, yard (8B)

los **jeans** jeans (7A)

el **joven, la joven** young man, young woman (5B)

joven *adj.* young (5B)

la **joyería** jewelry store (7B)

las **judías verdes** green beans (3B)

jueves Thursday (P)

jugar (a) (u → ue) to play (games, sports) (4B)

   — **al básquetbol** to play basketball (4B)

   — **al béisbol** to play baseball (4B)

   — **al fútbol** to play soccer (4B)

   — **al fútbol americano** to play football (4B)

   — **al golf** to play golf (4B)

   — **al tenis** to play tennis (4B)

   — **al vóleibol** to play volleyball (4B)

   — **videojuegos** to play video games (1A)

el **jugo:**

   — **de manzana** apple juice (3A)

   — **de naranja** orange juice (3A)

el **juguete** toy (8B)

julio July (P)

junio June (P)

L

la the *f. sing.* (1B); it, her *f. dir. obj. pron.* (7B)

el **laboratorio** laboratory (9B)

lado: al — de next to, beside (2B)

el **lago** lake (8A)

la **lámpara** lamp (6A)

el **lápiz** *pl.* **los lápices** pencil (P)

largo, -a long (5B)

las the *f. pl.* (2B); them *f. dir. obj. pron.* (7B)

   — **dos, los dos** both (7A)

la **lata** can (8B)

lavar to wash (6B)

   — **el coche** to wash the car (6B)

   — **la ropa** to wash the clothes (6B)

   — **los platos** to wash the dishes (6B)

le (to/for) him, her, (*formal*) you *sing. ind. obj. pron.* (8B)

   — **gusta ...** He/She likes ... (1B)

   — **traigo ...** I will bring you ... (5B)

   No — gusta ... He/She doesn't like ... (1B)

la **lección** *pl.* **las lecciones de piano** piano lesson (class) (4A)

la **leche** milk (3A)

la **lechuga** lettuce (3B)

el **lector DVD** DVD player (6A)

leer revistas to read magazines (1A)

lejos (de) far (from) (6B)

les (to/for) them, (*formal*) you *pl. ind. obj. pron.* (8B)

levantar pesas to lift weights (3B)

la librería bookstore (7B)

el libro book (P)

la limonada lemonade (3A)

limpiar el baño to clean the bathroom (6B)

limpio, -a clean (6B)

línea: estar en — to be online (9B)

llamar:

   ¿Cómo se llama? What's his/her name? (1B)

   ¿Cómo te llamas? What is your name? (P)

   Me llamo … My name is … (P)

el llavero key chain (7B)

llevar to wear (7A); to take, to carry, to bring (8B)

llover (o → ue): Llueve. It's raining. (P)

lo it, him *m. dir. obj. pron.* (7B)

   — siento. I'm sorry. (4B)

los the *m. pl.* (2B); them *m. dir. obj. pron* (7B)

   — dos, las dos both (7A)

   — fines de semana on weekends (4A)

   — lunes, los martes … on Mondays, on Tuesdays … (4A)

el lugar place (8A)

lunes Monday (P)

   los lunes on Mondays (4A)

la luz *pl.* **las luces** light (5A)

M

la madrastra stepmother (5A)

la madre (mamá) mother (5A)

mal bad, badly (4B)

malo, -a bad (3B)

la mano hand (P)

mantener: para — la salud to maintain one's health (3B)

la mantequilla butter (3B)

la manzana apple (3A)

   el jugo de — apple juice (3A)

mañana tomorrow (P)

la mañana:

   a las ocho de la — at eight (o'clock) in the morning (4B)

   de la — in the morning (4B)

el mar sea (8A)

marrón *pl.* **marrones** brown (6A)

martes Tuesday (P)

   los martes on Tuesdays (4A)

marzo March (P)

más:

   ¿Qué —? What else? (8B)

   — … que more … than (2A)

   — de more than (9A)

   — o menos more or less (3A)

las matemáticas: la clase de — mathematics class (2A)

mayo May (P)

mayor older (5A)

me (to/for) me *ind. obj. pron.* (8B)

   — aburre(n) it/they bore(s) me (9A)

   — falta(n) … I need … (5B)

   — gustaría I would like (4B)

   — gustó. I liked it. (8A)

   — interesa(n) it/they interest(s) me (9A)

   — llamo … My name is … (P)

   — queda(n) bien/mal. It/They fit(s) me well/poorly. (7A)

   — quedo en casa. I stay at home. (4A)

   ¿— trae …? Will you bring me …? (5B)

media, -o half (P)

   y — thirty, half-past (P)

mejor:

   el/la —, los/las —es the best (6A)

   —(es) que better than (6A)

menor younger (5A)

menos:

más o — more or less (3A)

   — … que less/fewer … than (6A)

   — de less/fewer than (9A)

el menú menu (5B)

   menudo: a — often (8B)

el mes month (P)

la mesa table (2B)

   poner la — to set the table (6B)

la mesita night table (6A)

la mezquita mosque (4A)

mi, mis my (2B, 5A)

mí:

   a — también I do (like to) too (1A)

   a — tampoco I don't (like to) either (1A)

   para — in my opinion, for me (6A)

miedo: tener — (de) to be scared (of), to be afraid (of) (9B)

miércoles Wednesday (P)

mil a thousand (7A)

mirar to look (at) (7B)

mismo, -a same (6A)

la mochila bookbag, backpack (2B)

el momento: un — a moment (6B)

el mono monkey (8A)

las montañas mountains (4A)

montar:

   — a caballo to ride horseback (8A)

   — en bicicleta to ride a bicycle (1A)

   — en monopatín to skateboard (1A)

el monumento monument (8A)

morado, -a purple (6A)

mucho a lot (2A)

   — gusto pleased to meet you (P)

muchos, -as many (3B)

la mujer woman (5B)

el museo museum (8A)

muy very (1B)

   —bien very well (P)

N

nada nothing (P)

  (A mí) no me gusta — ... I don't like to ... at all. (1A)

  De —. You're welcome. (5B)

nadar to swim (1A)

la **naranja: el jugo de** — orange juice (3A)

la **nariz** *pl.* **las narices** nose (P)

navegar en la Red to surf the Web (9B)

necesario: Es —. It's necessary. (8B)

necesitar:

  (yo) necesito I need (2A)

  (tú) necesitas you need (2A)

negro, –a black (6A)

  el pelo — black hair (5B)

nevar (e → ie) Nieva. It's snowing. (P)

ni ... ni neither ... nor, not ... or (1A)

el **niño,** la **niña** young boy, young girl (8B)

los **niños** children (8B)

No estoy de acuerdo. I don't agree. (3B)

¡No me digas! You don't say! (4A)

no soy I am not (1A)

noche:

  a las ocho de la — at eight (o'clock) in the evening, at night (4B)

  Buenas —s. Good evening. (P)

  de la — in the evening, at night (4B)

  esta — this evening (4B)

nos (to/for) us *ind. obj. pron.* (8B)

¡— vemos! See you later! (P)

nosotros, -as we (2A)

novecientos, -as nine hundred (7A)

noveno, -a ninth (2A)

noventa ninety (P)

noviembre November (P)

el **novio,** la **novia** boyfriend, girlfriend (7B)

nuestro(s), -a(s) our (5A)

nueve nine (P)

nuevo, -a new (7A)

nunca never (3A)

O

o or (1A)

la **obra de teatro** play (8A)

ochenta eighty (P)

ocho eight (P)

ochocientos, -as eight hundred (7A)

octavo, -a eighth (2A)

octubre October (P)

ocupado, -a busy (4B)

el **ojo** eye (P)

once eleven (P)

ordenado, -a neat (1B)

os (to/for) you *pl. fam. ind. obj. pron.* (8B)

el **otoño** fall, autumn (P)

otro, -a other, another (5B)

  otra vez again (8B)

¡Oye! Hey! (4B)

P

paciente patient (1B)

el **padrastro** stepfather (5A)

el **padre (papá)** father (5A)

los **padres** parents (5A)

  pagar (por) to pay (for) (7B)

la **página Web** Web page (9B)

el **país** country (8A)

el **pájaro** bird (8A)

el **pan** bread (3A)

  el — tostado toast (3A)

la **pantalla** (computer) screen (2B)

los **pantalones** pants (7A)

  los — cortos shorts (7A)

las **papas** potatoes (3B)

  las — fritas French fries (3A)

el **papel picado** cut-paper decorations (5A)

la **papelera** wastepaper basket (2B)

para for (2A)

  — + *inf.* in order to + *inf.* (4A)

  — la salud for one's health (3B)

  — mantener la salud to maintain one's health (3B)

  — mí in my opinion, for me (6A)

  ¿ — qué sirve? What's it (used) for? (9B)

  — ti in your opinion, for you (6A)

la **pared** wall (6A)

el **parque** park (4A)

  el — de diversiones amusement park (8A)

  el — nacional national park (8A)

el **partido** game, match (4B)

pasar:

  ¿Cómo lo pasaste? How was it (for you)? (8A)

  — la aspiradora to vacuum (6B)

  — tiempo con amigos to spend time with friends (1A)

  ¿Qué pasa? What's happening? (P)

  ¿Qué te pasó? What happened to you? (8A)

  pasear en bote to go boating (8A)

el **pastel** cake (5A)

los **pasteles** pastries (3B)

  patinar to skate (1A)

  pedir (e → i) to order (5B); to ask for (9B)

la **película** film, movie (9A)

  la — de ciencia ficción science fiction movie (9A)

  la — de horror horror movie (9A)

  la — policíaca crime movie, mystery (9A)

  la — romántica romantic movie (9A)

  ver una — to see a movie (4A)

pelirrojo, -a red-haired (5B)

el pelo hair (5B)

    el — canoso gray hair (5B)

    el — castaño brown (chestnut) hair (5B)

    el — negro black hair (5B)

    el — rubio blond hair (5B)

pensar (e → ie) to plan, to think (7A)

peor:

    el/la —, los/las —es the worst (6A)

    —(es) que worse than (6A)

pequeño, -a small (6A)

Perdón. Excuse me. (7A)

perezoso, -a lazy (1B)

el perfume perfume (7B)

el periódico newspaper (8B)

pero but (1B)

el perrito caliente hot dog (3A)

el perro dog (5A)

la persona person (5A)

    pesas: levantar — to lift weights (3B)

el pescado fish (3B)

el pie foot (P)

la pierna leg (P)

la pimienta pepper (5B)

la piñata piñata (5A)

la piscina pool (4A)

el piso story, floor (6B)

    primer — second floor (6B)

    segundo — third floor (6B)

la pizza pizza (3A)

la planta baja ground floor (6B)

el plástico plastic (8B)

el plátano banana (3A)

el plato plate, dish (5B)

    de — principal as a main dish (5B)

    el — principal main dish (5B)

la playa beach (4A)

pobre poor (8B)

poco: un — (de) a little (4B)

poder (o → ue) to be able (6A)

    (yo) puedo I can (4B)

    (tú) puedes you can (4B)

policíaca: la película — crime movie, mystery (9A)

el pollo chicken (3B)

poner to put, to place (6B)

    pon (*command*) put, place (6B)

    — la mesa to set the table (6B)

    (yo) pongo I put (6B)

    (tú) pones you put (6B)

por:

    — eso that's why, therefore (9A)

    — favor please (P)

    ¿— qué? Why? (3B)

    — supuesto of course (3A)

porque because (3B)

la posesión *pl.* **las posesiones** possession (6A)

el postre dessert (5B)

    de — for dessert (5B)

practicar deportes to play sports (1A)

práctico, -a practical (2A)

el precio price (7A)

preferir (e → ie) to prefer (7A)

    (yo) prefiero I prefer (3B)

    (tú) prefieres you prefer (3B)

preparar to prepare (5A)

la presentación *pl.* **las presentaciones** presentation (9B)

la primavera spring (P)

primer (primero), -a first (2A)

    — piso second floor (6B)

el primo, la prima cousin (5A)

los primos cousins (5A)

el problema problem (8B)

el profesor, la profesora teacher (P)

el programa program, show (9A)

    el — de concursos game show (9A)

    el — de dibujos animados cartoon (9A)

    el — de entrevistas interview program (9A)

    el — de la vida real reality program (9A)

    el — de noticias news program (9A)

    el — deportivo sports program (9A)

    el — educativo educational program (9A)

    el — musical musical program (9A)

propio, -a own (6A)

el proyecto de construcción construction project (8B)

    puedes: (tú) — you can (4B)

    puedo: (yo) — I can (4B)

la puerta door (2B)

    pues well (*to indicate pause*) (1A)

la pulsera bracelet (7B)

    el reloj — watch (7B)

el pupitre student desk (P)

Q

que who, that (5A)

qué:

    ¿Para — sirve? What's it (used) for? (9B)

    ¡— + adj.! How ...! (5B)

    ¡— asco! How awful! (3A)

    ¡— buena idea! What a good/nice idea! (4B)

    ¿— clase de ...? What kind of ... ? (9A)

    ¿— desean (Uds.)? What would you like? (5B)

    ¿— día es hoy? What day is today? (P)

    ¿— es esto? What is this? (2B)

    ¿— hiciste? What did you do? (8A)

    ¿— hora es? What time is it? (P)

    ¿— más? What else? (8B)

    ¿— pasa? What's happening? (P)

    ¡— pena! What a shame/pity! (4B)

    ¿— quiere decir ... ? What does ... mean? (P)

¿— tal? How are you? (P)

¿— te gusta hacer? What do you like to do? (1A)

¿— te gusta más? What do you like better (prefer) to do? (1A)

¿— te parece? What do you think (about it)? (9B)

¿— te pasó? What happened to you? (8A)

¿— tiempo hace? What's the weather like? (P)

quedar to fit (7A), to stay (4A)

¿Cómo me queda? How does it fit (me)? (7A)

Me / te queda bien. It fits me / you well. (7A)

Me quedo en casa. I stay home. (4A)

el quehacer (de la casa) (household) chore (6B)

querer (e → ie) to want (7A)

¿Qué quiere decir ...? What does ... mean? (P)

Quiere decir ... It means ... (P)

quisiera I would like (5B)

(yo) quiero I want (4B)

(tú) quieres you want (4B)

el queso cheese (3A)

¿Quién? Who? (2A)

quince fifteen (P)

quinientos, -as five hundred (7A)

quinto, -a fifth (2A)

quisiera I would like (5B)

quitar el polvo to dust (6B)

quizás maybe (7A)

R

rápidamente quickly (9B)

el ratón *pl.* **los ratones** (computer) mouse (2B)

razón: tener — to be correct (7A)

realista realistic (9A)

recibir to receive (6B)

reciclar to recycle (8B)

recoger (g → j) to collect, to gather (8B)

los recuerdos souvenirs (8A)

comprar recuerdos to buy souvenirs (8A)

la Red:

en la — online (7B)

navegar en la — to surf the Web (9B)

el refresco soft drink (3A)

el regalo gift, present (5A)

regresar to return (8A)

regular okay, so-so (P)

el reloj clock (2B)

el — pulsera watch (7B)

reservado, -a reserved, shy (1B)

el restaurante restaurant (4A)

rico, -a rich, tasty (5B)

el río river (8B)

rojo, -a red (6A)

romántico, -a: la película — romantic movie (9A)

romper to break (5A)

la ropa: la tienda de — clothing store (7B)

rosado, -a pink (6A)

rubio, -a blond (5B)

S

sábado Saturday (P)

saber to know (how) (9B)

(yo) sé I know (how to) (4B)

(tú) sabes you know (how to) (4B)

sabroso, -a tasty, flavorful (3B)

el sacapuntas pencil sharpener (2B)

sacar:

— fotos to take photos (5A)

— la basura to take out the trash (6B)

la sal salt (5B)

la sala living room (6B)

la sala de clases classroom (P)

salir to leave, to go out (8A)

la salud:

para la — for one's health (3B)

para mantener la — to maintain one's health (3B)

el sándwich de jamón y queso ham and cheese sandwich (3A)

sé: (yo) — I know (how to) (1B)

sed: Tengo —. I'm thirsty. (3B)

según according to (1B)

— mi familia according to my family (1B)

segundo, -a second (2A)

— piso third floor (6B)

seis six (P)

seiscientos, -as six hundred (7A)

la semana week (P)

este fin de — this weekend (4B)

la — pasada last week (7B)

los fines de — on weekends (4A)

señor (Sr.) sir, Mr. (P)

señora (Sra.) madam, Mrs. (P)

señorita (Srta.) miss, Miss (P)

separar to separate (8B)

septiembre September (P)

séptimo, -a seventh (2A)

ser to be (3B)

¿Eres ...? Are you ...? (1B)

es he/she is (1B)

fue it was (8A)

no soy I am not (1B)

soy I am (1B)

serio, -a serious (1B)

la servilleta napkin (5B)

servir (e → i) to serve, to be useful (9B)

¿En qué puedo servirle? How can I help you? (7A)

¿Para qué sirve? What's it (used) for? (9B)

Sirve para ... It's used for ... (9B)

sesenta sixty (P)

setecientos, -as seven hundred (7A)

setenta seventy (P)

sexto, -a sixth (2A)

si if, whether (6B)

sí yes (1A)

siempre always (3A)

siento: lo — I'm sorry (4B)

siete seven (P)

la **silla** chair (2B)

simpático, -a nice, friendly (1B)

sin without (3A)

la **sinagoga** synagogue (4A)

el **sitio Web** Web site (9B)

sobre about (9A)

sociable sociable (1B)

el **software** software (7B)

el **sol:**

    Hace —. It's sunny. (P)

    los anteojos de — sunglasses (7B)

    tomar el — to sunbathe (8A)

sólo only (5A)

solo, -a alone (4A)

Son las ... It's ... (*time*) (P)

la **sopa de verduras** vegetable soup (3A)

el **sótano** basement (6B)

soy I am (1B)

su, sus his, her, your *formal*, their (5A)

sucio, -a dirty (6B)

la **sudadera** sweatshirt (7A)

sueño: tener — to be sleepy (5B)

el **suéter** sweater (7A)

supuesto: por — of course (3A)

T

tal: ¿Qué — ? How are you? (P)

talentoso, -a talented (1B)

también also, too (1A)

    a mí — I do (like to) too (1A)

tampoco: a mí — I don't (like to) either (1A)

tanto so much (7A)

tarde late (8A); afternoon (4B)

---

a la una de la — at one (o'clock) in the afternoon (4B)

Buenas —s. Good afternoon. (P)

de la tarde in the afternoon (4B)

esta — this afternoon (4B)

la **tarea** homework (2A)

la **tarjeta** card (9B)

la **taza** cup (5B)

te (to/for) you *sing. ind. obj. pron.* (8B)

    ¿— gusta ...? Do you like to ... ? (1A)

    ¿— gustaría ...? Would you like ...? (4B)

    ¿— gustó? Did you like it? (8A)

el **té** tea (3A)

    el — helado iced tea (3A)

el **teatro** theater (8A)

el **teclado** (computer) keyboard (2B)

la **tecnología** technology/ computers (2A)

    la clase de — technology/ computer class (2A)

la **telenovela** soap opera (9A)

el **televisor** television set (6A)

el **templo** temple; Protestant church (4A)

temprano early (8A)

el **tenedor** fork (5B)

tener to have (5A)

    (yo) tengo I have (2A)

    (tú) tienes you have (2A)

    ¿Cuántos años tiene(n) ...? How old is/are ... ? (5A)

    — calor to be warm (5B)

    — frío to be cold (5B)

    — miedo (de) to be scared (of), to be afraid (of) (9B)

    — razón to be correct (7A)

    — sueño to be sleepy (5B)

    Tengo hambre. I'm hungry. (3B)

    Tengo que ... I have to ... (4B)

    Tengo sed. I'm thirsty. (3B)

Tiene(n) ... años. He/She is/ They are ... years old. (5A)

el **tenis: jugar al —** to play tennis (4B)

tercer (tercero), -a third (2A)

terminar to finish, to end (9A)

ti you *fam. after prep.*

    ¿Y a —? And you? (1A)

    para — in your opinion, for you (6A)

el **tiempo:**

    el — libre free time (4A)

    pasar — con amigos to spend time with friends (1A)

    ¿Qué — hace? What's the weather like? (P)

la **tienda** store (7A)

    la — de descuentos discount store (7B)

    la — de electrodomésticos household appliance store (7B)

    la — de ropa clothing store (7A)

    Tiene(n) ... años. He/She is / They are ... (years old). (5A)

el **tío, la tía** uncle, aunt (5A)

los **tíos** uncles; aunt(s) and uncle(s) (5A)

tocar la guitarra to play the guitar (1A)

el **tocino** bacon (3A)

    todos, -as all (3B)

    — los días every day (3A)

    tomar:

    — el sol to sunbathe (8A)

    — un curso to take a course (9B)

los **tomates** tomatoes (3B)

    tonto, -a silly, stupid (9A)

    trabajador, -a hardworking (1B)

    trabajar to work (1A)

el **trabajo** work, job (4A)

    el — voluntario volunteer work (8B)

traer:

>**Le traigo …** I will bring you … (5B)

>**¿Me trae …?** Will you bring me …? (5B)

el traje suit (7A)

>**el — de baño** swimsuit (7A)

trece thirteen (P)

treinta thirty (P)

treinta y uno thirty-one (P)

tremendo, -a tremendous (8A)

el tren train (8A)

tres three (P)

trescientos, as three hundred (7A)

triste sad (4B)

tu, tus your (2B, 5A)

tú you *fam.* (2A)

U

Ud. (usted) you *formal sing.* (2A)

Uds. (ustedes) you *formal pl.* (2A)

¡Uf! Ugh!, Yuck! (7B)

un, una a, an (1B)

>**un poco (de)** a little (4B)

la una: a la — at one o'clock (4B)

uno one (P)

unos, -as some (2B)

usado, -a used (8B)

usar la computadora to use the computer (1A)

usted (Ud.) you *formal sing.* (2A)

ustedes (Uds.) you *formal pl.* (2A)

las uvas grapes (3B)

V

las vacaciones: ir de — to go on vacation (8A)

¡Vamos! Let's go! (7A)

el vaso glass (5B)

veinte twenty (P)

veintiuno (veintiún) twenty-one (P)

vender to sell (7B)

venir to come (5B)

la ventana window (2B)

ver to see (8A)

>**a —** … Let's see (2A)

>**¡Nos vemos!** See you later! (P)

>**— la tele** to watch television (1A)

>**— una película** to see a movie (4A)

el verano summer (P)

veras: ¿De —? Right? (9A)

¿Verdad? Right? (3A)

verde green (6A)

el vestido dress (7A)

la vez, *pl.* **las veces** time (8B)

>**a veces** sometimes (1B)

>**otra —** again (8B)

vi I saw (8A)

viajar to travel (8A)

el viaje trip (8A)

el video video (5A)

los videojuegos: jugar — to play video games (1A)

el vidrio glass (8B)

viejo, -a old (5B)

viernes Friday (P)

violento, -a violent (9A)

visitar to visit (8A)

>**— salones de chat** to visit chat rooms (9B)

¿Viste? Did you see? (8A)

vivir to live (6B)

el vóleibol: jugar al — to play volleyball (4B)

el voluntario, la voluntaria volunteer (8B)

vosotros, -as you *pl.* (2A)

vuestro(s), -a(s) your (5A)

Y

y and (1A)

>**¿— a ti?** And you? (1A)

>**— cuarto** quarter past (P)

>**— media** thirty, half-past (*in telling time*) (P)

>**¿— tú?** And you? *fam.* (P)

>**¿— usted (Ud.)?** And you? *formal* (P)

ya already (9A)

yo I (1B)

el yogur yogurt (3A)

Z

las zanahorias carrots (3B)

la zapatería shoe store (7B)

los zapatos shoes (7A)

el zoológico zoo (8A)

English-Spanish Vocabulary

The *English-Spanish Vocabulary* contains all active vocabulary from the text, including vocabulary presented in the grammar sections.

A dash (—) represents the main entry word. For example, **to play —** after **baseball** means **to play baseball.**

The number following each entry indicates the chapter in which the word or expression is presented. The letter *P* following an entry refers to the *Para empezar* section.

The following abbreviations are used in this list: *adj.* (adjective), *dir. obj.* (direct object), *f.* (feminine), *fam.*(familiar), *ind. obj.* (indirect object), *inf.* (infinitive), *m.* (masculine), *pl.* (plural), *prep.* (preposition), *pron.* (pronoun), *sing.* (singular).

A

a, an un, una (1B)
  a little un poco (de) (4B)
  a lot mucho, -a (2A)
  a thousand mil (7A)
able: to be — poder (o → ue) (6A)
about sobre (9A)
according to según (1B)
  — my family según mi familia (1B)
acquainted: to be — with conocer (9B)
actor el actor (9A)
actress la actriz *pl.* las actrices (9A)
address: e-mail — la dirección electrónica (9B)
afraid: to be — (of) tener miedo (de) (9B)
after después (de) (4A)
afternoon:
  at one (o'clock) in the afternoon a la una de la tarde (4B)
  Good —. Buenas tardes. (P)
  in the — de la tarde (4B)
  this — esta tarde (4B)
afterwards después (4A)
again otra vez (8B)
ago hace + *time expression* (7B)
agree:
  I —. Estoy de acuerdo. (3B)
  I don't —. No estoy de acuerdo. (3B)
airplane el avión *pl.* los aviones (8A)
alarm clock el despertador (6A)

all todos, -as (3B)
almost casi (9A)
alone solo, -a (4A)
already ya (9A)
also también (1A)
always siempre (3A)
am:
  I — (yo) soy (1B)
  I — not (yo) no soy (1B)
amusement park el parque de diversiones (8A)
amusing divertido, -a (2A)
and y (1A)
  ¿— you? ¿Y a ti? *fam.* (1A); ¿Y tú? *fam.* (P); ¿Y usted (Ud.)? *formal* (P)
animal el animal (8A)
another otro, -a (5B)
Anything else? ¿Algo más? (5B)
apartment el apartamento (6B)
apple la manzana (3A)
  — juice el jugo de manzana (3A)
April abril (P)
Are you ... ? ¿Eres ... ? (1B)
arm el brazo (P)
art class la clase de arte (2A)
artistic artístico, -a (1B)
as como (8A)
  — a main dish de plato principal (5B)
to ask for pedir (e → i) (9B)
at:
  — eight (o'clock) a las ocho (4B)

  — eight (o'clock) at night a las ocho de la noche (4B)
  — eight (o'clock) in the evening a las ocho de la noche (4B)
  — eight (o'clock) in the morning a las ocho de la mañana (4B)
  — home en casa (4A)
  — one (o'clock) a la una (4B)
  — one (o'clock) in the afternoon a la una de la tarde (4B)
  — what time? ¿A qué hora? (4B)
attraction(s) la atracción *pl.* las atracciones (8A)
August agosto (P)
aunt la tía (5A)
aunt(s) and uncle(s) los tíos (5A)
autumn el otoño (P)

B

backpack la mochila (2B)
bacon el tocino (3A)
bad malo, -a (3B); mal (4B)
badly mal (4B)
bag la bolsa (8B)
balloon el globo (5A)
banana el plátano (3A)
baseball: to play — jugar al béisbol (4B)
basement el sótano (6B)
basketball: to play — jugar al básquetbol (4B)
bathroom el baño (6B)

to be ser (3B); estar (2B)

    He/She is / They are ... years old. Tiene(n) ... años. (5A)

    How old is/are ... ? ¿Cuántos años tiene(n) ... ? (5A)

    to — + *present participle* estar + *present participle* (6B)

    to — able poder (o → ue) (6A)

    to — acquainted with conocer (9B)

    to — afraid (of) tener miedo (de) (9B)

    to — cold tener frío (5B)

    to — correct tener razón (7A)

    to — going to + *verb* ir a + *inf.* (4B)

    to — online estar en línea (9B)

    to — scared (of) tener miedo (de) (9B)

    to — sleepy tener sueño (5B)

    to — useful servir (e → i) (9B)

    to — warm tener calor (5B)

beach la playa (4A)

bear el oso (8A)

because porque (3B)

bed la cama (6A)

    to make the — hacer la cama (6B)

bedroom el dormitorio (6A)

beefsteak el bistec (3B)

before antes de (9A)

to begin empezar (e → ie) (9A)

    behind detrás de (2B)

    best: the — el/la mejor, los/las mejores (6A)

    better than mejor(es) que (6A)

    beverages las bebidas (3B)

    bicycle: to ride a — montar en bicicleta (1A)

    bill la cuenta (5B)

    binder: three-ring — la carpeta de argollas (2A)

    bird el pájaro (8A)

    birthday el cumpleaños (5A)

    Happy —! ¡Feliz cumpleaños! (5A)

    black negro (6A)

    black hair el pelo negro (5B)

blond hair el pelo rubio (5B)

blouse la blusa (7A)

blue azul (6A)

boat el barco (8A)

    boating: to go — pasear en bote (8A)

book el libro (P)

bookbag la mochila (2B)

bookshelf el estante (6A)

bookstore la librería (7B)

boots las botas (7A)

to bore aburrir (9A)

    it/they —(s) me me aburre(n) (9A)

boring aburrido, -a (2A)

both los dos, las dos (7A)

bottle la botella (8B)

box la caja (8B)

boy el chico (1B)

    —friend el novio (7B)

    young — el niño (8B)

bracelet la pulsera (7B)

bread el pan (3A)

to break romper (5A)

    breakfast el desayuno (3A)

    for — en el desayuno (3A)

to bring traer (5B); llevar (8B)

    I will — you ... Le traigo ... (5B)

    Will you — me ... ? ¿Me trae ... ? (5B)

brother el hermano (5A)

brothers; brother(s) and sister(s) los hermanos (5A)

brown marrón *pl.* marrones (6A)

    — (chestnut) hair el pelo castaño (5B)

to burn a CD grabar un disco compacto (9B)

bus el autobús *pl.* los autobuses (8A)

busy ocupado, -a (4B)

but pero (1B)

butter la mantequilla (3B)

to buy comprar (7A)

    to — souvenirs comprar recuerdos (8A)

by + *vehicle* en + *vehicle* (8A)

C

café el café (4A)

cake el pastel (5A)

calculator la calculadora (2A)

camera la cámara (5A)

    digital — la cámara digital (9B)

camp el campamento (8B)

can la lata (8B)

can:

    I — (yo) puedo (4B)

    you — (tú) puedes (4B)

candy los dulces (5A)

cap la gorra (7A)

car el coche (6B)

card la tarjeta (9B)

cardboard el cartón (8B)

carrots las zanahorias (3B)

to carry llevar (8B)

    cartoon el programa de dibujos animados (9A)

    cat el gato (5A)

    CD: to burn a CD grabar un disco compacto (9B)

to celebrate celebrar (5A)

    cereal el cereal (3A)

    chain la cadena (7B)

    chair la silla (2B)

    channel (TV) el canal (9A)

    cheap barato, -a (7B)

    cheese el queso (3A)

    chicken el pollo (3B)

    childish infantil (9A)

    children los hijos (5A); los niños (8B)

    chore: household — el quehacer (de la casa) (6B)

    church la iglesia (4A)

    Protestant — el templo (4A)

    city la ciudad (8A)

    class la clase (2A)

    classroom la sala de clases (P)

    clean limpio, -a (6B)

to clean the bathroom limpiar el baño (6B)

    clock el reloj (2B)

    close (to) cerca (de) (6B)

    closet el armario (6A)

    clothing store la tienda de ropa (7A)

coat el abrigo (7A)

coffee el café (3A)

cold:

It's —. Hace frío. (P)

to be — tener frío (5B)

to collect recoger (g → j) (8B)

color:

What — ...? ¿De qué color ...? (6A)

—s los colores (6A)

to come venir (5B)

comedy la comedia (9A)

comical cómico, -a (9A)

to communicate comunicarse (9B)

I — (yo) me comunico (9B)

you — (tú) te comunicas (9B)

community la comunidad (8B)

compact disc el disco compacto (6A)

to burn a — grabar un disco compacto (9B)

complicated complicado, -a (9B)

composition la composición *pl.* las composiciones (9B)

computer la computadora (2B)

— graphics los gráficos (9B)

— keyboard el teclado (2B)

— mouse el ratón (2B)

— screen la pantalla (2B)

—s/technology la tecnología (2B)

laptop — la computadora portátil (9B)

to use the — usar la computadora (1A)

concert el concierto (4B)

construction project el proyecto de construcción (8B)

to cook cocinar (6B)

cookie la galleta (3A)

correct: to be — tener razón (7A)

to cost costar (o → ue) (7A)

How much does (do) ... — ? ¿Cuánto cuesta(n)? (7A)

country el país (8A)

countryside el campo (4A)

course: to take a course tomar un curso (9B)

cousin el primo, la prima (5A)

—s los primos (5A)

to create crear (9B)

crime movie la película policíaca (9A)

cup la taza (5B)

curtains las cortinas (6A)

to cut the lawn cortar el césped (6B)

cut-paper decorations el papel picado (5A)

D

dance el baile (4B)

to dance bailar (1A)

daring atrevido, -a (1B)

date: What is the —? ¿Cuál es la fecha? (P)

daughter la hija (5A)

day el día (P)

every — todos los días (3A); cada día (3B)

What — is today? ¿Qué día es hoy? (P)

December diciembre (P)

to decide decidir (8B)

to decorate decorar (5A)

decorations las decoraciones (5A)

delicious delicioso, -a (5B)

delighted encantado, -a (P)

department store el almacén *pl.* los almacenes (7B)

desk el pupitre (P); el escritorio (2B)

dessert el postre (5B)

for — de postre (5B)

dictionary el diccionario (2A)

Did you like it? ¿Te gustó? (8A)

difficult difícil (2A)

digital camera la cámara digital (9B)

dining room el comedor (6B)

dinner la cena (3B)

dirty sucio, -a (6B)

disaster: It was a —. Fue un desastre. (8A)

discount store la tienda de descuentos (7B)

dish el plato (5B)

as a main — de plato principal (5B)

main — el plato principal (5B)

to do hacer (3B)

— (command) haz (6B)

— you like to ...? ¿Te gusta ...? (1A)

I — (yo) hago (3B)

What did you —? ¿Qué hiciste? (8A)

you — (tú) haces (3B)

document el documento (9B)

dog el perro (5A)

to feed the — dar de comer al perro (6B)

door la puerta (2B)

to download bajar (información) (9B)

drama el drama (9A)

to draw dibujar (1A)

dress el vestido (7A)

dresser la cómoda (6A)

to drink beber (3A)

during durante (8A)

to dust quitar el polvo (6B)

DVD player el lector DVD (6A)

E

e-mail:

— address la dirección electrónica (9B)

to write an — message escribir por correo electrónico (9B)

early temprano (8A)

earrings los aretes (7B)

easy fácil (2A)

to eat comer (3A)

educational program el programa educativo (9A)

eggs los huevos (3A)

eight ocho (P)

eight hundred ochocientos, -as (7A)

eighteen dieciocho (P)

eighth octavo, -a (2A)

eighty ochenta (P)

either tampoco (1A)

    I don't (like to) — a mí tampoco (1A)

eleven once (P)

else:

    Anything —? ¿Algo más? (5B)

    What —? ¿Qué más? (8B)

to end terminar (9A)

    English class la clase de inglés (2A)

    enough bastante (6B)

to enter entrar (7A)

    especially especialmente (9A)

    evening:

        Good —. Buenas noches. (P)

        in the — de la noche (4B)

        this — esta noche (4B)

    every day cada día (3B); todos los días (3A)

    Excuse me. Perdón. (7A)

to exercise hacer ejercicio (3B)

    expensive caro, -a (7B)

    experience la experiencia (8B)

    eye el ojo (P)

F

face-to-face cara a cara (9B)

fall el otoño (P)

family la familia (1B)

fantastic fantástico, -a (8A)

far (from) lejos (de) (6B)

fascinating fascinante (9A)

fast rápidamente (9B)

father el padre (papá) (5A)

fats las grasas (3B)

favorite favorito, -a (2A)

February febrero (P)

to feed the dog dar de comer al perro (6B)

fewer:

    — ... **than** menos ... que (6A)

    — **than** ... menos de ... (9A)

fifteen quince (P)

fifth quinto, -a (2A)

fifty cincuenta (P)

film la película (9A)

finger el dedo (P)

to finish terminar (9A)

    first primer (primero), -a (2A)

    fish el pescado (3B)

    to go —**ing** ir de pesca (4B)

to fit:

        How does it (do they) fit me / you? ¿Cómo me / te queda(n)? (7A)

        It / They —(s) **me well / poorly.** Me queda(n) bien / mal. (7A)

    five cinco (P)

five hundred quinientos, -as (7A)

flag la bandera (2B)

flavorful sabroso, -a (3B)

floor el piso (6B)

    ground — la planta baja (6B)

    second — el primer piso (6B)

    third — el segundo piso (6B)

flower la flor *pl.* las flores (5A)

folder la carpeta (P)

food la comida (3A)

foot el pie (P)

football: to play — jugar al fútbol americano (4B)

for para (2A)

    — **breakfast** en el desayuno (3A)

    — **lunch** en el almuerzo (3A)

    — **me** para mí (6A)

    — **you** para ti (6A)

fork el tenedor (5B)

forty cuarenta (P)

four cuatro (P)

four hundred cuatrocientos, -as (7A)

fourteen catorce (P)

fourth cuarto, -a (2A)

free time el tiempo libre (4A)

French fries las papas fritas (3A)

Friday viernes (P)

friendly simpático, -a (1B)

from de (4A)

    Where are you —? ¿De dónde eres? (4A)

fruit salad la ensalada de frutas (3A)

fun divertido, -a (2A)

funny gracioso, -a (1B); cómico, -a (9A)

G

game el partido (4B)

    — **show** el programa de concursos (9A)

garage el garaje (6B)

garden el jardín *pl.* los jardines (8B)

to gather recoger (g → j) (8B)

    generally generalmente (4A)

    gift el regalo (5A)

    girl la chica (1B)

    —**friend** la novia (7B)

    young — la niña (8B)

to give dar (6B)

    glass el vaso (5B); el vidrio (8B)

    gloves los guantes (7B)

to go ir (4A)

    Let's —! ¡Vamos! (7A)

    to be —**ing to** + *verb* ir a + *inf.* (4B)

    to — **boating** pasear en bote (8A)

    to — **camping** ir de camping (4B)

    to — **fishing** ir de pesca (4B)

    to — **on vacation** ir de vacaciones (8A)

    to — **shopping** ir de compras (4A)

    to — **to school** ir a la escuela (1A)

    to — **out** salir (8A)

golf: to play — jugar al golf (4B)

good bueno (buen), -a (1B)

    — **afternoon.** Buenas tardes. (P)

    — **evening.** Buenas noches. (P)

    — **morning.** Buenos días. (P)

Good-bye! ¡Adiós! (P)

good-looking guapo, -a (5B)

grains los cereales (3B)

grandfather el abuelo (5A)

grandmother la abuela (5A)

grandparents los abuelos (5A)

grapes las uvas (3B)

graphics los gráficos (9B)

gray gris (6A)

    — **hair** el pelo canoso (5B)

Great! ¡Genial! (4B)

green verde (6A)

    — **beans** las judías verdes (3B)

ground floor la planta baja (6B)

guitar: to play the — tocar la guitarra (1A)

gym el gimnasio (4A)

hair el pelo (5B)

    black — el pelo negro (5B)

    blond — el pelo rubio (5B)

    brown (chestnut) — el pelo castaño (5B)

    gray — el pelo canoso (5B)

half media, -o (P)

    — **-past** y media (P)

ham and cheese sandwich el sándwich de jamón y queso (3A)

hamburger la hamburguesa (3A)

hand la mano (P)

happy contento, -a (4B)

    — **birthday!** ¡Feliz cumpleaños! (5A)

hardworking trabajador, -a (1B)

to have tener (5A)

    to — just ... acabar de + *inf.* (9A)

    I — to ... tengo que + *inf.* (4B)

he él (1B)

he/she is es (1B)

    He/She is / They are ... years old. Tiene(n) ... años. (5A)

head la cabeza (P)

health:

    for one's — para la salud (3B)

    to maintain one's — para mantener la salud (3B)

Hello! ¡Hola! (P)

to help ayudar (6B)

    How can I — you? ¿En qué puedo servirle? (7A)

her su, sus *possessive adj.* (5A); la *dir. obj. pron.* (7B); le *ind. obj. pron.* (8B)

here aquí (2B)

Hey! ¡Oye! (4B)

him lo *dir. obj. pron.* (7B); le *ind. obj. pron.* (8B)

his su, sus (5A)

home la casa (4A)

    at — en casa (4A)

    — **office** el despacho (6B)

    (to) — a casa (4A)

homework la tarea (2A)

horrible horrible (3B)

horror movie la película de horror (9A)

horseback: to ride — montar a caballo (8A)

hospital el hospital (8B)

hot:

    — **dog** el perrito caliente (3A)

    It's —. Hace calor. (P)

hotel el hotel (8A)

hour: in the ... — en la ... hora (class period) (2A)

house la casa (4A)

household:

    — **chore** el quehacer (de la casa) (6B)

    — **appliance store** la tienda de electrodomésticos (7B)

how:

    — + *adj.*! ¡Qué + *adj.*! (5B)

    — **awful!** ¡Qué asco! (3A)

how? ¿cómo? (P)

    — **are you?** ¿Cómo está Ud.? *formal* (P); ¿Cómo estás? *fam.* (P); ¿Qué tal? *fam.* (P)

    — **can I help you?** ¿En qué puedo servirle? (7A)

    — **do you say ... ?** ¿Cómo se dice ...? (P)

    — **does it (do they) fit (you)?** ¿Cómo te queda(n)? (7A)

    — **is ... spelled?** ¿Cómo se escribe ...? (P)

    — **many?** ¿cuántos, -as? (P)

    — **much does (do) ... cost?** ¿Cuánto cuesta(n) ...? (7A)

    — **old is/are ... ?** ¿Cuántos años tiene(n) ...? (5A)

    — **was it (for you)?** ¿Cómo lo pasaste? (8A)

hundred: one — cien (P)

hungry: I'm —. Tengo hambre. (3B)

to hurt doler (o → ue) (9A)

husband el esposo (5A)

I yo (1B)

    — **am** soy (1B)

    — **am not** no soy (1B)

    — **do too** a mí también (1A)

    — **don't either** a mí tampoco (1A)

    — **don't think so.** Creo que no. (3B)

    — **stay at home.** Me quedo en casa. (4A)

    — **think ...** Creo que ... (3B)

    — **think so.** Creo que sí. (3B)

    — **will bring you ...** Le traigo ... (5B)

    — **would like ...** Me gustaría (4B); quisiera (5B)

    —**'m hungry.** Tengo hambre. (3B)

    —**'m sorry.** Lo siento. (4B)

    —**'m thirsty.** Tengo sed. (3B)

ice cream el helado (3B)

iced tea el té helado (3A)

if si (6B)

impatient impaciente (1B)

important importante (6A)

impressive impresionante (8A)

in en (P, 2B)

    — **front of** delante de (2B)

    — **my opinion** para mí (6A)

    — **order to** para + *inf.* (4A)

    — **the ... hour** en la ... hora (class period) (2A)

    — **your opinion** para ti (6A)

incredible increíble (8B)

inexpensive barato, -a (7B)

information la información (9B)

intelligent inteligente (1B)

to interest interesar (9A)

    it/they interest(s) me me interesa(n) (9A)

interesting interesante (2A)

interview program el programa de entrevistas (9A)

is es (P)

    he/she — es (1B)

it la, lo *dir. obj. pron.* (7B)

    — fits (they fit) me well/ poorly. Me queda(n) bien/ mal. (7A)

    — is ... Son las *(in telling time)* (P)

    — is one o'clock. Es la una. (P)

    — is the ... of ... Es el *(number)* de *(month) (in telling the date)* (P)

    — is the first of ... Es el primero de *(month)*. (P)

    — was fue (8A)

    — was a disaster. Fue un desastre. (8A)

    —'s a ... es un/una ... (2B)

    —'s cold. Hace frío. (P)

    —'s hot. Hace calor. (P)

    —'s necessary. Es necesario. (8B)

    —'s raining. Llueve. (P)

    —'s snowing. Nieva. (P)

    —'s sunny. Hace sol. (P)

J

jacket la chaqueta (7A)

January enero (P)

jeans los jeans (7A)

jewelry store la joyería (7B)

job el trabajo (4A)

juice:

    apple — el jugo de manzana (3A)

    orange — el jugo de naranja (3A)

July julio (P)

June junio (P)

just: to have — (done something) acabar de + *inf.* (9A)

K

key chain el llavero (7B)

keyboard (computer) el teclado (2B)

kind: What — of ... ? ¿Qué clase de ...? (9A)

kitchen la cocina (6B)

knife el cuchillo (5B)

to know saber (4B, 9B); conocer (9B)

    I — (yo) conozco (9B)

    I — (how to) (yo) sé (4B)

    you — (tú) conoces (9B)

    you — (how to) (tú) sabes (4B)

L

laboratory el laboratorio (9B)

lake el lago (8A)

lamp la lámpara (6A)

laptop computer la computadora portátil (9B)

large grande (6A)

last:

    — night anoche (7B)

    — week la semana pasada (7B)

    — year el año pasado (7B)

to last durar (9A)

    late tarde (8A)

    later: See you — ¡Hasta luego!, ¡Nos vemos! (P)

    lazy perezoso, -a (1B)

to learn aprender (a) (8A)

to leave salir (8A)

    left: to the — (of) a la izquierda (de) (6A)

    leg la pierna (P)

    lemonade la limonada (3A)

    less:

    less ... than menos ... que (6A)

    less than menos de (9A)

    Let's go! ¡Vamos! (7A)

    Let's see A ver ... (2A)

letter la carta (9B)

lettuce la lechuga (3B)

library la biblioteca (4A)

to lift weights levantar pesas (3B)

    light la luz *pl.* las luces (5A)

    like como (8A)

to like:

    Did you — it? ¿Te gustó? (8A)

    Do you — to...? ¿Te gusta ...? (1A)

    He/She doesn't — ... No le gusta ... (1B)

    He/She —s ... Le gusta ... (1B); A él/ella le gusta(n) ... (5A)

    I don't — to ... (A mí) no me gusta ... (1A)

    I don't — to ... at all. (A mí) no me gusta nada ... (1A)

    I — ... Me gusta ... (3A)

    I — to ... (A mí) me gusta ... (1A)

    I — to ... a lot (A mí) me gusta mucho ... (1A)

    I — to ... better (A mí) me gusta más ... (1A)

    I —d it. Me gustó. (8A)

    I would — Me gustaría (4B); quisiera (5B)

    What do you — better (prefer) to do? ¿Qué te gusta más? (1A)

    What do you — to do? ¿Qué te gusta hacer? (1A)

    What would you —? ¿Qué desean (Uds.)? (5B)

    Would you —? ¿Te gustaría? (4B)

    You — ... Te gusta ... (3A)

  likewise igualmente (P)

to listen to music escuchar música (1A)

    little: a — un poco (de) (4B)

to live vivir (6B)

    living room la sala (6B)

    long largo, -a (5B)

to look:

    to — (at) mirar (7B)

    to — for buscar (7A)

    lot: a — mucho, -a (2A)

to love encantar (9A)

    He/She —s ... A él/ella le encanta(n) ... (5A)

I/You — ... Me/Te encanta(n)... (3A)

lunch el almuerzo (2A)

for — en el almuerzo (3A)

M

madam (la) señora (Sra.) (P)

main dish el plato principal (5B)

as a — de plato principal (5B)

to maintain one's health para mantener la salud (3B)

make *(command)* haz (6B)

to make the bed hacer la cama (6B)

mall el centro comercial (4A)

man el hombre (5B)

older — el anciano (8B)

many muchos, -as (3B)

how — ¿cuántos, -as? (P)

March marzo (P)

match el partido (4B)

mathematics class la clase de matemáticas (2A)

May mayo (P)

maybe quizás (7A)

me me *ind. obj. pron* (8B)

for — para mí (6A), me (8B)

— too a mí también (1A)

to — me (8B)

with — conmigo (4B)

meal la comida (3A)

to mean:

It —s ... Quiere decir ... (P)

What does ... — ? ¿Qué quiere decir ... ? (P)

meat la carne (3B)

menu el menú (5B)

messy desordenado, -a (1B)

milk la leche (3A)

mirror el espejo (6A)

miss, Miss (la) señorita (Srta.) (P)

missing: to be — faltar (9A)

moment: a — un momento (6B)

Monday lunes (P)

on Mondays los lunes (4A)

money el dinero (6B)

monkey el mono (8A)

month el mes (P)

monument el monumento (8A)

more:

— ... than más ... que (2A)

— or less más o menos (3A)

— than más de (9A)

morning:

Good —. Buenos días. (P)

in the — de la mañana (4B)

mosque la mezquita (4A)

mother la madre (mamá) (5A)

mountains las montañas (4A)

mouse (computer) el ratón (2B)

mouth la boca (P)

movie la película (9A)

to see a — ver una película (4A)

— theater el cine (4A)

to mow the lawn cortar el césped (6B)

Mr. (el) señor (Sr.) (P)

Mrs. (la) señora (Sra.) (P)

much: so — tanto (7A)

museum el museo (8A)

music:

to listen to — escuchar música (1A)

—al program el programa musical (9A)

must deber (3B)

one — hay que (8B)

my mi (2B); mis (5A)

— name is ... Me llamo ... (P)

mystery la película policíaca (9A)

N

name:

My — is ... Me llamo ... (P)

What is your —? ¿Cómo te llamas? (P)

What's his/her —? ¿Cómo se llama? (1B)

napkin la servilleta (5B)

national park el parque nacional (8A)

near cerca (de) (6B)

neat ordenado, -a (1B)

necessary: It's —. Es necesario. (8B)

necklace el collar (7B)

to need

I — necesito (2A)

I — ... Me falta(n) ... (5B)

you — necesitas (2A)

neighborhood el barrio (8B)

neither ... nor ni ... ni (1A)

never nunca (3A)

new nuevo, -a (7A)

news program el programa de noticias (9A)

newspaper el periódico (8B)

next to al lado de (2B)

nice simpático, -a (1B)

night:

at — de la noche (4B)

last — anoche (7B)

night table la mesita (6A)

nine nueve (P)

nine hundred novecientos, -as (7A)

nineteen diecinueve (P)

ninety noventa (P)

ninth noveno, -a (2A)

nose la nariz *pl.* las narices (P)

not ... or ni ... ni (1A)

notebook el cuaderno (P)

nothing nada (P)

November noviembre (P)

now ahora (5B)

O

o'clock:

at eight — a las ocho (4B)

at one — a la una (4B)

It's one —. Es la una. (P)

It's ... — Son las ... (P)

October octubre (P)

of de (2B)

— course por supuesto (3A)

office (home) el despacho (6B)

often a menudo (8B)

Oh! What a shame/pity! ¡Ay! ¡Qué pena! (4B)

okay regular (P)

old viejo, -a (5B)

He/She is / They are ... years —. Tiene(n) ... años. (5A)

How — is/are ... ? ¿Cuántos años tiene(n) ... ? (5A)

—er mayor (5A)

—er man el anciano (8B)

—er people los ancianos (8B)

—er woman la anciana (8B)

on en (2B)

— Mondays, on Tuesdays ... los lunes, los martes ... (4A)

— top of encima de (2B)

— weekends los fines de semana (4A)

one uno (un), -a (P)

at — (o'clock) a la una (4B)

one hundred cien (P)

one must hay que (8B)

onion la cebolla (3B)

online en la Red (7B)

to be — estar en línea (9B)

only sólo (5A)

to open abrir (5A)

opinion:

in my — para mí (6A)

in your — para tí (6A)

or o (1A)

orange anaranjado, -a (6A)

— juice el jugo de naranja (3A)

to order pedir (e → i) (5B)

other otro, -a (5B)

others los/las demás (8B)

our nuestro(s), -a(s) (5A)

own propio, -a (6A)

P

painting el cuadro (6A)

pants los pantalones (7A)

paper: sheet of — la hoja de papel (P)

parents los padres (5A)

park el parque (4A)

amusement — el parque de diversiones (8A)

national — el parque nacional (8A)

party la fiesta (4B)

pastries los pasteles (3B)

patient paciente (1B)

to pay (for) pagar (por) (7B)

peas los guisantes (3B)

pen el bolígrafo (P)

pencil el lápiz *pl.* los lápices (P)

— sharpener el sacapuntas (2B)

people la gente (8B)

older — los ancianos (8B)

pepper la pimienta (5B)

perfume el perfume (7B)

person la persona (5A)

phone: to talk on the — hablar por teléfono (1A)

photo la foto (5A)

to take —s sacar fotos (5A)

physical education class la clase de educación física (2A)

piano lesson (class) la lección *pl.* las lecciones de piano (4A)

pink rosado, -a (6A)

piñata la piñata (5A)

pizza la pizza (3A)

place el lugar (8A)

to place poner (6B)

to plan pensar (e → ie) (7A)

plastic el plástico (8B)

plate el plato (5B)

play la obra de teatro (8A)

to play jugar (a) (u → ue) (4B); tocar (1A)

to — baseball jugar al béisbol (4B)

to — basketball jugar al básquetbol (4B)

to — football jugar al fútbol americano (4B)

to — golf jugar al golf (4B)

to — soccer jugar al fútbol (4B)

to — sports practicar deportes (1A)

to — tennis jugar al tenis (4B)

to — the guitar tocar la guitarra (1A)

to — video games jugar videojuegos (1A)

to — volleyball jugar al vóleibol (4B)

please por favor (P)

to please very much encantar (9A)

pleased to meet you mucho gusto (P)

pool la piscina (4A)

poor pobre (8B)

possession la posesión *pl.* las posesiones (6A)

poster el cartel (2B)

potatoes las papas (3B)

practical práctico, -a (2A)

to prefer preferir (e → ie) (7A)

I — (yo) prefiero (3B)

I — to ... (a mí) me gusta más ... (1A)

you — (tú) prefieres (3B)

to prepare preparar (5A)

present el regalo (5A)

presentation la presentación *pl.* las presentaciones (9B)

pretty bonito, -a (6A)

price el precio (7A)

primary school la escuela primaria (8B)

problem el problema (8B)

program el programa (9A)

purple morado, -a (6A)

purse el bolso (7B)

to put poner (6B)

I — (yo) pongo (6B)

— (command) pon (6B)

you — (tú) pones (6B)

Q

quarter past y cuarto (P)

quarter to menos cuarto

quickly rápidamente (9B)

R

rain: It's —ing. Llueve. (P)

rather bastante (6B)

to read magazines leer revistas (1A)

realistic realista (9A)

reality program el programa de la vida real (9A)

Really? ¿De veras? (9A)

to receive recibir (6B)

to recycle reciclar (8B)

recycling center el centro de reciclaje (8B)

red rojo, -a (6A)

—-haired pelirrojo, -a (5B)

to relax descansar (8A)

report el informe (9B)

reserved reservado, -a (1B)

to rest descansar (8A)

restaurant el restaurante (4A)

to return regresar (8A)

rice el arroz (3B)

rich rico, -a (5B)

to ride:

to — a bicycle montar en bicicleta (1A)

to — horseback montar a caballo (8A)

right: to the — (of) a la derecha (de) (6A)

Right? ¿Verdad? (3A)

ring el anillo (7B)

river el río (8B)

road la calle (8B)

romantic movie la película romántica (9A)

room el cuarto (6B)

to straighten up the — arreglar el cuarto (6B)

rug la alfombra (6A)

to run correr (1A)

S

sack la bolsa (8B)

sad triste (4B)

salad la ensalada (3A)

fruit — la ensalada de frutas (3A)

salesperson el dependiente, la dependienta (7A)

salt la sal (5B)

same mismo, -a (6A)

sandwich: ham and cheese — el sándwich de jamón y queso (3A)

Saturday sábado (P)

sausage la salchicha (3A)

to say decir (8B)

How do you —? ¿Cómo se dice? (P)

You — ... Se dice ... (P)

You don't —! ¡No me digas! (4A)

scared: to be — (of) tener miedo (de) (9B)

schedule el horario (2A)

science:

— class la clase de ciencias naturales (2A)

— fiction movie la película de ciencia ficción (9A)

screen: computer — la pantalla (2B)

to scuba dive bucear (8A)

sea el mar (8A)

to search (for) buscar (9B)

season la estación *pl.* las estaciones (P)

second segundo, -a (2A)

— floor el primer piso (6B)

to see ver (8A)

Let's — A ver ... (2A)

— you later! ¡Nos vemos!, Hasta luego. (P)

— you tomorrow. Hasta mañana. (P)

to — a movie ver una película (4A)

to sell vender (7B)

to send enviar (i → í) (9B)

to separate separar (8B)

September septiembre (P)

serious serio, -a (1B)

to serve servir (e → i) (9B)

to set the table poner la mesa (6B)

seven siete (P)

seven hundred setecientos, -as (7A)

seventeen diecisiete (P)

seventh séptimo, -a (2A)

seventy setenta (P)

to share compartir (3A)

she ella (1B)

sheet of paper la hoja de papel (P)

shelf el estante (6A)

ship el barco (8A)

shirt la camisa (7A)

T- — la camiseta (7A)

shoe store la zapatería (7B)

shoes los zapatos (7A)

short bajo, -a; corto, -a (5B)

shorts los pantalones cortos (7A)

should deber (3B)

show el programa (9A)

to show + *movie or TV program* dar (9A)

shy reservado, -a (1B)

sick enfermo, -a (4B)

silly tonto, -a (9A)

to sing cantar (1A)

sir (el) señor (Sr.) (P)

sister la hermana (5A)

site: Web — el sitio Web (9B)

six seis (P)

six hundred seiscientos, -as (7A)

sixteen dieciséis (P)

sixth sexto, -a (2A)

sixty sesenta (P)

to skate patinar (1A)

to skateboard montar en monopatín (1A)

to ski esquiar (i fi í) (1A)

skirt la falda (7A)

to sleep dormir (o → ue) (6A)

sleepy: to be — tener sueño (5B)

slide la diapositiva (9B)

small pequeño, -a (6A)

to snorkel bucear (8A)

snow: It's —ing. Nieva. (P)

so much tanto (7A)

so-so regular (P)

soap opera la telenovela (9A)

soccer: to play — jugar al fútbol (4B)

sociable sociable (1B)

social studies class la clase de ciencias sociales (2A)

socks los calcetines (7A)

soft drink el refresco (3A)

software el software (7B)

some unos, -as (2B)

something algo (3B)

sometimes a veces (1B)

son el hijo (5A)

    —s; —(s) and daughter(s) los hijos (5A)

song la canción *pl.* las canciones (9B)

sorry: I'm —. Lo siento. (4B)

sound (stereo) system el equipo de sonido (6A)

soup: vegetable — la sopa de verduras (3A)

souvenirs los recuerdos (8A)

    to buy — comprar recuerdos (8A)

spaghetti los espaguetis (3B)

Spanish class la clase de español (2A)

to spell:

    How is ... spelled? ¿Cómo se escribe ... ? (P)

    It's spelled ... Se escribe ... (P)

to spend time with friends pasar tiempo con amigos (1A)

    spoon la cuchara (5B)

    sports:

        to play — practicar deportes (1A)

        — -minded deportista (1B)

        — show el programa deportivo (9A)

spring la primavera (P)

stadium el estadio (8A)

stairs, stairway la escalera (6B)

to start empezar (e → ie) (9A)

to stay: I — at home. Me quedo en casa. (4A)

    stepbrother el hermanastro (5A)

    stepfather el padrastro (5A)

    stepmother la madrastra (5A)

stepsister la hermanastra (5A)

stereo system el equipo de sonido (6A)

stomach el estómago (P)

store la tienda (7A)

    book— la librería (7B)

    clothing — la tienda de ropa (7A)

    department — el almacén *pl.* los almacenes (7B)

    discount — la tienda de descuentos (7B)

    household appliance — la tienda de electrodomésticos (7B)

    jewelry — la joyería (7B)

    shoe — la zapatería (7B)

story el piso (6B)

stories: to write — escribir cuentos (1A)

to straighten up the room arreglar el cuarto (6B)

    strawberries las fresas (3A)

    street la calle (8B)

    student el/la estudiante (P)

    studious estudioso, -a (1B)

to study estudiar (2A)

    stupid tonto, -a (9A)

    sugar el azúcar (5B)

    suit el traje (7A)

    summer el verano (P)

to sunbathe tomar el sol (8A)

    Sunday domingo (P)

    sunglasses los anteojos de sol (7B)

    sunny: It's —. Hace sol. (P)

to surf the Web navegar en la Red (9B)

    sweater el suéter (7A)

    sweatshirt la sudadera (7A)

to swim nadar (1A)

    swimming pool la piscina (4A)

    swimsuit el traje de baño (7A)

    synagogue la sinagoga (4A)

T

    T-shirt la camiseta (7A)

    table la mesa (2B)

to set the — poner la mesa (6B)

    to take llevar (8B)

to — a course tomar un curso (9B)

    to — out the trash sacar la basura (6B)

    to — photos sacar fotos (5A)

    talented talentoso, -a (1B)

to talk hablar (2A)

    to — on the phone hablar por teléfono (1A)

    tall alto, -a (5B)

    tasty sabroso, -a (3B); rico, -a (5B)

    tea el té (3A)

    iced — el té helado (3A)

to teach enseñar (2A)

    teacher el profesor, la profesora (P)

    technology/computers la tecnología (2A)

    technology/computer class la clase de tecnología (2A)

    television: to watch — ver la tele (1A)

    television set el televisor (6A)

to tell decir (8B)

    — me dime (8A)

    temple el templo (4A)

    ten diez (P)

    tennis: to play — jugar al tenis (4B)

    tenth décimo, -a (2A)

    thank you gracias (P)

    that que (5A); ese, esa (7A)

    —'s why por eso (9A)

    the el, la (1B); los, las (2B)

    — best el/la mejor, los/las mejores (6A)

    — worst el/la peor, los/las peores (6A)

    theater el teatro (8A)

    movie — el cine (4A)

    their su, sus (5A)

    them las, los *dir. obj. pron.* (7B); les *ind. obj. pron.* (8B)

    then entonces (4B)

    there allí (2B)

    — is/are hay (P, 2B)

    therefore por eso (9A)

these estos, estas (7A)

they ellos, ellas (2A)

thing la cosa (6A)

to think creer (3B)

pensar (e → ie) (7A)

I don't — so. Creo que no. (3B)

I — ... Creo que ... (3B)

I — so. Creo que sí. (3B)

What do you — (about it)? ¿Qué te parece? (9B)

third tercer (tercero), -a (2A)

third floor el segundo piso (6B)

thirsty: I'm —. Tengo sed. (3B)

thirteen trece (P)

thirty treinta (P); y media *(in telling time)* (P)

thirty-one treinta y uno (P)

this este, esta (7A)

— afternoon esta tarde (4B)

— evening esta noche (4B)

— weekend este fin de semana (4B)

What is — ? ¿Qué es esto? (2B)

those esos, esas (7A)

thousand: a — mil (7A)

three tres (P)

three hundred trescientos, -as (7A)

three-ring binder la carpeta de argollas (2A)

Thursday jueves (P)

ticket el boleto (8A)

tie la corbata (7B)

time la vez *pl.* las veces (8B)

At what —? ¿A qué hora? (4B)

free — el tiempo libre (4A)

to spend — with friends pasar tiempo con amigos (1A)

What — is it? ¿Qué hora es? (P)

tired cansado, -a (4B)

to a *(prep.)* (4A)

in order — para + *inf.* (4A)

— the a la, al (4A)

— the left (of) a la izquierda (de) (6A)

— the right (of) a la derecha (de) (6A)

toast el pan tostado (3A)

today hoy (P)

tomatoes los tomates (3B)

tomorrow mañana (P)

See you —. Hasta mañana. (P)

too también (1A); demasiado (4B)

I do (like to) — a mí también (1A)

me — a mí también (1A)

top: on — of encima de (2B)

touching emocionante (9A)

toy el juguete (8B)

train el tren (8A)

to travel viajar (8A)

tree el árbol (8A)

tremendous tremendo, -a (8A)

trip el viaje (8A)

Tuesday martes (P)

on —s los martes (4A)

TV channel el canal (9A)

twelve doce (P)

twenty veinte (P)

twenty-one veintiuno (veintiún) (P)

two dos (P)

two hundred doscientos, -as (7A)

Ugh! ¡Uf! (7B)

ugly feo, -a (6A)

uncle el tío (5A)

uncles; uncle(s) and aunt(s) los tíos (5A)

underneath debajo de (2B)

to understand comprender (3A)

unforgettable inolvidable (8B)

us: (to/for) — nos *ind. obj. pron.* (8B)

to use:

to — the computer usar la computadora (1A)

What's it — d for? ¿Para qué sirve? (9B)

used usado, -a (8B)

useful:

to be — servir (9B)

is — for sirve para (9B)

vacation: to go on — ir de vacaciones (8A)

to vacuum pasar la aspiradora (6B)

vegetable soup la sopa de verduras (3A)

very muy (1B)

— well muy bien (P)

video el video (5A)

video games: to play — jugar videojuegos (1A)

to videotape hacer un video (5A)

violent violento, -a (9A)

to visit visitar (8A)

to — chat rooms visitar salones de chat (9B)

volleyball: to play — jugar al vóleibol (4B)

volunteer el voluntario, la voluntaria (8B)

— work el trabajo voluntario (8B)

waiter, waitress el camarero, la camarera (5B)

to walk caminar (3B)

wall la pared (6A)

wallet la cartera (7B)

to want querer (e → ie) (7A)

I — (yo) quiero (4B)

you — (tú) quieres (4B)

warm: to be — tener calor (5B)

was fue (8B)

to wash lavar (6B)

to — the car lavar el coche (6B)

to — the clothes lavar la ropa (6B)

to — the dishes lavar los platos (6B)

wastepaper basket la papelera (2B)

watch el reloj pulsera (7B)

to watch television ver la tele (1A)

water el agua (*f.*) (3A)

we nosotros, -as (2A)

to wear llevar (7A)

weather: What's the — like? ¿Qué tiempo hace? (P)

Web:

  to surf the — navegar en la Red (9B)

  — page la página Web (9B)

  — site el sitio Web (9B)

Wednesday miércoles (P)

week la semana (P)

  last — la semana pasada (7B)

weekend:

  on —s los fines de semana (4A)

  this — este fin de semana (4B)

welcome: You're —. De nada. (5B)

well bien (P); pues ... *(to indicate pause)* (1A)

  very — muy bien (P)

what? ¿cuál? (3A)

  — are you like? ¿Cómo eres? (1B)

  (At) — time? ¿A qué hora? (4B)

  — color ... ? ¿De qué color ... ? (6A)

  — day is today? ¿Qué día es hoy? (P)

  — did you do? ¿Qué hiciste? (8A)

  — do you like better (prefer) to do? ¿Qué te gusta hacer más? (1A)

  — do you like to do? ¿Qué te gusta hacer? (1A)

  — do you think (about it)? ¿Qué te parece? (9B)

  — does ... mean? ¿Qué quiere decir ... ? (P)

  — else? ¿Qué más? (8B)

  — happened to you? ¿Qué te pasó? (8A)

  — is she/he like? ¿Cómo es? (1B)

  — is the date? ¿Cuál es la fecha? (P)

  — is this? ¿Qué es esto? (2B)

  — is your name? ¿Cómo te llamas? (P)

  — kind of ... ? ¿Qué clase de...? (9A)

  — time is it? ¿Qué hora es? (P)

  — would you like? ¿Qué desean (Uds.)? (5B)

  —'s happening? ¿Qué pasa? (P)

  —'s his/her name? ¿Cómo se llama? (1B)

  —'s it (used) for? ¿Para qué sirve? (9B)

  —'s the weather like? ¿Qué tiempo hace? (P)

what!:

  — a good/nice idea! ¡Qué buena idea! (4B)

  — a shame/pity! ¡Qué pena! (4B)

When? ¿Cuándo? (4A)

Where? ¿Dónde? (2B)

  — are you from? ¿De dónde eres? (4A)

  (To) —? ¿Adónde? (4A)

whether si (6B)

which? ¿cuál? (3A)

white blanco, -a (6A)

who que (5A)

Who? ¿Quién? (2A)

Why? ¿Por qué? (3B)

wife la esposa (5A)

Will you bring me ... ? ¿Me trae ... ? (5B)

window la ventana (2B)

winter el invierno (P)

with con (3A)

  — me conmigo (4B)

  — my/your friends con mis/tus amigos (4A)

  — whom? ¿Con quién? (4A)

  — you contigo (4B)

without sin (3A)

woman la mujer (5B)

  older woman la anciana (8B)

work el trabajo (4A)

volunteer — el trabajo voluntario (8B)

to work trabajar (1A)

worse than peor(es) que (6A)

worst: the — el/la peor, los/las peores (6A)

Would you like ...? ¿Te gustaría ...? (4B)

to write:

  to — e-mail escribir por correo electrónico (9B)

  to — stories escribir cuentos (1A)

yard el jardín *pl.* los jardines (8B)

year el año (P)

  He/She is / They are ... —s old. Tiene(n) ... años. (5A)

  last — el año pasado (7B)

yellow amarillo, -a (6A)

yes sí (1A)

yesterday ayer (7B)

yogurt el yogur (3A)

you fam. *sing.* tú (2A); *formal sing.* usted (Ud.) (2A); *fam. pl.* vosotros, -as (2A); *formal pl.* ustedes (Uds.) (2A); *fam. after prep.* ti (1A); *sing. ind. obj. pron.* te (8B); *pl. fam. ind. obj. pron.* os (8B); *ind. obj. pron.* le, les (8B)

  And — ? ¿Y a ti? (1A)

  for — para ti (6A)

  to/for — *fam. pl.* os (8B)

  to/for — *fam. sing.* te (8B)

  with — contigo (4B)

  — don't say! ¡No me digas! (4A)

  — say ... Se dice ... (P)

You're welcome De nada (5B)

young joven (5B)

  — boy/girl el niño, la niña (8B)

  — man el joven (5B)

  — woman la joven (5B)

  —er menor (5A)

your fam. tu (2B); *fam.* tus, vuestro(s), -a(s) (5A); *formal* su, sus (5A)

Yuck! ¡Uf! (7B)

zero cero (P)

zoo el zoológico (8A)

Grammar Index

Structures are most often presented first in A *primera vista*, where they are practiced lexically. They are then explained later in a *Gramática* section or a *Nota*. Light-face numbers refer to the pages where structures are initially presented or, after explanation, where student reminders occur. **Bold-face numbers** refer to pages where structures are explained or are otherwise highlighted.

a 26–29, 180
+ definite article 172–173, **177**
+ indirect object **410**
after **jugar** 200, **208**
in telling time 198
personal **387**
personal after **conocer 460**
with **ir** + infinitive 199, **206**
aburrir 426, **436**
acabar de 428, **434**
accent marks **13**, **183**
in interrogative words **184**
in preterite **356**, **383**
over weak vowels **380**
adjectives:
agreement and formation 50–51, **55**, 70, **156**, 168, 252, 306
comparative 75, 272–273, **278**, 294
demonstrative 198–199, 324–325, **332**
ending in **-ísimo** 255
plural. *See* adjectives: agreement and formation
position of **62**
possessive 28, 100, 120, 224, **232**, 244
superlative 272, **280**, 294
adverbs:
Using **-mente** to form **457**
affirmative **tú** commands 300, **305**, 318
age 222, **228**, 244
alphabet 12

-ar verbs 32
present 75, 76–77, **84**, 96, 132
preterite 347, **354**, **356**, 370
spelling-changing 347, 349, **356**, 370
articles:
definite **11**, **60**, 70, **110**, 120
definite, with **a** 172–173, **177**
definite, with days of the week 173, 178
definite, with titles of respect 78
indefinite **60**, 70, **110**, 120

-car and **-gar** verbs, preterite 347, 349, **356**, 370
cognates **34**, 57
commands **(tú),** affirmative 300, **305**, 318
comparison 75, 272–273, **278**, 294, **432**
compound subject **82**
conocer 452, **460**, 470

dar 301, **304**, 318
preterite 402, **412**, 422
dates 14–15, **358**
de:
in compound nouns **130**
in prepositional phrases 101, 105
possessive 101, **111**, **232**
decir 401, **408**, 422
derivation of words 81, 160, 178, 205, 389, 435
diminutives **235**

direct object pronouns **360**, 404
See also pronouns
with personal **a**, **387**
doler 9, **436**
dormir 274, **284**, 294

encantar 125, **135**, 229, **436**
-er verbs 32
present 124–125, **132**, 144
preterite 374, **383**, 396
estar 100–101, **107**, 120, 351
use of in present progressive 300, **308**, 318
vs. **ser 258**, **260**, 277
Exploración del lenguaje:
Adjectives ending in **-ísimo 255**
Cognates **34**
Cognates that begin with **es-** + consonant **57**
Connections between Latin, English, and Spanish **81**
Diminutives **235**
Language through gestures **106**
Nonverbal language **333**
Nouns that end in **-dad, -tad, -ción,** and **-sión 406**
Nouns that end in **-io** and **-eo 389**
Nouns that end in **-ería 353**
Origins of the Spanish days of the week **178**
Similar nouns **307**
Spanish words borrowed from English **205**
Tú vs. **usted** 4, **5,** 82
Using a noun to modify another noun **130**

Acknowledgments

Cover A Rogdy Espinoza Photography/Getty Images
Cover B Jeremy Woodhouse/Spaces Images/Corbis
Chapter FM **i,iii,T1 & T3:** RM Floral/Alamy Stock Photo; **ixB:** Steve Debenport/E+/Getty Images; **ixT:** Monkey Business/Fotolia; **viii:** Image Source Plus/Alamy Stock Photo; **xxiiC:** Noche/Fotolia; **xxiiiC:** Esancai/Fotolia; **xxiiiL:** Noche/Fotolia; **xxiiiR:** Dikobrazik/Fotolia; **xxiiL:** Noche/Fotolia; xxiiR: Noche/Fotolia; **xxii xxiii:** Colin D. Young/Alamy Stock Photo; **xxiv:** Steve Russell/Toronto Star/Getty Images; **xxivC:** Noche/Fotolia; **xxivL:** Noche/Fotolia; **xxivR:** Vector Icon/Fotolia; **xxixC:** Noche/Fotolia; **xxixL:** Noche/Fotolia; **xxixR:** Noche/Fotolia; **xxvBL:** Noche/Fotolia; **xxviiC:** Globe Turner/Shutterstock; **xxviii:** Noche/Fotolia; **xxviii xxix:** Rolf Schulten/ImageBroker/Alamy Stock Photo; **xxviiL:** Noche/Fotolia; **xxviiR:** Noche/Fotolia; **xxviL:** Noche/Fotolia; **xxviR:** Noche/Fotolia; **xxvi xxvii:** Buena Vista Images/The Image Bank/Getty Images; **xxx:** Backyard Productions/Alamy Stock Photo; **xxxiii:** Noche/Fotolia; **xxxii xxxiii:** Efrain Padro/Alamy Stock Photo; **xxxiL:** Noche/Fotolia; **xxxiR:** Stakes/Shutterstock; **xx xxi:** Ethan Welty/Aurora Photos/Alamy Stock Photo; **xxx xxxi:** Sean Pavone/Alamy Stock Photo

Para Empezar Level A **001:** Philip Scalia/Alamy Stock Photo; **002C:** Moodboard_Images/Brand X Pictures/Getty Images; **002C:** Moodboard_ImagesCLOSED/Brand X Pictures/Getty Images; **002L:** Marc Romanelli/Blend Images/Alamy Stock Photo; **002R:** Simmi Simons/E+/Getty Images; **004BL:** Pearson Education, Inc.; **004BR:** Pearson Education, Inc.; **004TC:** Pearson Education, Inc.; **004TL:** Pearson Education, Inc.; **004TR:** Fredrick Kippe/Alamy Stock Photo; **006BC:** Andres Rodriguez/Alamy Stock Photo; **006BL:** DCPhoto/Alamy Stock Photo; **006BR:** Deposit Photos/Glow Images; **006TL:** Kablonk/Golden Pixels LLC/Alamy Stock Photo; **006TR:** Juice Images/Alamy Stock Photo; **007:** Jeff Morgan 06/Alamy Stock Photo; **008:** The Museum of Modern Art/Licensed by SCALA/Art Resource, NY; **009L:** Alan Bailey/Rubberball/Getty Images; **009R:** Pearson Education, Inc.; **010BC:** Pearson Education, Inc.; **010BL:** Pearson Education, Inc.; **010BR:** Pearson Education, Inc.; **010CL:** Maksym Yemelyanov/Alamy Stock Photo; **010CML:** Pearson Education, Inc.; **010CMR:** Pearson Education, Inc.; **010CR:** Pearson Education, Inc.; **010TL:** Ronnie Kaufman/Flame/Corbis; **010TR:** Sam Bloomberg Rissman/Blend Images/Getty Images; **011BC:** Pearson Education, Inc.; **011BCL:** Ajr Images/Fotolia; **011BCR:** Maksym Yemelyanov/Alamy Stock Photo; **011BL:** Pearson Education, Inc.; **011BR:** Pearson Education, Inc.; **011T:** Pearson Education, Inc.; **012BC:** Pearson Education, Inc.; **012BCL:** Pearson Education, Inc.; **012BL:** Pearson Education, Inc.; **012BR:** Pearson Education, Inc.; **012C:** Pearson Education, Inc.; **012T:** David Fischer/Ocean/Corbis; **013:** Mayan/Museo Nacional de Antropologia, Mexico City, Mexico/Bridgeman Images; **014:** Pearson Education, Inc; **014:** Pearson Education, Inc.; **015:** Pearson Education, Inc.; **016:** Pedro Armestre/AFP/Getty Images; **017:** f9photos/Shutterstock; **017:** F9photos/Shutterstock; **018:** George Glod/SuperStock; **018BL:** George Glod/SuperStock; **018BR:** George Glod/SuperStock; **018L:** George Glod/SuperStock; **018MC:** Barry Diomede/Alamy Stock Photo; **018ML:** Frank and Helena/Cultura RM/Alamy Stock Photo; **018MR:** LWA/Dann Tardif/Blend Images/Alamy Stock Photo; **018TC:** RosaIreneBetancourt 9/Alamy Stock Photo; **018TL:** DreamPictures/Blend Images/Corbis; **018TR:** Radius Images/Alamy Stock Photo; **019:** George Glod/SuperStock; **019ML:** Megastocker/Fotolia; **019MR:** Javier Larrea/AGE Fotostock/Alamy Stock Photo; **019R:** Blend Images REB Images/Brand X Pictures/Getty Images; **020BL:** Anna Stowe/LOOP IMAGES/Corbis; **020BR:** John Elk III/Alamy Stock Photo; **020C:** NASA Visible Earth; **020TL:** Comstock/Stockbyte/Getty Images; **020TR:** Sharon Day/Shutterstock

Chapter 01A **003:** Hisham Ibrahim/PhotoV/Alamy Stock Photo; **024:** ©2016 Estate of Pablo Picasso/Artists Rights Society (ARS), New York; **024B:** The Museum of Modern Art/Licensed by SCALA/Art Resource, NY; **024T:** Pearson Education, Inc.; **025:** Emile D'Edesse/Impact/HIP/The Image Works; **026:** Anthony Hatley/Alamy Stock Photo; **026:** Jacek Chabraszewski/Shutterstock; **026BC:** DragonImages/Fotolia; **026BL:** Michael Robinson Chavez/Los Angeles Times/Getty Images; **026BR:** Jeff Greenberg/Alamy Stock Photo; **026C:** Anthony Hatley/Alamy Stock Photo; **026CL:** Jacek Chabraszewski/Shutterstock; **026CR:** YanLev/Shutterstock; **026ML:** Ranplett/E+/Getty Images; **026MR:** Nikokvfrmoto/Fotolia; **026TL:** Pearson Education, Inc.; **026TR:** Pearson Education, Inc.; **027BC:** Hero Images/Getty Images; **027BL:** Jon Sparks/Alamy Stock Photo; **027BR:** Monkey Business/Fotolia; **027TC:** Denis Radovanovic/Shutterstock; **027TL:** Iryna Tiumentseva/Fotolia; **027TR:** Monkey Business/Fotolia; **028B:** KidStock/Blend Images/Alamy Stock Photo; **028C:** Ace Stock Limited/Alamy Stock Photo; **028MR:** RosaIreneBetancourt 3/Alamy Stock Photo; **028T:** Blend Images/Corbis; **029L:** Solvin Zankl/Nature Picture Library/Alamy Stock Photo; **029R:** David Cayless/Alamy Stock Photo; **030:** Hero Images/Getty Images; **030BCL:** Jon Sparks/Alamy Stock Photo; **030BCR:** Jeff Greenberg/Alamy Stock Photo; **030BML:** Anthony Hatley/Alamy Stock Photo;

030BMR: Jacek Chabraszewski/Shutterstock; **030BR:** Nikokvfrmoto/Fotolia; **030T:** Ranplett/E+/Getty Images; **031:** Denis Radovanovic/Shutterstock; **031B:** Arch White/Alamy Stock Photo; **031BCL:** Jeff Greenberg/Alamy Stock Photo; **031BCR:** Jacek Chabraszewski/Shutterstock; **031BL:** Ronnie Kaufman/Larry/Blend Images/AGE Fotostock; **031BR:** Monkey Business/Fotolia; **031TCL:** Anthony Hatley/Alamy Stock Photo; **031TCR:** Michael Robinson Chavez/Los Angeles Times/Getty Images; **031TL:** Monkey Business/Fotolia; **031TR:** RosaIreneBetancourt 10/Alamy Stock Photo; **032BC:** Jacek Chabraszewski/Shutterstock; **032BL:** YanLev/Shutterstock; **032BR:** Iryna Tiumentseva/Fotolia; **032MC:** Monkey Business/Fotolia; **032MR:** Michael Robinson Chavez/Los Angeles Times/Getty Images; **032TC:** BlueSkyImages/Fotolia; **032TL:** Anthony Hatley/Alamy Stock Photo; **032TR:** Ronnie Kaufman/Larry/Blend Images/AGE Fotostock; **034B:** Museo Bellapart; **034T:** Pearson Education, Inc.; **035BL:** Hugh Sitton/Comet/Corbis; **035BR:** Jan Sochor/Alamy Stock Photo; **035TC:** Dmitri Alexander/National Geographic Creative/Corbis; **035TL:** Richard Cummins/Encyclopedia/Corbis; **035TR:** Catherine Karnow/Terra/Corbis; **037:** Anthony Hatley/Alamy Stock Photo; **037BCL:** Ronnie Kaufman/Larry/Blend Images/AGE Fotostock; **037BCR:** Monkey Business/Fotolia; **037BL:** Monkey Business/Fotolia; **037BR:** RosaIreneBetancourt 10/Alamy Stock Photo; **037CBL:** BlueSkyImages/Fotolia; **037CBR:** Denis Radovanovic/Shutterstock; **037CML:** Jeff Greenberg/Alamy Stock Photo; **037CR:** Nikokvfrmoto/Fotolia; **037ML:** Hero Images/Getty Images; **037MR:** Mark Scott/The Image Bank/Getty Images; **037TC:** Jon Sparks/Alamy Stock Photo; **037TCL:** Doug Menuez/Photodisc/Getty Images; **037TCR:** YanLev/Shutterstock; **037TR:** Iryna Tiumentseva/Fotolia; **039B:** Alexander Tamargo/WireImage/Getty Images; **039T:** Pearson Education, Inc.; **040B:** ©Jimmy Dorantes/LatinFocus.com; **040T:** Myrleen Pearson/PhotoEdit, Inc.; **041B:** ©Marisol Diaz/LatinFocus.com; **041T:** Hola Images/Collage/Corbis; **042:** Mikhail Kondrashov "fotomik"/Alamy Stock Photo; 44 45: Spencer Grant/Science Source;

Chapter 01B 048B: Albright Knox Art Gallery/Art Resource, NY; **048T:** Pearson Education, Inc.; **049:** 2016 Banco de México Diego Rivera Frida Kahlo Museums Trust, Mexico, D.F./Artists Rights Society (ARS), New York; **049:** Egon Bömsch/ImageBroker/Alamy Stock Photo; **050BL:** Klaus Vedfelt/Taxi/Getty Images; **050BR:** RosaIreneBetancourt 3/Alamy Stock Photo; **050MC:** VadimGuzhva/Fotolia; **050ML:** Ben Welsh/Design Pics RM/AGE Fotostock; **050MR:** Yeko Photo Studio/Shutterstock; **050TC:** Randy Faris/Cardinal/Corbis; **050TR:** Germanskydive110/Fotolia; **051BL:** Photofusion/UIG/Universal Images Group/AGE Fotostock; **051BR:** Ackermann/DigitalVision/Getty Images; **051TL:** David Molina G/Shutterstock; **051TR:** Spencer Grant/PhotoEdit, Inc.; **052BL:** Erich Schlegel/Corbis News/Corbis; **052BR:** Ariel Skelley/Blend Images/AGE Fotostock; **052T:** JGI/Jamie Gril/Blend Images/Getty Images; **053:** Juice Images/Alamy Stock Photo; **053:** Pearson Education, Inc.; **054BL:** B Christopher/Alamy Stock Photo; **054BR:** Yeko Photo Studio/Shutterstock; **054ML:** Anne Ackermann/DigitalVision/Getty Images; **054MR:** Germanskydive110/Fotolia; **054T:** Sophie Bluy/Pearson Education, Inc.; **054TC:** Sophie Bluy/Pearson Education, Inc.; **054TL:** RosaIreneBetancourt 3/Alamy Stock Photo; **054TR:** Photofusion/UIG/Universal Images Group/AGE Fotostock; **056BC:** Photofusion/UIG/Universal Images Group/AGE Fotostock; **056BL:** Randy Faris/Cardinal/Corbis; **056BR:** Germanskydive110/Fotolia; **056T:** RosaIreneBetancourt 10/Alamy Stock Photo; **056TC:** Anne Ackermann/DigitalVision/Getty Images; **056TL:** Klaus Vedfelt/Taxi/Getty Images; **056TR:** Antoniodiaz/Shutterstock; **057:** Monkey Business/Fotolia; **058:** Ackermann/DigitalVision/Getty Images; **058:** Anthony Hatley/Alamy Stock Photo; **058:** Antoniodiaz/Shutterstock; **058:** Jacek Chabraszewski/Shutterstock; **058:** Jeff Greenberg/Alamy Stock Photo; **058:** Ranplett/E+/Getty Images; **058:** Spencer Grant/PhotoEdit, Inc.; **058:** Yeko Photo Studio/Shutterstock; **058B:** Simon Bolivar(1783 1830)(chromolitho)/Private Collection/Archives Charmet/Bridgeman Images; **058BCL:** Kim Karpeles/Alamy Stock Photo; **058CL:** Monkey Business/Fotolia; **058MCL:** Nikokvfrmoto/Fotolia; **058ML:** RosaIreneBetancourt 10/Alamy Stock Photo; **058TCL:** Ranplett/E+/Getty Images; **058TL:** RosaIreneBetancourt 10/Alamy Stock Photo; **059:** Germanskydive110/Fotolia; **061BC:** Pearson Education, Inc.; **061BCL:** Robnroll/Shutterstock; **061BCR:** Pearson Education, Inc.; **061BL:** Pearson Education, Inc.; **061BR:** Pearson Education, Inc.; **061TCL:** Pearson Education, Inc.; **061TCR:** Pearson Education, Inc.; **061TL:** Piotr Marcinski/Shutterstock; **061TR:** Pearson Education, Inc.; **063BR:** Jennifer Paley/Pearson Education, Inc.; **063MC:** Blend Images Rolf Bruderer/Brand X Pictures/Getty Images; **063TC:** Rudi Von Briel/PhotoEdit, Inc.; **063TL:** Jupiterimages/Brand X Pictures/Stockbyte/Getty Images; **063TR:** Wavebreakmedia/Shutterstock; **065:** Cindy Miller Hopkins/DanitaDelimont/Newscom; **066L:** Graham Oliver/123RF; **066R:** Comstock/Stockbyte/Getty Images; 068 **069:** Univision.

Chapter 02A 072B: Cortada, Xavier/Private Collection/Bridgeman Images; **072T:** Pearson Education, Inc.; **073:** Marcia Chambers/dbimages/Alamy Stock Photo; **074:** Image Source/Getty Images; **074BCL:** Ifong/Shutterstock; **074BCR:** Sila Tiptanatoranin/123RF; **074BL:** Hurst Photo/

Shutterstock; **074BR:** David Hanlon/iStock/Getty Images; **074CL:** Image Source/Getty Images; **074MC:** Bikeriderlondon/Shutterstock; **074TC:** Ian Shaw/Alamy Stock Photo; **074TL:** John R. Kreul/Independent Picture Service/Alamy Stock Photo; **074TR:** Marmaduke St. John/Alamy Stock Photo; **075:** Pearson Education; **075:** Pearson Education, Inc.; **076B:** ZUMA Press Inc/Alamy Stock Photo; **076C:** KidStock/Blend Images/Corbis; **076T:** Felix Mizioznikov/Shutterstock; **077L:** Ian Shaw/Alamy Stock Photo; **077R:** Kaveh Kazemi/Getty Images News/Getty Images; **079BC:** John R. Kreul/Independent Picture Service/Alamy Stock Photo; **079BL:** Ian Shaw/Alamy Stock Photo; **079BR:** Hurst Photo/Shutterstock; **079CL:** Marmaduke St. John/Alamy Stock Photo; **079CML:** David Hanlon/iStock/Getty Images; **079CR:** Bikeriderlondon/Shutterstock; **079TR:** Sila Tiptanatoranin/123RF; **080:** Keith Dannemiller/Corbis; **081:** Design Pics/Newscom; **083BCL:** Monkey Business Images/Shutterstock; **083BCR:** Andy Dean/Fotolia; **083BL:** Creatas/Getty Images; **083BR:** Rob Marmion/Shutterstock; **083TCL:** Holbox/Shutterstock; **083TCR:** Panos Pictures; **083TL:** Tetra Images/Getty Images; **083TR:** Bill Bachmann/Alamy Stock Photo; **085BL:** David Hanlon/iStock/Getty Images; **085BR:** Hurst Photo/Shutterstock; **085ML:** Ian Shaw/Alamy Stock Photo; **085MR:** Ifong/Shutterstock; **085TC:** Andrea Danti/Shutterstock; **085TL:** Sila Tiptanatoranin/123RF; **085TR:** Marmaduke St. John/Alamy Stock Photo; **086:** Rosemary Harris/Alamy Stock Photo; **089:** Jochem Wijnands/Horizons WWP/AGE Fotostock; **090B:** Martin Shields/Alamy Stock Photo; **090T:** Jose Fuste Raga/Encyclopedia/Corbis; **091B:** Krista Rossow/National Geographic Creative/Alamy Stock Photo; **091T:** Ron Niebrugge/Alamy Stock Photo; **092:** John Vizcaino/Reuters/Landov LLC; **094 095:** Wavebreakmedia/Shutterstock;

Chapter 02B **098:** SUN/Newscom; **099:** Frederic Soreau/Photononstop/Passage/Corbis; **100C:** Pearson Education, Inc.; **100L:** Pearson Education, Inc.; **100R:** Pearson Education, Inc.; **101:** Pearson Education; **101:** Pearson Education, Inc.; **102L:** Stockbroker/MBI/Alamy Stock Photo; **102R:** Bruna/Shutterstock; **103L:** Bill Bachmann/Alamy Stock Photo; **103R:** Bill Bachmann/Alamy Stock Photo; **104BCR:** Pearson Education, Inc.; **104BR:** Pearson Education, Inc.; **104MCR:** Pearson Education, Inc.; **105:** Pearson Education; **105:** Pearson Education, Inc.; **106B:** Flashover/Alamy Stock Photo; **106T:** Pearson Education, Inc.; **107BC:** Ian Shaw/Alamy Stock Photo; **107BL:** David Hanlon/iStock/Getty Images; **107BR:** John R. Kreul/Independent Picture Service/Alamy Stock Photo; **107C:** Bikeriderlondon/Shutterstock; **107CL:** Marmaduke St. John/Alamy Stock Photo; **107CR:** Sila Tiptanatoranin/123RF; **107T:** Ifong/Shutterstock; **108T:** Pearson Education, Inc.; **111:** Spencer Grant/PhotoEdit, Inc.; **112:** Jan Halaska/Science Source; **113B:** Rayman/Photodisc/Getty Images; **113T:** Keith Dannemiller/Alamy Stock Photo; **114:** Michael S. Lewis/National Geographic Creative/Alamy Stock Photo; **115L:** Sean Sprague/Panos Pictures; **115R:** Jon Spaull/Panos Pictures; **116:** Keith Dannemiller/Alamy Stock Photo; **119:** NBC Learn videos

Chapter 03A **122:** Two Children Eating a Melon and Grapes, 1645 46 (oil on canvas), Murillo, Bartolome Esteban (1618 82)/Alte Pinakothek, Munich, Germany/Bridgeman Images; **123:** Blend Images/SuperStock; **124:** Foodfolio/Alamy Stock Photo; **124B:** Foodfolio/Alamy Stock Photo; **124TC:** Mara Zemgaliete/Fotolia; **124TCL:** Almaje/Shutterstock; **124TCR:** Michael Gray/Fotolia; **124TL:** Dionisvera/Fotolia; **124TR:** Pakhnyushchyy/Fotolia; **125BC:** Viktor/Fotolia; **125BL:** Joe Gough/Fotolia; **125BR:** BillionPhotos.com/Shutterstock; **125CL:** Tarasyuk Igor/Shutterstock; **125CR:** Volff/Fotolia; **125R:** Tetra Images/Alamy Stock Photo; **125TC:** Springfield Gallery/Fotolia; **125TL:** Mr Prof/Fotolia; **125TR:** Komar Maria/Fotolia; **126:** Enigmatico/Shutterstock; **126BL:** Aastock/Shutterstock; 126BR Radius Images / Alamy Stock Photo; **126T:** DR/Fotolia; **127C:** Maria Galan/AGE Fotostock/Alamy Stock Photo; **127L:** Juanmonino/E+/Getty Images; **127R:** InkkStudios/iStockphoto/Getty Images; **128:** Dmitri Ma/Shutterstock; **129:** Michael Gray/Fotolia; **129BCL:** Discovod/Fotolia; **129BCR:** Joe Gough/Fotolia; **129BL:** Almaje/Shutterstock; **129BMC:** Kostrez/Fotolia; **129BML:** V.S.Anandhakrishna/Shutterstock; **129BMR:** Foodfolio/Alamy Stock Photo; **129BR:** Tetra Images/Alamy Stock Photo; **129C:** Gmevi Photo/Fotolia; **129TCL:** Pakhnyushchyy/Fotolia; **129TCR:** BillionPhotos.com/Fotolia; **129TL:** Almaje/Shutterstock; **129TMR:** Volff/Fotolia; **129TR:** Ifong/Shutterstock; **130:** Mara Zemgaliete/Fotolia; **130BCL:** Gertrudda/Fotolia; **130BCR:** Tore2527/Shutterstock; **130BL:** Adrianciurea69/Fotolia; **130BMC:** Margouillat Photo/Shutterstock; **130BML:** NorGal/Shutterstock; **130BMR:** Kostrez/Fotolia; **130BR:** Yurakp/Fotolia; **130CL:** Viktor/Fotolia; **130CR:** Springfield Gallery/Fotolia; **130MCL:** Komar Maria/Fotolia; **130MCR:** Igor Dutina/Shutterstock; **130T:** Dionisvera/Fotolia; **130TC:** Mr Prof/Fotolia; **130TL:** Eugenesergeev/Fotolia; **130TR:** Volff/Fotolia; **131:** Gertrudda/Fotolia; **131BC:** Joe Gough/Shutterstock; **131BL:** Alinamd/Fotolia; **131BR:** Kar Sol/Fotolia; **131MR:** Eric Isselee/123RF; **131TL:** Jeffrey B. Banke/Shutterstock; **131TR:** AS Food studio/Shutterstock; **133:** Michael Gray/Fotolia; **133B:** Tracy Whiteside/Shutterstock; **133BCL:** Tracy Whiteside/Shutterstock; **133C:** Gmevi Photo/Fotolia; **133TCL:** Eugenesergeev/Fotolia; **133TCR:** Almaje/Shutterstock; **133TL:** Discovod/Fotolia; **133TML:** Komar Maria/Fotolia; **133TMR:** Ifong/Shutterstock; **134:** Slim Plantagenate/Alamy Stock Photo; **135BCL:** Mr Prof/

Fotolia; **135BCR:** Kostrez/Fotolia; **135BL:** Springfield Gallery/Fotolia; **135BML:** Dionisvera/Fotolia; **135BMR:** Joe Gough/Fotolia; **135BR:** Almaje/Shutterstock; **135T:** Max Lashcheuski/Shutterstock; **137:** Pearson Education, Inc.; **137B:** Cindy Miller Hopkins/Danita Delimont Photography/Newscom; **137C:** Pearson Education, Inc.; **138B:** Paulo Vilela/Shutterstock; **138C:** Paulo Vilela/Shutterstock; **138T:** MSPhotographic/Shutterstock; **139B:** Sepp Puchinger/ImageBroker/Alamy Stock Photo; **139TC:** BillionPhotos.com/Shutterstock; **139TCL:** Bogdandimages/Fotolia; **139TCR:** Photoniko/Fotolia; **139TL:** Dionisvera/Fotolia; **139TR:** Danny Smythe/Shutterstock; **140BL:** Nampix/Shutterstock; **140BR:** AGcuesta/Fotolia; **140T:** Family Business/Fotolia; **141B:** Pearson Education, Inc.; **141T:** Moodboard/SuperStock; 142 143: FomaA/Fotolia;

Chapter 03B **146:** ©2016 Banco de México Diego Rivera Frida Kahlo Museums Trust, Mexico, D.F./Artists Rights Society (ARS), New York; **146B:** Rivera, Diego (1886 1957)/Palacio Nacional, Mexico City, Mexico/Bridgeman Images; **146T:** Pearson Education, Inc.; **147:** ImageBroker/SuperStock; **148BC:** Vaivirga/Fotolia; **148BCL:** Multiart/iStock/Getty Images; **148BCR:** Sergiy Kuzmin/Shutterstock; **148BL:** S_Photo/Shutterstock; **148BML:** Inna Astakhova/Fotolia; **148BMR:** Yodaswaj/Fotolia; **148BR:** Tetxu/Shutterstock; **148TCL:** Africa Studio/Shutterstock; **148TCR:** Baloncici/Shutterstock; **148TL:** Blend Images/Shutterstock; **148TR:** Gareth Boden/Pearson Education, Inc.; **149BC:** Sommai/Fotolia; **149BR:** Tatyana Vyc/Shutterstock; **149C:** SeDmi/Shutterstock; **149CR:** Giulia Fiori Photography/Moment Open/Getty Images; **149TC:** Utoimage/Fotolia; **149TL:** Markin/YAY Micro/AGE Fotostock; **149TR:** Eskaylim/Fotolia; **150BL:** Susanna Price/Dorling Kindersley/Getty Images; **150BR:** Pixtal/AGE Fotostock; **150TL:** Michael De Leon/Getty Images; **150TR:** Michael De Leon/Getty Images; **151C:** Aleksandar Mijatovic/Fotolia; **151L:** Massman/123RF; **151R:** Pilipphoto/Fotolia; **152:** Lee Torrens/Shutterstock; **153:** Vaivirga/Fotolia; **153BCL:** Eskaylim/Fotolia; **153BCR:** Viktor/Fotolia; **153BL:** Africa Studio/Shutterstock; **153BM:** Aleksandar Mijatovic/Fotolia; **153BML:** Viktor/Fotolia; **153BMR:** Discovod/Fotolia; **153BR:** Tarasyuk Igor/Shutterstock; **153C:** Bogdandimages/Fotolia; **153CL:** Valentyn Volkov/Shutterstock; **153CML:** Johnfoto18/Shutterstock; **153CMR:** Eskaylim/Fotolia; **153CR:** Africa Studio/Shutterstock; **153MC:** Ultimathule/Shutterstock; **153MCL:** Sommai/Fotolia; **153MCR:** Sergiy Kuzmin/Shutterstock; **153ML:** Inna Astakhova/Fotolia; **153MR:** Yodaswaj/Fotolia; **153R:** Tetxu/Shutterstock; **153TCL:** Vaivirga/Fotolia; **153TCR:** Viktor1/Shutterstock; **153TL:** Tetxu/Shutterstock; **153TMC:** Gitusik/Fotolia; **153TR:** Utoimage/Fotolia; **156:** JTB Photo/Superstock; **159BCL:** Inna Astakhova/Fotolia; **159BCR:** Joe Gough/

Fotolia; **159BL:** Giulia Fiori Photography/Moment Open/Getty Images; **159BR:** Baibaz/Fotolia; **159C:** Yodaswaj/Fotolia; **159CL:** Multiart/iStock/Getty Images; **159CR:** Tarasyuk Igor/Shutterstock; **159T:** Ultimathule/Shutterstock; **159TCL:** Africa Studio/Shutterstock; **159TCR:** Sergiy Kuzmin/Shutterstock; **159TL:** Tetxu/Shutterstock; **159TR:** Bogdandimages/Fotolia; **160BL:** Pearson Education, Inc.; **160BR:** Charles Rex Arbogast/AP Images; **160TR:** Luis Davilla/Photolibrary/Getty Images; **161:** Juice Images/Alamy Stock Photo; **162BR:** Pearson Education, Inc.; **162C:** Pearson Education, Inc.;**162L:** Pearson Education, Inc.; **162R:** Pearson Education, Inc.; **163B:** Carl Recine/ZUMApress/Newscom; **163T:** Matthew Pearce/Icon Sportswire 169//Newscom; **164:** Dorothy Alexander/Alamy Stock Photo; 166 **167:** Martin Turzak/Alamy Stock Photo

Chapter 04A **170:** Museo Nacional del Prado/Art Resource, NY; **171:** Oliver Gerhard/ImageBroker/Alamy Stock Photo; **172:** Hola Images/Collage/Corbis; **172BC:** Yadid Levy/Robertharding/Alamy Stock Photo; **172BL:** RosaIreneBetancourt 5/Alamy Stock Photo; **172BR:** Alex Segre/Alamy Stock Photo; **172ML:** Jerónimo Alba/AGE Fotostock; **172MR:** Peter Horree/Alamy Stock Photo; **172T:** Hola Images/Collage/Corbis; **172TC:** Ivan Vdovin/Alamy Stock Photo; **172TL:** Syda Productions/Shutterstock; **172TR:** Hero Images Inc./Alamy Stock Photo; **173:** Jeffrey Blackler/Alamy Stock Photo; **173BC:** Picturenet/Blend Images/Getty Images; **173BL:** David Noton Photography/Alamy Stock Photo; **173BR:** Ruzanna/Shutterstock; **173CR:** Randy Faris/Cardinal/Corbis; **173TL:** Sue Anderson/Alamy Stock Photo; **173TR:** Jeffrey Blackler/Alamy Stock Photo; **174B:** Thomas Cockrem/Alamy Stock Photo; **174C:** Clsdesign/Fotolia; **174T:** Terry Vine/Blend Images/Getty Images; **174TC:** Endless Travel/Alamy Stock Photo; **175L:** Chris Fredriksson/Alamy Stock Photo; **175R:** F Scholz/ARCO/AGE Fotostock; **176BCL:** Yadid Levy/Robertharding/Alamy Stock Photo; **176BCR:** Alex Segre/Alamy Stock Photo; **176BL:** Jeffrey Blackler/Alamy Stock Photo; **176BMR:** Sue Anderson/Alamy Stock Photo; **176BR:** RosaIreneBetancourt 5/Alamy Stock Photo; **176CL:** Syda Productions/Shutterstock; **176CML:** Hero Images Inc./Alamy Stock Photo; **176CMR:** Ivan Vdovin/Alamy Stock Photo; **176ML:** Endless Travel/Alamy Stock Photo; **176MR:** Peter Horree/Alamy Stock Photo; **176TCL:** Jerónimo Alba/AGE Fotostock; **176TCR:** Alex Segre/Alamy Stock Photo; **176TL:** Jeffrey Blackler/Alamy Stock Photo; **176TMC:** David Noton Photography/Alamy Stock Photo; **176TR:** Ruzanna/Shutterstock; **177:** akg images/Joseph Martin/Newscom; **177:** Joseph Martin/Akg Images/Newscom; **179:** Jeff Greenberg/AGE Fotostock; **180:** Martin Bernetti/AFP/Getty Images; **181:** Jack Hollingsworth/Spirit/Corbis; **182:** Pearson

Education, Inc.; **183:** Ritchie Valens/Michael Ochs Archives/Getty Images; **185:** Dominique Faget/AFP/Getty Images; **186:** Pearson Education, Inc.; **187B:** Nik Wheeler/Alamy Stock Photo; **187T:** Ken Welsh/AGE Fotostock; **188:** Peter Langer/Design Pics/Superstock; **189B:** Dave G.Houser/Corbis; **189TL:** Jason Homa/Exactostock 1491/SuperStock; **189TR:** Nadia Borowski/KRT/Newscom; **190:** GoGo Images Corporation/Alamy Stock Photo; **191B:** ©Jimmy Dorantes/LatinFocus.com; **191T:** Bill Bachmann/PhotoEdit, Inc.; 192 **193:** Ian G Dagnall/Alamy Stock Photo;

Chapter 04B **196:** Clive Rose/Getty Images Sport/Getty Images; **197:** Hannah Peters/Getty Images Sport/Getty Images; **198BC:** Erik Isakson/Tetra images/Getty Images; **198BL:** Tom Carter/Alamy Stock Photo; **198BR:** John Lund/Drew Kelly/Blend Images/AGE Fotostock; **198MCL:** Samot/Shutterstock; **198MCR:** Galina Barskaya/Shutterstock; **198ML:** Tracy A. Woodward/The Washington Post/Getty Images; **198MR:** Newzulu/Alamy Stock Photo; **198TC:** Juanmonino/E+/Getty Images; **198TL:** Gareth Boden/Pearson Education, Inc.; **198TR:** James Woodson/Photodisc/Getty Images; **199BR:** Jim West/Alamy Stock Photo; **199CL:** Tim Mantoani/Masterfile/Corbis; **199CR:** Hero Images/AGE Fotostock; **199ML:** Mint Images Limited/Alamy Stock Photo; **199TL:** Ana Martinez/Reuters/Corbis; **199TR:** Hill Street Studios/Blend Images/AGE Fotostock; **200L:** Glow Images/Getty images; **200R:** Rido/Shutterstock; **201L:** Isaac Ruiz Santana/iStock/Getty Images Plus/Getty Images; **201R:** JMichl/iStock/Getty Images Plus/Getty Images; **202BCL:** David Lee/Shutterstock; **202BCR:** Mw1b2175/iStock/Getty Images Plus/Getty images; **202BL:** Mark Herreid/Shutterstock; **202BML:** Eastimages/Shutterstock; **202BMR:** Andrey Popov/Shutterstock; **202BR:** Luckypic/Shutterstock; **202C:** Rcpphoto/Shutterstock; **202MC:** Tracy A. Woodward/The Washington Post/Getty Images; **202MCL:** Hill Street Studios/Blend Images/AGE Fotostock; **202MCR:** Hero Images/AGE Fotostock; **202ML:** Ana Martinez/Reuters/Corbis; **202MR:** Mint Images Limited/Alamy Stock Photo; **202T:** Tim Mantoani/Masterfile/Corbis; **203:** Mint Images Limited/Alamy Stock Photo; **203BL:** Jon Sparks/Alamy Stock Photo; **203BR:** Tracy A. Woodward/The Washington Post/Getty Images; **203MC:** Newzulu/Alamy Stock Photo; **203MR:** Peter Horree/Alamy Stock Photo; **203TR:** Monticelllo/fotolia; **204BC:** Tracy A. Woodward/The Washington Post/Getty Images; **204BL:** Ruzanna/Shutterstock; **204BMC:** Image Source/Getty Images; **204BR:** Peter Horree/Alamy Stock Photo; **204C:** Ana Martinez/Reuters/Corbis; **204CL:** Hill Street Studios/Blend Images/AGE Fotostock; **204CM:** Image Source/Getty Images; **204CR:** Dinodia Photos/Alamy Stock Photo; **204ML:** Hill Street Studios/Blend Images/AGE Fotostock; **204TCL:** Tim Mantoani/Masterfile/Corbis; **204TCR:** Tracy A. Woodward/The Washington Post/Getty Images; **204TL:** Ana Martinez/Reuters/Corbis; **204TR:** Jeffrey Blackler/Alamy Stock Photo; **205:** ©LatinFocus.com; **206BL:** Luckypic/Shutterstock; **206BR:** Jeffrey Blackler/Alamy Stock Photo; **206C:** KidStock/Blend Images/Corbis; **206CBL:** Ruzanna/Shutterstock; **206CBR:** Travel Pictures/Pictures Colour Library/Alamy Stock Photo; **206ML:** Picturenet/Blend Images/Getty Images; **206MR:** Mint Images Limited/Alamy Stock Photo; **206T:** Phovoir/Alamy Stock Photo; **207B:** Gianluca Rasile/Shutterstock; **207T:** Tony Savino/The Image Works; **208BL:** Mitchell Layton/Getty Images; **208BR:** BPI/REX Shutterstock/AP Images; **208MCL:** Xavier J. Araujo/GFR Media/AP Images; **208MCR:** Ross D. Franklin/AP Images; **208ML:** Allstar Picture Library/Alamy Stock Photo; **208MR:** Manuel Queimadelos Alonso/Getty Images Sport/Getty Images; **208T:** Matt Brown/Angels Baseball LP/Getty Images Sport/Getty Images; **209:** Max Montecinos/Reuters; **210:** Novastock Stock Connection Worldwide/Newscom; **211:** Michael Taylor/Lonely Planet Images/Getty Images; **212:** Allstar Picture Library/Alamy Stock Photo; **213B:** Bill Kostroun/AP Images; **213T:** CSPA/Cal Sport Media/Newscom; **214B:** RosaIreneBetancourt 1/Alamy Stock Photo; **214T:** Muntz/The Image Bank/Getty images; **215:** Enigma/Alamy Stock Photo; **216:** IADB; **223:** Terry Vine/Blend Images/Getty Images

Chapter 05A **220B:** Carmen L. Garza; **220T:** Pearson Education; **221:** Blend Images/SuperStock; **222:** Jennifer Booher/Alamy Stock Photo; **222BCL:** loskutnikov/Shutterstock; **222BCR:** Oleksiy Mark/Shutterstock; **222BR:** Ekler/Shutterstock; **222C:** Anthony Ricci/Shutterstock; **222ML:** Corbis Premium RF/Alamy Stock Photo; **222MR:** Photomatz/Shutterstock; **222T:** Monkey Business Images/Shutterstock; **223BL:** Monkey Business Images/Shutterstock; **223BR:** Tim Dolan/UpperCut Images/Alamy Stock Photo; **223C:** Tim Dolan/UpperCut Images/Alamy Stock Photo; **223CB:** Monkey Business Images/Getty Images; **223CL:** Radulep/Fotolia; **223CM:** Monkey Business Images/Getty Images; **223CR:** Tim Dolan/UpperCut Images/Alamy Stock Photo; **223CT:** Tim Dolan/UpperCut Images/Alamy Stock Photo; **223ML:** Monkey Business Images/Shutterstock; **223MR:** MBI/Alamy Stock Photo; **223TL:** Marten_House/Shutterstock; **223TR:** KidStock/Blend Images/Alamy Stock Photo; **224B:** Teguh Mujiono/Shutterstock; **224C:** Gines Romero/Shutterstock; **224MR:** Yayayoyo/Shutterstock; **224TC:** Tracy Whiteside/Alamy; **224TL:** JGI/Jamie Grill/Blend Images/Alamy Stock Photo; **224TR:** keeweeboy/YAY Media AS/Alamy Stock Photo; **225C:** Sarah Bossert/Getty Images; **225L:** Cathy Melloan/Alamy Stock

Photo; **225R:** Carlos Mora/Alamy Stock Photo; **226:** Jennifer Booher/Alamy Stock Photo; **227TC:** Jacek Chabraszewski/Shutterstock; **227BC:** Anthony Hatley/Alamy Stock Photo; **227BL:** YanLev/Shutterstock; **227BR:** Michael Robinson Chavez/Los Angeles Times/Getty Images; **227TL:** Contrastaddict/iStock/Getty Images; **227TR:** Jeff Greenberg 6 of 6/Alamy Stock Photo; **228:** Corbis Premium RF/Alamy Stock Photo; **228BL:** Corbis Premium RF/Alamy Stock Photo; **228BR:** Anthony Ricci/Shutterstock; **228ML:** Dinodia Photos/Alamy Stock Photo; **228MR:** Ekler/Shutterstock; **230:** Europa Press/Getty Images; **231B:** Francisco De Goya/Prado museum/Art Resource, NY; **231T:** Self Portrait, 1815 (oil on canvas), Goya y Lucientes, Francisco Jose de (1746 1828)/Real Academia de Bellas Artes de San Fernando, Madrid, Spain/Bridgeman Images; **232L:** DreamPictures/Blend Images/Getty Images; **232R:** Rolf Bruderer/Blend Images/Getty Images; **233:** Pearson Education, Inc.; **234:** Pearson Education, Inc.; **235:** Steve Shott/Dorling Kindersley, Ltd.; **236B:** Schalkwijk/Art Resource, NY; **236T:** Roy Morsch/age fotostock/Superstock; **237:** FR Images/Alamy Stock Photo; **238:** Corbis/SuperStock; **239:** Corbis/SuperStock; **240:** AGCuesta Images/Alamy Stock Photo; **241:** Robert Daly/Ojo Images/AGE Fotostock; 242 **243:** EFE;

Chapter 05B **246B:** Erich Lessing/Art Resource, NY; **246T:** Pearson Education; **247:** Gary Latham/Alamy Stock Photo; **248BC:** Jules Selmes/Pearson Education, Inc.; **248BL:** Tim UR/Shutterstock; **248BR:** Jeff Greenberg 6 of 6/Alamy Stock Photo; **248ML:** Lapas77/Fotolia; **248MR:** Africa Studio/Shutterstock; **248TL:** Jodi Matthews/iStock/Getty Images; **248TR:** Stewart Cohen/Blend Images/Alamy Stock Photo; **249BC:** KidStock/Blend Images/AGE Fotostock; **249BCL:** Jenny Elia Pfeiffer/Corbis; **249BCR:** YAY Media AS/Alamy Stock Photo; **249BL:** MBI/Alamy Stock Photo; **249BR:** Pete Saloutos/Image Source/Corbis; **249T:** Ronnie Kaufman/Larry Hirshowitz/Blend Images/Getty Images; **250BL:** Joe Gough/Shutterstock; **250BR:** Paul Brighton/Fotolia; **250TL:** Caroline Mowry/Somos Images/Corbis; **250TR:** Blend Images/Corbis; **251L:** The Washington Post/Getty Images; **251R:** Hola Images/Alamy Stock Photo; **252BC:** Steve Hix/Somos Images/Corbis; **252BL:** RubberBall/Alamy Stock Photo; **252BR:** Dean Drobot/Shutterstock; **252TC:** David Clifford/Aurora Photos/Alamy Stock Photo; **252TL:** Daniel M Ernst/Shutterstock; **252TR:** Dave & Les Jacobs/Blend Images/AGE Fotostock; **253:** Odua Images/Shutterstock; **253BL:** Asia Images Group Pte Ltd/Alamy Stock Photo; **253BR:** Andres Rodriguez/Alamy Stock Photo; **253MC:** Zoonar/Robert Byron/ZOONAR GMBH LBRF/AGE Fotostock; **253ML:** Gelpi José Manuel/Panther Media/AGE Fotostock; **253TL:**

Dinodia Photos/Alamy Stock Photo; **253TR:** Marc Romanelli/Blend Images/Getty Images; **254B:** CSP_iloveotto/Fotosearch LBRF/AGE Fotostock; **254T:** Patrick Byrd/Alamy Stock Photo; **255:** Russell Gordon/Danita Delimont/Alamy Stock Photo; **259B:** ©Jimmy Dorantes/LatinFocus.com; **259T:** Universal Images Group/Getty Images; **261:** Hal Beral/VWPics/Alamy Stock Photo; **262:** Ian G Dagnall/Alamy Stock Photo; **263:** Antony Souter/Alamy Stock Photo; **263T:** Frank Vetere/Alamy Stock Photo; **264:** David R. Frazier/Danita Delimont Photography/Newscom; **266 267:** EFE

Chapter 06A **270:** ©Salvador Dalí, Fundació Gala Salvador Dalí, Artists Rights Society (ARS), New York 2016; **270:** Peter Horree/Alamy Stock Photo; **271:** William Panzer/Alamy Stock Photo; **272BL:** Janis Christie/Photodisc/Getty Images; **272BR:** Siraphol/123RF; **272C:** Anna Oleksenko/123RF; **272CML:** Anankkml/Fotolia; **272CMR:** CSP_Fckncg/Fotosearch LBRF/AGE Fotostock; **272ML:** Lukas Kurka/Shutterstock; **272MR:** Dorling Kindersley, Ltd.; **272T:** West Coast Surfer/Moodboard/AGE Fotostock; **273:** Digerati/Fotolia; **274:** Antoniodiaz/ShutterStock; **275L:** Oscar Garces/Camara Lucida RM/AGE Fotostock; **275R:** Hector Vivas/LatinContent/Getty Images; **276:** Blend Images/Shutterstock; **279:** Mindy Small/Film Magic/Getty Images; **281BC:** Denis Rozhnovsky/Shutterstock; **281BL:** Jonathan Gelber/Getty Images; **281BR:** Cobalt88/Shutterstock; **281TL:** Photographee.eu/Fotolia; **281TR:** Joby Sessions/Tap Magazine/Future/Getty Images; **282:** Perry Correll/Shutterstock; **285BL:** Jonathan Gelber/Getty Images; **285BR:** Joby Sessions/Tap Magazine/Future/Getty Images; **285TL:** Cobalt88/Shutterstock; **285CR:** Denis Rozhnovsky/Shutterstock; Nilanjan Bhattacharya/**123RF;** **286B:** Juan Barreto/AFP/Getty Images; **286T:** GoGo Images Corporation/Alamy Stock Photo; **287:** Travis houston/Shutterstock; **288B:** Redsnapper/Alamy Stock Photo; **288T:** Pearson Education, Inc.; **289:** Redsnapper/Alamy Stock Photo; **289:** Tom Sibley/Terra/Corbis; **290:** Ray Laskowitz/Ray Laskowitz/SuperStock; **291:** B2M Productions/Getty Images; 292 **293:** EFE;

Chapter 06B **296:** Pearson Education, Inc; **296:** Pearson Education, Inc.; **297:** Greg Balfour Evans/Alamy Stock Photo; **298B:** IP Galanternik D.U./E+/Getty Images; **298MC:** Iriana Shiyan/Shutterstock; **298MCL:** Iriana Shiyan/Shutterstock; **298MCR:** ShortPhotos/Shutterstock; **298ML:** Iriana Shiyan/Shutterstock; **298MR:** Mark Hemmings/Newscom; **298T:** Myrleen Cate/Alamy Stock Photo; **299BCL:** Mint Images/SuperStock; **299BCR:** Justin Horrocks/E+/Getty Images; **299BL:** Africa Studio/fotolia; **299BR:** GK Hart/Vikki Hart/Taxi/Getty Images; **299CL:** Stefano Cavoretto/Alamy Stock Photo; **299CML:** Cathy Yeulet/Hemera/Getty Images Plus/Getty Images; **299CMR:** Florian Kopp/Westend61 RM/AGE Fotostock; **299CR:**

Blend Images/SuperStock; **299MCL:** Jupiterimages/Exactostock 1555/SuperStock; **299MCR:** Monkey Business Images/Alloy/Corbis; **299ML:** John Birdsall/AGE Fotostock; **299MR:** Myrleen Pearson/Alamy Stock Photo; **299T:** Nathan Alliard/Photononstop/Corbis; **300B:** 2/Andersen Ross/Ocean/Corbis; **300T:** Radius Images/Alamy Stock Photo; **301L:** Stuart Pearce/AGE Fotostock/Alamy Stock Photo; **301R:** LatitudeStock/Alamy Stock Photo; **303B:** AGE Fotostock/SuperStock; **303BL:** Nathan Alliard/Photononstop/Corbis; **303BML:** Florian Kopp/Westend61 RM/AGE Fotostock; **303C:** 2/Andersen Ross/Ocean/Corbis; **303CBL:** Jack Hollingsworth/Exactostock 1598/Superstock; **303CBR:** Justin Horrocks/E+/Getty Images; **303CL:** Darren Hubley/Shutterstock; **303CML:** Worldwide_Stock/Fotolia; **303CMR:** Andy Dean/Shutterstock; **303CR:** Karlowac/Shutterstock; **303MC:** Cathy Yeulet/Hemera/Getty Images Plus/Getty Images; **303MCL:** rangizzz/Shutterstock; **303ML:** Mnoor/Shutterstock; **303MR:** Vladyslav Starozhylov/123RF; **303R:** John Birdsall/AGE Fotostock; **303T:** Aigars Reinholds/Shutterstock; **304BC:** Florian Kopp/Westend61 RM/AGE Fotostock; **304BL:** Fuse/Getty Images; **304BR:** Nathan Alliard/Photononstop/Corbis; **304MC:** Jupiterimages/Exactostock 1555/SuperStock; **304ML:** Jupiterimages/Stockbyte/Getty Images; **304MR:** Juice Images/Alamy Stock Photo; **304TR:** Blend Images/SuperStock; **306BC:** Mee Ting/Fotolia; **306BL:** Iriana Shiyan/Shutterstock; **306BR:** Steve Prezant/Masterfile/Corbis; **306MC:** Pearson Education, Inc.; **306ML:** Emirkoo/Fotolia; **306MR:** Figure8Photos/E+/Getty Images; **306TC:** Vladimir Rublev/123RF; **308L:** Ed Bock/Comet/Corbis; **308R:** Susan Chiang/E+/Getty Images; **309:** Juice Images/Alamy Stock Photo; **309BC:** John Birdsall/AGE Fotostock; **309BL:** Florian Kopp/Westend61 RM/AGE Fotostock; **309BR:** Jupiterimages/Exactostock 1555/SuperStock; **309MC:** Blend Images/SuperStock; **309ML:** Jack Hollingsworth/Exactostock 1598/Superstock; **309MR:** Justin Horrocks/E+/Getty Images; **310:** Jiawangkun/Shutterstock; **314B:** Mark Boulton/Alamy Stock Photo; **314T:** AGE Fotostock/SuperStock; **315:** Age Fotostock/SuperStock; **316 317:** EFE

Chapter 07A 320: ©Successió Miró/Artists Rights Society (ARS), New York/ADAGP, Paris 2016; **320:** RMN Grand Palais/ARS/Art Resource, NY; **321:** John Mitchell/Alamy Stock Photo; **322BC:** Michael Kraus/Shutterstock; **322BCL:** Elnur/Shutterstock; **322BCR:** Ruslan Kudrin/Shutterstock; **322BL:** Andrey Armyagov/Shutterstock; **322BR:** Tarzhanova/Shutterstock; **322C:** Andres Rodriguez/Fotolia; **322MCL:** popovaphoto/Shutterstock; **322MCR:** ekler/Shutterstock; **322ML:** Theartofphoto/Shutterstock; **322MR:** Dean bertoncelj/Shutterstock; **322T:** Rob Marmion/Shutterstock; **323:** Corbis Super RF/Alamy Stock Photo; **324C:** Radius Images/Alamy Stock Photo; **324L:** Pixel Memoirs/Alamy Stock Photo; **324R:** Spoilergen/Fotolia; **324T:** Rob Marmion/Shutterstock; **325L:** Adisa/Shutterstock; **325R:** Liza1979/Shutterstock; **326B:** SW Productions/Photodisc/Getty Images; **326TC:** Ableimages/Alamy Stock Photo; **326TCL:** Amble Design/Shutterstock; **326TCR:** Lev Dolgachov/Alamy Stock Photo; **326TL:** Mint Images Limited/Alamy Stock Photo; **326TR:** Gregg Vignal/Alamy Stock Photo; **327B:** Mi Futuro y mi Tierra, 2003(coloured pencil on paper), Ortiz, Oscar (b.1964) (Contemporary Artist)/Private Collection/Bridgeman Images; **327MCL:** PHB.cz (Richard Semik)/Shutterstock; **327MCR:** John Rowley/AGE Fotostock; **327ML:** VStock/Alamy Stock Photo; **327MR:** Sharplaninac/Fotolia; **327T:** Kemter/iStock/Getty Images; **328B:** Glyn Thomas/Alamy Stock Photo; **328C:** Aroas/Fotolia; **328MC:** Andrea Biraghi/Fotolia; **328T:** Anton Ivanov/Shutterstock; **329BC:** Moodboard/Alamy Stock Photo; **329BL:** Wavebreak Media Ltd/Alamy Stock Photo; **329BR:** Catherine Ledner/Stockbyte/Getty Images; **329TC:** John Lund/Paula Zacharias/Blend Images/Alamy Stock Photo; **329TL:** Miroslava Lipa/Alamy Stock Photo; **329TR:** Johnny Greig/Alamy Stock Photo; **331B:** Steve Hamblin/Alamy Stock Photo; **331CL:** Karkas/Shutterstock; **331ML:** Miran Buric/Alamy Stock Photo; **331MR:** Nadezda/Shutterstock; **331T:** Lubos Chlubny/Fotolia; **333B:** Pearson Education, Inc.; **333MC:** Cristi180884/Fotolia; **333MCL:** Juliko77/Fotolia; **333MCR:** Kuarmungadd/Fotolia; **333ML:** Vividz Foto/Fotolia; **333MR:** Ilya Starikov/Alamy Stock Photo; **333T:** Africa Studio/Shutterstock; **334:** Miran Buric/Alamy Stock Photo; **334BCR:** Vipman/Shutterstock; **334BL:** Karkas/Shutterstock; **334BR:** Tarzhanova/Shutterstock; **334TCL:** Karkas/Shutterstock; **334TCR:** Maryna Kulchytska/Shutterstock; **334TL:** Tarzhanova/Shutterstock; **334TR:** Elenovsky/Shutterstock; **335B:** Cindy Miller Hopkins/Danita Delimont/Alamy Stock Photo; **335C:** Steve Bly/Alamy Stock Photo; **335T:** Rob Kim/WireImage/Getty Images; **336BL:** Dixon Hamby/Alamy Stock Photo; **336BR:** Matt Ragen/Shutterstock; **336T:** Alfredo Maiquez/Lonely Planet Images/Getty Images; **337BR:** Alejandro Bolivar/Epa/Corbis; **337TL:** Cindy Miller Hopkins/Danita Delimont/Alamy Stock Photo; **337TR:** Ken Welsh/Alamy Stock Photo; **338:** Donald Nausbaum/Robertharding/Alamy Stock Photo; **339:** Javier Larrea/AGE Fotostock; **340 341:** EFE;

Chapter 7B 344B: Pearson Education; **344T:** Jtb Media Creation, Inc./Alamy Stock Photo; **345:** Chad Ehlers/Alamy Stock Photo; **346BC:** MadDog/Fotolia; **346BL:** Travelwide/Alamy Stock Photo; **346BR:** Cris Haigh/Alamy Stock Photo; **346CL:** Art_girl/Shutterstock; **346CR:** Zoonar/Kudrin Ruslan/AGE Fotostock; **346ML:** ICP/AGE Fotostock; **346MR:** Caimacanul/Fotolia; **346TL:** John Warner/

Shutterstock; **346TR:** Randy Faris/Corbis Super RF/Alamy Stock Photo; **347BL:** Greenview2015/Fotolia; **347BR:** JJM Stock Photography/Alamy Stock Photo; **347ML:** AnatBoonsawat/Shutterstock; **347TC:** www.BillionPhotos.com/Shutterstock; **347TCL:** Boomerang11/Fotolia; **347TCR:** Nomad Soul/Fotolia; **347TL:** Budimir Jevtic/Fotolia; **347TR:** Ziviani/Shutterstock; **348L:** Jeff Greenberg 6 of 6/Alamy Stock Photo; **348R:** RosaBetancourt 0 people images/Alamy Stock Photo; **349L:** Iain Sharp/Alamy Stock Photo; **349R:** Marco Cristofori/Robertharding/Getty Images; **350B:** Alex Segre/Alamy Stock Photo; **350MCL:** E Amikishiyev/Zoonar GmbH RF/AGE Fotostock; **350MCR:** Grosescu Alberto Mihai/iStock/Getty Images; **350ML:** Zakaz/Fotolia; **350MR:** Pixelrobot/Fotolia; **350TC:** Nilanjan Bhattacharya/123RF; **350TL:** Ruslan Olinchuk/123RF; **350TR:** Africa Studio/Fotolia; **352B:** Teena137/Fotolia; **352C:** Africa Studio/Fotolia; **352CL:** Photomelon/Fotolia; **352CR:** Shotshop GmbH/Alamy Stock Photo; **352MC:** Elnur/Shutterstock; **352ML:** Mweichse/iStock/Getty Images; **352MR:** Maksym Yemelyanov/Alamy Stock Photo; **352T:** Ruslan Kudrin/Zoonar GmbH/Alamy Stock Photo; **353BL:** Peter Forsberg/Shopping/Alamy Stock Photo; **353BR:** Andrew Pini/Photolibrary/Getty Images; **353TL:** Peter Titmuss/Alamy Stock Photo; **353TR:** Travelwide/Alamy Stock Photo; **354:** Mweichse/iStock/Getty Images; **354:** Shotshop GmbH/Alamy Stock Photo; **354:** Tarzhanova/Shutterstock; **354BL:** Morganka/Shutterstock; **354BR:** Africa Studio/Fotolia; **354CBR:** CSP_Elnur/Fotosearch LBRF/AGE Fotostock; **354ML:** Tarzhanova/Shutterstock; **354MR:** Zakaz/Fotolia; **355:** Image Source/Alamy Stock Photo; **356:** Oliver Gerhard/Alamy Stock Photo; **357B:** CSP_Elnur/Fotosearch LBRF/AGE Fotostock; **357C:** Nilanjan Bhattacharya/123RF; **357MC:** Ruslan Olinchuk/123RF; **357T:** Joseph/Shutterstock; **359BL:** Bettmann /Getty Images; **359TL:** SuperStock; **359TR:** Itsallgood/Fotolia; **360BL:** Photomelon/Fotolia; **360BR:** CSP_Elnur/Fotosearch LBRF/AGE Fotostock; **360CL:** Elnur/Shutterstock; **360CR:** Stocksnapper/Fotolia; **360ML:** Sumire8/Fotolia; **360MR:** Tarzhanova/Shutterstock; **362:** Carlos S. Pereyra/AGE Fotostock; **363:** Alex Segre/Alamy Stock Photo; **363:** Iain Sharp/Alamy Stock Photo; **363:** Marco Cristofori/Robertharding/Getty Images; **364B:** Iuliia Timofeeva/Alamy Stock Photo; **364C:** RosalreneBetancourt 6/Alamy Stock Photo; **364T:** Rick Shupper/Citizen of the Planet/Alamy Stock Photo; **365B:** Tim Boyle/Getty Images; **365C:** David Zanzinger/Alamy Stock Photo; **365T:** M. Timothy O'Keefe/Alamy Stock Photo; **366:** Jon Arnold Images Ltd/Alamy Stock Photo; **367:** Myrleen Pearson/PhotoEdit, Inc.; 368 **369:** Luis Davilla/Photolibrary/Getty Images

Chapter 08A **372:** Sorolla y bastida/Album/Art Resource, NY; **373:** Gary Yim/Shutterstock; **374BC:** Patti McConville/Alamy Stock Photo; **374BL:** Xinhua/Alamy Stock Photo; **374BMC** Hackenberg Photo Cologne/Alamy Stock Photo; **374BR:** Granger Wootz/Blend Images/Alamy Stock Photo; **374MC:** Hackenberg Photo Cologne/Alamy Stock Photo; **374ML:** Gardel Bertrand/Hemis/Alamy Stock Photo; **374MR:** Hermann Dobler/ImageBroker/Alamy Stock Photo; **374T:** Lev Dolgachov/Alamy Stock Photo; **375BCL:** Jan A. Csernoch/Alamy Stock Photo; **375BCR:** Martin Moxter/ImageBroker/Alamy Stock Photo; **375BL:** Photodiscoveries/Fotolia; **375BR:** Paul Bradbury/OJO Images Ltd/Alamy Stock Photo; **375C:** Nicholashan/Fotolia; **375TL:** George Oze/Alamy Stock Photo; **375TR:** J.W.Alker/ImageBroker/Alamy Stock Photo; **376L:** Stefano Paterna/Alamy Stock Photo; **376R:** Mariusz Prusaczyk/Fotolia; **376T:** Manchan/Photodisc/Getty Images; **377C:** Paul S. Wolf/ShutterStock; **377L:** Sylvain Grandadam/robertharding/Corbis; **377R:** Kseniya Ragozina/Fotolia; **378B:** Efrain Padro/Alamy Stock Photo; **378CMR:** George Oze/Alamy Stock Photo; **378MC:** Hermann Dobler/ImageBroker/Alamy Stock Photo; **378MCL:** J.W.Alker/ImageBroker/Alamy Stock Photo; **378ML:** Paul Bradbury/OJO Images Ltd/Alamy Stock Photo; **378MR:** Jan A. Csernoch/Alamy Stock Photo; **378TC:** Gardel Bertrand/Hemis/Alamy Stock Photo; **378TCL:** Hackenberg Photo Cologne/Alamy Stock Photo; **378TCR:** Hackenberg Photo Cologne/Alamy Stock Photo; **378TL:** Granger Wootz/Blend Images/Alamy Stock Photo; **378TR:** Martin Moxter/ImageBroker/Alamy Stock Photo; **379:** Bernardo Galmarini/Alamy Stock Photo; **380B:** Hill Street Studios/Blend Images/Getty Images; **380MC:** Lizon/123RF; **380ML:** Philipus/Alamy Stock Photo; **380MR:** Lunamarina/Fotolia; **380TC:** Selivanov Iurii/123RF; **380TL:** Charles Polidano/Touch The Skies/Alamy Stock Photo; **381:** Reinhard Dirscherl/AGE Fotostock; **382BL:** Fitopardo.com/Moment/Getty Images; **382BR:** Action Plus Sports Images/Alamy Stock Photo; **382MC:** Guillermo Ogam/Notimex/Newscom; **382ML:** Wendy Connett/Robertharding/Alamy Stock Photo; **382MR:** Dorothy Alexander/Alamy Stock Photo; **382TC:** Robert Wyatt/Alamy Stock Photo; **383:** Nina Raingold/Getty Images News/Getty Images; **384:** Peter Zaharov/Shutterstock; **385BL:** Boscorelli/Fotolia; **385BR:** Jon Mikel Duralde/Alamy Stock Photo; **385T:** J.Enrique Molina/Alamy Stock Photo; **385TC:** Pablo Rogat/Shutterstock; **385TL:** Hermann Dobler/ImageBroker/Alamy Stock Photo; **385TR:** Boscorelli/Fotolia; **387:** A plus image bank/Alamy Stock Photo; **389B:** Xavier Subias/AGE Fotostock; **389T:** ImageBroker/SuperStock; **390L:** ImageBroker/Alamy Stock Photo; **390R:**

Pyty/Shutterstock; **390T:** ©LatinFocus.com; **391B:** Travelpix/Alamy Stock Photo; **391T:** Hemis/Alamy Stock Photo; **392B:** Mario Humberto Morales Rubi/Alamy Stock Photo; **392T:** David Hilbert/Alamy Stock Photo; **393:** Chris Sattlberger/Blend Images/Corbis; 394 395: Christian Kober/robertharding/Getty Images;

Chapter 08B 398: David Boyer/National Geographic/Getty Images; **399:** RosalreneBetancourt 10/Alamy Stock Photo; **400B:** Trevor Smith/Alamy Stock Photo; **400BC:** Photka/Fotolia; **400BR:** Bane.M/Alamy Stock Photo; **400C:** Jesus Keller/Shutterstock; **400CMR:** Africa Studio/Shutterstock; **400CR:** Anton Starikov/123RF; **400TC:** Atiketta Sangasaeng/Shutterstock; **400TCR:** Image Source Plus/Alamy Stock Photo; **400TL:** Dragan Zivkovic/Alamy Stock Photo; **400TR:** Gary Dyson/Alamy Stock Photo; **401BL:** Hero Images/DigitalVision/Getty Images; **401BR:** Blend Images/Alamy Stock Photo; **401C:** MBI/Alamy Stock Photo; **401ML:** Eric Raptosh/Blend Images/Alamy Stock Photo; **401MR:** David Grossman/Alamy Stock Photo; **401TC:** Ken Weingart/Getty Images; **401TL:** Juanmonino/E+/Getty Images; **401TR:** Mike Kemp/RubberBall/Alamy Stock Photo; **402B:** Roy Morsch/AGE Fotostock/Alamy Stock Photo; **402C:** Nik Taylor/Alamy Stock Photo; **402TL:** Asife/Fotolia; **402TR:** Jmsilva/E+/Getty Images; **403C:** Hero Images/Getty Images; **403L:** Bill Greene/The Boston Globe/Getty Images; **403R:** Marmaduke St. John/Alamy Stock Vector; **404BC:** Africa Studio/Shutterstock; **404BL:** Bane.M/Alamy Stock Photo; **404BR:** Gary Dyson/Alamy Stock Photo; **404C:** Image Source Plus/Alamy Stock Photo; **404CL:** Jesus Keller/Shutterstock; **404CR:** Atiketta Sangasaeng/Shutterstock; **404T:** Ken Welsh/AGE Fotostock; **405B:** AGE Fotostock/SuperStock; **405BCL:** David Grossman/Alamy Stock Photo; **405BCR:** Blend Images/Alamy Stock Photo; **405BL:** Hero Images/DigitalVision/Getty Images; **405BMR:** MBI/Alamy Stock Photo; **405BR:** Dragan Zivkovic/Alamy Stock Photo; **405CL:** Rido/Shutterstock; **405CML:** Newzulu/Alamy Stock Photo; **405CMR:** Ariel Skelley/Blend Images/Alamy Stock Photo; **405CR:** Chepe Nicoli/Shutterstock; **405TCL:** Andriy Petrenko/iStock/Getty Images Plus/Getty Images; **405TCR:** Janine Wiedel Photolibrary/Alamy Stock Photo; **406B:** ©Jimmy Dorantes/LatinFocus.com; **406T:** Jenny Matthews/Alamy Stock Photo; **407:** John Coletti/Jon Arnold Images/SuperStock; **410:** RosalreneBetancourt 5/Alamy Stock Photo; **411:** Tina Manley/Alamy Stock Photo; **412:** Travel Pictures/Alamy Stock Photo; **413B:** Jenny Matthews/Alamy Stock Photo; **413T:** Florian Kopp/ImageBroker/Alamy Stock Photo; **414B:** SuperStock; **414T:** Sarah Edwards/WENN Ltd/Alamy Stock Photo; **415B:** Jeffrey Arguedas/EPA/Newscom; **415T:** IrinaK/Shutterstock; **416:** O 'Rourke, Skip/Rapport Press/Newscom; **417B:** Robert van der Hilst/

Corbis; **417T:** PhotoEdit, Inc.; **418B:** Guy Edwardes Photography/Alamy Stock Photo; **418T:** SuperStock; **419:** Jonathan Nourok/PhotoEdit, Inc.; **N/A:** NBC Learn videos

Chapter 09A 424: ©Salvador Dalí, Fundació Gala Salvador Dalí, Artists Rights Society (ARS), New York 2016; **424:** Bridgeman Giraudon/Art Resource, NY; **425:** Universal Pictures/Strike Ent./Beacon Communications LLC/Album/Newscom; **426:** SOGECINE/Peliculas Pendelton/Album/Newscom; **426BL:** AF Archive/Alamy Stock Photo; **426BR:** Juanmonino/iStockphoto/Getty Images; **426CL:** Tom Grill/Blend Images/Alamy Stock Photo; **426ML:** Carol and Mike Werner/Alamy Stock Photo; **426MR:** Universal Pictures/Everett Collection; **426T:** Don Mason/Blend Images/Alamy Stock Photo; **427:** Alan Diaz/AP Images; **427:** Jos/Luis Ram/rez/Agencia Reforma/Newscom; **427BC:** Pictorial Press Ltd/Alamy Stock Photo; **427BL:** Photos 12/Alamy Stock Photo; **427BR:** Alan Diaz/AP Photo/AP Images; **427CL:** Hutton Supancic/Getty Images Entertainment/Getty Images; **427CR:** Joan Valls/ZUMA Press/Newscom; **427MC:** Europa Press/FilmMagic/Getty Images; **427MR:** Digital Vision/Getty Images; **427T:** Mike Kemp/RubberBall/Alamy Stock Photo; **428L:** Studio 8/Pearson Education, Inc.; **428R:** Gareth Boden/Pearson Education, Inc.; **429L:** Oliver Gerhard/ImageBroker/Newscom; **429R:** El Nuevo Herald/Tribune News Service/Getty Images; **430:** Hutton Supancic/Getty Images Entertainment/Getty Images; **430BC:** Alan Diaz/AP Photo/AP Images; **430BCR:** Photos 12/Alamy Stock Photo; **430BL:** Pictorial Press Ltd/Alamy Stock Photo; **430TC:** Digital Vision/Getty Images; **430TCL:** Europa Press/FilmMagic/Getty Images; **430TR:** Joan Valls/ZUMA Press/Newscom; **431:** Raul Romero/GDA/El Nacional/Venezuela/AP Images; **432L:** Jupiterimages/Stockbyte/Getty Images; **432R:** Antonio Diaz/Fotolia; **434:** Jordan Strauss/Invision/AP Images; **436:** Blend Images/Alamy Stock Photo; **437:** Matthias Oesterle/ZUMA Press/Newscom; **438:** Blend Images/Alamy Stock Photo; **439B:** Luis M. Alvarez/AP Images; **439C:** Joan Valls/ZUMA Press/Newscom; **439CR:** Photos 12/Alamy Stock Photo; **439T:** Digital Vision/Getty Images; **439TC:** Pictorial Press Ltd/Alamy Stock Photo; **440:** Monkey Business/Fotolia; **441:** Harry Sheridan/Alamy Stock Photo; **442:** Pearson Education, Inc.; **443B:** Danita Delimont/Alamy Stock Photo; **443T:** Peter Forsberg/Alamy Stock Photo; **445:** Ariel Skelley/Blend Images/Getty Images;

Chapter 09B 448: ©2016 Estate of Pablo Picasso/Artists Rights Society (ARS), New York; **448:** RMN Grand Palais/Art Resource, NY; **449:** Elmer Martinez/Newscom; **450BL:** Ariel Skelley/Blend Images/Corbis; **450BR:** D. Hurst/Alamy Stock Photo; **450MR:** Dominik Hladak/123RF; **450TL:** Aldo Murillo/E+/Getty Images;

450TR: Holbox/Shutterstock; 451: Nan/Alamy Stock Photo; 451C: Steve Debenpor/Vetta/Getty Images; 451L: Marc Chapeaux/AGF/AGE Fotostock; 451TR: Hero Images Inc./Alamy Stock Photo; 452B: Mandy Godbehear/Alamy Stock Photo; 452T: Image Source/Getty Images; 453L: Andresr/E+/Getty Images; 453R: Oleksiy Mark/Shutterstock; 454: AGE Fotostock/Alamy Stock Photo; 455B: Melba Photo Agency/Alamy Stock Photo; 455C: Ariel Skelley/Blend Images/Getty Images; 455T: Jerónimo Alba/Alamy Stock Photo; 456B: KidStock/Blend Images/Getty Images; 456MCL: Pearson Education, Inc.; 456MCR: Tupungato/Shutterstock; 456ML: Ian Dagnall Laptop Computing/Alamy Stock Photo; 456MR: Inxti/Shutterstock; 456T: Pearson Education, Inc.; 460BCL: ImageBroker/Alamy Stock Photo; 460BCR: Jochen Tack/ImageBroker/AGE Fotostock; 460BL: Kali Nine LLC/iStock/Getty Images; 460BML: YAY Media AS/Alamy Stock Photo; 460BMR: Hero Images/Getty Images; 460BR: Ronnie Kaufman/Larry/Blend Images/AGE Fotostock; 460T: George S De Blonsky/Alamy Stock Photo; 461: Hect/Shutterstock; 463B: Fancy Collection/SuperStock; 463L: De Agostini Picture Library/De Agostini/Getty Images; 463R: KidStock/Blend Images/Alamy Stock Photo; 465: Andrey Armyagov/Fotolia; 466L: OJO Images Ltd/Alamy Stock Photo; 466R: Pearson Education, Inc.; 467: BFG Images/Getty Images; 468 469: Thomas R. Fletcher/Alamy Stock Photo

Para Empezar Level B PE 2: Anthony Hatley/Alamy Stock Photo; PE 2: BlueSkyImages/Fotolia; PE 2: Denis Radovanovic/Shutterstock; PE 2: DragonImages/Fotolia; PE 2: Hero Images/Getty Images; PE 2: Jacek Chabraszewski/Shutterstock; PE 2: Jeff Greenberg/Alamy Stock Photo; PE 2: KidStock/Blend Images/Alamy Stock Photo; PE 2: Michael Robinson Chavez/Los Angeles Times/Getty Images; PE 2: Monkey Business/Fotolia; PE 2: Nikokvfrmoto/Fotolia; PE 2: Ronnie Kaufman/Larry/Blend Images/AGE Fotostock; PE 2: RosalreneBetancourt 3/Alamy Stock Photo; PE 2: YanLev/Shutterstock; PE 3: Anne Ackermann/Getty Images; PE 3: Antoniodiaz/Shutterstock; PE 3: B Christopher/Alamy Stock Photo; PE 3: Germanskydive110/Fotolia; PE 3: Klaus Vedfelt/Taxi/Getty Images; PE 3: Photofusion/UIG/Universal Images Group/AGE Fotostock; PE 3: Randy Faris/Corbis; PE 3: Ranplett/E+/Getty Images; PE 3: RosalreneBetancourt 10/Alamy Stock Photo; PE 3: RosalreneBetancourt 3/Alamy Stock Photo; PE 3: Sophie Bluy/Pearson Education, Inc.; PE 3: Yeko Photo Studio/Shutterstock; PE 4: Antoniodiaz/Shutterstock; PE 6: Anne Ackermann/Getty Images; PE 6: Antoniodiaz/Shutterstock; PE 6: Germanskydive110/Fotolia; PE 6: Klaus Vedfelt/Taxi/Getty Images; PE 6: Photofusion/UIG/Universal Images Group/AGE Fotostock; PE 6: Randy Faris/Corbis; PE 7: Jacek Chabraszewski/Shutterstock; PE 7: Jeff Greenberg/Alamy Stock Photo; PE 7: Monkey Business/Fotolia; PE 7: Ranplett/E+/Getty Images; PE 7: RosalreneBetancourt 3/Alamy Stock Photo; PE 8: Bikeriderlondon/Shutterstock; PE 8: David Hanlon/iStock/Getty Images; PE 8: Hurst Photo/Shutterstock; PE 8: Ian Shaw/Alamy Stock Photo; PE 8: Ifong/Shutterstock; PE 8: Image Source/Getty Images; PE 8: John R. Kreul/Independent Picture Service/Alamy Stock Photo; PE 8: Marmaduke St. John/Alamy Stock Photo; PE 8: Sila Tiptanatoranin/123RF; PE 9: Pearson Education, Inc.

PE 10: Holbox/Shutterstock; PE 12: Denis Radovanovic/Shutterstock; PE 12: Hero Images/Getty Images; PE 12: KidStock/Blend Images/Alamy Stock Photo; PE 12: Michael Robinson Chavez/Los Angeles Times/Getty Images; PE 12: Nikokvfrmoto/Fotolia; PE 12: Ronnie Kaufman/Larry/Blend Images/AGE Fotostock; PE 12: RosalreneBetancourt 3/Alamy Stock Photo; PE 12: YanLev/Shutterstock; PE 12: Yeko Photo Studio/Shutterstock; PE 13: Pearson Education, Inc.; PE 14: BillionPhotos.com/Fotolia; PE 14: BillionPhotos.com/Shutterstock; PE 14: Bogdandimages/Fotolia; PE 14: Gmevi Photo/Fotolia; PE 14: Michael Gray/Fotolia; PE 14: Tarasyuk Igor/Shutterstock; PE 14: Tetra Images/Alamy Stock Photo; PE 14: Viktor/Fotolia; PE 15: Africa Studio/Shutterstock; PE 15: Baloncici/Shutterstock; PE 15: Multiart/iStock/Getty Images; PE 15: S_Photo/Shutterstock; PE 15: Sergiy Kuzmin/Shutterstock; PE 15: Sommai/Fotolia; PE 15: Tetxu/Shutterstock; PE 15: Utoimage/Fotolia; PE 15: Vaivirga/Fotolia; PE 15: Yodaswaj/Fotolia; PE 16: Giulia Fiori Photography/Moment Open/Getty Images; PE 16: Komar Maria/Fotolia; PE 16: Pearson Education, Inc.; PE 17: Bogdandimages/Fotolia; PE 17: Eskaylim/Fotolia; PE 17: Ifong/Shutterstock; PE 17: Igor Dutina/Shutterstock; PE 17: Jacek Chabraszewski/Shutterstock; PE 17: NorGal/Shutterstock; PE 18: Anne Ackermann/Getty Images; PE 18: Germanskydive110/Fotolia; PE 18: Klaus Vedfelt/Taxi/Getty Images; PE 18: Ranplett/E+/Getty Images; PE 18: RosalreneBetancourt 10/Alamy Stock Photo; PE 18: RosalreneBetancourt 3/Alamy Stock Photo; PE 19: Africa Studio/Shutterstock; PE 19: Baloncici/Shutterstock; PE 19: Giulia Fiori Photography/Moment Open/Getty Images; PE 19: S_Photo/Shutterstock; PE 20: Alex Segre/Alamy Stock Photo; PE 20: David Noton Photography/Alamy Stock Photo; PE 20: Hero Images Inc./Alamy Stock Photo; PE 20: Ivan Vdovin/Alamy Stock Photo; PE 20: Jeffrey Blackler/Alamy Stock Photo; PE 20: Jerónimo Alba/AGE Fotostock; PE 20: Peter Horree/Alamy Stock Photo; PE 20: Picturenet/Blend Images/Getty Images; PE 20: Randy Faris/Cardinal/Corbis; PE 20: Robertharding/Alamy Stock Photo; PE 20: RosalreneBetancourt 5/Alamy Stock Photo; PE 20: Ruzanna/Shutterstock;

PE 20: Sue Anderson/Alamy Stock Photo; PE 21: Ana Martinez/Reuters/Corbis; PE 21: Erik Isakson/Getty Images; PE 21: Galina Barskaya/Shutterstock; PE 21: Hill Street Studios/Blend Images/AGE Fotostock; PE 21: Jim West/Alamy Stock Photo; PE 21: John Lund/Drew Kelly/AGE Fotostock; PE 21: Mint Images Limited/Alamy Stock Photo; PE 21: Newzulu/Alamy Stock Photo; PE 21: Samot/Shutterstock; PE 21: Tim Mantoani/Masterfile/Corbis; PE 21: Tom Carter/Alamy Stock Photo; PE 21: Tracy A. Woodward/The Washington Post/Getty Images; PE 22: Alex Segre/Alamy Stock Photo; PE 22: Endless Travel/Alamy Stock Photo; PE 22: Jeffrey Blackler/Alamy Stock Photo; PE 22: Jerónimo Alba/AGE Fotostock; PE 22: Leuntje/Alamy Stock Photo; PE 22: Peter Horree/Alamy Stock Photo; PE 22: Robertharding/Alamy Stock Photo; PE 22: Syda Productions/Shutterstock; PE 22: Vitaly Edush/iStock/Getty Images Plus/Getty Images; PE 24: Jacek Chabraszewski/Shutterstock; PE 24: Samot/Shutterstock; PE 26: Blend Images/SuperStock; PE 26: ImageBroker/Alamy Stock Photo; PE 27: Marcia Chambers/Dbimages/Alamy Stock Photo.

Grateful acknowledgement is made to the following for copyrighted material:

ACTFL

World Readiness Standards for Language Learners by The American Council on the Teaching of Foreign Languages. Copyright ©ACTFL. Used by permission.

Fundación Puertorriqueña de Conservación

¡Tú puedes ser parte de la solución del problema de la basura en nuestra isla! ©Fundación Puertorriqueña de Conservación. Reprinted by permission.

Note: Every effort has been made to locate the copyright owner of material reproduced in this component. Omissions brought to our attention will be corrected in subsequent editions.